Expansion · Interaktion · Akkulturation

Historische Skizzen zur Europäisierung Europas und der Welt

Band 8

Mediterraner Kolonialismus

Expansion · Interaktion · Akkulturation

Historische Skizzen zur Europäisierung Europas und der Welt

Herausgegeben von

Peter Feldbauer
Thomas Kolnberger
Gottfried Liedl
René A. Marboe
John Morrissey
Manfred Pittioni
Andrea Schnöller
Ilja Steffelbauer

für den Verein zur Förderung von
Studien zur interkulturellen Geschichte,
Schwarzenbergplatz 10, A-1040 Wien

Peter Feldbauer / Gottfried Liedl /
John Morrissey (Hgg.)

Mediterraner Kolonialismus

Expansion und Kulturaustausch
im Mittelalter

Magnus Verlag

Deutsche Bibliothek – CIP Einheitsaufnahme
Mediterraner Kolonialismus:
Expanion und Kulturaustausch im Mittelalter
Peter Feldbauer/Gottfried Liedl/John Morrissey (Hgg.)
– Essen: Magnus Verlag, 2005
ISBN 3-88400-600-2

© 2005 Magnus Verlag, Essen
Alle Rechte vorbehalten
Karthographie: Peh & Schefcik, Eppelheim
Satz: Hans Winkens, Wegberg
ISBN 3-88400-600-2

Inhalt

7 Vorwort

Peter Feldhauer
11 Der islamische Orient nach der Jahrtausendwende

J. Koder
43 Byzanz und Europa

Ingolf Ahlers
59 Die Kreuzzüge
Feudale Kolonialexpansion als kriegerische Pilgerschaft

Michael Mitterauer
82 Kaufleute an der Macht
Voraussetzungen des Protokolonialismus in den
italienischen Seerepubliken am Beispiel Pisa

John Morrissey
111 Die italienischen Seerepubliken

Janet Lippmann Abu-Lughod
131 Das Weltsystem im 13. Jahrhundert:
Sackgasse oder Wegweiser?

Peter Feldbauer/John Morrissey
155 Italiens Kolonialexpansion
Östlicher Mittelmeerraum und die Küsten des
Schwarzen Meeres

Katerina Mitsiou
172 Byzanz im Spätmittelalter
Wirtschaft und Gesellschaft

Peter Feldbauer
191 Der islamische Osten im Spätmittelalter

Gottfried Liedl
213 **Gold und Djihad:**
Der Maghreb, Europas afrikanische Grenze

Ferdinand Gschwendtner
235 **Staatsfeudalismus in Kastilien**
Die Entstehung des frühabsolutistischen Staates

Gottfried Liedl
258 **Die andere Seite der Reconquista:**
Islamisch Spanien im Wirtschaftsraum des Spätmittelalters

Manfred Pittioni
293 **Der Aufstieg der Osmanen im Mittelmeerraum**

309 **Editorial**

311 **Die Herausgeber**

Vorwort

»Der Kampf zweier Welten. Zwei unterschiedliche Religionen und zwei völlig gegensätzliche Kulturen auf Konfrontationskurs, sich mit aller Härte bekämpfend.« Zitat aus dem Repertoire eines Clash-of-Civilization-Theoretikers? Düstere Warnung eines populistischen Politikers vor dem Untergang des christlichen Abendlandes? Keineswegs. Der Satz stammt aus der italienischen *La Repubblica*, eine mit Engagement gegen Intoleranz und Rassismus anschreibende Tageszeitung, bekannt für differenzierte Berichterstattung und Analyse, vor allem auch was das Bild der islamischen Welt betrifft. Und dennoch: Der Autor tappt mit seiner Kurzkritik zu Ridley Scotts Kreuzzugsfilm »Kingdom of Heaven« – der vor Erscheinen dieses Buches seinen Weg zum europäischen Publikum gefunden haben wird – rhetorisch in die historische Mythenfalle. Selbst wenn er abschließend anmerkt, dass Scotts neuestes Werk bereits für Diskussionen zwischen »Historikern des Okzidents und Orients« gesorgt hat.[1] Noch vor Fertigstellung des Films berichtete der *International Herald Tribune* über skeptische Reaktionen von in den USA lebenden Muslimen. Laila al-Qatami, Sprecherin des American-Arab Anti-Discrimination Committee: »Meine Sorge gilt dem Konzept eines Filmes über die Kreuzzüge und was das heute im amerikanischen Diskurs bedeutet. ... da fliegen die Wörter. Prominente Persönlichkeiten sprechen von der Unversöhnlichkeit des Islams mit dem Christentum und amerikanischen Werten.«[2]

Offensichtlich muss das Mittelalter immer wieder – vielleicht mehr als jede andere historische Epoche – für das Aufwärmen alter Klischees und die Betonung angeblich historisch gewachsener Antagonismen herhalten: Finstere Jahrhunderte voller Gewalt, Intoleranz und kultureller Rückständigkeit. Ein Zeitalter, dessen Protagonisten sich wenig Mühe gaben, die ›Anderen‹ oder deren Errungenschaften in Kunst, Wissenschaft und Technik zu verstehen oder gar zu würdigen.

---

[1] La Repubblica, 25.3.2005.
[2] International Herald Tribune, 19.8.2004.

Zweifellos fanden im Mittelalter – und vor allem in der Méditerranée – mit aller Härte geführte Konfrontationen zwischen unterschiedlichen Kulturen statt. Eine Sichtweise, die durch die Kreuzzugsrhetorik des 20. und 21. Jahrhunderts verzerrt und verstärkt wird: Man denke nur an Engelbert Dollfuss' Trabrennplatzrede des Jahres 1933, in der er – das Programm des österreichischen Ständestaats skizzierend – aus Papst Urbans Aufruf zum ersten offiziellen Kreuzzug zitierte. Oder an die diversen Kreuzzüge amerikanischer Präsidenten gegen Armut, Drogen und internationalen Terrorismus. Damit wird der Blick auf die vielen Facetten der mittelalterlichen Welt getrübt: Jahrhunderte der Neugierde und der Interaktion, der Übernahme und Weiterentwicklung wissenschaftlicher Erkenntnisse und technischer Fertigkeiten, des ständigen Austausches von Waren – quer durch Kontinente und über konfessionelle Grenzen. Dazu muss man den ›Anderen‹ verstehen und nicht als Feind, sondern als wertvollen Partner annehmen.

Dieses Buch will – vor dem Hintergrund von südwesteuropäischer Expansion und italienischem Protokolonialismus – die Vielschichtigkeit der mediterranen Welt in der Zeit zwischen dem 8. und dem 14. Jahrhundert zeigen: Auch den Aspekt der Gewalttätigkeit, wie er tatsächlich in den Kreuzzügen seinen Ausdruck findet. Der Blick auf die militärische Auseinandersetzung im Nahen Osten verstellt aber den Blick auf die Tatsache, dass eine jahrhundertealte Kultur einerseits schwer unter den bewaffneten Pilgerfahrten, andererseits auch unter den Angriffen muslimischer Truppen zu leiden hatte: Byzanz. Das prekäre Verhältnis zwischen griechisch-orthodoxen und katholischen Christen verschwindet in der historischen Darstellung nur allzu schnell hinter dem Dauerthema ›Muslime gegen Christen‹. Erst im November 2004 gab Papst Johannes Paul II. in einem feierlichen Akt der griechischen Kirche Reliquien – 1204 geraubt, als Konstantinopel von den Teilnehmern des Vierten Kreuzzuges erobert und geplündert wurde – zurück. Am Beispiel der italienischen Seerepubliken kann gezeigt werden, dass brutal angewandte militärische Gewalt und geschmeidige, auf die Bedürfnisse des Gegenübers eingehende Diplomatie einander nicht ausschlossen. Die frühe koloniale Expansion der Italiener wäre wohl kaum mit rein militärischen Mitteln durchzusetzen gewesen. Dazu bedurfte es subtilerer Formen der ökonomischen und politischen Durchdringung eroberter oder auch erworbener Territorien.

Die Analyse solcher Entwicklungen ist eines der Zentralthemen dieses Buches. Vor allem soll die Rolle des italienischen Kaufmannskapitals, dessen Einfluss auf die europäische und mediterrane Wirtschaftsentwicklung seit dem 11. Jahrhundert ständig zunahm, beleuchtet werden. Die Bedeutung italienischer Händler und ihrer frühen Expansionspolitik für die Europäisierung der Welt ergibt sich ja nicht bloß aus der Teilnahme an iberischen Flottenexpeditionen und Überseeunternehmungen in Asien und Amerika. Ihre herausragende Position hängt mit den Jahrhunderte früher einsetzenden eigenen Kolonialaktivitäten im Mittelmeerraum zusammen, welche schon im Mittelalter erste Ansätze eines Metropole-Peripherie-Systems aufwiesen. Dies gilt allerdings nur für einige Handelsstützpunkte und Inselkolonien sowie in gewisser Weise auch für das immer mehr in die Bedeutungslosigkeit fallende Byzanz. Die meisten islamisch geprägten Gesellschaften und Staaten des Mittelmeerraumes fungierten hingegen vorerst eher als Partner in einem vielfältigen Geflecht wirtschaftlicher, kultureller und politischer Beziehungen – und weniger als Opfer frühkolonialer Abhängigkeit oder Deformation: Ein gewichtiger Hinweis auf ein beachtliches Innovations- und Modernisierungspotenzial so mancher muslimischer Gesellschaft. Und somit wohl ein Argument gegen die Bewertung der islamischen Welt als Frühfall von Unterentwicklung im Spätmittelalter. Am klarsten zeigt sich dies einerseits an der fulminanten Reichsgründung der Osmanen und andererseits an der Wirtschafts- und Kulturblüte im islamischen Andalusien, wo sich das Nasriden-Fürstentum Granada jahrhundertelang erfolgreich gegen die christlich-feudale Offensive Kastiliens – in der sich bereits die Eroberung der neuen Welt ankündigte – behauptete.

Wie schon erwähnt, will sich dieses Buch auch den vielfältigen Formen des Austauschs und der Akkulturation widmen. Gerade hier erkennt man das Zusammenspiel verschiedener Weltregionen, von China bis Nordwesteuropa. Als Beispiel seien hier die bahnbrechenden mathematischen Überlegungen des Pisaners Leonardo Fibonacci, die Übernahme von Kommerztechniken und medizinischen Erkenntnissen, die Anwendung und Weiterentwicklung von Waffentechnologien sowie die Einführung orientalischer Kulturpflanzen – Zitrusfrüchte, Artischocken, Zuckerrohr und Baumwolle – erwähnt. Das Mittelmeergebiet fungiert dabei als Drehscheibe, die Seerepubliken Italiens als maßgebliche Drahtzieher – im Zusammenspiel mit muslimischen oder mongolischen Partnern. Besonders deutlich zeigt sich der Einfluss verschiedener Kulturen am Stadtbild Amalfis, Venedigs, Pisas, Sevillas, Granadas oder Cordobas. Dies kann am Beispiel des Pisanischen Doms auf der Piazza dei Miracoli anschaulich illustriert werden: Er gilt vielen als Musterexemplar genuiner europäischer Romanik. Der aus Byzanz stammende Baumeister Buscheto ließ sich jedoch bei der Fassaden- und Innenraumgestaltung von arabischen, griechischen, und armenisch-persischen Stilelementen leiten – um etwas völlig Neues zu schaffen, das relativ wenig mit den klassisch-europäischen romanischen Kirchenbauten Deutschlands oder Zentralfrankreichs zu tun hat.

Eine solche Mischung stilistischer Elemente verweist auf die vielschichtigen Machtverhältnisse der Mittelmeerwelt, auf ein kompliziertes Geflecht verschiedenster Interessensphären von Arabern, Türken, Byzantinern, Katalanen, Provencalen, Normannen, Italienern und Mongolen. Dazu kommen – sich als übergeordnete Instanzen empfindend – römischer Kaiser und Papst. Diese Liste, die bei weitem nicht alle Mitspieler anführt, leitet zum nächsten Aspekt der mittelalterlichen Expansion in der Méditerranée: Wer sind die Sieger im Wettlauf um neue Märkte, um politische Macht? Wer profitiert am meisten von neuen Ideen und Akkulturationsbewegungen? Und wer verliert das Rennen? Für die meisten der genannten Akteure lassen sich diese Fragen nicht so leicht beantworten. Bei vielen oszilliert die Bilanz zwischen Erfolg und drastischen Rückschlägen. Zwei Sieger stehen aber eindeutig fest: Genua und Venedig. Zwergstaaten, die sich geschickt an wechselnde politische und wirtschaftliche Veränderungen anpassen beziehungsweise Veränderungen zu beeinflussen wissen. Und die Verlierer? Einerseits die Mongolen, deren Teilstaaten mit Ausnahme des Reiches der Goldenen Horde bald kollabieren. Andererseits Byzanz: Zu Fall gebracht von den Osmanen, aber schon jahrhundertelang von europäisch-christlichen Mächten, allen voran Venedig und Genua, konsequent ausgehöhlt. Die wirtschaftliche Neugestaltung der Mittelmeerwelt geht fraglos zu Lasten der Griechen: Auf ehemals byzantinischem Territorium – Kreta, Zypern, Chios oder Euböa – entwickelten Venezianer und Genuesen Strukturen politischer und wirtschaftlicher Durchdringung, die man wohl zu Recht als Frühform moderner Kolonialverwaltung bezeichnen kann. Mit ihrer Erfahrung und Finanzkraft sollten die Italiener zum Motor der iberischen Expansion in den Atlantik und nach Amerika werden.

Montecarlo bei Lucca, März 2005
John Morrissey

Der islamische Orient nach der Jahrtausendwende

PETER FELDBAUER

Trotz der unbestreitbaren militärisch-politischen Erfolge der angegriffenen islamischen Dynastien – Aiyubiden, Mamluken – wird die Ära der Kreuzzüge häufig als eine Trendwende der ökonomischen, politischen und kulturellen Beziehungen zwischen Westeuropa und islamischer Welt gedeutet. Nach Ansicht des libanesischen Romanciers und Journalisten Amin Maalouf stellten die Jahrhunderte der Kreuzzüge für Westeuropa eine langfristig folgenreiche Expansionsphase von Wirtschaft, Bevölkerung und Kultur dar, während die Glaubenskriege im Nahen Osten eine bis in die Gegenwart andauernde Phase der Stagnation und des Obskurantismus einleiteten. Eine von allen Seiten bedrängte muslimische Welt habe ihre kommerzielle, technologische und kulturelle Vermittlerrolle zwischen China, Zentralasien, Indien, Afrika und dem Westen sukzessive eingebüßt, sei intolerant und steril geworden und hätte sich zunehmend auf sich selbst zurückgezogen, wohingegen der christliche Westen den Weg in die Moderne und zur globalen Expansion antrat.

Viele Islamwissenschafter teilen diese Meinung. Sehr oft gilt für sie die Zeit vom 8. bis zum frühen 11. Jahrhundert als Aufstiegs- und Blütephase der ökonomischen, soziopolitischen und kulturellen Entwicklung der islamisch geprägten Gesellschaften Westasiens und Nordafrikas. Ein Vierteljahrtausend oder sogar noch länger sollen die Gesellschaften, Staaten und Ökonomien des arabisch-iranischen Raumes dem christlichen, feudalen Westeuropa wirtschaftlich, kulturell und politisch-militärisch in jeder Hinsicht überlegen gewesen sein und sowohl vielfältige Beziehungen von gleich zu gleich mit den alten Agrarzivilisationen China, Indien und Byzanz als auch vorteilhafte Kontakte mit den Hirtennomaden Zentralasiens sowie den ›Barbaren‹ der nordischen Wälder unterhalten haben.

Mit der Bedeutung des weitverzweigten interkontinentalen Fernhandelsnetzes, das alle bekannten Zonen der Alten Welt verknüpfte, der relativ großen Zahl florierender Städte, die die islamische Welt ökonomisch und kulturell zusammenhielten und der verbreiteten Geldwirtschaft, deren effiziente Kredit- und Kommerzpraktiken später vom europäischen Kaufmannskapital begierig adaptiert wurden, sollen starke Staaten mit differenzierten Administrationsstrukturen und erheblichen materiellen, militärischen und ideologischen Ressourcen sowie einer hochentwickelten Kultur korrespondiert haben. Diese positive Leistungsbilanz führte nicht selten dazu, die Welt des Islam zusammen mit China als führende Weltzivilisation der Zeit vor dem Millennium zu identifizieren.[1]

Stagnation, Dekadenz und Niedergang waren und sind allerdings wesentlich beliebtere Themen westlicher Orientalisten und Islamhistoriker, wenn sie die Geschichte der westasiatisch-nordafrikanischen muslimischen Regionen vergleichend darstellen. Nach Ansicht dieser Forschergruppe gerieten die Gesellschaften, Staaten und Ökonomien des gesamten arabisch-iranischen Raumes von Chorasan und Transoxanien im Osten bis Ägypten und Marokko im Westen im Verlauf des 11. Jahrhunderts in eine profunde ökonomische und soziopolitische Krise, die sich als Anfang eines jahrhundertelangen, irreversiblen Niedergangs herausstellte. Zur Erklärung dieser Dekadenz der einst blühenden islamischen Welt werden sowohl innergesellschaftliche und kulturelle als auch ökonomische und außenpolitische Gründe bemüht. Der Verfall der religiös-ideologischen Autorität des Kalifats sowie die Zersplitterung des Islam in konkurrierende Hauptströmungen, Rechtsschulen und Sekten werden ebenso angeführt wie alle jene Spezifika der Religions-, Rechts-, Stadt- und Militärentwicklung, die in ihrer Summe einen in letzter Konsequenz zur Stagnation verurteilten ›orientalisch-despotischen‹ Staats- bzw. Gesellschaftstypus konstituieren sollen. Diese beliebten Argumente werden seitens jener Wissenschaftler, die wirtschafts- und gesellschaftsgeschichtliche Konzepte bevorzugen, um sozioökonomische Faktoren wie Bevölkerungsverluste, Reduktion des Fern- und Regionalhandels oder auch Niedergang von Landwirtschaft und Gewerbe ergänzt.

Abgerundet wird das Krisenszenario meist durch den Verweis auf externe politisch-militärische Faktoren, von denen neben den periodischen Einfällen ›barbarischer Nomadenhorden‹ aus dem

---

[1] Sehr pointiert dazu Goldstone 1988; ders. 1991. Siehe auch Adshead 1988, 54ff; Pacey 1990, 1ff; Lombard 1992; Matossian 1997 und Frank 1998.

zentralasiatischen Osten die sich häufenden militärischen Invasionen durch westeuropäische Kreuzfahrerheere hervorgehoben werden. Diese sollen zusammen mit den Verwüstungen des Mongolenvorstoßes sowie flankiert durch die kaufmannskapitalistische Expansion der italienischen Seestädte den säkularen Abstieg der arabisch-iranischen Welt mit verursacht und noch beschleunigt haben.

Eine umfassende Analyse der verschiedenen Faktoren, die bald nach der Jahrtausendwende zur sozioökonomischen, politischen und kulturellen Blockierung der westasiatisch-nordafrikanischen Länder beigetragen haben sollen, habe ich an anderer Stelle relativ ausführlich versucht.[2] Hier genügt ein kurzer Streifzug durch die Geschichte des gesellschaftlichen, wirtschaftlichen und kulturellen Wandels, den große Teile der islamischen Welt in der Ära der Kreuzzüge durchliefen, um den Stellenwert der mediterranen Expansion der italienischen Stadtstaaten und Händlergruppen – die ein Hauptthema des vorliegenden Sammelbandes darstellt – angemessen einschätzen zu können.

Der Wandel politischer Strukturen 11.–13. Jahrhundert

Von der Jahrtausendwende bis ins 13. Jahrhundert vollzogen sich in der islamischen Welt vielfältige Veränderungen, die sowohl als Adaptierungs- und Modernisierungsprozesse als auch als Systemkrise interpretiert werden können. Hinsichtlich der staatlich-politischen Ordnung bedeutete dieser Wandel insbesondere eine Fragmentierung des von Zentralasien bis zu den Maghrebländern reichenden Kalifats der Abbasiden. In den Jahren seit der Religionsgründung war eine islamische Welt entstanden, die zunehmend von einer gemeinsamen religiösen Kultur in arabischer Sprache, durch sich verdichtende Handelsbeziehungen und allmählich angleichende Konsummuster sowie durch vielfältige, durch Migration, Wirtschafts- oder Pilgerreisen entstandene persönliche Bindungen zusammengehalten wurde. Diese Welt gehörte als politische Einheit nun bereits der Geschichte an. Neben dem weitgehend entmachteten Abbasidenkalifen in Bagdad erhoben auch die Herrscher in Kairo und Cordoba Anspruch auf den Kalifentitel, und eine Reihe von Sultans- oder Fürstendynastien, die häufig von

---

[2] Vgl. Feldbauer 1995.

einem der drei Kalifen religiöse Legitimation erlangt hatten, regierten praktisch unabhängige Staaten.

Das Abbasidenkalifat hatte im 9. und 10. Jahrhundert allmählich die Finanz- und Militärressourcen eingebüßt, um das Riesenreich zwischen Atlantikküste und China zusammenzuhalten. Spätestens seit der Mitte des 10. Jahrhunderts etablierten sich Nachfolgedynastien unterschiedlichen Typs, die teilweise riesige, festgefügte Regionalstaaten, teilweise aber auch nur kleine, lose strukturierte Fürstentümer regierten.[3] Hinsichtlich des wirtschaftlichen, militärischen und kulturellen Potenzials höchst unterschiedlich, gerieten diese Dynastien natürlich in zahlreiche Konflikte, was aber lange Phasen von gedeihlicher Zusammenarbeit und friedlicher Entwicklung ebensowenig ausschloss wie die mehrfach zu beobachtende Ausbildung regionaler Vormächte, die sich im Wesentlichen drei großen Gebieten der islamischen Welt zuordnen lassen: »Das erste umfasste Iran, das Land jenseits des Oxus, und den südlichen Irak; sein wichtigstes Machtzentrum war noch einige Zeit nach dem 10. Jahrhundert Bagdad, da es im Herzen eines reichen Agrarbezirks und eines weit gespannten Handelsnetzes lag und während der Herrschaft der Abbasidenkalifen an Einfluss und Ansehen gewonnen hatte. Das zweite Gebiet schloss Ägypten, Syrien und Westarabien ein; sein Machtzentrum war Kairo, eine von den Fatimiden gegründete Stadt mit einem landwirtschaftlich produktiven Hinterland. Kairo war auch ein Kreuzungspunkt von Handelswegen, die die Länder am Indischen Ozean mit denen des Mittelmeeres verbanden. Das dritte Gebiet ist der Maghreb und Andalus, der muslimische Teil Spaniens; es hatte kein beherrschendes Machtzentrum, sondern mehrere Zentren, die in Regionen mit intensiver landwirtschaftlicher Nutzung lagen und an Punkten, die eine Kontrolle des Handels zwischen Afrika und der mediterranen Welt ermöglichten.«[4]

Die politische Geschichte der drei Großräume nahm vom 11. bis zum 13. Jahrhundert einen recht unterschiedlichen Verlauf. Im Westen herrschten zunächst noch die Nachfahren der bereits 750 von den Abbasiden verdrängten ersten Kalifendynastie, die Umai-

---

[3] Zu den Nachfolgestaaten des Kalifats immer noch grundlegend Cahen 1968, 224ff. Auch Holt 1986; Kennedy 1986; Haarmann 1987; Lapidus 1987; Hourani 1992 oder auch die Beiträge in Garcin 1995a informieren dazu ausführlich und kompetent. Etwas problematisch dagegen zuletzt Irwin 1997, 56ff.
[4] Hourani 1992, 116.

yaden von Cordoba. Ihr Reich zerbrach nach 1031 in eine Reihe kleiner Fürstentümer. Die Periode der Kleinkönige brachte für Spanien einerseits kulturelle und wirtschaftliche Blüte, ermöglichte andererseits aber auch den Vorstoß der christlichen Feudalherren des Nordens nach Süden.

Die langgestreckte Region des Maghreb, die immer zu politischer Zersplitterung tendierte, wurde nach der Jahrtausendwende größtenteils durch die Berberkonföderationen der Zanata, Masmuda und Sanhadscha kontrolliert. In weiterer Folge gelang den Berberdynastien der Almoraviden und der Almohaden, jeweils auf der Basis einer religiösen Erneuerungsbewegung, hintereinander die Vereinigung großer Teile Nordafrikas und Südspaniens in einem relativ geschlossenen Reichsverband.[5]

Der irakisch-iranische Osten stand während der Epoche der Kreuzzüge unter der Herrschaft der türkischen Dynastie der Seldschuken, die als Nachfolger der Buyidenkonföderation und des Gaznawidenstaates den Iran, Irak und große Teile Syriens ihrem Großreich einverleibten. Um ihre Herrschaft religiös zu legitimieren, anerkannten sie als Sultane die formelle Oberhoheit der politisch nahezu entmachteten Abbasidenkalifen, gleichzeitig forcierten sie eine stark zentralistische Staatstheorie in altpersisch-vorislamischer Tradition, wodurch eine im Vergleich zum frühislamischen Kalifat tendenziell ›säkularisierte‹ Staatsform zustande kam. Aufstieg und Fall des Seldschukenreiches gingen in den Westprovinzen, wo der Machtverfall der Dynastie bereits Ende des 11. Jahrhunderts einsetzte, fast nahtlos ineinander über. In vielen größeren Städten der mittelmeernahen Reichsteile herrschten nahezu autonome seldschukische *Atabegs* (Prinzenerzieher) oder arabische Tribalführer, die sich untereinander häufig befehdeten und die Kreuzfahrer anfänglich als durchaus vertraute Hilfstruppen von Byzanz einschätzten. Obwohl sich die Aufmerksamkeit der Seldschuken mehr und mehr nach Osten richtete, entglitt ihnen ab der Mitte des 12. Jahrhunderts auch die Kontrolle über die östliche Provinz Chorasan, was die iranisch-zentralasiatischen Länder mittelfristig dem Zugriff der Mongolen öffnete.[6]

Im ägyptisch-syrischen Zentralraum herrschten von der Mitte des 10. Jahrhunderts bis 1171 die aus dem Maghreb stammenden

---

[5] Kompakt dargestellt in Singer 1987; Halm 1998 oder auch Nagel 1998, 81ff.
[6] Vgl. dazu Lapidus 1988, 137ff.; Hourani 1992, 115ff.; Feldbauer 1995, 305ff.; Garcin 1995b, 123ff.; Nagel 1998, 93ff.; Paul 1998.

schiitischen Fatimidenkalifen, deren politischer Aufstieg ganz wesentlich mit ihrer früheren Rolle als charismatische Führer einer islamischen Bewegung zusammenhing. Ihr in Konkurrenz zu den sunnitischen Abbasiden ausgerufenes Gegenkalifat hatte im Raum des heutigen Tunesien seinen territorialen Ausgang genommen, reichte um die Jahrtausendwende vom Maghreb bis an den Taurus und stützte sich wirtschaftlich sowie militärisch vor allem auf Ägypten und Teile Syriens.[7] Die Herrschaft der Fatimiden stellte einen kulturellen und wirtschaftlichen Höhepunkt der islamischen Geschichte dar, wozu die von ihnen gegenüber sunnitischen Muslimen, Christen oder Juden zumeist gezeigte Toleranz sicherlich beigetragen hat. Die ersten Erfolge der Kreuzfahrer in Kleinasien und Nordsyrien schufen den Fatimiden die willkommene Möglichkeit, sich mehrerer Provinzen Palästinas zu bemächtigen. In Verkennung der Situation erwogen sie zeitweise sogar eine gemeinsame Front mit den christlichen Invasoren gegen die Seldschuken, was sich als ebenso unrealistisch herausstellte wie später ein erfolglos angestrebtes Bündnis mit Byzanz gegen die Franken.[8]

Nach gut 200-jähriger Herrschaft wurden die Fatimiden von Saladin (1163-1193), einem Militärführer kurdischer Abstammung, entmachtet. Ihm gelang es, die Kampfkraft und vielleicht auch die religiöse Begeisterung der syrischen und ägyptischen Muslime soweit zu entfachen, dass die europäischen Kreuzritter besiegt und Jerusalem zurückerobert werden konnte.[9]

Die Zusammenschau der politischen Entwicklungen in den Kernregionen der islamischen Welt seit dem 10. Jahrhundert bietet trotz der Fragmentierung des riesigen Reichs der Abbasiden wenige Hinweise auf eine schwere allgemeine Krise oder gar generelle Auflösung der staatlichen und gesellschaftlichen Ordnung. Mit dem Niedergang des Abbasidenkalifats und den zunächst eindrucksvollen Erfolgen der Kreuzfahrer, die territorial immer eng begrenzt

---

[7] Zu den Anfängen der Fatimiden im Maghreb sowie zur frühen Reichsgründung siehe Halm 1987a, 166ff. sowie ausführlicher ders. 1991. Als erste Information sehr brauchbar Singer 1987.
[8] Das Standardwerk zu Staat und Gesellschaft der Fatimiden ist Lev 1991; knappe Einführungen bieten auch Bianquis 1998, 87ff.; Feldbauer 1995, 348ff.; Walker 1998, 133ff. sowie Nagel 1998, 69ff.
[9] Zu den Aiyubiden, zu denen umfangreiche Literatur vorliegt, bieten beispielsweise Halm 1987b; Garcin 1995c oder auch Chamberlain 1998 einen vorzüglichen Überblick. Zum Themenkomplex Saladin, Kreuzzüge und Heiliger Krieg existiert eine kleine Bibliothek: vorzüglich dazu Lyons/Jackson 1982.

blieben, verband sich kein nennenswerter Abstieg von Staatsgewalt und elaborierter, leistungsfähiger Administrationstätigkeit. Auch nach der Jahrtausendwende etablierten sich immer wieder dauerhafte, relativ zentralisierte Staatsgebilde mit effizienten Verwaltungsstrukturen, beachtlicher Finanz- und Militärkraft und – gemessen an der meist großen Ausdehnung sowie den schwierigen naturräumlichen Voraussetzungen – nicht zu unterschätzender Kohäsion und innergesellschaftlicher Verankerung. Obwohl es, besonders im obermesopotamisch-nordsyrischen und im maghrebinischen Raum, immer wieder auch instabile, kurzlebige Fürstentümer mit prekärer Agrar- und Steuerbasis gab, die durch Angriffe westeuropäischer Kreuzfahrerheere und Flotten schwer in Mitleidenschaft gezogen werden konnten, blieben die Kreuzzüge außerhalb Spaniens und der mediterranen Inselwelt für die soziopolitische und auch militärische Entwicklung der islamischen Welt relativ peripher. Dass es in der Staatenwelt Westasiens und Nordafrikas um die Mitte des 13. Jahrhunderts gleichwohl erhebliche Schwierigkeiten gab, hängt, wenn überhaupt, nur am Rande mit dem Krieg des Papstes zusammen. Viel wichtiger dürfte der Zerfall des Seldschukenreiches, der endgültige Sturz des Kalifats in Bagdad infolge der Mongoleninvasion und längerfristig wahrscheinlich auch die erfolgreiche Handelsexpansion des italienischen Kaufmannskapitals im gesamten Mittelmeerraum – die aus den Kreuzzügen zweifellos Nutzen zog – gewesen sein.

Die Wirtschaftsentwicklung nach der Jahrtausendwende

Der Islam war eine Religion und Zivilisation der Wüste, die sich in den Oasenstädten Arabiens, Syriens, Ägyptens und Persiens im 7. Jahrhundert entfaltete. Mekka und Medina, die Zwillingsstädte des Propheten, lagen in einer der großen ariden Zonen Westasiens, waren aber nur bedingt durch die Lebens-, Wirtschafts- und Politikformen der Kamelbeduinen und Seminomaden der Arabischen Halbinsel geprägt, obwohl sie voll ins komplexe Gefüge von Tribalverbänden und Stammeskonföderationen integriert waren.[10] Die militärischen Erfolge der islamischen Heere ermöglichten einerseits eine rasche Expansion bis Persien und Zentralasien bzw. Nordafrika

---

[10] Einführend dazu die ersten drei Kapitel in Hourani 1992. Ergänzend und mit unterschiedlicher Schwerpunktsetzung Crone 1987; Serjeant 1990; Feldbauer 1995, 31 ff. und 45 ff; Dostal 1998 und Noth 1998.

und Spanien, sie bescherten dem imperialen Staat der ersten Kalifendynastie der Umaiyaden aber auch eine vielfältige wirtschaftliche Basis. Dazu zählten die Kontrolle eines weitverzweigten interkontinentalen Handelsnetzes und einer großen Zahl prosperierender Städte ebenso wie die Ergänzung riesiger Wüsten- und Steppengebiete durch ertragreiche landwirtschaftliche Gunstregionen. Intensiver Ackerbau, hochspezialisierter Fern- und Regionalhandel sowie vielfältiges Export- und Lokalgewerbe verliehen dem Kalifat der Umaiyaden und Abbasiden sowie den meisten Nachfolgestaaten jene Finanzkraft, die den Unterhalt großer stehender Armeen, einer vielgliedrigen Administration und luxuriöser Höfe sowie aufwändige Stadtgründungen und Bautätigkeiten ermöglichte.[11]

Die stark subsistenzorientierte Ökonomie der arabischen Tribalverbände, die sich hauptsächlich auf extensive Weidewirtschaft, Eintreibung von Tribut, Verkauf von Schutz und Razzien (= Beutezüge) stützte, verlieh der arabischen Expansion den wirtschaftlich-militärischen Rückhalt, spielte seit der Mitte des 8. Jahrhunderts jedoch eine etwas geringere Rolle. Die Beduinen der Arabischen Halbinsel, der syrisch-obermesopotamischen Wüstengebiete oder des Maghreb gaben ihr traditionelles Nomadenleben aber keineswegs auf, sodass Wüste und Kamel zu Recht als Symbole der westasiatisch-nordafrikanischen islamischen Länder gelten.[12]

Agrarentwicklung

Hinsichtlich der Struktur und Dynamik des Agrarsektors in den von den Arabern eroberten Ländern sind historisch gesicherte Kenntnisse Mangelware. Infolge der unzureichenden Quellenbasis wird sich eine zufriedenstellende Agrargeschichte der islamischen Welt vor dem 16. Jahrhundert möglicherweise nie erarbeiten lassen, meint R.S. Humphreys in seiner Einführung in die Islamische Geschichte.[13] Da jede Analyse von Gesellschaft, Staat, Wirtschaft und

---

[11] Vorzüglich zusammengefasst in Lapidus 1988; Hourani 1992, sowie den Beiträgen in Noth/Paul 1998.
[12] Als Einstieg in diese komplexe Thematik sehr hilfreich Lapidus 1991, 26ff. und Hourani 1992, 143ff. sowie weitere Beiträge des Sammelbandes von Khoury/Kostiner 1991. Eine hübsche Ergänzung bietet Bulliet 1975.
[13] Humphreys 1991, 284ff, bes. 308.

Kultur des arabisch-iranischen Raumes in der Epoche nach der Jahrtausendwende zumindest eine ungefähre Vorstellung der Grundzüge und Hauptlinien der Agrarentwicklung erfordert, bleibt gar nichts anders übrig, als die spärlichen Informationen aus unterschiedlichen Regionen und Zeiten zu einem möglichst stimmigen, nachvollziehbaren Bild zu verknüpfen, dessen mehr oder weniger hypothetischer Charakter immer berücksichtigt werden muss.

Trotz vieler Vorbehalte stehen einige Struktur- und Entwicklungsmerkmale des Agrarsektors außer Streit. So gilt fast generell, dass ein regelmäßiges landwirtschaftliches Surplus relativ stabile politische Verhältnisse und effiziente Agrartechnologien erforderte. Anders als in den großen Agrargesellschaften Asiens, aber auch anders als in vielen Landstrichen Europas und Afrikas, beschränkten sich intensive Formen der Landwirtschaft auf regenreiche küstennahe Landstriche des Mittelmeeres und der Kaspisee sowie auf Bereiche künstlicher Bewässerung, insbesondere in den Flusstälern von Nil, Euphrat und Tigris. Trotz ausgedehnter Bewässerungssysteme in einigen Regionen stellten ertragreiche Ackerbaugebiete und immergrünes Weideland eher kleine, vorwiegend oasengebundene agrarische Nutzflächen in riesigen ariden oder semiariden Zonen dar.[14]

Ungeachtet der vielfach ungünstigen naturräumlichen Voraussetzungen ermöglichte der gezielte Einsatz von Bewässerungs- und Bodenverbesserungsmaßnahmen auch außerhalb der bäuerlichen Kultur Ägyptens und Mesopotamiens in landwirtschaftlichen Gunstregionen Syriens, der Maghrebländer und des iranischen Ostens während der frühen Jahrhunderte arabisch-islamischer Herrschaft eine beachtliche Agrarblüte und sogar umfangreiche Agrarexporte. Andrew Watson spricht in diesem Zusammenhang sogar von einer »arabischen Agrarrevolution«.[15] Die entscheidenden Faktoren bei den landwirtschaftlichen Innovationen waren anfangs vor allem Einsatz und Verbesserung von teilweise sehr anspruchsvollen Agrartechnologien, unter denen wiederum vielfältigen Bewässerungstechniken eine zentrale Rolle zufiel. In Verbindung mit einer in Mesopotamien, Ägypten, Teilen von Syrien und im Iran in vorislamischer Zeit entwickelten und von den arabischen Fürsten und Eliten nach einer recht kurzen Adaptionsphase zuneh-

---

[14] Braudel 1976, 185; Hourani 1992, 136ff. Zu Zentralasien vgl. auch Khazanov 1992, 69ff.
[15] Bezeichnend der programmatische Titel von Watson 1981: »A Medieval Green Revolution«.

mend geförderten Landwirtschaftskunde gelang jene Stabilisierung oder sogar Expansion der Agrarproduktion, die die für den Zentralstaat notwendigen Steuereinkünfte überhaupt erst ermöglichte.[16]

Da es im Widerspruch zu den pessimistischen Ausführungen mancher Autoren im Gefolge der arabischen Eroberungen zu keinem dauerhaften, allgemeinen Niedergang der Landwirtschaft kam und überdies bereits nach wenigen Jahrzehnten der Konsolidierung vielerorts ein Agraraufschwung einsetzte, der die meisten Provinzen des Umaiyaden – und Abbasidenkalifats erfasste,[17] geraten zwei häufig erwähnte Annahmen über Grundstrukturen und Dynamik der durch die expandierenden Araber politisch fusionierten und soziokulturell überformten Gesellschaften und Ökonomien ins Wanken. Zum einen scheint es unangemessen, dem Agrarsektor gegenüber dem zweifellos prosperierenden Fern- und Regionalhandel gesamtwirtschaftlich lediglich eine untergeordnete Rolle zuzuweisen. Offenbar war die von sesshaften Bauern, Landarbeitern und Sklaven getragene Landwirtschaft der nicht bloß für die Subsistenz der Bevölkerungsmehrheit, sondern auch für die Ressourcenbasis des Kalifats und seiner Nachfolgestaates zentrale Zweig der Ökonomie, auf dem Steuersystem und Staatsfinanzen vorrangig basierten. Zum anderen entpuppt sich das beliebte Bild von den unzivilisierten, nomadischen Arabern, deren Vordringen im Nahen Osten und in Nordafrika geradezu zwangsläufig die Vernachlässigung des Ackerbaus und den Verfall der Bewässerungssysteme bewirkt hätte, als ein seit den Zeiten Ibn Khalduns unter vielen Orientalisten lieb gewordenes Klischee.

In Übereinstimmung mit neueren Forschungsergebnissen der Ethnologie liefert die Analyse der Agrarentwicklung nicht nur für die Aufstiegsphase des Umaiyaden- und Abbasidenkalifats, sondern auch für die politisch instabilere Zeit vom 11. bis zum 13. Jahrhundert viele Anhaltspunkte dafür, dass die nomadischen Tribalverbände Westasiens und der Maghrebstaaten weder ökonomisch noch soziopolitisch in unauflöslichem Widerspruch zur bäuerlichen Bevölkerung und schon gar nicht zu den Kaufleuten der

---

[16] Chaudhuri 1997, 175ff. Vgl. Auch Watson 1983, 103ff.; Feldbauer 1995, 56f. mit ausführlichen Literaturangaben, sowie speziell zu Ägypten Bianquis 1998, 88.

[17] Ein insgesamt düsteres Bild frühislamischer Agrarentwicklung beispielsweise in Ashtor 1976; Abulafia 1987, 411f.; Christensen 1993; Nagel 1998, 201ff. Eine auf Lambton 1969; Donner 1984; Morony 1984b und Noth 1984 basierende zusammenfassende Würdigung des Agraraufschwungs im frühen Kalifat bietet dagegen Chaudhuri 1990, 229ff.

Städte standen.[18] Damit soll nicht in Abrede gestellt werden, dass die Bewohner prosperierender Ackerbaugebiete und Oasen mit der Gefahr leben mussten, fallweise von kriegerischen Nomaden erpresst zu werden. In vielen Gegenden gab es aber lange Phasen einer gedeihlichen Zusammenarbeit zwischen Bauern und Vieh züchtenden Seminomaden oder Beduinen.[19]

Das häufig gute Zusammenwirken der sesshaften bäuerlichen Bevölkerung mit nomadischen bzw. seminomadischen Bevölkerungsgruppen sowie die vielerorts feststellbare Prosperität des Agrarsektors dürfen freilich nicht den Blick dafür verstellen, dass der flächenmäßige Anteil der für Ackerbau und intensive Viehzucht geeigneten Regionen in den arabisch-iranischen Ländern immer sehr gering blieb. Die Herden der im Vegetationsrhythmus die semiariden Landstriche durchwandernden Nomaden konnten in dieser Hinsicht nur teilweise Ausgleich schaffen.

Die Engpässe des Agrarsektors ergaben sich zwar häufig aus allgemeinen wirtschaftlichen Konjunkturproblemen oder politischen Störungen, hatten bisweilen aber auch langfristige Strukturgründe. So spricht einiges dafür, dass die beachtlichen Fortschritte der Agrarproduktion während der Blütephase des Umaiyaden- und Abbasidenkalifats ohne die Entwicklung neuer Technologien oder die Eroberung von unverbrauchtem neuem Land – die von den Arabern forcierten Spezialkulturen laugten viele Böden infolge des Mangels adäquater Düngemethoden rasch aus – sich nur schwer stabilisieren und längst nicht in allen Regionen fortsetzen ließen.[20] Vielleicht sogar noch wichtiger als technologischer Fortschritt und

---

[18] Sehr einseitig in dieser Hinsicht Planhol 1975. Eine bequeme Zusammenfassung alter Stereotypen bietet Nagel 1998, 201 und 203ff.

[19] Das eher symbiotische denn konfliktbeladene Verhältnis zwischen Nomaden, Bauern und Städtern betonen beispielsweise Cahen 1968, 132; Lambton 1973; Bulliet 1975, 220f.; Khazanov 1984; Wolf 1986, 59; Morgan 1988, 33; Braudel 1990, 257; Chaudhuri 1990, 263ff.; ders. 1997, 178ff.; Thébert/Biget 1990, 594ff.; Hourani 1992, 139ff; Berkey 1998, 384.

[20] Die Agrarentwicklung verlief in den verschiedenen Provinzen bzw. Nachfolgestaaten des Kalifats seit dem 9. Jahrhundert durchaus unterschiedlich; in Persien beispielsweise wesentlich günstiger als im krisengeplagten Irak. Generell recht negative Befunde liefert Ashtor 1976, 51ff., 126ff., die im Falle Ägypten etwa durch die Arbeiten von Frantz-Murphey 1978; dies. 1984; dies. 1986, im Fall des Mashrak durch Watson 1983, 129ff. relativiert werden. Zum iranischen Osten und zum Maghreb vgl. Lambton 1988; Lapidus 1988, 137ff.; Morgan 1988, 19ff., sowie Vanacker 1973, 677f.; Laroui 1976, 130f.

Landgewinn war ein ausreichendes Maß an politischer Ordnung und Stabilität, da nur unter diesen Voraussetzungen die ständig anfallenden Bewässerungs-, Bodenverbesserungs- und Infrastrukturmaßnahmen finanziert und durchgeführt werden konnten und da erfolgreiche bäuerliche Arbeit ein Minimum an persönlicher Sicherheit und materiellen Anreizen voraussetzte.[21]

Bei Berücksichtigung der vielerorts positiven Agrarentwicklung in Teilen des Kalifats in der Periode umaiyadischer bzw. frühabbasidischer Herrschaft, im iranischen Osten während der Seldschukenära, in Ägypten unter den Fatimiden, Aiyubiden und den ersten Mamlukensultanen oder auch im Andalusien der Umaiyaden, fällt die Beurteilung des Agrarsektors für den Gesamtzeitraum überwiegend positiv aus.[22]

Trotz vieler Unklarheiten und trotz des Fehlens brauchbarer statistischer Daten, scheint die Annahme gerechtfertigt, dass die Landwirtschaft in den Kernzonen der islamischen Großreiche auch nach der Jahrtausendwende wesentlich leistungs- und entwicklungsfähiger war, als vielfach behauptet wird. Zwar vermochten die im Zuge der ›arabischen Agrarrevolution‹ erzielten organisatorischen und technologischen Fortschritte naturräumliche Nachteile nicht immer auszugleichen und zweifellos gibt es genug Beispiele für temporären oder dauerhaften Verfall der Landwirtschaft einer Region. Wahrscheinlich dienten staatlich geförderte Infrastrukturmaßnahmen überdies vorrangig einer exportorientierten Kommerzialisierung und nur sekundär der subsistenzsichernden Deckung des internen Massenbedarfs. Die Agrarproduktion verlief aber jedenfalls so stabil, dass die Voraussetzungen für die Abschöpfung eines beträchtlichen Surplus und somit für die Etablierung relativ zentralistischer, agrarbürokratischer Staatengebilde sowie für den Bestand der berühmten Stadtkultur bis weit in die Neuzeit gegeben waren.

---

[21] Dieser Zusammenhang wurde für viele Dynastien und Länder belegt, so jüngst von Christian 1998, 319, der politische Stabilität unter den Samaniden (819–1005) und Agrarprosperität im iranischen Chorasan und Transoxanien junktimiert.

[22] Damit soll nicht unterstellt werden, dass es nicht Regionen bzw. Epochen gab, die eine schwerwiegende Krise des Agrarsektors erlebten, wie beispielsweise der Unterirak seit dem 9. Jahrhundert oder große Teile des irakisch-iranischen Raums unter den Mongolen.

Handel und Kaufmannskapital

Die Betonung des hohen gesamtwirtschaftlichen Stellenwerts des Agrarsektors und die Kennzeichnung der arabisch-iranischen Gesellschaften als Agrarzivilisationen haben Folgen für die Einschätzung der Rolle von Kaufmannskapital und Fernhandel. Nahezu alle Orientalisten und Wirtschaftshistoriker betonen nachdrücklich die zentrale Rolle kommerzieller Aktivitäten für praktisch alle Länder Westasiens und Nordafrikas. Einige von ihnen bringen Mohammeds Religionsgründung mit den Handelsinteressen der Kaufleute Mekkas in Zusammenhang. Immer wieder verweist man auf die positive Bewertung kommerzieller Tätigkeiten durch den Propheten und im Koran sowie die daraus resultierende günstige gesellschaftliche Stellung der Kaufleute. Im Extremfall dient der hohe sozioökonomische Stellenwert des Handels sogar zur Konstruktion einer spezifisch arabisch-islamischen, fernhandelsgeprägten Gesellschaftsformation.[23]

Die Analyse der Strukturen und Konjunkturen des Mittelmeer-, Asien- und Transsaharahandels – die ausgreifende islamische Expansion hatte den arabischen, persischen und jüdischen Kaufleuten die Vermittlerrolle zwischen bevölkerungsreichen Agrargebieten, insbesondere zwischen mediterranen Märkten und den Stapelplätzen in den Weiten des Indischen Ozeans bzw. Zentralasiens sowie am Südrand der Sahara beschert – verweist auf die Erfolge und den hohen Stellenwert von Handel und Kaufmannskapital in den arabisch-iranischen Gesellschaften. Dass der teilweise recht spektakuläre Luxusgüter- und Fernhandel, der überraschend intensive Massenwaren- sowie der Lokalhandel nicht alleiniger Angelpunkt der gesamten Ökonomie waren, sondern erst zusammen mit der Agrar- und Gewerbeproduktion für wirtschaftliche Prosperität, politisch-militärisches Gewicht und relative soziale Stabilität sorgten, relativiert diese Erkenntnis, stellt sie aber nicht grundsätzlich in Frage.

Die im Vergleich mit dem Agrarsektor wesentlich besser belegte, statistisch aber ebenfalls nicht fassbare wechselhafte Ge-

---

[23] Die Belege für die vorwiegend kommerzfreundlichen ideologischen und soziopolitischen Rahmenbedingungen sind zahllos. Fast beliebig sei verwiesen auf Goitein 1957, 586ff.; Rodinson1971, 36ff. und 56ff.; Zubaida 1972, 321ff.; Hodgson 1974, 338f. und 346f.; Braudel 1986a, 618. Das problematische Konzept einer arabisch-islamischen ›Zwischenhandels-Gesellschaftsinformation‹ wurde insbesondere durch Amin 1975, 31ff. popularisiert.

schichte des konjunkturell und auch politisch bedingten Auf- und Abstiegs der zahlreichen, oft miteinander verknüpften, einander ergänzenden oder konkurrierenden Routen des Fern-, Regional und Lokalhandels, der Ausweitung, Differenzierung und Umstrukturierung der Warenpalette und der vielfältigen Zusammenhänge zwischen Waren- und Geldströmen lässt sich nur schwer knapp zusammenfassen, und auch der facettenreiche Wandel der gesamtwirtschaftlichen und soziopolitischen Rolle der Kaufleute und Handelshäuser würde eine differenziertere Darstellung verdienen.[24]

In der Grundtendenz gestaltete sich die Tätigkeit des Kaufmannskapitals im Asien-, Mittelmeer- und Transsaharahandel, unbeschadet folgenreicher zeit- und ortspezifischer Besonderheiten, bis zur Jahrtausendwende als eine eindrucksvolle Geschichte des Erfolgs, die tatsächlich maßgeblich zur politischen und finanziellen Stärke sowie zur kulturellen Blüte des Umaiyaden- und Abbasidenkalifats, seiner großen Residenz- und Handelsstädte und seiner zentralistisch-bürokratischen Nachfolgestaaten beitrug.[25] Nach der Jahrtausendwende begann sich dann im Mittelmeerhandel im Gleichklang mit der kommerziellen und militärischen Expansion der Europäer – die Kreuzzugsbegeisterung der westeuropäischen Feudalherren fand bei italienischen Kaufleuten aus Amalfi, Pisa, Genua und Venedig zwar wenig Widerhall, ließ sich aber vielfach handelspolitisch nutzen – ein allmählicher Positionsverlust abzuzeichnen, der vorerst wenig dramatisch verlief und auf keine dauerhafte Stagnation schließen lässt. Die günstige Entwicklung des Asien-, Maghreb- und Transsaharahandels hat sich dagegen trotz des Niedergangs alter Routen und des Verfalls berühmter Handelsstädte im Gefolge politischer Wirren und ›weltwirtschaftlicher‹ Schwerpunktverlagerungen bis ins 14. Jahrhundert fortge-

---

[24] Eine ausführliche Darstellung von Mittelmeer-, Asien- und Transsaharahandel in Feldbauer 1995, 89ff., 105ff. und 219ff. Trotz der Fülle an Literatur zu Kaufleuten, Handelsentwicklung und Kommerztechniken existiert keine Monographie zur Geschichte des Handels in der mittelalterlichen islamischen Welt. Die entsprechenden Abschnitte in Cahen 1968; ders. 1983; Curtin 1984; Chaudhuri 1985; ders. 1997; Lapidus 1988; Lewis 1988; Abu-Lughod 1989; Hourani 1992; Noth/Paul 1998 ermöglichen aber ein facettenreiches Gesamtbild.

[25] Eine erste Information über die Handelsentwicklung bis zur Jahrtausendwende ermöglichen unter anderem Devisse 1972; Lewis 1978; Cahen 1983; Curtin 1984; Chaudhuri 1985. Eine knappe einführende Zusammenfassung jetzt auch in Chaudhuri 1997, 152ff. und 161ff.

setzt.[26] Selbst die Mongoleninvasion, häufig als katastrophisches Ende des traditionellen Karawanenhandels mit Asien interpretiert, hat höchstwahrscheinlich keinen radikalen Kontinuitätsbruch dargestellt.[27]

Dem überwiegend günstigem Bild der Handelsentwicklung entspricht die allmähliche Ausformung sowohl differenzierter als auch effizienter Handels- und Finanztechniken, für die es in der arabischen Tribalgesellschaft zur Zeit Mohammeds weder Bedarf noch Rahmenbedingungen gegeben hatte, die jedoch spätestens seit dem 10. und 11. Jahrhundert eine erhebliche Verbreitung erlangten. Eine breite Palette von Institutionen und Regelungen zur Kapitalbeschaffung, partnerschaftlichen Geschäftsabwicklung, Risikomilderung und zum überregionalen, bargeldlosen Zahlungsverkehr ergab zusammen mit Netzwerken informeller Kooperation zum Zwecke von Preisabsprachen und Marktinformationen besonders für größere Kaufmannsfamilien und Händlerassoziationen ein leistungsfähiges Instrumentarium zur Abwicklung unterschiedlichster Handelsaktivitäten. Das Fehlen unpersönlich-formeller Finanzinstitutionen und abstrakter Kommerzpraktiken schuf offenbar keine schwerwiegenden Nachteile und war dem Stand der ökonomischen und gesellschaftlichen Entwicklung durchaus angemessen.[28]

Lassen sich die Gesellschafts- und Staatsformationen des westasiatisch-nordafrikanischen Kernraums auch nicht als primär durch Transit- und Fernhandelsprofite materiell fundiert interpretieren, so besteht dessenungeachtet kein Zweifel am hohen Entwicklungsstand der Kommerz- und Finanzaktivitäten, der sich seit der Früh-

---

[26] Während für Lombard 1992 im 11. Jahrhundert das große Zeitalter des islamischen Mittelmeerhandels vorüber ist, sprechen Lewis/Runyan 1985; Lewis 1988, oder auch Abu-Lughod 1989 mit unterschiedlichem Nachdruck von vielfältigen Problemen, aber keineswegs von einem Entwicklungsbruch. Zur kontinuierlichen Prosperität des Maghreb- und Asienhandels vgl. Devisse 1972, 357ff; Lewis 1988, 113ff.

[27] Vgl. Abu-Lughod 1989, 137ff., 153ff.; ergänzend und etwas vorsichtiger Lambton 1988, 328ff.

[28] Einen guten Überblick über islamische Kommerz- und Finanztechniken bieten Cahen 1968, 192ff.; Udovitch 1970a; ders. 1970b, 37ff.; ders. 1979, 253ff.; Greif 1989, 857ff. Eine negative Bilanz hinsichtlich der im Fernhandel zur Verfügung stehenden muslimischen Geschäftspraktiken zieht dagegen Abulafia 1987, 404ff. – Die alltäglichen Praktiken im Bazar wiesen natürlich erhebliche Unterschiede zu den Handels- und Finanztechniken der Fernkaufleute auf; vgl. dazu beispielsweise Rāġib 1993 und Udovitch 1993, 781ff.

phase der islamischen Reichsgründung schrittweise entfaltet hatte und, mit einem Blick aufs Ganze, erfolgreich weit über die Jahrtausendwende hinaus bis ins 17. Jahrhundert behauptet wurde. In welch hohem Maß die Wirtschafts- und Finanzkraft des Kalifats und seiner unterschiedlichen Nachfolgestaaten vom Fern-, Transit- und auch Regionalhandel abhing, obgleich die Staatseinkünfte größtenteils aus dem Agrarsektor stammten, zeigt sich recht deutlich am rapiden Niedergang großer Städte und ganzer Regionen als Folge der Blockierung bzw. Verlagerung von Handelsrouten. Ausgelöst durch eine Vielzahl politischer und/oder ökonomischer Faktoren – kriegsbedingte Wirren, wirtschaftspolitische Maßnahmen, verändertes Warenangebot, übermächtig werdende Konkurrenz etc. – ließ sich dieses Phänomen seit den Anfängen der islamischen Reichsgründung immer wieder beobachten. Der Abstieg von Bagdad und der Hafenstädte am Persischen Golf ist ein besonders eindrucksvolles, aber keineswegs außergewöhnliches Beispiel für ein Schicksal, das auch syrische, ägyptische, ostiranische und maghrebinische Handelszentren wiederholt ereilte.[29]

Wie auch die Beispiele China, Südostasien oder Westeuropa zeigen, konnten ›weltwirtschaftliche‹ und ›weltpolitische‹ Schwerpunktverlagerungen, d. h. wenig beeinflussbare externe Faktoren, einschneidende Konsequenzen nach sich ziehen. Solange die Agrar- und Gewerbeproduktion, die nicht automatisch mitbetroffen sein mussten, zufriedenstellend funktionierten, ließen sich die vom Kommerzsektor ausgehenden Wirtschafts- und Finanzprobleme aber in aller Regel einigermaßen bewältigen, sodass die bestehende Gesellschafts-, Herrschafts- und Staatsordnung nicht ins Wanken geriet. In der Regel suchten und fanden die betroffenen Kaufleute rasch neue Betätigungsfelder, weswegen bis in die frühe Neuzeit trotz des Verfalls alter Handelsrouten sowie des Niedergangs unzähliger Kaufmannsfamilien kein dauerhafter und allgemeiner Bedeutungsverlust des Handels bei den islamischen Gesellschaften der arabisch-iranischen Welt einsetzte.

---

[29] Ein gutes Beispiel ist der Niedergang des Karawanenhandels im iranisch-transoxanischen Reich der Samaniden ab Mitte des 9. Jahrhunderts, zu dem die Eroberung des Stapelortes Raiy durch die Buyiden maßgeblich beitrug. Im Maghreb bedeutete die Abfolge konkurrierender Berberdynastien nach der Jahrtausendwende zugleich den Auf- und Abstieg unterschiedlicher Transsahararouten. Vgl. dazu Shaban 1976, 174ff; Devisse 1972, 34ff. und 357ff.

Stadtgewerbe und Manufaktur

Dem Agrar- und Handelsaufschwung der ersten Jahrhunderte islamischer Herrschaft im Nahen Osten und Nordafrika entsprach im Allgemeinen die Entfaltung der Gewerbeproduktion. Weit davon entfernt, ein ausschließlich auf die Herstellung von Luxusgütern beschränkter, gegenüber dem Fern- und Transithandel lediglich marginaler Wirtschaftszweig gewesen zu sein, hat der Gewerbesektor, ähnlich wie die Landwirtschaft, nicht bloß die Versorgung mit Gütern des täglichen Bedarfs sichergestellt, sondern auch Schritt für Schritt zur Verbreitung marktwirtschaftlicher Verhältnisse und zum Wirtschaftswachstum beigetragen. Für die Frühphase steht fest, dass die städtischen Handwerker der von den Arabern eroberten Länder nicht bloß sassanidische, byzantinische und weströmische Traditionen der Warenproduktion für den täglichen Konsum, zur Befriedigung der Bedürfnisse von Eliten und Staatsapparat sowie zur Deckung der Exportnachfrage fortsetzten, sondern sich im Gefolge der islamischen Reichsbildung, die zu wachsender Nachfrage und reichlichem Geldangebot führte, als technologisch-organisatorisch innovativ erwiesen. Viele in anderen Regionen längst bekannte Techniken wurden übernommen, Neuerungen kamen dazu. Die herkömmliche Textil-, Glas- und Keramikproduktion erfuhr eine Ausweitung der Warenpalette und des Produktionsvolumens, Waffenwerkstätten und Schiffsarsenale erlebten eine Hochkonjunktur, Papier- und Zuckermanufakturen traten einen Siegeszug vom Osten des Kalifats bis Ifriqiya und Spanien an.[30]

Viele Regionen und viele Branchen halten einem Vergleich mit späteren Entwicklungen in Westeuropa stand, und es gibt bis weit nach der Jahrtausendwende wenig, was sich umstandslos als Modernisierungshemmnis interpretieren ließe. Dass die Gewinne des Kaufmannskapitals, die maßgeblich zum Aufschwung der größeren

---

[30] Vgl. Pacey 1990, 18f. zur Westwanderung gewerblich-technologischer Kenntnisse. Nach seiner Ansicht war China zumindest bis zur Jahrtausendwende das Technologie- und Innovationszentrum der Alten Welt. – Um die Gewerbegeschichte der islamischen Welt vor dem 16. Jahrhundert ist es nicht sonderlich gut bestellt. Einen Einstieg liefert immer noch Goitein 1961, 168ff. Viele verstreute Informationen in Ashtor 1976; 1988; Abu-Lughod 1989; Hourani 1992. Lombard 1974; ders. 1978; ders. 1992 befasst sich wohl am ausführlichsten mit der frühislamischen Gewerbeentwicklung, ist in seinen Urteilen aber allzu euphorisch; sehr interessant die Analysen von Frantz-Murphey 1979; dies., 1981 zur ägyptischen Textilbranche.

Städte in allen Reichsteilen beitrugen, zuallererst für neue Handelsaktivitäten und Geldgeschäfte, gegebenenfalls auch für Luxuskonsum, aber wesentlich seltener für Investitionen in die Gewerbeproduktion verwendet wurden, stellt im internationalen und auch zeitlichen Vergleich keinen Sonderfall dar, wobei anzumerken bleibt, dass sich sowohl islamische als auch westeuropäische Großkaufleute des Mittelalters wesentlich häufiger und stärker in der gewerblichen Produktion engagierten, als dies in aller Regel von Wirtschaftshistorikern zugestanden wird. Auch dass ein Gutteil des Handels lediglich Transithandel war, der die heimische Produktionsstruktur kaum berührte, wird einerseits oft überbewertet und ist andererseits keine Ausnahme.

Abgesehen von lokal begrenzten Schwierigkeiten, die oft durch politische Instabilität, Kriegswirren, Verschiebungen überregionaler Handelsrouten oder auch Naturkatastrophen ausgelöst wurden, verlief die Gewerbeentwicklung bis in die Zeit der Fatimiden, Seldschuken und Almoraviden, d. h. bis ins 12. Jahrhundert, fast überall in der Grundtendenz günstig.[31] Wie noch zu zeigen sein wird, änderte sich dies wahrscheinlich in der ersten Hälfte des 13. Jahrhunderts. Nach der Auflösung des Seldschukenreichs im Nahen Osten, dem Zusammenbruch der Almohadenherrschaft im Maghreb sowie der Ablösung der Aiyubiden durch die Mamlukendynastie im ägyptisch-syrischen Raum, häuften sich in wichtigen Gewerbezweigen Stagnations- und Krisensymptome, die wahrscheinlich schon in erheblichem Maß mit den Fortschritten der gewerblich-manufakturellen Produktion in Italien und Westeuropa zusammenhingen, vorerst aber noch nicht der Beginn eines dauerhaften Niedergangs waren.[32]

Niedergang der Ökonomie nach dem Zerfall des Kalifats?

Die langen Linien der Handels-, Gewerbe- und Agrarentwicklung legen den Schluss nahe, dass die Länder des Nahen Ostens und

---

[31] Siehe dazu für die Mashrakländer Ashtor 1976, 242ff.; Lambton 1988, 330; für Ägypten Frantz-Murphey 1981, 277ff. und 290ff.; für den Maghreb Vanacker 1973, 661f.; Rosenberger 1977, 212ff.

[32] Die Erfolge der südeuropäischen, insbesondere italienischen Kaufleute auf den nordafrikanischen und westasiatischen Küstenmärkten hatten bereits eine lange Vorgeschichte. Aus der Fülle an Literatur zu diesem beliebten Thema sei lediglich verwiesen auf Lopez 1987, 306ff.

Nordafrikas nach dem Auseinanderbrechen des Abbasidenkalifats nicht nur eine kulturelle Einheit blieben, wozu unter anderem die rege Elitenmigration in alle Richtungen beitrug, sondern ökonomisch sogar noch enger zusammenwuchsen und eine vorwiegend günstige Wirtschaftskonjunktur aufwiesen. Lediglich die Landwirtschaft ist gegenüber der Blütephase vor der Jahrtausendwende sicherlich etwas zurückgefallen.[33] Bei beträchtlichen regionalen Unterschieden setzte sich im gesamten arabisch-iranischen Raum die vorteilhafte Agrarentwicklung, die dem Kalifat der Umaiyaden und Abbasiden im 8. und 9. Jahrhundert wirtschaftliche und politische Stärke verliehen hatte, nach der Jahrtausendwende nur mehr gebremst oder überhaupt nicht fort. Möglicherweise hatte die Sorge um die Landwirtschaft schon in der Spätphase des Abbasidenreiches etwas nachgelassen. Gesichert ist, dass die Vernachlässigung bewährter Bewässerungs- und Bodenkonservierungsmethoden parallel zum Abstieg abbasidischer Macht mancherorts die Ausdehnung von Wüsten- und Steppengebieten begünstigt hat, wobei die Zunahme der Weidewirtschaft von Nomadenverbänden sowohl eine Ursache als auch Konsequenz dieser Prozesse gewesen sein mag. Der Verlust von fruchtbarem Land hing häufig auch mit tiefgreifenden Störungen der wichtigen Symbiose zwischen Bauern und Nomaden zusammen, die vor allem politische oder auch ökologische Ursachen hatten.[34]

Die in Teilen der islamischen Welt zu beobachtende Stagnation der Agrarproduktion verlief nach unterschiedlichen Mustern und erklärt sich aus einer Vielzahl einander verstärkender Faktoren, die der Fortsetzung des Wachstums der Landwirtschaft im Wege standen. Politische Destabilisierung infolge von Kriegen und Nomadeninvasionen, veränderte administrative wirtschaftspolitische Maßnahmen, Modifikationen der Handelsrouten und Handelsbeziehungen sowie daraus resultierende, geänderte Nachfragestrukturen auf den lokalen und internationalen Märkten dürften zum Schrumpfen des Agrarsektors ebenso beigetragen haben wie Bodenauslaugung, technologische Engpässe, Mangel an Arbeitskräften, Konflikte zwischen bäuerlichen Unterschichten bzw. Sklaven und staatlichen Amtsträgern bzw. Großgrundbesitzern. Eine be-

---

[33] Vgl. Cahen 1968, 150ff.; Watson 1974, 33; ders. 1983, 140ff., wo ein relativ düsteres Bild der Ursachen und Ausmaße der Stockung gezeichnet wird. Zur Relativierung siehe Cahen 1982, 19f.; Feldbauer 1995, 74f.
[34] Hourani 1992, 136ff.

sonders verderbliche Rolle wird in der Regel der seit der Ära der Seldschuken stark steigenden Bedeutung von *iqta* und *waqf* zugeschrieben, d. h. der Verleihung von Staatsdomänen in Steuerpacht zum Zwecke militärischer Besoldung bzw. der Übertragung von Grundeigentum an religiöse oder gemeinnützige Einrichtungen zur dauernden Nutzung.[35]

Die meisten dieser Faktoren machten sich auch in den fruchtbaren küstennahen Regionen Palästinas bemerkbar. Örtlich soll hier die Entwicklung der Landwirtschaft durch die Aktivitäten christlicher Kreuzfahrerheere und die anschließende Herrschaft westeuropäischer Feudalherren noch stärker gelitten haben. Nur in einem schmalen Küstenstreifen sowie im Jordantal vermochten die Invasoren die differenzierten Formen der islamischen Agrarproduktion erfolgreich fortzuführen und auf den kleinen Lehensgütern des oberitalienischen Kaufmannskapitals kam es sogar, analog zu den Inselkolonien Kreta und Zypern, zu Fortschritten der exportorientierten Zweige der Landwirtschaft. Der wachsende europäische Markt für Baumwolle und Zucker motivierte die Händler aus Venedig, Genua und Pisa selbstverständlich, diese Gewinn versprechenden Agrargüter, deren Kultivierung zu Hause unbekannt war, fortzusetzen. Sie dürften sich zu diesem Zweck überwiegend auf Fronarbeit heimischer Bauern und Sklaven gestützt haben, da nur so eine sachgemäße Behandlung der Pflanzen und Verarbeitung der Rohprodukte gewährleistet war.[36]

Man sollte die Dimensionen der Krisen- und Stockungserscheinungen des Agrarsektors aber nicht dramatisieren. Naturräumlich und strukturell bedingte Engpässe wurden des Öfteren durch politisch oder gesamtwirtschaftlich verursachte Konjunkturprobleme überlagert, die sich bisweilen schon nach kurzer Zeit, manchmal aber erst nach Jahrzehnten wieder entspannten. Es wurde schon darauf hingewiesen, dass sich das Niveau der Agrarproduktion

---

[35] Nach Meinung von Nagel 1998, 205f. trug die Zunahme von ›Militärlehen‹ zum Verfall der Landwirtschaft bei. Die Diskussion um Charakter und Konsequenzen des *iqta*-Systems ist höchst widersprüchlich geblieben. Vgl. dazu Cahen 1953, 28ff.; Lambton 1967, 41ff.; dies. 1988, 105ff.; Rabie 1970, 129ff.; Lapidus 1988, 148ff. Hinsichtlich der *waqf*-Stiftungen sind die Positionen weniger kontroversiell, die enorme Differenzierung nach Zeit und Region wirft aber große Interpretationsprobleme auf. Siehe dazu Cahen 1968, 150f.; McChesney 1991, 3ff.
[36] Vgl. Watson 1983, 144f.; Richard 1985, 251ff. und Kedar 1990, 167ff. Im Unterschied zu Watson betont allerdings Favreau-Lilie 1989, 74 die Kontinuität der Agrarentwicklung unter den Kreuzrittern.

während der Blütephase des Umaiyaden- und Abbasidenkalifats ohne neue Technologien und ohne neues unverbrauchtes Land nur schwer halten ließ. Berücksichtigt man jedoch die günstige Entwicklung der Landwirtschaft im iranischen Osten unter den frühen Seldschuken oder in Ägypten jeweils in der Aufstiegsphase der Fatimiden und Aiyubiden, so fällt die Beurteilung des Agrarsektors für die Zeit nach der Jahrtausendwende keineswegs nur negativ aus. Trotz vieler Unklarheiten und trotz des Fehlens brauchbarer statistischer Daten deutet viel darauf hin, dass die Landwirtschaft in den Kernzonen der Nachfolgestaaten des Kalifats leistungs- und entwicklungsfähiger war, als vielfach behauptet wird. Diese Feststellung trifft naturgemäß nicht für alle Regionen und Zeiten gleichermaßen zu. So gibt es viele Belege dafür, dass die in der Abbasidenära erreichte Agrarblüte des Unterirak bis ins 16. Jahrhundert nie mehr erreicht wurde, wozu der allmähliche Niedergang von Bagdad gut passt.[37]

Etwas leichter zu beurteilen als die Landwirtschaft ist der kommerzielle Sektor. In diesem Fall gilt ohne Vorbehalte, dass die Entwicklung des Handels im Durchschnitt erheblich günstiger als jene des Agrarsektors verlief. Immer mehr Kaufleute tauschten ihre Güter im Rahmen eines relativ freien Marktes, der weiter reichte als zur Zeit des Römischen Imperiums, und in einem Volumen, das vor dem 10. Jahrhundert undenkbar gewesen wäre. Mit der gebotenen Vorsicht lässt sich für die jeweilige Blütephase der Fatimiden- und Aiyubidenherrschaft sogar von einer im östlichen Mittelmeerraum zentrierten, von Spanien und dem westafrikanischen Sudan bis China, Zentralasien und den Indischen Ozean reichenden ›Weltökonomie‹ im Sinne Braudels sprechen.[38]

Der Asienhandel, für den Ägyptens und Syriens Stapelorte als Transitmärkte und auch Abnehmer immer wichtiger wurden, expandierte sowohl auf den See- als auch auf den Landrouten. In den Handelshäusern der Städte Syriens und Ägyptens trafen sich Bankiers aus Spanien, Italien und Nordafrika, um Gold- und Geldgeschäfte mit Indien und China abzuschließen. Während ein erheblicher Teil der Güter, die von Schiffen und/oder Kamelkarawanen aus China, Südostasien oder Indien in den Nahen Osten gebracht wurden, in den größeren und kleineren Städten Mesopotamiens,

---

[37] Zum Verfall der Landwirtschaft im Unterirak siehe Ashtor 1976, 168ff.; Waines 1977, 287ff. und Wagstaff 1985, 178 mit einer kompakten Zusammenfassung der Detailstudien.
[38] Braudel 1986b, 18ff.

Syriens und Ägyptens blieb, wurden für die Mittelmeermärkte bestimmte Waren nach Aleppo, Damaskus und Kairo weitertransportiert. In der Handelssaison drängten sich in Alexandria und den Stapelhäfen Syriens neben Schiffen byzantinischer, italienischer und südfranzösischer Kaufleute auch solche nordafrikanischer und spanischer Muslime, wenngleich deren Anteil seit dem 12. Jahrhundert kontinuierlich zurückging. Die Geschäfte mit dem wirtschaftlich erstarkenden christlichen Westeuropa erreichten signifikant höhere Dimensionen, da Alexandria und die palästinensischen Küstenorte ein rasch wachsendes Angebot an fernöstlichen Luxuswaren, an Edelmetallen und vor allem auch Gewerbeprodukten für den Export bereitstellten, woran sich durch die zeitweilige Besetzung wichtiger Häfen durch Kreuzfahrerheere und italienische Flotten nur wenig änderte.[39]

In engem Zusammenhang mit der Prosperität von ägyptischen, syrischen und byzantinischen Hafenstädten vollzog sich das Vordringen italienischer Kaufleute im östlichen Mittelmeerraum. Die Fatimiden sahen diese Entwicklung gern und dürften sie aus fiskalisch-wirtschaftspolitischen Erwägungen sogar unterstützt haben, obgleich damit auch die Flottendominanz des christlichen Südeuropa gefördert wurde.[40]

Das Fatimidenregime tolerierte die Aktivitäten der Kreuzfahrer nur solange, wie sie die eigenen außenpolitischen Ziele wenig tangierten, versuchte aber durchaus, eigene, ›islamische‹ Interessen zu verteidigen. Armee und Flotte waren dazu freilich um 1100 nur schlecht in der Lage, da zu diesem Zeitpunkt die Epoche der mächtigen Fatimidenkalifen schon vorbei war.[41] Der aiyubidische Herrschaftswechsel in Ägypten und Syrien bewirkte keine generellen Störungen im mediterranen Fernhandel, da die neuen Sultane erst recht Holz, Eisen und andere europäische Produkte für ihre vielen Kriege gegen die Kreuzfahrer und muslimische Gegner dringend benötigten und daher bereit waren, den italienischen, südfranzösischen und katalanischen Händlern weitreichende Privilegien einzuräumen. Der in der Christenheit berühmt-berüchtigte Saladin er-

---

[39] Aus der Fülle der Literatur sei lediglich verwiesen auf Adshead 1988, 109ff.; Abu-Lughod 1989, 137ff. und 251ff.; Chaudhuri 1997, 148ff.
[40] Die Literatur zu diesem Thema ist außergewöhnlich reichhaltig. Einen vorzüglichen Einstieg bietet Cahen 1983. Ergänzend dazu Labib 1965, 7ff.; Goitein 1967, 45ff. oder auch Bresc/Guichard 1990, 168ff.
[41] Ausgezeichnet zu diesem Themenkomplex das Standardwerk von Lev 1991.

griff gegen die als Kreuzfahrer nach Palästina gekommenen Franken zwar die Offensive und beschränkte die christlichen Kaufleute auf die Stapelhäfen am Mittelmeer, um den Transithandel mit der Weltökonomie des Indischen Ozeans kontrollieren zu können. Als Realpolitiker wusste Saladin jedoch, dass nicht nur die Prosperität von Alexandria, Qus und anderen Handelszentren, sondern darüber hinaus die wirtschaftliche und fiskalische Stärke ganz Ägyptens relativ eng mit dem Fernhandel zusammenhing. Er behielt daher das handelspolitische Konzept der Vorgänger grundsätzlich bei, was sich schon 1173 in der Aushandlung neuer Verträge mit Pisa niederschlug. Gegenüber dem abbasidischen Kalifen in Bagdad, dessen religiös-ideologische Autorität die Aiyubidensultane im Gegensatz zu den ismailitischen Fatimiden wieder anerkannten, verteidigte Saladin die kommerzielle Kooperation mit den Südeuropäern mit dem Hinweis, die fränkischen Kaufleute seien zwar als Feinde zu betrachten und ihre Profitgier sei unersättlich, der Handel mit ihnen nütze aber der islamischen Sache und schade somit letztlich den Christen.[42]

Abgesehen von konjunkturellen Schwankungen und regionalen Störungen setzte sich im Großteil der islamischen Welt die günstige Handelsentwicklung auch in der Ära der Kreuzzüge fort, obschon infolge der Schwäche der muslimischen Kriegsflotten Kreta und Zypern an Byzanz, Korsika und Sardinien an Pisa bzw. Genua, Sizilien und Malta an die Normannen verloren gingen und obgleich italienische Schiffe und Kaufleute kontinuierlich an Boden gewannen. Diese Verluste und selbst die ersten Vorstöße der Kreuzfahrer in Palästina verschlechterten die Situation des arabischen Mittelmeerhandels vorerst nur relativ wenig und beeinträchtigten die Geschäftsbeziehungen mit den Ländern am Indischen Ozean, mit Schwarzafrika und dem Fernen Osten kaum. Erst viel später zeitigten die Verschiebungen im internationalen Handelssystem, deren wichtigstes Ergebnis langfristig der Aufstieg der südeuropäischen Kaufleute zur kommerziellen Vorherrschaft im Mittelmeerraum war, gravierende Folgen für die islamischen Länder. Wie langwierig und graduell dieser Prozess verlief, lässt sich beispielsweise an der allmählichen kommerziellen ›Umpolung‹ Siziliens erkennen, die noch viel mehr Zeit als die Rechristianisierung erforderte. Erst 200 Jahre nach der normannischen Eroberung hatten italienische Kauf-

---

[42] Gut zusammengefasst in Labib 1965, 23ff.; Cahen 1983, 131ff. und 146ff.; Lewis/Runyan 1985, 52ff.; Lewis 1988, 88ff.; Abu-Lughod 1989, 227f.

leute die Muslime aus allen wichtigen Positionen verdrängt und die traditionelle Einbindung der Insel in die nordafrikanisch-islamische Handelswelt durch eine Neuorientierung an Norditalien und Westeuropa ersetzt.[43]

Ähnlich wie der Handel entwickelten sich auch viele Gewerbezweige im 11. und 12. Jahrhundert recht günstig. Natürlich beeinträchtigten Kriege, der Niedergang staatlicher Administration, die Verlegung von Handelswegen oder Engpässe der Agrarproduktion immer wieder die Gewerbebetriebe einer Region. Verständlicherweise schlugen die normannischen Flottenangriffe auf Alexandria oder die wichtigen Textilzentren Tinnis und Damiette ebenso negativ auf die Handwerksproduktion durch wie die kreuzzugsbedingten Zerstörungen in vielen Gewerbestädten Syriens. Insgesamt wies die Entwicklung der Lokal- und Exportgewerbe aber sogar in den Kernräumen der christlichen Invasion bis ins späte 12. Jahrhundert viel Kontinuität und nur wenige Zusammenbrüche auf. Es ist aber nicht zu übersehen, dass bald nach 1200 der Import europäischer Woll- und Leinenerzeugnisse zu florieren begann, was mit dem Wandel der Grundbesitzverhältnisse sowie der Agrar- und Steueradministration unter den Aiyubiden zusammenhängen dürfte.[44]

Die erste Hälfte des 13. Jahrhunderts brachte in Ägypten, im Nahen Osten und in den Maghrebländern das Ende des lang andauernden Gewerbeaufschwungs. Um 1250 hatten viele Werkstätten und Fabriken geschlossen, einige Gewerbezweige waren fast verschwunden, andere stagnierten. Gleichzeitig hatte die gewerblich-manufakturelle Produktion in Italien und großen Teilen Westeuropas solche Fortschritte gemacht, dass die Eroberung der arabischen Märkte plötzlich realistisch erschien.

---

[43] Siehe dazu Lewis 1988, 113ff.; Abulafia 1990, 104ff.; Matthew 1992, 72ff.
[44] Recht ähnlich die überwiegend positive Bewertung durch Goitein 1967, 99ff.; Ashtor 1976, 198ff. und 142ff.; Rosenberger 1977, 212ff.; Frantz-Murphey 1981, 289f.; Lambton 1988, 330; Abu-Lughod 1989, 230ff.; vgl. aber Haussig 1988, 137ff. der von einem allgemeinen Gewerbeniedergang unter den Seldschuken infolge überzogener Steuerforderungen und Städtefeindlichkeit berichtet – wahrscheinlich handelt es sich dabei um eine negative Überzeichnung, so wie umgekehrt Sanders 1998, 161ff. ein wohl überzogenes Bild vom Florieren der ägyptischen Wirtschaft inklusive Gewerbeproduktion vermittelt. Dass die maghrebinischen Märkte zuallererst die Konkurrenz südeuropäischer Waren zu spüren bekamen, gilt als gesichert; siehe dazu Goitein 1967; ders. 1970; Abulafia 1973, 398ff.; Lopez 1987, 347ff.

Dieser Wandel überrascht zunächst, wenn man bedenkt, dass iranische und irakische Textilien zur Zeit der Seldschuken noch regelmäßig exportiert worden waren, und dass das unterägyptische Textilgewerbe bis etwa 1200 florierte, dass die Glaserzeugung in den Städten Syriens und die Metallverarbeitung in allen Regionen höhere Qualität und Quantität erreichte, dass die Imitation von Porzellan im iranischen Osten immer besser gelang, dass sich die Papierherstellung vervielfachte und die Zuckerproduktion im persischen Chusistan ebenso wuchs wie in Ostmesopotamien, Syrien, Ägypten und Marokko. Die einander ergänzenden Berichte arabischer Autoren lassen aber keinen Zweifel daran, dass nach 1200 ein Niedergang des Gewerbes einsetzte, dessen Umfang und Geschwindigkeit freilich große regionale Unterschiede aufwies. Beispielsweise erlitt die berühmte Textilindustrie Unterägyptens zu Beginn des 13. Jahrhunderts schwere Einbrüche, die sogar zur Aufgabe und Verödung so berühmter Produktionszentren wie Tinnis und Damiette führten. Plünderungen christlicher Kreuzfahrerheere spielten dafür wahrscheinlich eine Rolle. Die kriegsbedingte Evakuierung der alten Textilstädte war aber sicherlich nicht der zentrale Grund für die Krise der ägyptischen Textilbranche. Diese hatte vielmehr innergesellschaftliche sowie unbeeinflussbare externe, von den Kreuzzügen völlig unabhängige Ursachen, die mit der Entwicklung von Landwirtschaft und *iqta*-Vergabe, der Verschiebung von Handelsrouten, politischer Instabilität am Ende der Aiyubidenherrschaft sowie verstärkter südeuropäischer Konkurrenz zusammenhingen. Ähnliches gilt für andere Regionen und ihre spezifischen Gewerbezweige.[45] Es ist daher durchaus angebracht, die Mitte des 13. Jahrhunderts als problematischen, teilweise sogar krisenhaften Einschnitt der Wirtschaftsentwicklung zu betrachten, der vor dem Hintergrund schwerwiegender politischer Umbrüche und Schwierigkeiten noch zusätzliches Gewicht erlangt. Bereits wenige Jahrzehnte später war allerdings klar, dass von einem dauerhaften politischen und wirtschaftlichen Niedergang vorerst noch keine Rede sein konnte.

---

[45] Eine Zusammenschau der widersprüchlichen, insgesamt wenig befriedigenden Literatur zu diesem kontroversiellen Problembereich ist versucht in Feldbauer 1995, 174ff.

Literatur

Abulafia 1973 = David S. Abulafia, L' attività genovese nell' Africa normanna. La città di Tripoli, Atti del Congresso internazionale di studi sulla Sicilia normanna, Palermo 1973, 395-402.

Abulafia 1987 = David Abulafia, Asia, Africa and the Trade of Medieval Europe, in: Michael M. Postan/Edward Miller (Hg.), The Cambridge Economic History of Europe 2. Trade and Industry in the Middle Ages, Cambridge ²1987, 402-473.

Abulafia 1990 = David Abulafia, The End of Muslim Sicily, in: James M. Powell (Hg.), Muslims Under Latin Rule 1100-1300, Princeton/N.J. 1990, 103-133.

Abu-Lughod 1989 = Janet L. Abu-Lughod, Before European Hegemony. The World-System A.D. 1250-1350, New York-Oxford 1989.

Adshead 1988 = S. A.M. Adshead, China in World History, Basingstoke-London 1988.

Amin 1975 = Samir Amin, Die ungleiche Entwicklung. Essay über die Gesellschaftsformationen des peripheren Kapitalismus, Hamburg 1975.

Ashtor 1976 = Eliyahu Ashtor, A Social and Economic History of the Near East in the Middle Ages, London 1976.

Berkey 1998 = Jonathan P. Berkey, Culture and Society During the Late Middle Ages, in: Carl F. Petry (Hg.), The Cambridge History of Egypt 1. Islamic Egypt 640-1517, Cambridge-New York- Melbourne 1998, 375-411 und 596-602.

Bianquis 1998 = Thierry Bianquis, Autonomous Egypt from Ibn Ṭūlūn to Kāfūr 868-969, in: Carl F. Petry (Hg.), The Cambridge History of Egypt 1. Islamic Egypt 640-1517, Cambridge-New York-Melbourne 1998, 86-119 und 554-557.

Braudel 1976 = Fernand Braudel, The Mediterranean and the Mediterranean World in the Age of Philipp II, 2 Bde., London ²1976.

Braudel 1986a = Fernand Braudel, Sozialgeschichte des 15. bis 18. Jahrhunderts 2. Der Handel, München 1986.

Braudel 1986b = Fernand Braudel, Sozialgeschichte des 15. bis 18. Jahrhunderts 3. Aufbruch zur Weltwirtschaft, München 1986.

Braudel 1990 = Fernand Braudel, Das Mittelmeer und die mediterrane Welt in der Epoche Philipps II., 3 Bde., Frankfurt a. M. 1990.

Bresc/Guichard 1990 = Henri Bresc/Pierre Guichard, L'éclatement des Islams. Fin du IXe siècle – fin du XIe siècle, in: Robert Fossier (Hg.), Le Moyen Age 2. L'éveil de l'Europe 950-1250, Paris ³1990, 141-194.

Bulliet 1975 = Richard W. Bulliet, The Camel and the Wheel, Cambridge/Mass.-London 1975.

Cahen 1953 = Claude Cahen, L'évolution de l'iqta' du IXe au XIIIe siècle. Contribution à une histoire comparée des sociétés mediévales, Annales E.S.C. 8/1, 1953, 25-52.

Cahen 1968a = Claude Cahen, Der Islam 1. Vom Ursprung bis zu den Anfängen des Osmanenreiches, Fischer Weltgeschichte 14, Frankfurt a. M. 1968.

Cahen 1982 = Claude Cahen, La communauté rurale dans le monde musulman médiéval, in: Les communautés rurales 3. Asie et Islam,

Recueils de la Société Jean Bodin pour l'histoire comparative des institutions 42, Paris 1982, 9-27.

Cahen 1983 = Claude Cahen, Orient et Occident en temps des Croisades, Paris 1983.

Chamberlain 1998 = Michael Chamberlain, The Crusader Era and the Ayyūbid Dynasty, in: Carl F. Petry (Hg.), The Cambridge History of Egypt 1. Islamic Egypt 640-1517, Cambridge-New York-Melbourne 1998, 211-241 und 571-575.

Chaudhuri 1985 = Kirti N. Chaudhuri, Trade and Civilisation in the Indian Ocean. An Economic History from the Rise of Islam to 1750, Cambridge 1985.

Chaudhuri 1990 = Kirti N. Chaudhuri, Asia before Europe. Economy and Civilisation of the Indian Ocean from the Rise of Islam to 1750, Cambridge 1990.

Chaudhuri 1997 = Kirti N. Chaudhuri, Die Ökonomie in muslimischen Gesellschaften, in: Francis Robinson (Hg.), Islamische Welt. Eine illustrierte Geschichte, Frankfurt a. M.-New York 1997, 148-187.

Christensen 1993 = Peter Christensen, The Decline of Iranshahi. Irrigation and Environment in the History of the Middle East 500 D.C. to A.D. 1500, Kopenhagen 1993.

Christian 1998 = David Christian, A History of Russia, Central Asia and Mongolia 1. Inner Eurasia from Prehistory to the Mongol Empire, Oxford-Molden/Mass. 1998.

Crone 1987 = Patricia Crone, Meccan Trade and the Rise of Islam, Oxford 1987.

Curtin 1984 = Philip D. Curtin, Cross-cultural Trade in World History, Cambridge 1984.

Devisse 1972 = Jean Devisse, Routes de commerce et échanges en Afrique occidentale en relation avec la Méditerranée. Un essai sur le commerce africain médiéval du XIe au XVIe siècle, Revue d'histoire économique et sociale 50/1 und 3, 1972, 42-73 und 357-397.

Donner 1984 = Fred McGraw Donner, Tribal Settlement in Basra During the First Century AH, in: Tarif Khalidi (Hg.), Land Tenure and Social Transformation in the Middle East, Beirut 1984, 97-120.

Dostal 1998 = Walter Dostal, Die Araber in vorislamischer Zeit, in: Albrecht Noth/Jürgen Paul (Hg.), Der islamische Orient. Grundzuge seiner Geschichte, Mitteilungen zur Sozial- und Kulturgeschichte der islamischen Welt 1, Würzburg 1998, 25-44.

Favreau-Lilie 1989 = Marie-Luise Favreau-Lilie, Die Bedeutung von Wallfahrten, Kreuzzügen und anderen Wanderungsbewegungen (z. B. Gesellenwanderungen) für die Kommunikation in Mittalter und früher Neuzeit, in: Hans Pohl (Hg.), Die Bedeutung der Kommunikation für Wirtschaft und Gesellschaft, Vierteljahrsschrift für Sozial- und Wirtschaftsgeschichte, Beiheft 87, Stuttgart 1989, 64-89.

Feldbauer 1995 = Peter Feldbauer, Die islamische Welt 600-1250. Ein Frühfall von Unterentwicklung?, Wien 1995.

Frank 1998 = Andre Gunder Frank, ReORIENT. Global Economy in the Asian Age, Berkeley-LosAngeles 1998.

Frantz-Murphey 1978 = Gladys Frantz-Murphy, Saving and Investment in Medieval Egypt, Phil. Diss. Michigan 1978.

Frantz-Murphey 1979 = Gladys Frantz-Murphy, Saving and Investment in Medieval Egypt, in: P. Uselding (Hg.), Business and Economic History, Urbana/Ill. 1979, 110-113.

Frantz-Murphey 1981 = Gladys Frantz-Murphy, A New Interpretation of the Economic History of Medieval Egypt. The Role of the Textile Industry 254-567/868-1171, Journal of the Economic and Social History of the Orient 24/3, 1981, 274-297.

Frantz-Murphey 1984 = Gladys Frantz-Murphy, Land Tenure and Social Transformation in Early Islamic Egypt, in: Tarif Khalidi (Hg.), Land Tenure and Social Transformation in the Middle East, Beirut 1984, 131-139.

Frantz-Murphy 1986 = Gladys Frantz-Murphy, The Agrarian Administration of Egypt from the Arabs to the Ottomans, Supplément aux Annales islamologiques. Cahier 9, Kairo 1986.

Garcin 1995a = Jean-Claude Garcin u.a., États, sociétés et cultures du monde musulman médiéval Xe–XVe siécle 1. L'évolution politique et sociale, Paris 1995.

Garcin 1995b = Jean-Claude Garcin, Les Seldjukides et leurs héretiers, in: ders., États, sociétés et cultures du monde musulman médiéval Xe–XVe siécle 1. L'évolution politique et sociale, Paris 1995, 123-149.

Garcin 1995c = Jean-Claude Garcin, Les Zankides et les Ayyūbides, in: ders., États, sociétés et cultures du monde musulman médiéval Xe–XVe siécle 1. L'évolution politique et sociale, Paris 1995, 233-255.

Goitein 1957 = Shlomo D. Goitein, The Rise of the Near Eastern Bourgeoisie in Early Islamic Times, Cahiers d'Histoire mondiale 3/3, 1957, 583-604.

Goitein 1961 = Shlomo D. Goitein, The Main Industries of the Mediterranean Area as Reflected in the Records of the Cairo Geniza, Journal of the Economic and Social History of the Orient 4/2, 1961, 168-197.

Goitein 1967 = Shlomo D. Goitein, A Mediterranean Society. The Jewish Communities of the Arab World, as Portrayed in the Documents of the Cairo Geniza 1. Economic Foundations, Berkeley-Los Angeles 1967.

Goitein 1970 = Shlomo D. Goitein, Mediterranean Trade in the Eleventh Century. Some Facts and Problems, in: Michael A. Cook (Hg.), Studies in the Economic History of the Middle East from the Rise of Islam to the Present Day, London 1970, 51-62.

Goldstone 1988 = Jack Goldstone, East and West in Seventeenth Century. Political Crises in Stuart England, Ottoman Turkey, and Ming China, Comparative Studies in Society and History 30/1, 1988, 103-142.

Goldstone 1991 = Jack A. Goldstone, Revolution and Rebellion in the Early Modern World, Berkeley-Los Angeles-Oxford 1991.

Greif 1989 = Avner Greif, Reputation and Coalitions in Medieval Trade. Evidence on the Maghribi Traders, The Journal of Economic History 49/4, 1989, 857-882.

Haarmann 1987 = Ulrich Haarmann (Hg.), Geschichte der arabischen Welt, München 1987.

Halm 1987a = Heinz Halm, Die Fatimiden, in: Ulrich Haarmann (Hg.), Geschichte der arabischen Welt, München 1987, S. 166-199 und 605-606.

Halm 1987b = Heinz Halm, Die Aiyubiden, in: Ulrich Haarmann (Hg.), Geschichte der arabischen Welt, München 1987, 200-216 und 606.

Halm 1991 = Heinz Halm, Das Reich des Mahdi. Der Aufstieg der Fatimiden 875-973, München 1991.

Halm 1998 = Heinz Halm, Die Berberreiche des Westens, in: Albrecht Noth/Jürgen Paul (Hg.), Der islamische Orient. Grundzüge seiner Geschichte, Mitteilungen zur Sozial- und Kulturgeschichte der islamischen Welt 1, Würzburg 1998, 195-216.

Haussig 1988 = Hans Wilhelm Haussig, Die Geschichte Zentralasiens und der Seidenstraße in islamischer Zeit, Grundzüge 73, Darmstadt 1988.

Hodgson 1974 = Marshall G.S. Hodgson, The Venture of Islam. Conscience and History in a World Civilization 1. The Classical Age of Islam, Chicago-London 1974.

Holt 1986 = Peter Malcolm Holt, The Age of the Crusades. The Near East from the Eleventh Century to 1517, London-New York 1986.

Hourani 1992 = Albert Hourani, Die Geschichte der arabischen Völker, Frankfurt a. M. 1992.

Humphreys 1991 = R. Stephen Humphreys, Islamic History. A Framework for Inquiry, Princeton/N.J. 1991.

Irwin 1997 = Robert Irwin, Die Entstehung des islamischen Weltsystems 1100–1500, in: Francis Robinson (Hg.), Islamische Welt. Eine illustrierte Geschichte, Frankfurt a. M.-New York 1997, 56-85.

Kedar 1990 = Benjamin Z. Kedar, The Subjected Muslims of the Frankish Levant, in: James M. Powell (Hg.), Muslims Under Latin Rule 1100-1300, Princeton/N.J. 1990, 135-174.

Kennedy 1986 = Hugh Kennedy, The Prophet and the Age of the Caliphates. The Islamic Near East from the Sixth to the Eleventh Century, London-New York 1986.

Khazanov 1984 = Anatolii M. Khazanov, Nomads and the Outside World, Cambridge 1984.

Khazanov 1992 = Anatolii M. Khazanov, Nomads and Oases in Central Asia, in: John A. Hall/Ivan Charles Jarvie (Hg.), Transition to Modernity. Essays on Power, Walth and Belief, Cambridge 1992, 69-89.

Khoury/Kostiner 1991 = Philip S. Khoury/Joseph Kostiner (Hg.), Tribes and State Formation in the Middle East, London-New York 1991.

Labib 1965 = Subhi Y. Labib, Handelsgeschichte Ägyptens im Spätmittelalter 1171-1517, Vierteljahrsschrift für Sozial- und Wirtschaftsgeschichte. Beihefte 46, Wiesbaden 1965.

Lambton 1967 Ann K.S. Lambton, The Evolution of the iqtā' in Medieval Iran, Iran. Journal of Persian Studies 5, 1967, 41-50.

Lambton 1969 = Ann K.S. Lambton, Landlord and Peasant in Persia. A Study of Land Tenure and Land Revenue Administration, Oxford ^{2}1969.

Lambton 1973 = Ann K.S. Lambton, Aspects of Saljūq-Ghuzz Settlement in Persia, in: Donald S. Richards (Hg.), Islamic Civilisation 950-1150. A Colloquium, Papers on Islamic History 3, Oxford 1973, 105-125.

Lambton 1988 = Ann K.S. Lambton, Continuity and Change in Medieval Persia. Aspects of Administrative, Economic and Social History. 11th-14th Century, Columbia Lectures on Iranian Studies 2, Albany/N.Y. 1988.

Lapidus 1987 = Ira M. Lapidus, Die Institutionalisierung der frühislamischen Gesellschaften, in: Wolfgang Schluchter (Hg.), Max Webers Sicht des Islam. Interpretation und Kritik, Frankfurt a. M. 1987, 125-141.

Lapidus 1988 = Ira M. Lapidus, A History of Islamic Societies, Cambridge 1988.

Lapidus 1991 = Ira M. Lapidus, Tribes and State Formation in Islamic History, in: Philip S. Khoury/Joseph Kostiner (Hg.), Tribes and State Formation in the Middle East, London-New York 1991, 25-47.

Laroui 1976 = Abdallah Laroui, L'histoire du Maghreb. Un essai de synthèse, 2 Bde., Paris 1976.

Lev 1991 = Yaacov Lev, State and Society in Fatimid Egypt, Arab History and Civilization. Studies and Texts 1, Leiden-New York 1991.

Lewis 1978 = Archibald Lewis, Mediterranean Commerce. A.D. 300-1100 Shipping and Trade, in: Settimane di studio del Centro italiano sull'alto Medioevo 25. La navigazione mediterranea nell'alto Medioevo 2, Spoleto 1978, 481-501.

Lewis 1988 = Archibald R. Lewis, Nomads and Crusaders. A.D. 1000-1368, Bloomington-Indianapolis 1988.

Lewis/Runyan 1985 = Archibald R. Lewis/Timothy J. Runyan, European Naval and Maritime History 300-1500, Bloomington/Ind. 1985.

Lombard 1974 = Maurice Lombard, Études d'économie médiévale 2. Les métaux dans l'ancien monde du Ve au XIe siècle, Civilisations et Sociétés 38, Paris-Den Haag 1974.

Lombard 1978 = Maurice Lombard, Études d'économie médiévale 3. Les textiles dans le Monde Musulman du XIIe au XIIe siècle, Civilisations et Sociétés 61, Paris-Den Haag-New York 1978.

Lombard 1992 = Maurice Lombard, Blütezeit des Islam. Eine Wirtschafts- und Kulturgeschichte. 8.-11. Jahrhundert, Frankfurt a. M. 1992.

Lopez 1987 = Robert S. Lopez, The Trade of Medieval Europe. The South, in: Michael M. Postan/Edward Miller (Hg.), The Cambridge Economic History of Europe 2. Trade and Industry in the Middle Ages, Cambridge ²1987, S. 306-401.

Lyons/Jackson 1982 = Malcolm Cameron Lyons/David E.P. Jackson, Saladin. The Politics of the Holy War, University of Cambridge Oriental Publications 30, Cambridge 1982.

McChesney 1991 = Robert D. Mc Chesney, Waqf in Central Asia. Four Hundred Years in the History of a Muslim Shrine 1480-1889, Princeton/N.J.-Oxford 1991.

Matossian 1997 = Mary Kilbourne Matossian, Shaping World History. Breakthrough in Ecology, Technology, Sience, and Politics, Armonk/N.Y.-London 1997.

Matthew 1992 = Donald Matthew, The Norman Kingdom of Sicily, Cambridge 1992.

Morgan 1988 = David Morgan, Medieval Persia 1040-1797, London-New York 1988.

Morony 1984 a = Michael G. Morony, Iraq after the Muslim Conquests, Princeton/N.J. 1984.

Morony 1984b = Michael G. Morony, Land Holding and Social Change. Lower al-'Iraq in the Early Islamic Period, in: Tarif Khalidi (Hg.), Land

Tenure and Social Transformation in the Middle East, Beirut 1984, 209-222.
Nagel 1998 = Tilman Nagel, Die islamische Welt bis 1500, Oldenbourg Grundriß der Geschichte 24, München 1998.
Noth 1984 = Albrecht Noth, Some Remarks on the ›Nationalization‹ on Conquered Lands at the Time of the Umayyads, in: Tarif Khalidi (Hg.), Land Tenure and Social Transformation in the Middle East, Beirut 1984, 223-228.
Noth 1998 = Albrecht Noth, Von der medinensischen »Umma« zu einer muslimischen Ökumene, in: Albrecht Noth/Jürgen Paul (Hg.), Der islamische Orient. Gründzüge seiner Geschichte, Mitteilungen zur Sozial- und Kulturgeschichte der islamischen Welt 1, Würzburg 1998, 81-134.
Noth/Paul 1998 = Albrecht Noth/Jürgen Paul (Hg.), Der islamische Orient – Gründzüge seiner Geschichte, Mitteilungen zur Sozial- und Kulturgeschichte der islamischen Welt 1, Würzburg 1998.
Pacey 1990 = Arnold Pacey, Technology in World Civilization. A Thousand Year History, Oxford 1990.
Paul 1998 = Von 950 bis 1200, in: Albrecht Noth/Jürgen Paul (Hg.), Der islamische Orient. Grundzüge seiner Geschichte, Mitteilungen zur Sozial- und Kulturgeschichte der islamischen Welt 1, Würzburg 1998, 217-254.
Planhol 1975 = Xavier de Planhol, Kulturgeographische Grundlagen der islamischen Geschichte, Zürich-München 1975.
Rabie 1970 = Hassanein Rabie, The Size and Value of the Iqṭā' in Egypt 564-741 A.H./1169-1341 A.D., in: Michael A. Cook (Hg.), Studies in the Economic History of the Middle East from the Rise of Islam to the Present Day, London 1970, 129-138.
Rāġib 1993 = Yusuf Rāġib, Les marchés aux esclaves en terre d'Islam, in: Settimane di studio del Centro italiano di studi sull' alto Medioevo 40. Mercati e mercanti nell' alto Medioevo. L'area euroasiatica e l'area mediterranea, Spoleto 1993, 721-765.
Richard 1985 = Jean Richard, Agricultural Conditions in the Crusader States, in: Norman P. Zacour/Harry W. Hazard (Hg.), A History of the Crusades 5. The Impact of the Crusades on the Near East, Madison/Wisc.-London 1985, 251-294.
Rodinson 1971 = Maxime Rodinson, Islam und Kapitalismus, Frankfurt 1971
Rosenberger 1977 = Bernard Rosenberger, L'histoire économique du Maghreb, in: Bertold Spuler (Hg.), Handbuch der Orientalistik I/6/6. Wirtschaftsgeschichte des Vorderen Orients in islamischer Zeit 1, Leiden-Köln 1977, 205-238.
Sanders 1998 = Paula A. Sanders, The Fāṭimid State 969-1171, in: Carl F. Petry (Hg.), The Cambridge History of Egypt 1. Islamic Egypt 640-1517, Cambridge-New York-Melbourne 1998, 151-174 und 560-561.
Serjeant 1990 = Robert B. Serjeant, Meccan Trade and the Rise of Islam. Misconceptions and Flowed Polemics, Journal of the American Oriental Society 110/3, 1990, 472-486.
Shaban 1976 = Muhammad A. Shaban, Islamic History. A New Interpretation 2. A.D. 750-1055, Cambridge 1976.

Singer 1987 = Hans-Rudolf Singer, Der Maghreb und die Pyrenäenhalbinsel bis zum Ausgang des Mittelalters, in: Ulrich Haarmann (Hg.), Geschichte der arabischen Welt, München 1987, 264-322 und 612-615.

Thébert/Biget 1990 = Yvon Thébert/Jean-Louis Biget, L'Afrique après la disparition de la cité classique. Cohérence et ruptures dans l'histoire maghrébine, in: École française de Rome (Hg.), L'Afrique dans l'Occident romain. 1er siècle av.J.-C.-IVe siècle ap.J.-C., Rom 1990, 575-602.

Udovitch 1970a = Abraham L. Udovitch, Partnership and Profit in Medieval Islam, Princeton 1970.

Udovitch 1970b = Abraham L. Udovitch, Commercial Techniques in Early Medieval Islamic Trade, in: Donald S. Richards (Hg.), Islam and the Trade of Asia. A Colloquium, Papers on Islamic History 2, Oxford 1970, 37-62.

Udovitch 1979 = Abraham L. Udovitch, Bankers without Banks. Commerce, Banking, and Society in the Islamic World of the Middle Ages, in: The Dawn of Modern Banking, New Haven-London 1979, 255-273.

Udovitch 1993 = Abraham L. Udovitch, Market and Society in the Medieval Islamic World, in: Settimane di studio del Centro italiano di studi sull' alto Medioevo 40. Mercati e mercanti nell' alto Medioevo. L'area euroasiatica e l'area mediterranea, Spoleto 1993, 767-790.

Vanacker 1973 = Claudette Vanacker, Géographie économique de l'Afrique du Nord selon les auteurs arabes du IXe siècle au milieu du XIIe siècle, Annales E.S.C. 28/3, 1973, 659-680.

Wagstaff 1985 = J. Malcolm Wagstaff, The Evolution of Middle Eastern Landscapes. An Outline to A.D. 1840, London-Sydney 1985.

Waines 1977 = David Waines, The Third Century Internal Crisis of the Abbasids, Journal of the Economic and Social History of the Orient 20/3, 1977, 282-306.

Walker 1998 = Paul E. Walker, The Ismā'ili Da'wa and the Fāṭimid Caliphate, in: Carl F. Petry (Hg.), The Cambridge History of Egypt 1. Islamic Egypt 640-1517, Cambridge-New York-Melbourne 1998, 120-150 und 557-560.

Watson 1974 = Andrew M. Watson, The Arab Agricultural Revolution and Its Diffusion. 700-1100, The Journal of Economic History 34/1, 1974, 8-35.

Watson 1981 = Andrew M. Watson, A Medieval Green Revolution. New Crops and Farming Techniques in the Early Islamic World, in: Abraham L. Udovitch (Hg.), The Islamic Middle East 700-1900. Studies in Social and Economic History, Princeton/N.J. 1981, 29-58.

Watson 1983 = Andrew M. Watson, Agricultural Innovation in the Early Islamic World. The Diffusion of Crops and Farming Techniques 700-1100, Cambridge 1983.

Wolf 1986 = Eric R. Wolf, Die Völker ohne Geschichte. Europa und die andere Welt seit 1400, Frankfurt a.M.-New York 1986.

Zubaida 1972 = Sami Zubaida, Economic and Political Activism in Islam, Economy and Society 1/3, 1972, 308-338.

Byzanz und Europa*

J. KODER

›Byzanz‹ und ›Byzantiner‹ sind die heutigen Konventionsbezeichnungen für einen spätantiken und mittelalterlichen Staat, das Byzantinische Reich, und dessen Bewohner. Diese freilich verstanden und bezeichneten sich während der gesamten ›byzantinischen‹ Zeit ganz selbstverständlich als ›Römer‹ (griech. *Romaíoi*) und ihren Staat als ›Kaiserreich der Römer‹ (griech. *Basileía ton Romaíon*). Sie sahen sich – mit einiger Berechtigung – als direkte und bruchlose Traditionsträger des *Imperium Romanum*, aus dem sich das Byzantinische Reich schrittweise entwickelte, nachdem Kaiser Konstantin der Große (reg. 306-337) im Jahr 324 an der Stelle der antiken Stadt Byzantion ein ›zweites‹, ›neues‹ Rom (griech. *deutéra* bzw. *néa Rómé*) gegründet hatte, das nach ihm auch den Namen *Konstantinúpolis* (›Konstantinsstadt‹) trug und als östliches Gegenstück zum (ersten) ›alten‹ Rom konzipiert war.[1]

Das neue, christliche Rom

Konstantinopel war trotz der anfangs noch teilweise geförderten beziehungsweise tolerierten heidnischen Kultelemente seit seiner Gründung als christliches Rom geplant und entwickelte sich im Verlauf der spätantiken und frühmittelalterlichen Jahrhunderte zum politischen und religiösen Mittelpunkt des Christentums im östlichen Mittelmeerraum und in Osteuropa, was bis heute im Ehrenvorrang des ökumenischen Patriarchen von Konstantinopel vor den anderen Patriarchen des Ostens (von Alexandreia, Antiocheia und Jerusalem) und allen anderen christlich-orthodoxen Kirchenführern seinen Ausdruck findet. Konstantinopel war für die Men-

---

* Dieser Beitrag ist in einer leicht abgewandelten Form erstmals in HISTORICUM, Winter 2001/2002: Byzanz I, 9-14, erschienen.
[1] Koder 1990.

schen im östlichen Mediterraneum ›die Stadt‹ schlechthin (griech. *i poli*, acc. *stin poli* – daher auch türk. *Istanbul*), nicht nur in byzantinischer Zeit sondern auch nach der Eroberung durch Mehmed II. Fatih (›der Eroberer‹), 1453, als Residenz der osmanischen Sultane. Es war somit vom 4. bis zum 20. Jahrhundert ununterbrochen Hauptstadt eines Großreiches.[2]

Reichsteilung und Gräzisierung des Ostens

Nach der – zunächst lediglich administrativ geplanten – Teilung des *Imperium Romanum* in eine westliche und eine östliche Hälfte am Ende des 4. Jahrhunderts und nach dem Untergang des westlichen Kaisertums (476) war Byzanz, nicht zuletzt dank der intensiven Bestrebungen des Kaisers Justinian I. (reg. 527-565), die spätantiken Grenzen des römischen Reichs wieder herzustellen, bis in das 7. Jahrhundert unbestrittener Traditionsträger des römischen Reichsgedankens im Mittelmeerraum. Ab der Wende vom 6. zum 7. Jahrhundert öffnete sich zwischen dem ideologischen Anspruch auf die Herrschaft der byzantinischen Kaiser über die gesamte christliche Ökumene (griech. *oikuméne*, die ›bewohnte Welt‹, entsprechend latein. *orbis terrarum*, ›Erdkreis‹) des euromediterranen Raumes und der Realität politischer Machtausübung eine Lücke, die sich in den folgenden Jahrhunderten stets erweiterte und bald unüberbrückbar wurde.[3] Gelang Justinian noch kurzfristig die Machtausübung über den gesamten Mittelmeerraum, so reduzierte sich nach ihm das Reichsgebiet bald wieder auf das östliche Mittelmeer und nach der schlagartigen religiösen und politischen Expansion des Islam seit dem ersten Drittel des 7. Jahrhunderts auf Kerngebiete in Kleinasien, auf der Balkanhalbinsel und in den zugehörigen Meeren: Ägäis, Schwarzes Meer, Jonisches Meer, Adria und Teile des levantinischen Beckens des Mittelmeeres.

Hand in Hand mit den politischen Entwicklungen ging eine sprachliche und kulturelle Gräzisierung einher, die eine Zurückdrängung wichtiger Kultur- und Literatursprachen im Osten zur Folge hatte, des Lateinischen als der eigentlichen Staats- und Rechtssprache, des Syrischen als der dominanten Handelssprache in der Osthälfte des *Imperium Romanum*, des Aramäischen und (in Ägypten) des Koptischen. Daher kann man den mittelalter-

---

[2] Dagron 1974; Hunger 1965; Zakythinos 1976.
[3] Koder 2002 und 2003.

lichen byzantinischen Staat tatsächlich als ein »Produkt« des Zusammenwirkens jener drei Faktoren betrachten, die Georg Ostrogorsky mit »römisches Staatswesen, griechische Kultur und christlicher Glaube« umschrieben hat.[4]

Byzantinische Einflussräume

Im Gegensatz zur Wechselhaftigkeit der territorialen und politischen Entwicklung von Byzanz stehen Wachstum und Kontinuität seiner überstaatlichen und großräumigen Einflussnahme in allen Bereichen der Religion, Kultur und Wissenschaft, sei es (beispielsweise) im Umaiyadenkalifat des 7. und 8. Jahrhunderts (Der christliche theologische Schriftsteller Johannes von Damaskus, Sohn eines Finanzberaters am muslimischen Umaiyadenhof, sei als symbolische Schlüsselpersönlichkeit genannt), in der *Italia byzantina* (Venedig, Ravenna, Rom, Süditalien, Sizilien), in der *Rus* oder in den südöstlichen *Sklaviníai*, den slawischen Siedlungsgebieten auf der Balkanhalbinsel, und in den aus diesen erwachsenden Staaten. Denn auch Südosteuropa, dessen illyrische, lateinische und griechische Bevölkerung von der Völkerwanderung und den Gotenzügen noch weniger stark betroffen war, als die westliche Reichshälfte, erfuhr ab dem ausgehenden 6. Jahrhundert durch die Landnahme der Awaren, des Türkvolkes der Bulgaren und mehrerer Slawenvölker eine nachhaltige ethnische und politische Umgestaltung: Diese schoben sich zwischen Byzanz und Europa und stellten dadurch einen wesentlichen Faktor der Entfremdung dar. Dabei ist bemerkenswert, dass die politisch nicht stark organisierten Slawen anfangs von den Awaren und den Bulgaren beherrscht wurden. Im Verlauf weniger Generationen jedoch setzten sie sich sprachlich und kulturell durch und wurden auch ethnisch dominant. Dies erklärt, wieso die Awaren bald von der Balkanhalbinsel in die pannonische Ebene abrückten und der erste, 681 gegründete bulgarische Staat zwar anfangs noch eine deutliche Zweiteilung zwischen bulgarischer Oberschicht und slawischer Bevölkerungsmehrheit erkennen lässt, jedoch spätestens ab der Zeit seiner Christianisierung durch Byzanz um die Mitte des 9. Jahrhunderts eine fast rein slawische Kulturgemeinschaft war.[5]

---

[4] Ostrogorsky 1963, 22; Koder 2001.
[5] Curta 2001.

Von der Mittelmeerökumene zum Euromediterraneum

Die Beziehung zwischen Byzanz und Europa gestaltete sich während der elf Jahrhunderte byzantinischer Geschichte vielfältig und wechselhaft. Hierbei ist zu bedenken, dass am Ende der Antike ›Europa‹ zwar – auf der Grundlage der Schriften griechischer Geographen – für die Bildungsschichten der Mittelmeervölker ein durchaus konkreter räumlicher Begriff war, dass die Europa-Vorstellung sich jedoch – wie die der beiden anderen bekannten Kontinente Asia und Libye (Afrika) auch – auf das Mittelmeer konzentrierte, also der Tiefenschärfe entbehrte: Je näher eine Region dem *mare nostrum*, dem Zentrum der Mittelmeerökumene der Römer war, desto detailreicher und konkreter vorstellbar war das Wissen über sie; unter Asien verstand man in erster Linie Kleinasien, unter Afrika die nordafrikanische Küste und unter Europa die dem Mittelmeer zugewandten europäischen Küstenregionen (hier sei darauf hingewiesen, dass die im Gegensatz zum biblisch-christlichen Weltbild stehenden griechischen Geographen in ihrer sphärischen Erdvorstellung bereits eine ›Gegenökumene‹, griech. *antoikumene*, vermuteten, die durch den Nil mit der Ökumene verbunden war). Zudem entbehrten die drei geographischen Kontinentalbegriffe weitgehend der heute geläufigen politischen, ideologischen oder wirtschaftlichen Konnotationen. Diese verband man mit dem übernationalen *Imperium Romanum* als der eigentlichen ›Ökumene‹, außerhalb derer die Barbarenstämme (griech. *ethne*, latein. *gentes*) lebten.[6]

Das Ende dieser Mittelmeerökumene, zugleich der Beginn eines sich verselbstständigenden Europa zeichnete sich nach der Mitte des 5. Jahrhunderts mit dem Ende des weströmischen Kaisertums (476) ab, dem im italischen Kernraum nach Gotenherrschaft und byzantinischer Reconquista unter Kaiser Justinian ab 568 die langobardische Landnahme und der Aufstieg des Papsttums folgten. Bedeutsam ist in diesem Zusammenhang die Gründung des fränkischen Merowingerreiches (Ende des 5. Jahrhunderts) auf dem Gebiet des ehemals römischen Gallien, eines Staates, der zwar dank der südfranzösischen Küstengebiete die räumliche Verbindung mit dem Mittelmeer aufrecht erhielt und dank des Christentums in diese Ökumene eingebunden war, wirtschaftlich und politisch jedoch vom römischen Reich immer unabhängiger wurde. Die Emanzipation dieses zentraleuropäischen Territoriums, aus dem

---

[6] Koder 1991.

das Reich Karls des Großen und das westliche mittelalterliche Kaisertum hervorgingen, war ein entscheidender Faktor bei der Entwicklung eines neuartigen, kontinentalen, das Mittelmeer zeitweise nahezu marginalisierenden Europa, dessen politische und wirtschaftliche Grundzüge bis heute greifbar sind.

Die Religionen des Euromediterraneums

Ein weiterer Faktor im Prozess der Europawerdung ist die Religionsgründung des Islam, dessen Verbreitung und dessen politische Expansion seit dem 7. Jahrhundert. In ihrer ersten Phase erfasste diese alle Küstenzonen südlich des Mittelmeeres (und deren Hinterländer); die Muslime drängten den politischen und religiösen Einfluss der Byzantiner aus Afrika (Karthago!), Ägypten und der Levante nach Kleinasien zurück und stießen ab der ersten Hälfte des 8. Jahrhunderts im Westen über die Meerenge von Gibraltar in die iberische Halbinsel vor, wo sie sich niederließen und erst ab dem 12. Jahrhundert schrittweise vertrieben wurden (aus Granada erst 1492).

Die Einheit der Mittelmeerökumene war durch die genannten Faktoren bereits aufgebrochen: Drei (in sich allerdings keineswegs geschlossene) ideologische und politische Entitäten – Muslime, (westliche) Europäer und der (östliche) eurasiatische Block der Byzantiner – profilierten sich zunehmend, wobei auch das bereits in der theodosianischen Reichsteilung angelegte, religiös-ideologische Auseinanderdriften des Alten und des Neuen Rom ab etwa 800 manifest wurde (in Jerusalem Streit der Benediktiner des Ölbergklosters mit den griechischen Mönchen der Sabas-Laura um das *filioque* im Glaubensbekenntnis). Sie trugen dadurch indirekt zur Vermehrung der Spannungen zwischen Karl dem Großen und Byzanz bei, wenngleich hier das Problem des ›Doppelkaisertums‹ im Mittelpunkt stand, das im konkreten Fall durch die Unvorstellbarkeit eines weiblichen Kaisertums (Eirene, reg. 797-802, als *basileus*, ›Kaiser‹) noch gravierender wurde.[7]

Neben den dogmatischen führten Unterschiede im Verständnis des Papsttums und in der kirchlichen Praxis, nicht so sehr durch ihr Vorhandensein als solches, sondern durch ihre kompromisslosere Propagierung, im Jahr 1054 zum Schisma zwischen der päpstlichen und den orthodoxen Kirchen. Im politischen Alltag der Glaubens-

---

[7] Classen 1968; Dölger 1964.

propaganda war davon seit dem 9. Jahrhundert die Slawenmission belastet: Die seit der Spätantike auf der Balkanhalbinsel bestehende lateinisch-griechische Sprach- und Einflussgrenze entwickelte sich durch die konkurrierende Missionstätigkeit im 9. und 10. Jahrhundert zu einer religiösen und politischen Grenze, die nicht durchwegs mit der Sprachgrenze identisch war. Bis heute unterscheiden sich daher die sprachlich verwandten Kroaten und Serben nicht nur durch ihre Schrift, sondern sie sind auch religiös und mental unterschiedlichen Traditionen zuzuordnen, die Kroaten den päpstlich-zentraleuropäischen, die Serben den orthodox-byzantinischen. Andererseits gehören die in einer lateinischen sprachlichen und kulturellen Tradition stehenden Rumänen religiös bis heute der Orthodoxie an.[8] Für alle genannten Entwicklungen gilt, dass die ideologische und mentale Grenzziehung auf der Balkanhalbinsel durch die bis weit in das 19. Jahrhundert reichende politische Präsenz des Osmanischen Reiches, das Byzanz ablöste, noch dauerhafter wurde.

Intensivierung der politischen Kontakte

Die wachsende Zahl an Reibungspunkten zwischen Ost und West brachte eine Vermehrung der Gesandtschaftstätigkeit zwischen den Herrscherhöfen mit sich, verbunden mit einer Verbesserung des Wissens über die Kontrahenten. Der byzantinische Kaiser Konstantin VII. Porphyrogennetos (›der im Purpurgemach Geborene‹) ließ eine Enzyklopädie des Wissens seiner Zeit zusammenstellen, die auch als Grundlage für politische Entscheidungen dienen sollte. Seine diesbezüglichen Informationen über Italien erhielt er von dem lombardischen Bischof Liutprand von Cremona (nach 971), der 949/50 ein erstes Mal in Konstantinopel weilte, damals als italischer Gesandter. Seine erhaltenen Werke sind von besonderer Bedeutung für die nähere Kenntnis der Sicht der byzantinischen Kultur aus dem Blickwinkel westlicher Zeitgenossen, aber auch der byzantinisch-westlichen Beziehungen als solche. Sie informieren über seine Gesandtschaften nach Konstantinopel, wobei er bei seinem zweiten Aufenthalt (im Jahr 968/9) im Auftrag Ottos des Großen erfolglos um eine byzantinische Prinzessin für den Sohn des Kaisers warb.[9] Seine Berichte stehen für viele andere, nicht erhaltene, der Vorkreuzzugszeit und erweisen sich dadurch als be-

---

[8] L' église et les églises 1954/55; Avenarius 2000; Koder 1998.
[9] Koder 1993.

sonders wertvoll, dass sich bei Liutprand gute Sprachkenntnisse des Griechischen mit fundiertem Detailwissen über Byzanz verbinden. Zudem muss man ihm politische Einsicht in die Machtverhältnisse aller wichtiger Staaten des euromediterranen Raumes zu seiner Zeit, bis hin zum andalusisch-kordobanischen Reich der Umaiyaden auf der iberischen Halbinsel, zugestehen. Trotz aller Subjektivität nahm daher das Weltbild, das Liutprand den Ottonen vermittelte, gewissermaßen Henri Pirenne's *Mahomet et Charlemagne*[10] vorweg, und dies mit angemessener Einbeziehung von Byzanz. Symbolgestalt für die Intensivierung der ottonischen Beziehungen zu Byzanz, die in ihrer Qualität weit über diejenigen zur Zeit Karls des Großen hinausgingen, ist aber vor allem jene Byzantinerin, die dann wenig später Gemahlin Ottos II. und Mutter Ottos III. wurde, nämlich Theophano. Das Wissen von Byzanz, von seiner Kultur und von seiner ökumenischen Herrschaftsideologie, das sie und ihre byzantinischen Berater (indirekt) vermittelten, bot der Herrscherideologie des westlichen Kaisertums ein stabiles theoretisches Fundament, nicht nur gegenüber inneren Konkurrenten, sondern auch gegenüber dem Papsttum und gegenüber Byzanz selbst,[11] was besonders ab dem I. Kreuzzug bedeutsam werden sollte: Daher begnügten sich die Eroberer Konstantinopels nicht damit, das Byzantinische Reich einfach nur zu kolonialisieren, sondern sie etablierten ›selbstverständlich‹ in Konstantinopel erneut ein (›lateinisches‹) Kaisertum, das auch nach der byzantinischen Rückeroberung (1261) als Titularkaisertum fortbestand. Diese Haltung ist auch als Anerkennung der Ebenbürtigkeit des Kaisertums des Neuen Rom zu interpretieren, wie sie sich symbolisch bereits in einer Miniatur des kurz vor dem Jahr 1000 entstandenen Evangeliars Kaiser Ottos III. ausdrückt: Hier huldigen *Sclavinia, Germania, Gallia* und *Roma* dem Kaiser, nicht jedoch *Graecia*.[12]

Die Epoche der Kreuzzüge

Die zweite muslimische Expansionsphase wurde im Wesentlichen von Türkvölkern getragen. 1071 besiegten die Seldschuken, die 1055 die Schutzherrschaft über die abbasidischen Kalifen in Bagdad übernommen hatten, unter der Führung von Alp Arslan nahe

---

[10] Pirenne 1937; vgl. Hodges/Whitehouse 1996.
[11] Schreiner/von Euw 1991.
[12] Koder 2000.

der Festung Mantzikert (heute Malazgird, nördlich des Van-Sees, Osttürkei) eine byzantinische Armee, wobei der diese anführende Kaiser Romanos IV. Diogenes in Gefangenschaft geriet. Im darauf folgenden Jahrzehnt gelang es den Seldschuken, in Kleinasien das Sultanat *Rum* (die türkische Bezeichnung für *Rom* im Sinne von *Byzanz*), einen dauerhaften Staat halbselbstständiger Fürstentümer, einzurichten, dessen Hauptstadt Konya (das ehemalige byzantinische Ikonion) war. Dieser Verlust des Großteils Kleinasiens bewirkte auf mehreren Ebenen eine Neugestaltung der Beziehungen der Byzantiner zu Europa. Zunächst ergab einfach der Lebensmittelnotstand der Großstadt Konstantinopel, der als Folge des Verlustes der wichtigen Getreideanbaugebiete im westlichen Kleinasien interpretiert wird, eine Intensivierung der landwirtschaftlichen Nutzung europäischer Reichsteile, vor allem an der westlichen Schwarzmeerküste (im heutigen Bulgarien), in Thessalien und in die Peloponnes (im heutigen Griechenland), um die Versorgung des Großraumes der Hauptstadt zu gewährleisten. Für die internationale Position des Byzantinischen Reiches noch bedeutsamer war dessen militärische Schwäche im Zweifrontenkrieg gegen Seldschuken und Normannen und das daraus resultierende Hilfeersuchen des Kaisers Alexios I. Komnenos (reg. 1081-1118) an den Westen, mit zwei konkreten und nachhaltigen Auswirkungen:

Zum einen half Venedig mit seiner Flotte den Byzantinern gegen die Eroberungsversuche der von Sizilien und Süditalien aus operierenden Normannen und erhielt im Gegenzug 1082 den ersten einer Reihe von Handelsverträgen. Formal waren diese zwar (noch) als kaiserliche Privilegien abgefasst, signalisierten aber die Anerkennung Venedigs als politisch (fast) gleichrangigen Partner. Inhaltlich bewirkten sie, dass die venezianischen Handelsflotten in byzantinischen Häfen Zoll-, Steuer- und Stapelbedingungen (samt dem Recht auf eigene Quartiere) erhielten, die sie deutlich besser stellten, als alle anderen, auch die byzantinischen Konkurrenten. Was aus byzantinischer Sicht zunächst durchaus sinnvoll war, die Wiedereröffnung des Handels mit den – damals unter seldschukischer Kontrolle befindlichen, den Byzantinern somit unzugänglichen – kleinasiatischen Handelszentren, erwies sich langfristig als Katastrophe für die byzantinische Handelsschifffahrt und ganz generell die Wirtschaft, insbesondere da Pisa und später auch Genua ähnliche Privilegien forderten und erhielten.[13]

---

[13] Lilie 1984.

Als politisch vielleicht noch weitreichender erwies sich die Reaktion der Päpste (zunächst Gregors VII. und Urbans II.) auf Alexios' Bitte um Hilfe: Durch ihre Aufrufe an die christlichen (westeuropäischen) Herrscher und Völker und durch die ersten vier Kreuzzüge bewirkten sie eine enorme Steigerung der Mobilität, verbunden mit einer deutlichen Vermehrung und Verbesserung der europäischen Kenntnisse von Byzanz und dem östlichen Mittelmeerraum, und dies in viel breiteren Bevölkerungsschichten als zuvor. Der Gedanke bewaffneter Pilgerzüge, heilige Stätten (allen voran das 1077 von den Seldschuken eroberte Jerusalem) und christliche Völker des Ostens von muslimischer Herrschaft zu befreien, lag zunächst auch im Interesse der Byzantiner: Die Teilnehmer des ersten Kreuzzuges (1096-1099) eroberten wichtige Teile Kleinasiens für Byzanz zurück, etablierten jedoch anschließend in der Levante eigene Kreuzfahrerstaaten, wobei das Königreich von Jerusalem und das normannische Fürstentum Antiocheia hervorzuheben sind. Dadurch ergaben sich von Kreuzzug zu Kreuzzug steigende Spannungen zwischen den Kreuzheeren und den Byzantinern, aus denen 1204, im Verlauf des vierten Kreuzzuges, die Eroberung Konstantinopels und die Einrichtung eines ›lateinischen‹ Kaisertums auf byzantinischem Reichsgebiet resultierte, das erst 1261 ein Ende fand. Dies und der Versuch, das Konstantinopler Patriarchat dem päpstlichen Stuhl unterzuordnen, verfestigte nicht nur das seit 1054 bestehende Kirchenschisma, sondern bewirkte auch ganz allgemein eine bis weit in die Neuzeit reichende, aus dem »Lateinerhass« von 1204 resultierende Entfremdung, die den Türken die Eroberung von Byzanz erleichterte.[14]

Osmanische Expansion

Ab dem Ende des 13. Jahrhunderts wanderten weitere türkische Gruppen unter der Führung der Osmanen nach Kleinasien ein. Sie unterwarfen sich die dort ansässigen Türkstämme und bis um die Mitte des 15. Jahrhunderts das gesamte Byzantinische Reich. Nach der Eroberung Konstantinopels durch Mehmed II. (1453) erneuerten die Osmanen die alte Kaiserstadt als ihre Haupt- und Residenzstadt Istanbul; die Osmanenherrscher bezeichneten sich als die ›Sultane zweier Kontinente‹ (Asien, Europa) und ›zweier Meere‹

---

[14] Lilie 2004; Queller 1977.

(*Kara* deniz / Schwarzes Meer und Ak deniz / Weisses Meer / Mittelmeer), und dokumentierten dadurch – als Traditionsträger des Imperium Romanum und des Byzantinischen Reiches – einen Herrschaftsanspruch ihres Reiches über die gesamte Ökumene der drei alten Kontinente.[15] Dieser politische Anspruch wurde zudem ideologisch durch den Islam untermauert, der seinem Selbstverständnis nach die Erfüllung und Vollendung der monotheistischen Verkündigungsreligionen darstellt und daher auf expansionistische Glaubenspropaganda mit dem Ziel der Bekehrung oder Unterwerfung Andersgläubiger ausgerichtet ist (wobei den Angehörigen der »Buchreligionen« Judentum und Christentum als Vorläufern der Muslime eine besondere Stellung als Schutzbefohlene zugebilligt wird). Konsequent suchte das solchermaßen theokratisch bestimmte Osmanische Reich seine religiöse und politische Macht in der Folgezeit über die Grenzen der Balkanhalbinsel und des östlichen Mittelmeeres hinaus nach ganz Europa hineinzutragen; es scheiterte erst ab dem ausgehenden 17. Jahrhundert (die zweite Türkenbelagerung Wiens, 1683) an den neuen politischen, wirtschaftlichen und ideologischen Realitäten. In der Folge entwickelte sich auf der Balkanhalbinsel zwischen dem Osmanischen Reich und der Habsburgermonarchie eine Grenze, die in der Tradition der spätantiken und mittelalterlichen Sprachen-, Kulturen- und Staatengrenze steht und bis in das 20. Jahrhundert hinein politische Realitäten und kulturelle Identitäten schuf.[16]

Kulturkontakte

Die Kontakte zwischen Byzanz und Europa im Verlauf einer elfhundertjährigen Entwicklung waren unterschiedlich intensiv, rissen aber niemals ab und wirken in vielerlei Hinsicht in die Gegenwart hinein. Dies gilt besonders für die umfangreiche und äußerst vielfältige Wissensvermittlung auf theologischer, juristischer, wissenschaftlicher, kultureller und künstlerischer Ebene, wobei seit der Spätantike – man denke an die Philosophenmode in Rom – der von Osten nach Westen, von Byzanz nach Europa gehende Informationsstrom kontinuierlich deutlich stärker war als der Gegenstrom.[17] Da dieser Kultur- und Wissensaustausch in seiner Gesamt-

---

[15] Pertusi 1976; Kafadar 1995; Faroqhi 1999; Soysal/Antoniou 2000.
[16] Matschke 1999.
[17] Berschin 1980.

heit kaum überschaubar ist, sei hier auf einige charakteristische
Sachverhalte oder Vorgänge mit Beispielcharakter hingewiesen.

Man sollte dabei zwei Prämissen voraussetzen: Erstens, wann
immer politische Interessen im Spiel waren, sind diese nur untrennbar von religiösen Interessen denkbar; Kirche und Staat, Mission und Politik sind also als eine Einheit zu sehen. Dies gilt für das
Festhalten der Byzantiner an den kirchlichen Verwaltungsstrukturen in Unteritalien und Sizilien, inklusive des vom Patriarchen von
Konstantinopel reklamierten Rechts auf Bischofseinsetzung, wie
für die griechische monastische Tradition in Italien, als deren letzter
Ausläufer sich das (heute unierte) Kloster Grottaferrata (südlich
von Rom) mit seinen wichtigen Beständen an griechischen Handschriften bis in unsere Zeit erhalten hat. Aus dieser ersten Prämisse
ergibt sich zweitens, dass die Auseinandersetzung mit der Kultur
(Wissenschaft und Kunst) der Anderen, sei es in Form von Schenkungen oder von gewaltsamer Aneignung, niemals als isoliertes
politisches Phänomen zu sehen ist. Hierbei spielte der stetige Austausch von Gesandtschaften eine große Rolle, denn die Gesandten
überbrachten nicht nur Geschenke (liturgische und profane Kunstgegenstände und Ehrenkleider, sowie repräsentative Handschriften[18]) ihrer Herrscher, sondern berichteten auch schriftlich (in
Briefen und Gesandtschaftsberichten) oder nach ihrer Rückkehr
mündlich über die fremde – oder jedenfalls andere – Kultur; als
wichtige Quelle erweist sich beispielsweise auch in diesem Fall der
bereits genannte Bischof Liutprand von Cremona.

»Kreuzzugsbeute«

Besonders deutlich wird die Nachhaltigkeit der religiösen Motivation jedes politischen Handelns im Zusammenhang mit dem
IV. Kreuzzug. Es ist zwar unbestritten, dass die unmittelbare Eroberung Konstantinopels im Jahr 1204 von Mord, Vergewaltigung,
Raub und Plünderung begleitet war, doch sollte dies nicht zu einer
einseitigen Gesamtbewertung verführen. Denn nicht nur hatten
die Heerführer, selbst der Doge Enrico Dandolo, und Papst Innozenz III. stets doch auch Kreuzzugsziele, die Stärkung und die Einheit bzw. Wiedervereinigung der Christenheit, vor Augen, sondern
auch in konkreten Verhaltensweisen und Taten einzelner Kreuz-

---

[18] Vgl. etwa Cutler 1995; Nelson 1995.

zugsteilnehmer sind religionsbezogene Motive erkennbar, die – aus dem Verständnis der Zeit heraus – zu rechtfertigen waren und positiv bewertet werden konnten. So etwa, wenn im Kreuzzugsbericht des Gunther, Mönch des elsässischen Klosters Pairis, festgehalten ist, dass dessen Abt Martin seine Kutte »lediglich« mit Reliquien gefüllt habe, da er es für unwürdig erachtete, mit geweihten Händen weltliches Gut zu rauben (wobei die im Anhang des Werkes erhaltene Beuteliste mehr als 50 Reliquien verzeichnet!).[19] Auch das Schicksal eines einzigartigen Reliquiars, der *Staurothek von Limburg*, zeigt neben dem Motiv der Beutegier ein glaubensbezogenes Rechtfertigungsbedürfnis des Plünderers und ist im Hinblick auf die Wirkungsgeschichte bemerkenswert: Die als solche schon kunst-, glaubens- und mentalitätsgeschichtlich höchst bedeutsame Kreuzlade, ein Produkt byzantinischer Hofkunst des 10. Jahrhunderts, wurde samt ihrem Inhalt (einem Teilchen des ›wahren‹ Kreuzes Christi und weiterer kleiner Reliquien Christi, der Mutter Gottes und Johannes des Täufers) von einem Kreuzzugsteilnehmer, dem Ritter Heinrich von Ulmen, in der kaiserlichen Schatzkammer in Byzanz erbeutet und in seiner Heimat 1207 dem Kloster Stuben an der Mosel geschenkt (von wo sie auf Umwegen im 19. Jahrhundert in das nahe gelegene Bistum Limburg an der Lahn gelangte). Welche Berühmtheit dieses Kunstwerk damals gehabt haben muss, zeigt die Tatsache, dass bereits um 1230 in der näheren Umgebung, an Mosel und Saar, Nachahmungen entstanden, die – vermutlich ebenfalls in Konstantinopel erbeutete – Kreuzpartikel aufnahmen und von denen mindestens drei erhalten sind (in St. Matthias in Trier, in Prag und in Mettlach an der Saar).[20]

Italien als Vermittler

Während die genannten Beispiele einen direkten Kunsttransfer von Byzanz nach Mitteleuropa belegen, ist der indirekte Weg über Italien, vor allem Venedig, wohl insgesamt noch bedeutender, da er seit der Zeit der Karolinger beständig frequentiert wurde. Seine Bedeutung offenbart sich zunächst schon in Venedig und der Lagune selbst, ob es sich hier nun um die byzantinisch beeinflussten Kirchenbauten, allen voran Torcello und San Marco, handelt, die zahlreichen byzantinischen oder byzantinisch beeinflussten Kunst-

---

[19] Koder 2005.
[20] Kuhn 1984.

schätze im Tesoro di San Marco, oder den Reichtum an byzantinischen Handschriften in der Biblioteca Marciana, deren Grundstock (nahezu tausend Codices) der byzantinische Unionstheologe und spätere Kardinal Bessarion (1472) schuf.[21] Darüber hinaus gibt es spätestens ab 800 einen deutlich wahrnehmbaren byzantinischen Einfluss im Alpenraum und in den nördlich davon gelegenen Gebieten: Bald nach 800 übersetzt Christophorus I., venezianischer Bischof griechischer Abkunft, während seiner zeitweiligen Verbannung im Kloster Reichenau den berühmten Akathistos-Hymnus ins Lateinische. Er leistete damit ebenso einen Beitrag zur Kenntnis ostkirchlicher liturgischer Texte, wie diejenigen Schreiber lateinischer liturgischer Handschriften, die seit der Zeit der Ottonen einzelne Teile der östlichen Liturgie in Form der so genannten *Missa graeca* (bevorzugt das Gloria, das Credo, der Cherubimhymnus und das Sanctus) in griechischer Sprache (oftmals transkribiert) aufnahmen. Auch im Bereich der sakralen Kunst vermittelte Venedig die *maniera greca*: Die Wandmalereien vieler Kirchen im Alpenraum und nördlich davon (Beispiele: Hocheppan und Taufers in Südtirol, Friesach, Pürgg, Wieselburg und Lambach in Österreich, Frauenchiemsee, Knechtsteden bei Köln und Hildesheim in Deutschland) lassen italo-byzantinischen Einfluss erkennen.[22]

Eine Intensivierung der byzantinischen Kulturvermittlung nach Europa bewirkte seit dem frühen 14. Jahrhundert die steigende Bedrohung durch die Türken. Zahlreiche Wissenschaftler und Künstler emigrierten zeitweilig oder dauerhaft in die venezianischen Besitzungen in der Levante, vorzugsweise nach Kreta, oder direkt nach Italien und von dort weiter über die Alpen und nach Westeuropa. Besonders rege entwickelte sich die Auswanderung in der Zeit zwischen dem Unionskonzil von Ferrara und Florenz (1438/9) und der Eroberung Konstantinopels durch die Türken (1453) und in den Dezennien nach diesem Ereignis. Die Flüchtlinge brachten ihr Wissen und ihre Handschriften mit und beeinflussten den europäischen Humanismus nachhaltig, wenngleich einseitig: Denn sie bestärkten das bereits geweckte Interesse der westlichen Gelehrten an der klassischen Kultur der Antike und an Byzanz als deren Vermittler, förderten dadurch aber indirekt ein negatives Bild der byzantinischen Kultur und Geschichte, die man bis weit in das 19. Jahrhundert hinein vornehmlich als einen (elfhundertjähri-

---

[21] Labowsky 1979; Monfasani 1994; Bianca 1999.
[22] Demus 1970; Pertusi 1974; Lasko 1994.

gen!), durch das Christentum verursachten *decline and fall*[23] des Imperium Romanum interpretierte und als Symbol für Korruption und Dekadenz schlechthin sah.

Literatur

Avenarius 2000 = Alexander Avenarius, Die byzantinische Kultur und die Slawen. Zum Problem der Rezeption und Transformation (6. bis 12. Jahrhundert) (Veröff. Inst. Österr. Geschichtsforschung, 35), Wien/ München 2000.

Berschin 1980 = Walter Berschin, Griechisch-lateinisches Mittelalter. Von Hieronymus zu Nikolaus von Kues. Bern/München 1980.

Bianca 1999 = Concetta Bianca, Da Bisanzio a Roma: studi sul cardinale Bessarione. Roma 1999.

Classen 1968 = Peter Classen, Karl der Große, das Papsttum und Byzanz. Düsseldorf 1968.

Curta 2001 = F. Curta, The making of the Slavs: history and archaeology of the lower Danube region, c. 500-700 (Cambridge Studies in Medieval Life and Thought), Cambridge 2001.

Cutler 1995 = Anthony Cutler, From loot to scholarship: changing modes in the Italian response to Byzantine artifacts, ca. 1200-1750, in: Dumbarton Oaks Papers 49 (1995) 237-267.

Dagron 1974 = Gilbert Dagron, Naissance d'une capitale, Constantinople et ses institutions de 330 à 451, Paris 1974.

Demus 1970 = Otto Demus, Byzantine Art and the West, London 1970.

Dölger 1964 = Franz Dölger: Byzanz und die europäische Staatenwelt. Ausgewählte Vorträge und Aufsätze, Darmstadt 1964.

Faroqhi 1999 = Suraiya Faroqhi: Approaching Ottoman history: an introduction to the sources. Cambridge/New York 1999.

Gibbon 1776-1788 = Edward Gibbon, History of the Decline and Fall if the Roman Empire, I-VI, London 1776-1788.

Hodges/Whitehouse 1996 = Richard Hodges/David Whitehouse: Mahomet, Charlemagne et les origines de l'Europe. Traduction par Cécile Morrisson avec la collaboration de Jacques Lefort et Jean-Pierre Sodini (Réalités byzantines 5), Paris 1996.

Hunger 1965 = Herbert Hunger, Reich der Neuen Mitte. Der christliche Geist der byzantinischen Kultur, Graz/Wien/Köln 1965.

Kafadar 1995 = Cemal Kafadar, Between two worlds: the construction of the Ottoman state. Berkeley 1995.

Karayannopulos/Weiss 1982 = Johannes Karayannopulos/Günter Weiss, Quellenkunde zur Geschichte von Byzanz (324-1453) (Schriften zur Geistesgeschichte des östl. Europa 14), Wiesbaden 1982, I-II.

Kazhdan 1991 = Alexander P. Kazhdan (Hg.), The Oxford Dictionary of Byzantium, I-III, New York/Oxford 1991.

Koder 1998 = Johannes Koder, Aspekte der Wirkungsmöglichkeiten by-

---

[23] So Gibbon 1776.

zantinischer Traditionen auf Mentalitäten und Realitäten auf dem Balkan, in: Der Balkan, Friedenszone oder Pulverfaß? (Wiener Osteuropa Studien 7), Frankfurt am Main 1998, 37-43.

Koder 1990 = Johannes Koder, Byzanz, die Griechen und die Romaiosyne – eine »Ethnogenese« der »Römer«?, in: Typen der Ethnogenese unter besonderer Berücksichtigung der Bayern, Teil 1, hg. v. H. Wolfram – W. Pohl (Denkschr. ph. h., Österr. Akad. Wiss., 201). Wien 1990, 103-111.

Koder 2000 = Johannes Koder, Byzanz als Mythos und Erfahrung im Zeitalter Ottos I., in: Ottonische Neuanfänge, hg. v. B. Schneidmüller/St. Weinfurter. Mainz 2000, 237-250.

Koder 2003 = Johannes Koder, Europa und Euromediterraneum. Zur mittelalterlichen Europa-Vorstellung im kosmographischen und geopolitischen Kontext, in: The Idea of European Community in History. Conference Proceedings, vol. I, ed. by E. Chrysos/P. M. Kitromilides/C. Svolopoulos, Athen 2003, 53-62.

Koder 2001 = Johannes Koder, Der Lebensraum der Byzantiner. Historisch-geographischer Abriß ihres mittelalterlichen Staates im östlichen Mittelmeerraum (Byzantinische Geschichtsschreiber, Ergänzungsband 1), Nachdruck mit bibliographischen Nachträgen, Wien 2001.

Koder 2002 = Johannes Koder, Die räumlichen Vorstellungen der Byzantiner von der Ökumene (4. bis 12. Jahrhundert), in: Anzeiger ph. h., Österr. Akad. d. Wiss. 137/2. Wien 2002, 15-34.

Koder 1993 = Johannes Koder, Die Sicht des »Anderen« in Gesandtenberichten, in: Die Begegnung des Westens mit dem Osten. Kongreßakten 4. Symp. Mediävistenverbandes, Sigmaringen 1993, 113-129.

Koder 1991 = JohannesKoder, Soppravvivenza e trasformazione delle concezioni geografiche antiche in età bizantina, in: Geografia storica della Grecia antica. Tradizioni e Problemi, ed. F. Prontera (Bibl. di Cultura Moderna, 1011), Bari 1991, 46-66.

Kuhn 1984 = H. W. Kuhn, Heinrich von Ulmen, der vierte Kreuzzug und die Limburger Staurothek, in: Jahrb. Westdt. Landesgesch. 10 (1984) 67-105.

L' église et les églises 1954-1955 = L' église et les églises, 1054-1954. Siécles de douloureuse séparation entre l' Orient et l' Occident. E'tudes et travaux offerts à` Dom Lambert Bauduin, I-II, Chevetogne 1954-1955.

Labowsky 1979 = Carlotta Labowsky, Bessarion's library and the Biblioteca Marciana, six early inventories, Rom 1979.

Lasko 1994 = Peter Lasko, Ars sacra, 800-1200, New Haven, Conn. ²1994.

Lilie 2004 = Ralph-Johannes Lilie, Byzanz und die Kreuzzüge (Urban 595), Stuttgart 2004.

Lilie 1984 = Ralph-Johannes, Lilie: Handel und Politik zwischen dem Byzantinischen Reich und den italienischen Kommunen Venedig, Pisa und Genua in der Epoche der Komnenen und der Angeloi (1081-1204), Amsterdam 1984.

Matschke 1999 = Klaus-Peter Matschke, Der Übergang vom byzantinischen Jahrtausend zur Turkokratie und die Entwicklung der südosteuropäischen Region. Jahrbücher für Geschichte und Kultur Südosteuropas 1 (1999) 11-38.

Monfasani 1994 = John Monfasani, Byzantine scholars in Renaissance

Italy, Cardinal Bessarion and other émigrés: selected essays. Aldershot 1994.
Nelson 1995 = Robert S. Nelson, Italian appreciation and appropriation of illuminated Byzantine manuscripts, ca. 1200-1450, in: Dumbarton Oaks Papers 49 (1995) 209-235.
Ostrogorsky ³1963 = Georg Ostrogorsky, Geschichte des byzantinischen Staates (Byzantinisches Handbuch 1.2), München, ³1963 (und spätere Sonderausgaben).
Pertusi 1974 = Agostino Pertusi (Hg.), Venezia e il Levante fino al secolo XV. Convegno internazionale di storia della civiltà veneziana, II, Florenz 1974.
Pertusi 1976 = Agostino Pertusi, La caduta di Constantinopoli, Testi, 1-2, Rom/Mailand 1976.
Pirenne 1937 = Henri Pirenne, Mahomet et Charlemagne, Paris 1937.
Queller 1977 = Donald E. Queller, The fourth crusade; the conquest of Constantinople 1201-1204, Philadelphia 1977.
Schreiner 1994 = Peter Schreiner, Byzanz (Oldenbourg Grundriss der Geschichte 22), München ²1994.
Schreiner/von Euw 1991 = Peter Schreiner/Anton von Euw (Hg.), Theophanu. Begegnung des Ostens und Westens um die Wende des ersten Jahrtausends. Gedenkschrift des Kölner Schnütgen-Museums zum 1000. Todesjahr der Kaiserin, I-II, Köln 1991.
Setton 1965-1985 = Kenneth M. Setton (Hg.), A History of the Crusades, I-V. Madison/London 1969-1985.
Soysal/Antoniou 2000 = Yasemin Soysal/Vasilia Antoniou: A common regional past? Portrayals of the Byzantine and Ottoman heritages from within and without (Working papers/ESRC »One Europe or Several?« Programme 15/00). Brighton 2000.
Vryonis 1971 = Spyros Vryonis, The decline of medieval hellenism in Asia Minor and the process of islamization from the eleventh throught the fifteenth century. Berkeley/Los Angeles/London 1971.
Zakythinos 1976 = Denys A. Zakythinos, The Making of Modern Greece. From Byzantium to Independence, Oxford 1976.

Die Kreuzzüge

Feudale Kolonialexpansion als kriegerische Pilgerschaft

INGOLF AHLERS

Zwischen dem Ersterscheinen dieses Textes und seiner hier vorliegenden Veröffentlichung liegt der 11. September 2001 – und seitdem ist die politische Theologie des Kreuzzugs mit ihrem Ruf nach einem globalen ›crusade for freedom‹ Markenzeichen des US-amerikanischen Neorealismus in der Außenpolitik.

Es geht im imaginierten Kampf der Kulturen eben nicht um Kultur, sondern um Kampf.

Im kollektiven Gedächtnis muslimischer Welterfahrung haben die Kreuzzüge des christlichen Abendlandes ins Heilige Land wegen ihrer Verrohung und Brutalität und wegen ihrer Vernichtungsmentalität sowie ihres Vernichtungshandelns bis heute einen hervorgehobenen Erinnerungsraum, der der aggressiv-militanten Selbstbehauptung des politischen Islamismus allemal bei seiner Mobilisierung gegen ›Kreuzzügler‹ (USA und Israel) zugute kommt.

> Europa, begreift man es als Ganzes
> und nicht nur als Summe seiner Teile,
> ist immer noch ein unentdeckter Kontinent.
> (Hagen Schulze)

Europa als Ganzes sehen, heißt für die Geschichte der Kreuzfahrten im 11., 12. und 13. Jahrhundert, diese zunächst einmal als eine umfassende religiös-militärische Expansion der lateinischen Christenheit zu begreifen, die keinesfalls nur auf die kriegerischen Wallfahrten gen Jerusalem zwecks Rückeroberung der heiligen Ursprungsterritorien des Christentums reduziert werden kann.

Vielmehr trieb die expansionistische Mentalität – bestehend aus inbrünstigem Glaubenseifer und kriegerischen Eroberungsbedürfnissen – den feudalen Militäradel auch auf die Kriegsschauplätze der iberischen Halbinsel, des Baltikums sowie Wales' und Irlands. Und in diesen Gebieten erwies sich die hochmittelalterliche Adelsmigration im Unterschied zur Levante als ein dauerhafter, nicht mehr rückgängig zu machender Vorgang. Diese feudale Kolonialexpansion aus Landnahme, Belehnung und Besiedlung hatte für die territoriale Ausdehnung Europas als Ganzes wesentlich bedeutsamere Langzeitwirkungen als die den Zeitgenossen auf den ersten Blick viel spektakulärer erscheinenden Plünderungszüge in den Ländereien der Ostchristen und Muslime.[1] Die historische Entwicklung Europas und die damit verbundene Geschichtserfahrung als Einheit zu betrachten, heißt weiterhin, die im Zeitalter der Kreuzzüge stattfindende Okzidentalisierung des Okzidents zu betonen. Es ist dies ein historischer Prozess, in welchem unter Führung der Papstkirche die kulturellen Lebensformen in einer von ihr kontrollierten zentripetalen Bewusstseinslenkung immer mehr auf die ideologische Machtmitte einer christlich-imperialen Identität und Einheit ausgerichtet werden: »Die Europäisierung Europas im Sinne der Ausbreitung einer speziellen Kultur mit Hilfe von Eroberung und Beeinflussung hatte ihr geographisches Zentrum in einem bestimmten Teil des Kontinents, nämlich in Frankreich, in Deutschland westlich der Elbe und in Norditalien, also in Gebieten, die auf eine gemeinsame Geschichte als Teile des karolingischen Reiches zurückblickten. ... Von diesem Teil Westeuropas gingen die Expansionsbewegungen aus, von dort starteten entsprechende Expeditionen in alle Richtungen, und bis zum Ende des 13. Jahrhunderts war durch diese Feldzüge an den Peripherien der lateinischen Christenheit ein ganzer Ring von eroberten Staaten entstanden«[2].

Es lassen sich Umrisse einer longue durée der kollektiven Mentalitäten einer Eroberskultur ausmachen, deren soziale Machtquellen aus einem Bündnis von feudalem Lehenskriegertum, römischer Kirche und oberitalienischen Kaufmannsoligarchien ›sprudelten‹. Christliches Überlegenheitsgefühl, französisch-normannische Kriegstechniken und oberitalienische Seemacht bilden die Säulen der okzidentalen Eroberskultur in der Epoche der Kreuzzüge: Mögen sich die Allianzen auch historisch gewandelt haben, die kulturellen Grundwerte des Erfolgs, des Besitzes und der Habgier sind weiterhin Bestandteil des westlichen Habitus.

---

[1] Vgl. Bartlett 1996, 45; Le Goff 1965, 125ff.
[2] Le Goff 1965:125ff, 325f; vgl. Duby 1981, 161ff; Schulze 199, 23f, 113f.

Gierig nach Herrschaft, so wird von Zeitgenossen die ritterliche Triebökonomie beschrieben, deren gesamtes Sinnen und Trachten darauf ausgerichtet ist, ihren angeborenen Wunsch, ein Herr zu sein, in die Tat umzusetzen: »Es erklärt eine ganz bestimmte Einstellung zum Reichtum als beispielhafte und einzige des vollkommenen Menschen würdige Haltung: nicht zu produzieren, sondern zu zerstören; als Herr von Bodenbesitz und der Macht über die Menschen zu leben ...«.[3]

Auch wenn ich mir der Gefahr einer Überdehnung des Begriffs der Moderne durchaus bewusst bin, scheint mir der Hinweis angebracht, dass die erobernden und zerstörenden Praktiken der Kreuzritter mit ihrem kalkulierten Terror und ihrer berechnenden Grausamkeit dem modernen Charakter einer Massakergesellschaft ziemlich nahe kommen. Fernab von jeglicher Kontrolle ist alles erlaubt, der ›Heide‹ ist kein Mensch, und man kennt die Ermordeten nicht. Von nun an werden die Europäer sich und die anderen nach verschiedenen Moralgesetzen betrachten und behandeln: Es tritt jenes moderne und »sogar zukunftvolle Wesen, das keine Moral mehr kennt und tötet, weil und wann immer es ihm Spaß macht«[4] auf.

Ursache dieses ersten internationalen Auftretens einer okzidentalen Eroberer- und Vernichtungselite, einer fortschreitenden Europäisierung Europas und von Mentalitätsprozessen, die für das Abendland von fundamentaler Geschichtlichkeit sind, ist die Entstehung eines »translokalen Gefühls von persönlicher und sozialer Identität«, welches Krieger, Kleriker und Kaufleute zusammenführte und zusammenhielt, weil sie sich unter der religiösen Lenkung und Leitung der römischen Kirche als »Teil eines sehr viel größeren und damit potentiell expandierenden Ganzen«[5] fühlten.

Die materielle und geistige Infrastruktur für dieses größere Ganze stellt die römische Kirche zur Verfügung: »Trotz der beschränkten Infrastruktur, die dem Papst bei der Machtausübung über ein so riesiges Gebiet zur Verfügung stand, war das ideologische Machtnetz des Katholizismus gegen Ende des 11. Jahrhunderts in ganz Europa fest installiert, und zwar in Gestalt der beiden autoritativen Parallelhierarchien von Bistümern und Klostergemeinschaften, die je für sich dem Papst verantwortlich waren.«[6]

---

[3] Duby 1981, 265.
[4] Todorov 1985, 175; vgl. Ahlers 1992.
[5] Mann 1994, 185 und Bartlett 1996, 207.
[6] Bartlett 1996, 211f; vgl. Schulze 1994, 21f.

Vor allem die großen, internationalen Klostergemeinschaften mit den ihnen angeschlossenen Hospizen sowie Armen- und Gasthäusern stellten die materielle Infrastruktur zur Verfügung, der das Pilgerwesen, jene aus religiösen Motiven unternommenen Reisen, bedurfte. In den kollektiven Mentalitäten des Hochmittelalters war die Gleichsetzung von Leben und Pilgerschaft eine vertraute Vorstellung.[7]

Um aber die Akzente meiner Argumentation nicht ins Eindimensionale zu verschieben, sei an jene Aspekte der europäischen Kreuzzugsgesinnung gedacht, welche sich im kalkulierenden, zweckrationalen Profitstreben und der ursprünglichen Akkumulation von Geldkapital manifestierten.[8]

Die christlichen Eroberungen in Kleinasien, Syrien und Palästina kamen den wirtschaftlichen Interessen des oberitalienischen Kaufmannsadels auf geographische Erweiterung der Austauschsphären entgegen, wobei die politische Zersplitterung der feudalen Gesellschaftsformation dem Handelskapital jene ökonomischen Handlungsspielräume verschaffte, welche ihm in den zentralisierten Staatsapparaten asiatischen Typs versperrt blieben. Zwar zwangen die dominierenden Formen feudaler Territorialakkumulation bei der kolonialen Landnahme die Oberitaliener dazu, sich diesen institutionellen Gegebenheiten anzupassen, doch zugleich versuchten sie Schritt für Schritt die grundherrschaftlichen und lehensrechtlichen Verhältnisse auf ihre eigenen ökonomischen Bedürfnisse auszurichten.[9]

Im historischen Treibhaus des Kreuzzugsmilieus entwickelten die Italiener die grundlegenden Sozialtechniken kolonialer Machtausübung, welche sie an Portugiesen, Spanier und Westeuropäer weitergaben.[10]

---

[7] Vgl. Mumford 1984; Schmugge 1988, 268.
[8] Vgl. Ahlers 1974, 25ff; ders. 1996, 29; Schmitt 1991, 18f; Kulischer 1971, 229ff; Wallerstein 1974, 48ff.
[9] Vgl. Ahlers 1996, 26ff.
[10] Vgl. Reinhard 1983, 39 und Verlinden/Schmitt 1986, 139f.

> Kreuzzug: eine Art selbstmörderischer Ansturm
> von Horden gottesfürchtiger Christenmenschen,
> die das Heilige Grab aus den Händen
> des Moslems befreien wollen.
> (Alfred W. Crosby)

Es gehört mittlerweile zur höheren Allgemeinbildung, den Ursprung der Überfälle der westeuropäischen Kampf- und Plünderungsverbände aus Rittern und Bauern gegenüber den Muslimen und später auch den Ostchristen in einer offiziellen Kriegserklärung der Papstkirche zu sehen. »Gott will es! Gott will es!« schrien die fanatisierten Gläubigen begeistert, als der Bischof von Rom, Urban II., 1095 zum Heiligen Krieg zwecks Rückeroberung Vorderasiens für die Christenheit aufrief. Dass dies für den hochmittelalterlichen Westeuropäer ein gerechter und gottgefälliger Krieg war, steht außer Frage. Für die neuen kollektiven Mentalitäten christlicher Selbstgewissheit ist jedoch vor allem die Spaltung der Welt in Wissende und Unwissende von entscheidender Bedeutung, welche einherging mit der Dichotomie Christen versus Heiden: »... sie setzt Rechtgläubige (oder: Wissende) gegen Heiden (oder Unwissende).«[11] Wir erkennen hier Frühformen jenes Macht-Wissen-Komplexes, bei dem die Aneignung des Fremden durch ein Wissen stattfindet, welches konstitutiv ist für eine Art von Macht, »die über jene ausgeübt wird, über die ›etwas gewußt wird‹«.[12] Und über die Muslime wurde seit Beginn der regelmäßigen Pilgerfahrten ins Heilige Land ab dem sechsten Jahrhundert etwas gewusst.

Bezüglich der Frage, wenn sie überhaupt gestellt wird, woher denn die römische Kirche die Macht ›hernahm‹, um den Feudalaristokratien und dem Volk ihre religiös-militärischen Expansionspläne schmackhaft zu machen, gibt sich die internationale Forschung wesentlich zurückhaltender. Die gängige Antwort ist die vom stabilen Bündnis zwischen Militäradel und Hochklerus. Doch das hinterlässt den Eindruck einer Machtbalance zwischen diesen beiden sozialen Gruppen, was so nicht stimmt. Der aggressive Universalitätsanspruch der Papstkirche manifestierte sich nach innen in einer absoluten Gehorsamspflicht gegenüber der päpstlichen Autorität (Obedienz). Für die hochmittelalterlichen Bischöfe von Rom, die als Nachfolger des Apostelfürsten Petrus auf dessen Stuhl saßen, stand außer Zweifel, dass auch alle Herrscher Europas ihre Macht

---

[11] Wimmer 1990, 93.
[12] Hall 1994, 154.

als ein Lehen von St. Peter empfangen hatten.[13] Denn es war die monokratische Papstkirche, welche seit Roms Kollaps im Jahre 476 über das alleinige Vorrecht auf das Testament, das Vermächtnis dieser untergegangenen Zivilisation verfügte und den expansiven Reichsgedanken am Leben hielt. »Was das römische Imperium verlor, holte die Katholische Kirche wieder zurück...«.[14]

Auf diesem Machtvorsprung aufbauend gelang es der Kirche, »deren Hierarchie auf die antike römische Staatsbürokratie« zurückwies,[15] für Ordnung und ein Mindestmaß an Sicherheit in Westeuropa zu sorgen. In den internationalen Beziehungen Europas sicherte sich die Papstkirche ihre hegemoniale Stellung durch ihre Schiedsrichterrolle, die sie deswegen ausüben konnte, weil sie als einzige Institution über ein translokales Herrschaftsgeflecht verfügte, welches sie nun gezielt für die Kreuzzugsmobilisierung einsetzte. In der religiös überdeterminierten Gesellschaftsformation des Hochmittelalters, welche durch Sünde, Buße und Leiden geprägt war und in welcher die Sühne- und Schuldmentalitäten alle Lebensbereiche beherrschten, hatte die Kirche aber auch etwas zu bieten, nämlich Sündentilgung, Absolution und letztendlich Erlösung. Dieses geistliche Angebot stieß auf lebhafte Nachfrage in einer von Angst bestimmten Glaubenswelt: Angst »vor dem Tod und der Sühne nach dem Tod, vor der Hölle, vor allem, was furchtbarer ist als die Erde ...«.[16] Um den Erfolg ihrer Mobilisierungskampagne zu garantieren, wartete die Kirche mit einem unerhört neuen Sonderangebot auf, indem sie den ›Lohngedanken‹, eine Art geistlich-religiöses Tauschgeschäft in das christliche Glaubenssystem einführte.[17] Einer der militanten Chefideologen der Kreuzzüge, der Heilige Bernhard von Clairvaux, appellierte 1146 unverhohlen an den Geschäftssinn seiner christlichen Herde: »Wenn Du ein kluger Kaufmann bist, ... nimm das Kreuz, und Du wirst für alles, was Du reumütigen Herzens bekennst, Ablaß erhalten. Die Ware (das Kreuz) kostet wenig, wenn man sie erwirbt; wird sie mit frommer Gesinnung erworben, so gilt sie zweifellos soviel wie das Reich Gottes.«[18]

Erkennbar wird aus diesem Aufruf, dass die Hauptvertreter des kirchlichen Imperialismus aus den Klosterorden kamen, deren

---

[13] Vgl. Schulze 1994, 23.
[14] Vogt in Mann 1994, 144.
[15] Schulze 1994, 19.
[16] Bachtin 1987, 140.
[17] Vgl. Mayer 1989, 38ff.
[18] Zitiert nach Mayer 1989, 38.

internationales, europaweites Netzwerk sie zu idealen Propagandazentralen der Kreuzzugsgesinnung werden ließ. Die expansiven Herrschaftsbedürfnisse der Papstkirche beschleunigten die Militarisierung und Ethnisierung des Christentums und zeitigten zwei Ergebnisse: Erstens wandelte sich der Terminus Christenheit Schritt für Schritt von einer Glaubens- in Richtung einer Territorialbezeichnung, und zweitens brachten die Kreuzritter gegenüber den Muslimen und Orthodoxen vermehrt die Unterschiedsmerkmale Blut, Rasse, Volk und Abstammung ins Abgrenzungsspiel.[19]

> Das Pilgern, seit dem Hochmittelalter ein religiöses und soziales Massenphänomen, ist, wie mir scheint, durchaus mit soziologischen Kategorien der Migration zu erfassen.
> (Ludwig Schmugge)

Wie jede Gesellschaftsformation hatte auch die feudale die ihr entsprechenden Arten und Weisen der Migration und Mobilität. Mag dies auch unseren Vorstellungen von Leibeigenschaft und Schollengebundenheit widersprechen, so zeigt sich doch, dass die hochmittelalterliche Formation eine hochmobile gewesen ist: Ständig waren die Menschen ›unterwegs‹, ob nun als Kaufleute oder Wandergesellen, als von Universität zu Universität ziehende Magister oder Scholare, als auswanderungswillige Ritter, denen das Erstgeborenenerbrecht einen Strich durch die standesgemäße Rechnung gemacht hatte, oder vor allem als Pilger- und Wallfahrer eines Heiligen- und Reliquientourismus. Doch nicht nur die Bußpilgerfahrten sind ein Indiz für die mittelalterlichen Formen der temporären Migration. Auch das korporative Verbund- und Austauschsystem der Zünfte und Gilden förderte die Migrationsoffensiven.

Angesichts vielfältiger Forschungsbefunde bleibt zu konstatieren, dass das ständige Wallfahren und Pilgern, welches »Menschen aller Gesellschaftsschichten« erfasste, wesentlich zur »Integration Europas« beigetragen hat.[20] Im Hinblick auf die kriegerische Pilgerschaft der Kreuzfahrten ist festzuhalten, dass in der Hierarchie der Pilgerorte Jerusalem als »Stätte der christlichen Erlösungstat« an

---

[19] Vgl. Mann 1994, 303ff.
[20] Schmugge 1988, 265 bzw. Mann 1994, 215. Vgl. allgemein dazu Jaritz/Müller 1988, 12.

erster Stelle stand: Jerusalem symbolisierte für die westeuropäischen Christen den »Urpilgerort« und »das irdische Jerusalem war immer auch ein Abbild des himmlischen«.[21]

Doch diese Vereinheitlichung qua Pilgerwesen sowie Heiligen- und Reliquienkult ist von Anfang an eine widersprüchliche gewesen, denn zugleich beschleunigten Missgunst, Neid und Rivalität unter den ›nationalen‹ Gruppen der westeuropäischen Kreuzfahrer auch deren kulturelle Identitätsbildungen.

Für die Geschichte Europas als Ganzes wird in der neueren Diskussion jedenfalls »›national identity‹ vielfach als ›a phenomenon of the long durée‹, bis in das Mittelalter zurückreichend, gesehen …«[22]

Die Popularität von Jerusalem als dem Ort der Sehnsucht aller hochmittelalterlichen Pilgerwünsche und christlicher Volksfrömmigkeit traf die kirchlichen Menschenfischer während des ersten Kreuzzuges (1096-1099) ziemlich unvorbereitet, denn die vom Heiligen Stuhl »geschaffene Verbindung von Wallfahrt, Heidenkrieg und geistlichem Lohn … ergriff gleichmäßig alle Stände und ließ sich nicht nur auf das Rittertum beschränken, wie man wohl gehofft hatte. Auch das niedere Volk wollte auf die gebotenen Vorteile nicht verzichten.«[23] Die Papstkirche war von der gewaltigen Kraft ihrer Ideologie des Heiligen Krieges so überrascht, dass sie den Aufbruch eines Lumpenproletariats, welches »zugleich mit der Sicherung des ewigen Heils, seinen Schwierigkeiten und materiellen Nöten zu entkommen«[24] hoffte, nicht verhindern konnte. Ein schmutzstarrender, schlecht bewaffneter und unzureichend gekleideter Kampfverband unter der Führung des auf einem Esel reitenden – Jesus stilisierenden – Kriegermönchs Robert d'Abrissel und des Ritters Walter ohne Habe, einer Art Kreuzzugs-Don Quichote, machte sich auf den Weg nach Byzanz, wo die Elite entsetzt auf diesen riesigen Schwarm eines verwahrlosten Pöbels reagierte.[25]

Der byzantinische Kaiser musste lange Reden halten, zahlreiche Audienzen geben und großzügige Geschenke machen, um diesen Haufen aus Byzanz hinauszukomplementieren. Damit war dessen Schicksal entschieden: Im Oktober 1096 wurden die Volkskreuzfahrer von türkischen Sultanstruppen vollständig vernichtet.

---

[21] Schmugge 1988, 269.
[22] Langewiesche 1995, 202.
[23] Mayer 1989, 42.
[24] Le Goff 1965, 135f.
[25] Vgl. Maier 1973, 254f.

Damit war für die Zukunft der Kreuzzüge zweierlei entschieden: Erstens die Durchsetzung der Erkenntnis, dass der Glaube allein nicht ausreichte, um das Heilige Grab in christlichen Besitz zu bringen: »Nur das Schwert, von geübter und an Kriegszucht gewöhnter Hand geführt, konnte den Weg nach Jerusalem eröffnen.«[26]

Zweitens wandten sich die Kreuzzugspredigten nun gezielt an die Kriegerklasse der Ritter, auf deren dynamischen Expansionsdrang gebaut und in der ein »Gefühl besonderer Erwählung« zu erwecken versucht wurde.[27]

Obwohl der Auftritt des Volkes bei der Wiedereroberung der christlichen Ursprungsstätten nur von kurzer Dauer und erfolglos gewesen ist, bleibt er in einer Hinsicht äußerst lehrreich: Die mobilisierenden Praktiken der Werbung, der Propaganda, der Angstproduktion und der Indoktrination zeigen in ihrer systematisierten Planmäßigkeit gewisse (proto-)moderne Methoden und Sozialtechniken der Massenmobilisierung. Die von der Papstkirche produzierten Weltbilder und die damit verbundene Kontrolle der Wahrnehmungs- und Deutungsmuster basierten auf der ideologischen Macht, welche das Christentum ausübte.

Bezüglich der inneren Expansion Europas bewirkte diese ideologische Machtentfaltung kirchlich homogenisierender Zwangsgewalt ein (Wieder-)Erstarken des Antijudaismus bzw. -semitismus.[28] Es waren »wilde Horden« von lumpenproletarischen Kreuzfahrern, die 1096 reiche jüdische Gemeinden im Rheinland ausplünderten und zu Judenpogromen führten, »wie sie das Mittelalter bisher nicht erlebt hatte«.[29] Von nun an werden die christlichen Anschuldigungen des Ritualmordes, der Hostienschändung und der Brunnenvergiftung, die ein Hauptargument‹ während der Großen Pest von 1348-1352 darstellte, die Verfolgung und Vernichtung der Juden rechtfertigen.

Für die Geschichte Europas als Ganzes zeigt sich also schon im Zeitalter der Kreuzzüge jener Zusammenhang von innerer Ausschließung der Minoritäten, in diesem Fall der Juden, und äußerer Aneignung fremder Territorien, in diesem Fall denen der Muslime.

Es gehört also zur Europäisierung Europas jene Geschichtserfahrung, die zum ersten Mal die Wirkungsmächtigkeit und Mobi-

---

[26] Bradford 1987, 16.
[27] Vgl. Mayer 1989, 91.
[28] Vgl. Le Goff 1965, 41.
[29] Mayer 1989, 43.

lisierungskraft der Ideologie im Sinne einer religiös-militärischen Moral für äußere Expansionen ›entdeckte‹.

> Das blutige, entbehrungsreiche
> Geschäft der Eroberung und
> Besiedelung erforderte entschlossene
> und selbstsüchtige Anführer.
> (Michael Mann)

Dass diese Aussage von Mann verallgemeinerbar ist und nicht allein auf die hochmittelalterliche Feudalexpansion zutrifft, belegt erneut den historischen Stellenwert der Kreuzzüge bei der Herausbildung jener europäischen Eroberer- und Vernichtungskultur, für die Militarismus und Kolonialismus konstitutiv gewesen sind. Schon in den feudalen Sozialbeziehungen selbst ist diese Gewaltförmigkeit angelegt, denn es bedurfte einer außerökonomischen Zwangsgewalt durch den Adel, um sich das agrarische Mehrprodukt anzueignen, weil sich die Bauern qua Bearbeitung im Besitz von Grund und Boden befanden.

Da im Hochmittelalter weder eine Konzentration staatlicher Macht noch eine wirkungsvoll rechtsetzende königliche Gewalt existierten, war zentralisierte Herrschaftsausübung und Kontrolle über Großregionen kaum möglich.[30] Die auf schweren Streitrössern in Eisenrüstungen daherkommenden, gepanzerten Reiterkrieger des Hochmittelalters »lebten zwar im Weizenzeitalter, doch sahen sie aus wie Männer des Stahlzeitalters«.[31] Sie nannten ihre Zweikämpfe, ihre Schlachten und Kriege sowie ihre Raubzüge Fehden; ein Terminus, der von seiner Sprachwurzel her sowohl Feindseligkeit wie auch Übervorteilung bedeutet: »Fehde heißt Rache und Beute – die bäuerlichen Untertanen des Gegners wurden ausgeplündert, das Vieh wurde weggetrieben, die Ernte abgebrannt.«[32] Die Ausbeutung der Bauern durch die Grundherren – »private Unternehmer des außerökonomischen Zwangs«[33] – hatte individuellen bzw. privaten Charakter, wodurch Herrschaft wesentlich als Schutz vor der epidemisch grassierenden Gewalttätigkeit erschien.

Da nun aber seit dem Ende des 11. Jahrhunderts die internen

---

[30] Vgl. dazu Schulze 1994, 28; Gurjewitsch 1986, 215.
[31] Bartlett 1996, 81.
[32] Schulze 1994, 28.
[33] Dhoquois 1977, 429.

Expansionsmöglichkeiten der herrschenden Adelsklasse immer mehr an ihre Grenzen stießen, wurde der Kampf um Land unter den feudalen Lehenskriegern allmählich zum Nullsummenspiel.

Die von der Kirche organisierten Werbekampagnen zur Reconquista Andalusiens, zur Bekehrung der Heiden im Osten und zur Eroberung der christlichen Ursprungsstätten kamen da wie gerufen. So erlangten beispielsweise in der Mitte des 12. Jahrhunderts die Deutschen für ihren »mitleidlosen Vernichtungskrieg gegen die Wenden ... eine Tarnung ihres Unternehmens als Kreuzzug«[34] durch den Papst. Die Kreuzzüge entlasteten also den spanischen, französischen und deutschen Adel vom alltäglichen »Gerangel um Vasallen und nach Lehen« und beschleunigten zugleich den nach außen greifenden, dynamischen Expansionskreislauf von »Plünderung, Belohnung, Rekrutierung und weiteren Plünderungen ...«.[35]

Die massive Adelsexpansion und die Entstehung von Kolonialaristokratien im 11., 12. und 13. Jahrhundert bestand aus zwei »Hauptkomponenten: der Forderung der Vasallen nach Lehen und dem Bedarf der Feudalherren an Kämpfern. Dabei stellt sich bald ein gewisser Kreislauf ein: Je mehr Land man besaß, desto mehr Ritter konnte man mit Lehen versehen, und je mehr Ritter man hatte, desto leichter war neues Land zu erobern«.[36]

Es ging bei diesen erobernden und vernichtenden Praktiken also ums Beutemachen sowie um die Belohnung der Gefolgschaftsverbände.

Für eine Geschichte Europas als Ganzes bleibt festzuhalten, dass der »europäische Kapitalismus als Kind der *vorhergehenden* Vernichtungstendenzen« zu interpretieren ist: »Der Kapitalismus entstand zwar in symbiotischer Nähe zur Vernichtungskultur, aber er wurde von ihr geprägt – nicht umgekehrt.« Denn seit dem Zeitalter der Kreuzzüge und nicht erst seit dem 14. und 15. Jahrhundert, wie Zinn meint, setzte sich in der okzidentalen Geschichte die »rücksichtslose Anwendungsbereitschaft der Vernichtungstechnik«[37] durch.

Die kriegerischen Praktiken und Verhaltensbildungen einer blutrünstigen Kampfestechnik und eines kalkulierten Terrors schufen jenen Typus einer Massakergesellschaft, in welcher die individuelle Identität der Getöteten per Definition unerheblich ist: »Man hat we-

---

[34] Le Goff 1965, 129.
[35] Beide Zitate aus Bartlett 1996, 63. Vgl. auch Mann 1994, 222.
[36] Bartlett 1996, 63.
[37] Zinn 1989, 10.

der die Zeit noch das Bedürfnis, in Erfahrung zu bringen, wen man gerade tötet.«[38]

Zwei Zitate mögen diese Aussage von Todorov hinsichtlich der Kreuzzüge veranschaulichen: »Der Rausch des Sieges, der religiöse Fanatismus der Kreuzfahrer und die aufgestaute Erinnerung an die durchstandene Mühsal von drei Jahren entlud sich in einem entsetzlichen Blutbad, dem unabhängig von Religion und Rasse jedweder zum Opfer fiel, der den metzelnden Kreuzfahrern vor die Klinge geriet. Bis an die Knöchel watete man im Blut, und die Straßen waren mit Leichen bedeckt, deren Beseitigung die erste Sorge der Kreuzfahrer nach dem Ende des Wütens war.«[39]

Die Schilderung von Mayer bezieht sich auf die Eroberung Jerusalems im Juli 1099, das folgende Zitat von Maier auf die Plünderung von Byzanz im April 1204: »Religiöse Ehrfurcht kannten die Krieger, die als Kreuzfahrer kamen, nicht. Nonnen wurden in ihren Klöstern geschändet; in der Hagia Sophia rissen betrunkene Soldaten die Seidenvorhänge herunter und zerhackten mit Hämmern und Äxten die kostbare Altarplatte und die silberne Ikonostasis; eine Prostituierte saß auf dem Stuhl des Patriarchen und sang schmutzige, französische Lieder, während heilige Meßgeräte als Trinkbecher mißbraucht wurden.«[40] Gut dreihundert Jahre später wird es Tenochtitlán – politisches Machtzentrum der Mexica – genauso ergehen.

Um angesichts dieser Exzesse einen Erklärungszugang zu finden, macht es wenig Sinn, über die Grausamkeit der Kreuzritter zu lamentieren. In der feudalen Gesellschaftsformation ist es ja gerade die natürliche, sozusagen genetisch codiert erscheinende Gewalttätigkeit der »geborenen Gewaltsamen«, die diese »überhaupt nur zu Adligen machte…« und es ihnen daher ›erlaubte‹, Heiden bedenkenlos zu massakrieren, Ketzer auszurotten und auch Leibeigenen »umstandslos den Schädel«[41] einzuschlagen.

Die kollektiven Gefühlszustände und affektiven Dispositionen kreuzritterlicher Gewalttätigkeit sind Resultat historischer Kriegeridentitäten und -sozialisation. Macht und Prestige bilden dabei die Kernbegriffe feudaler Rangvergesellschaftung.[42] Macht und Prestige als soziale Kategorien prägten nicht nur die Mentalitäten, Einstellungen und Erfahrungen des Militäradels, sondern durch deren

---

[38] Todorov 1985, 175.
[39] Mayer 1989, 57.
[40] Maier 1973, 315.
[41] Czerwinski 1986, 252 und 26f.
[42] Vgl. Ahlers 1992.

Die Kreuzzüge

gesellschaftliche Bedeutungsmächtigkeit war überdies und vor allem die Alltagswirklichkeit des Ritterlebens bereits vorgegeben: »Jedermann konnte jederzeit gegen jedermann Krieg – im mittelalterlichen Sprachgebrauch Fehde – führen«,[43] sofern er Macht, Waffen und Gefolgschaft besaß.

Doch Macht und Prestige bedürfen der historischen Konkretisierung. Sie realisierten sich im ritterlichen Fehde-Bedürfnis nach Krieg und Gewalt sowie Ehre und Ruhm. Dies galt insbesondere für die neue Ritterschaft, nämlich für die Ritter Christi auf Pilgerschaft, die der Kriegerabt Bernhard von Clairvaux 1128 wie folgt pries: »Die Ritter Christi aber kämpfen mit gutem Gewissen die Kämpfe des Herrn und fürchten niemals weder eine Sünde, weil sie Feinde erschlagen, noch die eigene Todesgefahr. Denn der Tod, den man für Christus erleidet oder verursacht, trägt keine Schuld an sich und verdient größeren Ruhm. ... Der Ritter Christi, sage ich, tötet mit gutem Gewissen, noch ruhiger stirbt er. ... Der Christ rühmt sich, wenn er einen Ungläubigen tötet, weil Christus zu Ehren kommt«.[44]

Es wird erkennbarer, dass für die emotional religiöse Konstruktion von kreuzritterlicher Wirklichkeit die soziale Vorbildfunktion der Gewalt fundierend gewesen ist. Denn sie legte innerhalb des adligen Milieus den Status des Ritters Christi in der Macht- und Prestigehierarchie fest. Die Vorbildlichkeit der Gewalt und das Ideal der Vernichtung waren die ideologischen Grundkonstanten religiös militärischer Lebensweise.

Mit anderen Worten: Nicht die stille Gewalt ökonomischen Sachzwangs einer kapitalistischen Demokratie, sondern die unmittelbare, konkrete Gewalt der Mehrproduktabpressung durchherrschte die feudale Gesellschaftsformation: Die Gewalt lag sozusagen überall in der mittelalterlichen Luft. Vor allem aber wirkten die gewalttätigen Herrschaftstechniken integrierend und machten aus den Rittern jene soziale Klasse, die sich mit ihren kriegerischen Ordensgemeinschaften mächtige Organisationen schuf, in denen sich die Expansionswünsche verdichteten.

Dieser historische Prozess ging einher mit einer »absolut entscheidenden Wende« in der Mitte des 12. Jahrhunderts, in welcher nämlich »die Herrschaft über das abendländische Christentum von den Mönchen auf die Kleriker übergeht. Was diese letzten betrifft, so hatten sie sich schon immer viel direkter an kriegerischen Akti-

---

[43] Schulze 1994, 28; vgl. Gurjewitsch 1986, 215ff.
[44] Zitiert nach Bartlett 1996, 320.

vitäten beteiligt. Die Bischöfe, die Kanoniker der Kathedralen, pflegten höchstpersönlich in den Kampf zu ziehen, und es machte ihnen Spaß. ... Man rühmte sie ob ihrer Tapferkeit, von der es hieß, sie könne sich mit der ihrer ritterlichen Brüder messen«.[45]

Es bleibt am Ende dieses Abschnitts festzuhalten: Die aggressive Eroberungsmentalität der in den Kreuzfahrerheeren prominent vertretenen deklassierten Ritterschichten – infolge der Durchsetzung des Erstgeborenenrechts (Primogenitur) blieb vielen Adeligen jede Aussicht auf Beute, Ruhm und Macht in der Heimat versperrt – speiste sich aus der Enttäuschung und der Wut von Zukurz-Gekommenen, die jede Möglichkeit am Schopf ergriffen, um einen Ausgleich für ihre verlustig gegangenen Privilegien zu finden. Zur Erreichung dieses Zieles waren die militanten Ritter bereit, Kopf und Kragen zu riskieren, alles auf die Karte der kriegerischen Pilgerfahrt zu setzen; denn die kollektiven Mentalitäten dieser deklassierten, weil vom väterlichen Erbe ausgeschlossenen, ritterlichen Banditen basierten auf folgenden Grundmustern: Wenn ich bereit bin, als Ritter und Krieger mein Leben aufs Spiel zu setzen, um meinem Ziel, Grundherr, Seigneur zu werden, näher zu kommen, dann kann mich nichts von diesem Vorhaben abhalten und dann ist auch alles zu seiner Erlangung erlaubt. Das, was mir zu Hause versagt ward, werde ich nun in der Ferne und Fremde suchen. Königreiche, Fürstentümer, Baronien, Grafschaften, also Grund und Boden mit den dazugehörigen Leibeigenen – einschließlich schöner Frauen – also Land mit Menschen, dazu viel Beute sowie Ehre und Ruhm. Und wer sich mir bei der Verwirklichung meines seigneurialen Lebenstraumes in den Weg stellt, wer mein feudales Lebensglück verhindern will, dem werde ich den Tod bringen: Ich erobere, also bin ich.[46]

> Der Ausdruck »Heiliger Krieg« wurde im mittelalterlichen Europa geprägt, um die Unternehmungen der Kreuzfahrer zu bezeichnen.
> (Annemarie Schimmel)

Die wirksamste päpstliche Waffe im Heiligen Krieg gegen die muslimischen Feinde waren die Kloster- und Ordensgemeinschaften –

---

[45] Duby 1986, 161; vgl. Mann 1994, 216.
[46] Vgl. Ahlers 1996, 19.

Templer, Johanniter, Malteser und Deutschherren –, welche »durch und durch ein Kind des aggressiven hochmittelalterlichen Christentums«[47] gewesen sind.

Eng an das monokratische Herrschaftssystem der römischen Kirche angelehnt, basierten die religiösen Orden auf einem streng hierarchischen Autoritätsgefüge. Für die Europäisierung Europas waren sie von fundierender Bedeutung, denn die päpstliche Internationale der Ordensgemeinschaften und Kreuzritterorden bildete das Rückgrat der ideologischen Macht der Papstkirche im »multiplen Interaktionsnetzwerk des Feudalismus«.[48]

In den großen Kreuzritterorden stellten die adligen Krieger ihr Schwert in den Dienst Gottes und wurden so als Soldaten Christi zum Idealtypus des Ritters. Die dem Kreuzrittertum inhärente Verbrüderung des Unmöglichen, nämlich die zwischen Gewalttätigkeit (Ritter) und Friedfertigkeit (Mönch), zwischen Habgier und Armut, zwischen Zuchtlosigkeit und Gehorsam, zwischen Geilheit und Keuschheit, übten eine faszinierende Wirkung auf den deklassierten und landhungrigen Kleinadel aus.

Dieser Dualismus der Kreuzritterorden löste sich in der Praxis schnell zugunsten des Kampfes und der Zerstörung auf, da die militanten Ritter Christi der alttestamentarischen Logik »Verflucht sei, wer sein Schwert vom Blute zurückhält« folgten. Diese Losung des Propheten Jeremia wurde im Zeitalter der Kreuzzüge eines der am häufigsten benutzten Bibelzitate der Papstkirche.

Die Ordensgründungen im Heiligen Land waren eine unmittelbare Folge der Massaker von Jerusalem im Jahre 1099. So verwandelte sich der schon seit Vorkreuzzugszeiten in Jerusalem existierende, Arme versorgende und Kranke pflegende Hospiz-Orden der Johanniter nach dem ersten Kreuzzug schnell in einem Militärorden zur Unterstützung der Eroberer. Hatte der Johanniter-Orden also noch eine Vorgeschichte der Caritas, so waren die Templer qua Gründung ein religiöser Kampfverband, welcher sich ausschließlich der Aufgabe widmete, die Feinde des Glaubens zu bekämpfen.[49] Durch die Rekrutierung und den Einsatz von Soldrittern schlichen sich Gewinndenken und Profitsucht in die aristokratischen Mentalitäten der Ordenselite. Zwar versuchte die Kirche, diese Entwicklung zeitweise genauso wie die Ausweitung der kriegerischen Tätigkeiten einzudämmen, doch sie konnte diese undich-

---

[47] Bartlett 1996, 322.
[48] Vgl. dazu Mann 1994, 211ff.
[49] Siehe dazu Bradford 1987, 24ff.

ten Stellen der Monetarisierung nicht mehr verschließen. Die kommerzielle Einbruchstelle in der feudalen Ökonomie war der Turnierplatz. Hier kamen Lehenskrieger auf der Suche nach Ruhm und Kaufleute auf der Suche nach Gewinn zusammen. Zwar schien die schillernde Fassade zur Schau getragener ritterlicher Tugend noch zu halten, aber alle am Wettkampf Beteiligten wussten, worum es ging: ums Geld. Große Summen wurden gewonnen und verloren. Schritt für Schritt entwickelte sich im 12. Jahrhundert eine regelrechte ›Turnier(geld)wirtschaft‹. Der Militäradel musste zur Kenntnis nehmen, dass das Allheilmittel zur Realisierung seines feudalen Lifestyles – als da waren Stand, Ehre, Familie, Prunk, Waffentreue – Geld war: »Überall wird Geld umgesetzt, massenhaft, sogar mehr – nehme ich an – als auf den Messen der Champagne. Und wer profitiert von all dem Geld, was da in Bewegung kommt? Der Händler natürlich, aber auch die brillanten Kämpfer, die sich bei den Spielen ausgezeichnet haben. Das Turnier ist der einzige Ort dieser Gesellschaft, wo ein Ritter ebenso schnell reich werden kann wie ein Händler oder der Anführer einer Söldnerschar.«[50]

Was machte der Ritter mit dem Geld, das er verdiente? Da die historischen Identitätsbildungen und die kollektiven Mentalitäten des Adels durch die Prahlsucht der feudalen Gaben- bzw. Schenkungsökonomie geprägt waren, wurde das verdiente Geld in einer Art adligem Potlatch dem Prestige geweiht, dem Kampf um Rang.

Die Transformation vom Lehenskrieger- zum Soldkriegertum war an die historische Erfahrung gebunden, dass Ritterschaft viel Geld einbringen und ein einträgliches Geschäft sein konnte. Der Siegeszug des Gewinndenkens beschleunigte die Kommerzialisierung des Gefolgschaftswesens und seine Umwandlung in ein Bezahlungssystem erheblich.[51]

In Palästina stellte sich die Situation wie folgt dar: Ab Mitte des 13. Jahrhunderts transformierte sich die Adelsherrschaft Schritt für Schritt in eine Ordensherrschaft. Templer und Johanniter wurden immer mächtiger. Stück für Stück sahen sich die Adelshäuser gezwungen, »den Orden Burg um Burg, Herrschaft um Herrschaft auszuliefern«.[52] Immer mehr Adlige mussten sich nach ihrer Entmachtung als ritterliche Söldner auf Basis von Geldlehen den bezahlten Kriegstätigkeiten der Orden andienen. Ab Mitte des

---

[50] Duby 1986, 156/157.
[51] Vgl. Mann 1994, 283.
[52] Mayer 1989, 243.

13. Jahrhunderts erreichte die Machtentfaltung der christlichen Kriegerorden ihren Zenit: »Allein die Orden konnten in Europa noch ritterliche Krieger rekrutieren, die bereit waren, dauernd im Hl. Land zu kämpfen. Sie besaßen also die einzige wirkliche Kampfkraft.«[53] Unermesslich reich geworden durch die feudale »Schenkungsökonomie«[54] konnten die Orden mit Hilfe eines weit gespannten Finanz- und Bankensystems ihre Profitwirtschaft ausbauen.

Die von den Ordensspitzen für ihre Militärdienste direkt bezahlten sowie die mit Geldlehen belohnten Soldkrieger sind ein historisches Indiz für jenen Monetarisierungsprozess der Vasallitätsbeziehungen, deren Übergangscharakter daran zu erkennen ist, dass die Ausdrücke Sold und Geld bereits eine dinglich versachlichte Sozialbeziehung beinhalten, während die ›alten‹ Ideen vom Ritter und vom Lehen die außerökonomischen, auf dem Gefolgschaftswesen beruhenden interpersonellen Herrschaftsbeziehungen umfassen.[55] Die durch das Eindringen von Geldbeziehungen verursachte Verdinglichung der Vasallitätsverhältnisse sowie die Etablierung der großen Kreuzritterorden als Zentren des Geldkapitals verweisen auf den historischen Einfluss des oberitalienischen Handelskapitals. Dabei ist zu beachten, dass der vom Kaufmannsadel der Seerepubliken betriebene Handel recht umstandslos auch als organisierte Piraterie praktiziert wurde: In ihrer gemeinsamen Gier nach Macht und Reichtum fanden die Land- und Seeräuber die Grundlage ihrer unheiligen Allianz.

> Die Eroberung Konstantinopels durch
> die Kreuzritter im Jahre 1204
> vergrößerte Reichtum und Macht des
> venezianischen Adels unermesslich.
> (Frederic C. Lane)

Hunderttausende von Touristen strömen jedes Jahr nach Venedig, um die Kunstschätze und Reliquien der Stadt zu bestaunen, als da vor allem sind die vier Bronze-Pferde, »die einst Kaiser Augustus von Alexandria nach Rom, Konstantin der Große von dort in seine neue Hauptstadt geschafft hatte und die heute das Hauptportal von

---

[53] Ebd.
[54] Duby 1981, 267.
[55] Vgl. Ahlers 1996, 22.

San Marco« krönen,[56] sowie die »sterbliche Hülle des heiligen Nikolaus, ... ein Bruchstück des Wahren Kreuzes und ein Teil des Hauptes Johannes' des Täufers«.[57]

All diese schönen und heiligen Dinge sind Beutekunst, welche die Venezianer »sorgfältig« bzw. »gezielt«[58] während der dreitägigen Plünderung von Byzanz auswählten, um so ihr religiöses Prestige zu steigern. Und so wie die Muslime die Massaker von Jerusalem im Oktober 1099, so haben auch die Griechen die Zerstörung von Konstantinopel im April 1204 niemals vergessen.

Die mit den Kreuzzügen verbundenen historischen Traumata haben tiefe Spuren im kollektiven Gedächtnis der Muslime und Ostchristen hinterlassen. Man kann die fundamentale Geschichtlichkeit des Ereignisses Kreuzzüge in Anlehnung an die Begrifflichkeit des französischen Psychoanalytikers Jacques Lacan als ›primäre Historisierung‹ bezeichnen: »Nach Lacan liegen die Gemeinsamkeiten der beiden Wissenschaften Psychoanalyse und Geschichte in ihrer Bestimmung als Theorien des Besonderen zwecks Analyse individual- bzw. gattungsgeschichtlicher Entwicklungen. Beide Wissenschaften befassen sich mit Ereignissen, deren jeweilige Geschichtsmächtigkeit so einzigartig sein kann, daß sie im Unbewußten zu einer bevorzugten Verankerung wegen der Einmaligkeit des Ereignisses führen.«[59]

Die Blutbäder von Jerusalem und Byzanz gehören infolge ihrer historischen Beschaffenheit als unvergleichliche Katastrophen für Muslime und Ostchristen zum Prozess einer primären Historisierung, der bis heute das Verhältnis zwischen Okzident und Orient mitbestimmt. Doch – und das ist ja das Problem – die extreme Selbstbezogenheit und naive Gegenwartszentriertheit der westlichen Kultur lässt keinen Raum für solche Erinnerungsspuren und Gedächtnisbilder.

Bekanntermaßen ist das Kreuzfahrts-Konsortium von den oberitalienischen Kaufmanns-Oligarchien vervollständigt worden. Ohne deren Seeherrschaft, »die wirksamer mit Plünderung als mit der Verteidigung friedlichen Handelsverkehrs hervortreten konnte«,[60] wären die Kreuzfahrerbaronien überhaupt nicht zu halten gewesen. Vor allem Venedigs Vormachtstellung ist eng mit Kreuzzügen ver-

---

[56] Maier 1973, 315.
[57] Lane 1980, 71.
[58] Maier 1973, 315.
[59] Ahlers 1997, 19f.
[60] Lane 1980, 67.

bunden und »ging einher mit der politischen Machtübernahme einer aristokratisch-patrizischen Oligarchie, die voll auf die neue Rolle Venedigs in der kolonialen Handelsexpansion setzte und das vormals herrschende Bündnis aus kirchlicher Hierarchie und Kleinadel beiseite drängte«.[61]

Von nun an wurde die aggressive Machtpolitik auf die Beherrschung des östlichen Mittelmeerraumes ausgerichtet.

Der vierte Kreuzzug (1198-1204) stellt einen Wendepunkt in der venezianischen Geschichte dar. Venedig hatte sich nicht nur vom Bündnispartner zum Feind von Byzanz gewandelt, sondern mit der Errichtung eines lateinischen Königreiches bzw. eines fränkischen Griechenlands (1204-1261) in den oströmischen Ländereien wurde sein Aufstieg zur See- und Kolonialmacht vollendet.

Venedigs lokale Weltökonomie ist vor allem auf handelskapitalistische Akkumulationsgewalt durch die dominierenden Praktiken der Kaperei und des Raubhandels gegründet gewesen. Die venezianischen Kaufmannsaristokratien waren sich aber vollkommen im Klaren darüber, dass nur über eine territoriale Ausdehnung die Ausschaltung der Konkurrenz und die Sicherung der Seewege zu bewerkstelligen war. Nur durch ein Monopol konnten die hohen Einnahmen aus dem Transport der Kreuzfahrer und ihres erforderlichen Nachschubs kontinuierlich fließen. Als Gegenleistung erhielt das Handelszentrum Venedig von den Kreuzfahrerstaaten außerdem Niederlassungen und wurde von Zöllen und anderen Abgaben befreit. Bemerkenswert bei all dem ist die systematische Verschränkung von kaufmannskapitalistischer Akkumulation mit feudalen Lebensweisen und Produktionsformen.

Die während der Kreuzzüge entwickelten Praktiken des kolonialen Lehnswesens erwiesen sich als so ›erfolgreich‹, dass sich sogar »die Kolonialmächte der zweiten Welle der europäischen Expansion, nämlich die Niederlande, England und Frankreich, ein gutes Jahrhundert später keineswegs anders verhielten«,[62] indem nun ihre Handelskompagnien – die Multis des 17. Jahrhunderts – als kollektive Lehensherren und koloniale Landvergeber fungierten. Erst mit den auf Sklavenarbeit basierenden Plantagenökonomien in der Karibik und den Siedlungskolonien des Neu-England-Typs wurde das Zeitalter des während der Kreuzzüge entstandenen Kolonialfeudalismus endgültig historisch ad acta gelegt.

Im Auftreten des kaufmännischen Kollektivlehensherrn ver-

---

[61] Ahlers 1996, 24. Vgl. auch Feldbauer/Morrissey 2002, 43ff.
[62] Verlinden/Schmitt 1986, 250.

schmolzen Geld- und Territorialakkumulation, also die handelskapitalistische Seeherrschaft mit dem adligen Expansionismus. Die handelsaristokratische Zentralgewalt Venedig etablierte ein Kolonialsystem, in welchem die kommerzielle In-Wert-Setzung der vergebenen Ritter-Lehen auf Kreta, Zypern und in Palästina durch kaufmännische Geldgeber finanziert wurden, die sich ihre Vorfinanzierung durch Landbelehnungen bezahlen ließen. Man kann in diesem Zusammenhang von einer Art handelskapitalistischer Vasallität sprechen. Es zeigt, wie fundierend das mit der gesellschaftlichen Institution der Lehensvergabe verbundene soziale Prinzip der Loyalität und Gefolgschaft in den ersten Jahrhunderten der okzidentalen Kolonisierungsoffensive gewesen ist.

Fazit

Die dezentrale Beschaffenheit – recht eigentlich die regulierte Anarchie der feudalen Dynamik zeigt, »daß ein Mangel an zentraler Führung durchaus kein Hindernis für eine erfolgreiche Expansionsbewegung sein mußte«.[63] Der hochmittelalterliche Kolonialismus funktionierte nach dem Prinzip der konkurrierenden Imitation. Die unternehmerischen Interessengemeinschaften aus fränkischem Militäradel, katholischen Klerikern und feudo-bourgeoisen Kaufleuten und Städtern schufen auch gerade wegen der Heterogenität ihrer sozialen Zusammensetzung und politischen Zielsetzungen eine Vielfalt unterschiedlicher Expansionsformen (Ordensstaat, Stadtstaat, Handelskolonien, Lehenskolonien).

Doch zugleich vertiefte die Ausdehnung des lateinischen Westens zwischen dem 10. und 13. Jahrhundert die kulturelle Vereinheitlichung Westeuropas, veränderte die Geographie der Macht grundlegend und festigte die »Europäisierung Europas im Sinne der Ausbreitung einer speziellen Kultur mit Hilfe von Eroberung und Beeinflussung ...«[64]

Ich habe in diesem Text die These vertreten, dass die Militarisierung der Pilger- und Wallfahrten sowohl zu den Expansionsoffensiven als auch zur kulturellen Uniformierung wesentlich beigetragen haben.

Man kann die von der päpstlichen Zentrale inszenierten kriegerischen Wallfahrten gen Jerusalem und Byzanz durchaus als die

---

[63] Bartlett 1996, 368.
[64] Bartlett 1996, 325.

»spektakulärste Verausgabung religiöser Energie in der Geschichte der europäischen Gesellschaft«[65] verstehen, aber zugleich und vor allem verweisen die Kreuzfahrten auf die ideologische Macht kirchlicher Herrschaft, der es gelang »jenseits und unabhängig von den militärischen, politischen und ökonomischen Zusammenhängen eine transzendente soziale Identität zu erzeugen ...«,[66] deren höchstes Verwirklichungsziel und Vorzugsrealität Glaubenskampf und Märtyrertod gewesen sind. Die der Ideologie der Jenseitigkeit innewohnende diesseitige Zwangsgewalt kultureller Vereinheitlichung und Gleichschaltung wurde fundierend und wegweisend für die historischen Kontinuitäten aggressiv militanter Selbstbehauptung im weiteren Prozess der Europäisierung Europas. Jedenfalls kann abschließend konstatiert werden, dass die mit der globalen Europäisierung einhergehenden Praktiken einer kolonialen Moderne – Weltentdeckung und Welteroberung sowie Weltenzerstörung – in ihren Umrissen am Übergang vom hohen Mittelalter zur frühen Neuzeit bereits erkennbar sind.

Die Kreuzzugsidee ist bis heute Markenzeichen des christlichen Typus politischer Theologie und insbesondere tief eingedrungen in die kollektiven Mentalitäten der puritanischen WASP-Kultur *(White Anglo Saxon Protestant)* in den USA.

Gemäß der biblischen Prophezeiung empfanden sich die puritanischen Auswanderer als auserwähltes Gottesvolk der Neuzeit, welches nach seiner Flucht aus dem ›*Empire of Darkness*‹ in England dazu ausersehen war, in der nordamerikanischen ›Wildnis‹ die ›Stadt auf dem Hügel‹, das Neue Jerusalem zu errichten. So lautete denn auch die Heilsbotschaft für Nordamerika: »America's destiny is white.« Die gegenwärtige Formel des politischen Sendungsbewusstseins der USA kann man wie folgt zusammenfassen: ›Earth's destiny is (western) freedom‹.

Mit der von ihnen erfundenen Selbstzuschreibung als ›unverzichtbare Nation‹ haben sich die politischen Eliten der USA in die Position eines globalen Erlösers gebracht. Die Selbstgewissheiten und Absolutheitsansprüche der Kreuzzugsidee sind geistiges Rüstzeug über die Parteigrenzen hinweg, wie die Aussage des US-Präsidenten Clinton von 1996 zeigt:

»Es gibt Augenblicke, in denen Amerika und ausschließlich Amerika den Unterschied zwischen Krieg und Frieden machen darf, zwischen Freiheit und Repression, zwischen Hoffnung und

---

[65] Crosby 1991, 61.
[66] Mann 1994, 184.

Angst.« Deutlicher ist die politische Verknüpfung von Kreuzzug und Hegemonie schwer darstellbar.

Das Kreuzzugsbewusstsein ist immer auch ein Krisenbewusstsein und verstärkt dieses durch systematische Angstproduktion. Der identitätspolitische Gebrauchswert des Kreuzzugsbewusstseins liegt in der Selbstmobilisierung einer Gesellschaft.

Weiteres Kennzeichen des Kreuzzugsbewusstseins ist die Verwechslung von historischer Realität und politischer Kaltschnäuzigkeit. Für diese These liefern die Begründungen der Bush-Administration für den Irak-Krieg überzeugendes Anschauungsmaterial. Mental getragen wird das Kreuzzugsbewusstsein von einem überheblichen Paternalismus, der den anderen für inferior hält, um ihn anschließend, ob er will oder nicht, zu bekehren und zu bevormunden.

Literatur

Ahlers 1974 = Ingolf Ahlers, Kolonialismus und Bewegungsformen des Handelskapitals. Phil. Diss. Hannover.

Ahlers 1992 = Ingolf Ahlers, Ich erobere, also bin ich. Überlegungen zur Kriegermentalität der Azteken und Spanier. In: Psychologie und Geschichte 1/2, 31-52.

Ahlers 1996 = Ingolf Ahlers, Ritter und Kaufleute – Zur Bestimmung der Kreuzzüge als feudalkoloniale Eroberung. In: Amerika – Das andere Gesicht Europas? Hg. Claus Füllberg-Stolberg/Reinhold Görling. Pfaffenweiler, 15-33.

Ahlers 1997 = Ingolf Ahlers, Primäre Historisierung: Zur fundamentalen Geschichtlichkeit des Ereignisses Islam. In: Kontroversen in der Migrationsgesellschaft. Beiträge zu Menschenrechten, Frauenrechten, Religion und Rassismus, Hg. INTERFOBI/Ausländerbeauftragte des Landes Niedersachsen. Hannover, 5-46.

Bachtin 1987 = Michail Bachtin, Rabelais und seine Welt. Volkskultur als Gegenkultur. Frankfurt a. M.

Bartlett 1996 = Robert Bartlett, Die Geburt Europas aus dem Geist der Gewalt. München.

Bradford 1987 = Ernle Bradford, Kreuz und Schwert. Der Johanniter/Malteser-Ritterorden. Frankfurt a. M.-Berlin.

Crosby 1991 = Alfred W. Crosby, Die Früchte des weißen Mannes. Ökologischer Imperialismus 900–1900. Frankfurt a. M.-New York.

Czerwinski 1986 = Peter Czerwinski, Helden haben kein Unbewußtes. Kleine Psycho-Topologie des Mittelalters. In: Die Geschichtlichkeit des Seelischen, Hg. Gert Jüttemann. Weinheim, 239-272.

Dhoquois 1977 = Guy Dhoquois, Feudalität und Feudalismus. In: Feudalismus – Materialien zur Theorie der Geschichte, Hg. Ludolf Kuchenbuch/Bernd Michael. Frankfurt a. M.-Berlin-Wien, 427-437.

Duby 1981 = Georges Duby, Krieger und Bauern. Die Entwicklung von Wirtschaft und Gesellschaft im frühen Mittelalter. Frankfurt a. M.

Duby 1986 = Georges Duby, Wirklichkeit und höfischer Traum. Zur Kultur des Mittelalters. Berlin.

Feldbauer/Morrissey 2002 = Peter Feldbauer/John Morrissey, Venedig 800-1600. Wasservögel als Weltmacht, Expansion, Interaktion, Akkulturation 1, Wien 2002.

Gurjewitsch 1986 = Aaron J. Gurjewitsch, Das Weltbild des mittelalterlichen Menschen. München.

Hall 1994 = Stuart Hall, Rassismus und kulturelle Identität. Ausgewählte Schriften 2. Hamburg.

Jaritz/Müller 1998 = Gerhard Jaritz/Albert Müller (Hg.), Migration in der Feudalgesellschaft. Frankfurt a. M.-New York.

Kulischer 1971 = Josef Kulischer, Allgemeine Wirtschaftsgeschichte des Mittelalters und der Neuzeit. Band I: Das Mittelalter. München-Wien.

Langewiesche 1995 = Dieter Langewiesche, Nationalismus, Nationalstaat: Forschungsstand und Forschungsperspektiven. In: Neue Politische Literatur, 190-236.

Lane 1980 = Frederic C. Lane, Seerepublik Venedig. München.

Le Goff 1965 = Jacques Le Goff, Das Hochmittelalter. Fischer Weltgeschichte Bd. 11. Frankfurt a. M.

Mann 1994 = Michael Mann, Geschichte der Macht: Zweiter Band: Vom Römischen Reich bis zum Vorabend der Industrialisierung. Frankfurt a. M.-New York.

Maier 1973 = Georg Maier (Hg.), Byzanz: Fischer Weltgeschichte Bd. 13. Frankfurt a. M.-New York.

Mayer [7]1989 = Hans Eberhard Mayer, Geschichte der Kreuzzüge. Stuttgart-Berlin-Köln.

Mumford [3]1984 = Lewis Mumford, Die Stadt. Geschichte und Ausblick. Bd. I. München.

Reinhard 1983 = Wolfgang Reinhard, Geschichte der europäischen Expansion: Bd. 2: Die Alte Welt bis 1818. Stuttgart-Berlin-Köln-Mainz.

Schimmel 1995 = Annemarie Schimmel, Die Zeichen Gottes. Die religiöse Welt des Islams. München.

Schmitt 1991 = Eberhard Schmitt, Die Anfänge der europäischen Expansion. Idstein.

Schmugge 1988 = Ludwig Schmugge, Kollektive und individuelle Motivstrukturen im mittelalterlichen Pilgerwesen. In: Jaritz-Müller. 263-289.

Schulze 1994 = Hagen Schulze, Staat und Nation in der europäischen Geschichte. München.

Todorov 1985 = Tzvetan Todorov, Die Eroberung Amerikas. Das Problem des Anderen. Frankfurt a. M.

Verlinden/Schmitt 1986 = Charles Verlinden/ Eberhard Schmitt (Hg.), Die mittelalterlichen Ursprünge der europäischen Expansion. München.

Wallerstein 1974 = Immanuel Wallerstein, The Modern World-System. Capitalist Agriculture and the Origins of the European World-Economy in the Sixteenth Century. New York-San Francisco-London.

Wimmer 1990 = Franz Wimmer, Interkulturelle Philosophie. Geschichte und Theorie. Bd. 1. Wien.

Zinn 1989 = Karl Georg Zinn, Kanonen und Pest. Über Ursprünge der Neuzeit im 14. und 15. Jahrhundert. Opladen.

Kaufleute an der Macht

Voraussetzungen des Protokolonialismus in den italienischen Seerepubliken am Beispiel Pisa

MICHAEL MITTERAUER

Die hier vorgelegte Studie spricht ein wirtschaftsanthropologisches Phänomen des europäischen Sonderwegs an, das – über Europa hinausführend – wirtschaftliches Verhalten und wirtschaftliche Verhältnisse nachhaltig beeinflusst hat, nämlich den Kolonialismus in seinen spezifisch europäischen Wurzeln. Das Stichwort ›Protokolonialismus‹ meint Frühformen dieses Phänomens, ohne gegenüber späteren Entwicklungsstadien eine scharfe Grenze ziehen zu wollen. Ein struktureller Unterschied, wie er im Konzept von ›Protoindustrialisierung‹ gegenüber ›Industrialisierung‹ angenommen wird, liegt hier nicht vor. Die Übergänge sind fließend. Am ehesten lässt sich das Phänomen Protokolonialismus durch seinen räumlichen und zeitlichen Bezugsrahmen fassen. Es geht um den innereuropäischen Kolonialismus der italienischen Seerepubliken im Mittelalter, nicht um den außereuropäischen atlantischer Mächte in der Neuzeit. Die parallele Wortbildung ›Protokolonialismus‹ zu ›Protorenaissance‹ ist beabsichtigt. Es kann gezeigt werden, dass diesbezüglich Zusammenhänge bestehen.[1] Mit den Stichworten ›Kaufleute an der Macht‹ sind die angesprochenen Voraussetzungen des Protokolonialismus in stark vereinfachender Form skizziert. Die italienischen Seerepubliken wurden im fraglichen Zeitraum keineswegs nur von Kaufleuten beherrscht, sondern auch von Reedern, Schiffseigentümern, ländlichen Gutsbesitzern, Stadtadeligen etc. bzw. von Führungsgruppen, in denen solche Aktivitäten miteinander aufs Engste verflochten waren. Gemeinsam waren ihnen kommerzielle Interessen. Und sie hatten die Macht, diese Handels-

---

[1] Kriedte/Medick/Schlumbohm 1977; Reinhard 1983; Panofsky 1990, 66; Cerman/Ogilvie, 1994; Feldbauer/Liedl/Morrissey, 2001; Osterhammel 2001.

interessen politisch und militärisch zu vertreten.² Gerade die Selbstständigkeit im militärischen Bereich erscheint für die zu behandelnden Verhältnisse wesentlich. Die italienischen Seerepubliken des Mittelalters stellen im interkulturellen Vergleich von Herrschaftsformen eine einmalige Besonderheit dar, zu der sich weder innerhalb noch außerhalb Europas eine unmittelbare Entsprechung findet. So erscheinen auch die in ihnen entwickelten Frühformen des Kolonialismus einmalig.

Meine persönliche Beschäftigung mit Frühformen des Kolonialismus³ war durch ein Zitat von Georges Duby in *Krieger und Bauern. Die Entwicklung von Wirtschaft und Gesellschaft im frühen Mittelalter* entscheidend beeinflusst.⁴ Duby schreibt hier:

»Die kommerzielle Entwicklung von Pisa und Genua war enger, aber auch gewaltsamer mit den aggressiven Gegenströmungen verknüpft, welche die westliche Christenheit, kaum dass sie über die notwendigen Mittel verfügte, in Angriffe gegen die sarazenischen Piraten lenkte. Hier wird besonders deutlich, welchen Einfluss die Vorstellung vom Heiligen Krieg, die damals an den ›Grenzen‹ der Iberischen Halbinsel ausgereifte Formen annahm, auf das wirtschaftliche Wachstum hatte. Die Venezianer, vor allem aber die Amalfitaner, hatten sich bei ihren Handelsbeziehungen zu den Warenlagern im islamischen Herrschaftsgebiet, wo sie, genau wie die Juden, geschützte eigene Niederlassungen unterhielten, auf friedliche Abkommen gestützt. Die Seefahrer aus dem nördlichen Teil des Tyrrhenischen Meeres dagegen bauten ihre Schiffe von Anfang an für den Kaperkrieg; genauer gesagt, sie bauten Galeeren, die sich zum Angriff und schnellen Rückzug eigneten. Die Pisaner zogen, allen voran, als Plünderer und Streiter Gottes in die Offensive und begannen erst viel später mit dem eigentlichen Handel.«

Und weiter: »Schon nach kurzer Zeit färbten ihre Habgier und ihre Raublust, ihr Bewusstsein, dass die eigentlichen Reichtümer beweglich und in Geld messbar sind, auf die Praktiken des bislang recht friedlichen Handels ab. Derartige Einstellungen waren der

---

[2] Waley 1969, 166; Ennen 1972, 133; Tangheroni 1973, 10ff; Burke 1988, 220ff; Tangheroni 1992, 201; Reinhard 1994, 84; Rossetti 2001, 106.
[3] Mitterauer 2003, 235ff.
[4] Duby 1977, 151.

Mentalität der ganz Westeuropa beherrschenden bäuerlichen Zivilisation fremd, sollten aber in Zukunft die Haltung auch ihrer Kaufleute kennzeichnen. Es ist deutlich zu erkennen, dass diese Geisteshaltungen aus einem Milieu hervorgegangen sind, das vollständig auf den Krieg mit seinen Gefahren und Bereicherungsmöglichkeiten ausgerichtet war.« Ganz ähnlich, aber mit völlig anderer Bewertung formulierte schon sieben Jahrzehnte zuvor Adolf Schaube in seiner Handelsgeschichte der romanischen Völker des Mittelmeergebiets bis zum Ende der Kreuzzüge: »Es mag damit zusammenhängen, dass ein Zug frischer Streitbarkeit durch diese beiden Seestädte ging, der Amalfi gänzlich mangelt und auch bei dem diplomatisch klug geleiteten Venedig nicht im gleichen Maße hervortritt.«[5]

Die von Georges Duby aufgestellte These ist für eine historische Wirtschaftsanthropologie sicher von grundsätzlicher Bedeutung. Er spricht von einem neuen Bewusstsein und neuen Praktiken im europäischen Handelsleben. Er sieht eine Wende von älteren friedlichen Formen des Handels zu jüngeren, die von Habgier und Raublust geprägt sind. Und er postuliert einen Zusammenhang dieses Wandels mit den Kreuzzügen. Vor allem verortet er diesen Wandel in einer Seerepublik, der in der europäischen Wirtschaftsgeschichte in der Regel keine besondere Beachtung beigemessen wird, nämlich in Pisa. Pisa gehörte im Spätmittelalter nicht mehr zu den großen Seemächten des Mittelmeerraums wie Venedig und Genua. Sein Niedergang setzte jedenfalls schon im späten 13. Jahrhundert ein. Ob »Meloria oder Malaria« dafür verantwortlich war, wie unter Bezugnahme auf die vernichtende Niederlage gegen die Genuesen von 1284 bzw. die ständige Gefährdung der Stadt durch ihr sumpfiges Umland formuliert wurde,[6] braucht uns hier nicht zu beschäftigen. Das relativ frühzeitige Ausscheiden aus der Konkurrenz der mediterranen Handelsmächte hat der Sonderentwicklung dieser Seerepublik zu wenig Beachtung zukommen lassen. Wichtige Elemente eines neuen Wirtschaftsverhaltens lassen sich hier früher fassen als in Genua und in Venedig. Das gilt vor allem für Phänomene des Protokolonialismus. Duby spricht diese Entwicklungslinie nicht explizit an. Insgesamt lässt er die Ausdrucksformen der von ihm postulierten neuen Kaufleutegesinnung offen. Folgt man seinen Hinweisen, so wird man jedoch bezüglich kolonialer Frühformen in Pisa sehr rasch fündig.

---

[5] Schaube 1906, 48.
[6] Herlihy 1958, 51.

Dass der Kolonialismus der europäischen Mächte im Atlantikraum seit dem 15. Jahrhundert kontinuierlich an einen älteren Kolonialismus anschließt, den die italienischen Seerepubliken im östlichen Mittelmeerraum betrieben, ist heute außer Streit.[7] Das gilt für Grundformen der kolonialen Organisation, für die Finanzierung von Kolonialunternehmen, vor allem für die wirtschaftliche Nutzung und die damit häufig verbundene gesellschaftliche Transformation der Kolonien im Interesse der Kolonialmacht. Der von Venedig in Palästina im 12. Jahrhundert begonnene und auf Zypern und Kreta fortgesetzte Anbau von Zuckerrohr in Plantagenwirtschaft findet im portugiesischen Kolonialbesitz auf Atlantikinseln und anderwärts seine Fortsetzung. Die genuesischen Handelsstützpunkte im Schwarzmeer-Bereich sind ebenso zweifellos koloniale Frühformen wie die von einer genuesischen Kapitalistengesellschaft beherrschte Mastix-Insel Chios mit den nahe gelegenen Alaungruben von Phokäa.[8] Gerade der Inselkolonialismus der italienischen Seerepubliken im östlichen Mittelmeerraum wird sicher zu Recht als eine Präfiguration des europäischen Expansionismus in außereuropäischen Gebieten gedeutet. Zeitlich und ursächlich ist dieser Frühkolonialismus Venedigs und Genuas im Osten eine Folge der Kreuzzüge. Eine Überbetonung dieses Zusammenhangs sowie eine einseitige Sicht der Kreuzzüge als Kriegsunternehmen im Orient verstellen allerdings die Sicht auf ältere und zumindest ebenso wichtige Frühformen des Kolonialismus auf Inseln des westlichen Mittelmeerraums, deren ursprünglicher und lange Zeit wichtigster Träger die Seerepublik Pisa war. Mit seiner Formulierung von den Pisanern als »Plünderer und Streiter Gottes« stellt Duby auch hier einen Zusammenhang mit den Kreuzzügen her. Tatsächlich ist die Eroberung von Sardinien, Korsika, Sizilien, den Balearen und anderen Inseln des westlichen Mittelmeers in kreuzzugsähnlichen Unternehmungen zum Teil schon in der Zeit vor dem so genannten ›Ersten Kreuzzug‹ von 1096/99 erfolgt. Kreuzzugsbewegung und Protokolonialismus entwickelten sich weithin zeitgleich und mit einigen inhaltlichen Berührungspunkten, letztlich handelt es sich jedoch von den tragenden Personengruppen wie von den jeweils verfolgten Interessen her um zwei sehr unterschiedliche Entwicklungsstränge des europäischen Sonderwegs.[9] Sicher ist manches an Kreuzfahrermentalität in den europäischen Koloni-

---

[7] Reinhard 2001, 39.
[8] Feldbauer/Morrissey 2001, 83ff.
[9] Mitterauer 2003, 235ff.

alismus eingeflossen, vor allem in dessen Frühformen. Die spezifische Ausprägung des ›homo oeconomicus‹, wie sie sich in den italienischen Seerepubliken entwickelte, lässt sich jedoch nicht aus dem ›miles Christianus‹ der bewaffneten Pilgerfahrt ins Heilige Land ableiten.

Wie aber ist Pisa zu seiner Kolonialherrschaft auf Inseln des westlichen Mittelmeerraums gekommen, wenn nicht durch Kreuzzüge? Eine entscheidende Rolle kam dabei den Päpsten zu, allerdings in einem ganz anderen Zusammenhang als dem der päpstlichen Kreuzzugspolitik. Die Begründung der Pisaner Einflusssphäre auf Sardinien und Korsika sowie deren Verteidigung gegen die konkurrierenden Genuesen erfolgte in rechtlicher Hinsicht durch päpstliche Privilegien zugunsten des Bischofs bzw. Erzbischofs von Pisa, die man auf den ersten Blick als rein innerkirchliche Maßnahmen deuten würde, nicht aber als wirtschaftliche Begünstigungen. Sie dürften es in ihrer Auswirkung jedoch gewesen sein. Am Beginn der Entwicklung steht eine Flottenexpedition der Pisaner unter Beteiligung der Genuesen auf Betreiben Papst Benedikts VIII. im Jahre 1016 gegen den Emir Mughaid, der auf Sardinien und Korsika dauerhaft Fuß zu fassen versuchte.[10] Durch den Sieg der vereinigten Flotten wurde die Sarazenengefahr von den beiden Inseln abgewehrt. Für die Pisaner war dieses Seekriegsunternehmen die Fortsetzung einer seit langer Zeit betriebenen Politik, für die Genuesen eines der ersten in ihrer Geschichte, zumindest eines der ersten nachweisbaren. Die Berufung auf diesen Sarazenensieg stellte für Pisa dann im 12. und 13. Jahrhundert im Kampf um Sardinien die Legitimation seiner Kolonialherrschaft dar.[11] De facto haben die Pisaner nach 1016 weder auf Sardinien noch auf Korsika Herrschaftsrechte in Anspruch genommen. Sie begnügten sich mit einer kommerziellen Durchdringung. Die nominellen Herrschaftsverhältnisse änderten sich in keiner Weise. In Sardinien herrschten vier ›iudices‹, die aus der byzantinischen Verwaltung hervorgegangen waren, als Kleinkönige, Korsika gehörte weiterhin de iure zur Markgrafschaft Tuszien. Die kirchenpolitische Absicherung der Pisaner Einflusssphäre erfolgte erst im letzten Viertel des 11. Jahrhunderts. 1077 bestellte Papst Gregor VII. Bischof Landulf von Pisa zum Apostolischen Vikar ›in spiritualibus et temporalibus‹ für die Insel Korsika. Gleichzeitig drohte er in einem Schreiben an die Bischöfe und Adeligen mit einer Militäraktion tuszischer Adeliger,

---

[10] Day 1984; Turtas 1999, 179.
[11] Seidel 1977, 350.

falls sie die politische und geistliche Vorherrschaft der römischen Kirche nicht anerkennen würden.[12] Woher dieser päpstliche Anspruch auf Korsika kam, erläuterte er nicht. Hinweise darauf finden sich erst 1091 unter Papst Urban II., der sich auf das so genannte *Constitutum Constantini* berief. Die Konstantinische Schenkung ist eine zwischen der Mitte des 8. und der Mitte des 9. Jahrhunderts entstandene Fälschung, nach der den Päpsten von Kaiser Konstantin umfassende Herrschaftsrechte im Westreich, insbesondere auf nicht näher genannten Inseln übertragen worden sein sollen.[13] Auf diese Fälschung stützten die Reformpäpste seit der Mitte des 11. Jahrhunderts ihre umfassenden weltlichen Herrschaftsansprüche. 1092 ernannte Papst Urban II. Bischof Daimbert von Pisa zum päpstlichen Legaten auf Sardinien, erhob ihn zum Erzbischof und unterstellte ihm die Bischöfe von Korsika als Suffragane. Als Gründe für die Erhebung Pisas zum Erzbistum werden von Papst Urban angegeben: zunächst die Hilfe Pisas für die Kurie, dann die Fürsprache der Markgräfin Mathilde von Tuszien und schließlich die Gunst Gottes, die sich im Kriegsglück der Pisaner gegenüber den Sarazenen erwiesen habe Das Instrument der Legation als Mittel der Durchsetzung von Handelsinteressen könnte von den Erzbischöfen von Pisa sekundär auch im östlichen Mittelmeerraum eingesetzt worden sein. Schon unter der Legatenschaft Erzbischof Daimberts im Heiligen Land seit 1098/99 versuchte eine pisanische Flotte, verschiedene byzantinische Inseln zu besetzen.[14]

Die Erhebung zum Erzbistum bedeutete eine Anerkennung der politischen Sonderstellung Pisas. Die damit begründete Vorherrschaft auf den beiden großen Mittelmeerinseln zelebrierte Pisa 1118 mit einem triumphalen Besuch von geistlichen Würdenträgern, Richtern und Konsuln auf Korsika. Die Festigung der pisanischen Macht provozierte die konkurrierenden Genuesen. Genuas Geschichtsschreiber berichtet die genaue Höhe der Bestechungssummen, mit denen Papst Calixtus II., die Kardinäle und römische Geistliche zu einer Revision der kirchenpolitischen Zuordnungen bewogen wurden.[15] 1121 erfolgte die Rücknahme der päpstlichen Privilegien zugunsten Pisas. Es kam nun zu erbitterten kriegerischen Auseinandersetzungen zwischen den beiden Seerepubliken. Der

---

[12] Scalfati 1995, 212; Turtas 1999, 196f, Ronzani 1997, 16.
[13] Benvenuti 1989, 46; Partner 1997, 171; Fuhrmann 1999 Sp.1385f.; Turtas 1999, 207, Ronzani 1997, 9.
[14] Seidel 1977, 346; Runciman 1995, 291.
[15] Schaube 1906, 517; Scalfati 1995, 213.

Konflikt wurde erst 1133 von Papst Innozenz II. beigelegt, der nun auch Genua zum Erzbistum erhob und die abhängigen Suffraganbistümer auf Korsika im Verhältnis 3:3 zwischen Genua und Pisa aufteilte. Pisa wurde durch Unterstellung der Diözese Populonia/Massa Marittima entschädigt, zu der wichtige Bergbaugebiete gehörten, an denen die Pisaner interessiert waren, unter anderem die von ihnen schon lange wirtschaftlich ausgebeutete Eiseninsel Elba.[16]

Diese aus heutiger Sicht höchst eigenartige Form der Abgrenzung wirtschaftlicher und herrschaftlicher Einflusssphären durch die Regelung von Diözesangrenzen und kirchlichen Abhängigkeitsverhältnissen ist im Mittelalter kein Ausnahmefall. Schon im 10. Jahrhundert wurde die neue Machtposition aufstrebender Seestädte durch die Erhebung ihres Bischofs zum Metropoliten seitens der Päpste legitimiert, etwa 987 von Amalfi.[17] Eine neue Qualität erreichte diese Form der Kirchenpolitik unter den Reformpäpsten. 1058 wurde bei der Weihe des Neubaus der Kathedrale von Barcelona der Jurisdiktionsbereich des Bischofs auf das Taifenreich Denia ausgedehnt – einschließlich der für den Seehandel so wichtigen Balearen, womit ausdrücklich der Anspruch auf die Eroberung dieser Gebiete verbunden wurde.[18] 1059 gestand Nikolaus II. den Normannen zu, über so viele Territorien des südlichen Italien bzw. Siziliens zu herrschen, wie sie erobern könnten, wenn sie nur die hier de iure noch gültige Autorität des Patriarchen von Konstantinopel nicht anerkennen würden.[19] Seit 1054 waren ja West- und Ostkirche durch das Schisma getrennt, durch das auch das nominell byzantinische Sardinien betroffen war. Durch die von ihr betriebene Neuregelung kirchlicher Sprengel gelang es der Seerepublik Venedig, die Erfolge ihrer expansionistischen Tendenzen in Dalmatien abzusichern. 1154 erhob der Papst Zadar zum Erzbistum mit den Bischöfen der Inseln Rab, Krk und Cres als Suffraganen und unterstellte es im folgenden Jahr dem von Venedig kontrollierten Patriarchat Grado. Für den Seehandelsweg in den Orient lebenswichtige Stützpunkte der Markusrepublik waren damit abgesichert.[20]

1155 legitimierte der aus England stammende Papst Hadrian IV. mit der Bulle *Laudabiliter* unter Bezug auf die Konstantinische Schenkung die in den folgenden Jahrzehnten durchgeführte Erobe-

---

[16] Rossi-Sabatini 1935, 35; Cristiani 1999, Sp. 1774; Turtas 1999, 247.
[17] Benvenuti 1989, 54; Girgensohn 1999, Sp. 507.
[18] Fábrega y Grau 1999, Sp. 1451.
[19] Finley/Smith/Duggan 1989, 79.
[20] Ferluga 1999, Sp. 449; Rapaniç/Steindorff 1999, Sp. 439.

rung und Kolonialisierung Irlands.[21] 1415 wurde das vom portugiesischen König eben eroberte Ceuta zum Bischofssitz erhoben und dem fernen Erzbischof von Braga, dem Primas von Portugal, unterstellt.[22] Das Diözesangebiet sollte das afrikanische Königreich von Fez – obwohl noch nicht erobert – sowie angrenzende Gebiete umfassen. 1455 sanktionierte Papst Nikolaus V. die bisherigen Vorstöße der Portugiesen an der afrikanischen Küste, indem er König Alfons V. und dem Infanten Heinrich die Länder, Häfen, Inseln und Meere Afrikas samt dem Patronat über die Kirchen, dem Handelsmonopol und dem Recht, ›Ungläubige‹ in die Sklaverei zu überführen, übertrug.[23] Ihren Höhepunkt erreichte diese Entwicklungslinie päpstlicher Zuweisungen von Eroberungs- und Kolonialgebieten wohl im Vertrag von Tordesillas von 1494, durch den mit langfristigen Folgen die Expansionsbereiche Portugals und Kastiliens gegeneinander abgegrenzt wurden, und dem fünf Bullen Papst Alexanders VI. über die Verteilung schon entdeckter und neu zu entdeckender Gebiete vorangegangen waren. Das aus päpstlicher Macht abgeleitete Missionsprotektorat der iberischen Königreiche spielte bei deren Übersee-Expansionismus eine maßgebliche Rolle. In der Neuen Welt sieht sich im 16. Jahrhundert der König als Vikar des Papstes.[24]

Eine wichtige rechtliche Basis für diesen weitreichenden Einfluss der Päpste auf die Entfaltung des Kolonialismus stellte die – für echt gehaltene, aber ursprünglich gefälschte – Konstantinische Schenkung dar. Sie galt nur für den Westen und bildete hier für den Protokolonialismus der italienischen Seerepubliken eine wichtige Grundlage. Im östlichen Mittelmeerraum fehlt diese Voraussetzung. Zusätzlich hat wohl auch die Verfügungsgewalt der Päpste über Bistümer auf ehemals byzantinischem Reichsgebiet eine Rolle dabei gespielt, dass Rom nach dem Schisma von 1054 über die Neuordnung kirchlicher Grenzen weltliche Herrschaftsordnungen zu beeinflussen versuchte. Die schon weit zurückreichende Auseinanderentwicklung von Ost- und Westkirche hat im Mittelmeerraum jene kulturelle Fremdheit geschaffen, die ein Wesenselement des Kolonialismus darstellt. Kulturelles Überlegenheitsgefühl legitimiert Kolonialherrschaft. Die ehemals byzantinischen Provinzen stellten so ein ideales Experimentierfeld für frühkolonialistische

---

[21] MacNiocaill 1999, Sp. 1753.
[22] Vones 1999, Sp.1644f.
[23] Gründer 1992, 87.
[24] Gründer 1992, 86ff.; Pietschmann 1999, Sp. 873.

Tendenzen dar.[25] Das Modell ließ sich auf andere christliche Gebiete nichtrömischer Obödienz bzw. nichtchristliche Gebiete übertragen. Schließlich wurde die von Gregor VII. wohl aufgrund der Konstantinischen Schenkung auf Sardinien wie auf Korsika in Anspruch genommene »permissio invadendi« in einen allgemeineren kirchenrechtlichen Rahmen eingeordnet. Der spätere Papst Innozenz IV. (1243-54), einer der führenden Kanonisten seiner Zeit, formulierte den Grundsatz, dass der Papst das Recht habe, in nichtchristlichen Gebieten eine gewaltsame Intervention dann zu veranlassen, wenn christliche Predigt nicht zugelassen werde.[26] Dieser für den europäischen Expansionismus zukunftsweisende Gedanke stammte sicher nicht zufällig von einem Rechtsgelehrten, der als Abkömmling des Hauses Fieschi zur Führungsschicht der Seerepublik Genua gehörte.

Einen anderen für die Entwicklung des Protokolonialismus nicht unwesentlichen Unterschied hat Georges Duby mit seiner Gegenüberstellung des ursprünglich friedlichen Handels der Seerepubliken Venedig und Amalfi und den aus der Piraterie entwickelten Seeunternehmungen Pisas und Genuas angesprochen. Venedig, Amalfi, aber auch andere Seestädte mit besonderen maritimen Entwicklungschancen wie Gaeta oder Neapel gehörten lange nominell zum Byzantinischen Kaiserreich. Pisa und Genua hingegen wurden mit dem *regnum Langobardorum* in das Karolingerreich eingegliedert und übernahmen – zumindest partiell – fränkische Formen der Herrschaftsorganisation. Zu ihnen gehörte die Markenverfassung. Im Laufe des 9. Jahrhunderts wurde Tuszien unter Einschluss Liguriens, also auch Genuas, als Mark eingerichtet. Der Gegner, gegen den sich diese Grenzorganisation richtete, waren zweifellos die Sarazenen, die Mittel der Verteidigung nicht Panzerreiter und Burgen, sondern Flotten. Frühe Flottenexpeditionen der Pisaner und Genuesen erfolgten auch unter der Leitung von Markgrafen und Grafen.[27] Die ursprüngliche Gemeinsamkeit der beiden später so stark rivalisierenden Seerepubliken könnte in gemeinsamen Verteidigungspflichten im Rahmen der Markenorganisation ihren Ursprung haben. Der dem Markgrafensitz Lucca zunächst gelegene Flottenstützpunkt Pisa wird dabei wohl eine Vorrangstellung eingenommen haben. Seekriege in Verteidigung des Herkunftsgebiets und Plünderungszüge gegen feindliche Flottenstützpunkte lassen

---

[25] Day 1984; Bartlett 1996, 26; Osterhammel 2001, 19.
[26] Partner 1997, 178.
[27] Rossi-Sabatini 1935, 1ff.; Petti Balbi 1999b, Sp. 1252.

sich in dieser Phase der Auseinandersetzung mit Sarazenen und Normannen schwer unterscheiden. Piraterie als Wurzel des Protokolonialismus à la Pisa und Genua betont nur eine Seite des Phänomens. Sicher aber war bei diesen beiden Seerepubliken die militärische Komponente anfangs stärker ausgeprägt als die merkantile. Venedig und die übrigen in der Konkurrenz um kommerzielle Einflusszonen verbleibenden Seestädte haben sich aber bald, soweit sie überleben konnten, diesem Muster angeglichen. Für Venedig war nicht die Auseinandersetzung mit den Sarazenen, sondern erst die Abwehr der Normannen im ausgehenden 11. Jahrhundert das entscheidende Motiv, sich auf den Seekrieg einzustellen.[28] Nur militärgestützte Handelsmächte blieben weiterhin im Spiel.

Mit dem Stichwort ›militärgestützte Handelsmacht‹ sind drei wesentliche Voraussetzungen des Protokolonialismus der italienischen Seerepubliken angesprochen, nämlich die Entstehung städtischer Flotten, die – relative – herrschaftliche Unabhängigkeit dieser Seestädte und schließlich die Dominanz von Handelsinteressen in deren politischer Führung. Städtische Flotten sind von in Städten stationierten Flotten zu unterscheiden. Letztere gab es im Mittelalter in verschiedenen Reichen – im Byzantinischen Reich etwa wohl organisiert im Rahmen der Themenverfassung. Die Bürger der einzelnen Flottenstützpunkte hatten aber auf sie keinerlei Einfluss. Anders in den italienischen Seerepubliken. In ihren Arsenalen wurden Schiffe gebaut, über die die Stadtregierung als ganze bzw. einzelne Schiffseigner verfügten. Ohne Schiffe konnte kein Kontakt zu den kolonialen Außenbesitzungen aufrechterhalten werden – weder im Warenverkehr noch zu deren Verteidigung. Für den Protokolonialismus, der ja weithin als Inselkolonialismus betrieben wurde, waren Schiffe essenziell. Der Schiffsbau setzte verschiedene materielle Ressourcen voraus. Wesentliche Bedingung war der Zugang der Stadt zu waldreichen Gebieten. Nicht überall in Italien war dies selbstverständlich. Der Kampf um Korsika – zunächst mit den Sarazenen, dann zwischen Pisa und Genua – hat nicht zuletzt mit dem Waldreichtum dieser Insel zu tun. Vor allem aber erforderte der Schiffsbau sehr hohe finanzielle Investitionen.[29] Nur durch den Seekrieg bzw. durch den Handel reich gewordene Städte konnten sich Flottenbau in größerem Maßstab leisten und damit zugleich dem Handel neue Impulse verleihen. Damit setzten sie sich verstärkt der Handelskonkurrenz aus. Die Handelskonkurrenz der italienischen

---

[28] Nicol 1988, 41.
[29] Ennen 1972, 152; Udovitch 1978, 518; Scalfati 1999, 123.

Seerepubliken gestaltete sich als ein gnadenloser Ausscheidungswettbewerb, der mit allen Mitteln geführt wurde. Neben vielen kleineren blieben schließlich auch Amalfi und Pisa auf der Strecke. Bei beiden war die Vernichtung der Flotte, aber auch die Zerstörung von Hafenanlagen ein wesentlicher Faktor des politischen und wirtschaftlichen Abstiegs.[30] Die Erzrivalen Genua und Venedig kämpften weiter, ohne dass eine Entscheidung erzielt werden konnte. Nur diese beiden betrieben weiterhin Kolonialpolitik, die ihre Gegensätze immer wieder von neuem aufbrechen ließ.

Es gab im mittelalterlichen Italien und anderwärts im Mittelmeerraum bedeutende Seehandelsstädte, die nicht zu Kolonialmächten aufstiegen – etwa im Byzantinischen Reich oder im Reich der Normannen. Ein solcher Aufstieg gelang nur jenen, die sich aus fürstlicher Abhängigkeit weitgehend emanzipieren konnten. Das gilt für Venedig gegenüber Byzanz und für Pisa und Genua gegenüber dem deutschen König als ›rex Langobardorum‹ bzw. dem Markgrafen von Tuszien. Umgekehrt hat Amalfi seine Seemachtstellung durch die Eingliederung ins Normannenreich endgültig verloren. Ähnliches trifft für andere unteritalienische Städte zu, die auf dem Weg zur einflussreichen Seemacht waren, z. B. für Bari. Nur autonome Seestädte konnten eine selbstständige Handels- und Kolonialpolitik betreiben, wie etwa Pisa durch seine Handelsverträge mit dem Fatimidenreich oder mit Byzanz, die ohne jede kaiserliche Zustimmung geschlossen wurden, oder durch seine völlig selbstständig geführten Seekriegsunternehmungen, mit denen es seine wirtschaftlichen Interessen verfocht.[31] Dass Städte ein solches Maß an Selbstbestimmung gewannen, ist im Rahmen städtischer Autonomiebewegungen des Hochmittelalters insgesamt zu erklären. Die italienischen Seestädte hatten für diese Entwicklung maßgebliche Bedeutung. Pisa und Genua sind unter ihnen jene, für die am frühesten die Konsulatsverfassung belegt ist.[32] Zweifellos spielte die durch Seekrieg und Seehandel errungene Stellung für den Emanzipationsprozess der beiden Städte eine entscheidende Rolle. Solche sich selbst regierenden Stadtrepubliken sind ein Spezifikum der europäischen Sonderentwicklung.[33] Ihre Herrschaftsstruktur machte es möglich, dass Handelsinteressen zur politischen Leitlinie

---

[30] Morrissey 2001, 66ff.
[31] Rossi-Sabatini 1935, 4; Allmendinger 1967, 45ff.; Lilie 1984, 69ff.
[32] Ennen 1972, 131; Pitz 1991, 347; Schulz 1992, 138; Luzzati 1987, 576. Waley 1969, 57ff.; Bordone 1999, Sp. 1285.
[33] Mitterauer 2002, 69.

wurden und durch das eigene Militärpotenzial abgestützt werden konnten. Die Macht der Kaufleute im städtischen Gemeinwesen vermochte sich hier zur bestimmenden Kraft zu entwickeln.

Die Dominanz von Handelsinteressen als Entstehungsbedingung von Protokolonialismus steht also mit den beiden zuvor behandelten Voraussetzungen – nämlich städtischer Flotte und relativer herrschaftlicher Unabhängigkeit – in einem engen Zusammenhang, weil sie Flottenherrschaft und Autonomie voraussetzt. Wo die Schiffe der Stadt jedoch primär zur Abwehr von Angriffen bzw. im Gegenzug für Plünderungsexpeditionen und Kaperkriege eingesetzt werden, dort besteht noch keine Möglichkeit und keine Veranlassung, auswärtige Territorien zu gewinnen – weder als Handelsstützpunkte noch zur Rohstoffbeschaffung. Erst in den organisierten Fernhandel einbezogen, erwiesen sich solche Kolonien als sinnvoll. Und auch in dieser zweiten Phase zeigt sich die Einbeziehung der Kolonialwirtschaft in das System des Fernhandels als ein sukzessiver Prozess.

Wann in der Führung des Stadtregiments die im Handel engagierten Kräfte jeweils die Führung gewinnen, lässt sich schwer feststellen. Es bedarf dazu nicht der Bestellung von Kaufleuten in die Führungsorgane. In sie wurden häufig Angehörige der grundbesitzenden Stadtadels gewählt, die aber vielfach in Überseegeschäften engagiert waren. Und auch der städtische Klerus war involviert. In Pisa und Genua ist die kommunale Herrschaft nicht unter Ausschluss, sondern gerade unter Einbeziehung des Bischofs bzw. Erzbischofs erfolgt. Dieser war der Empfänger der für die Kolonialpolitik der beiden Städte so wichtigen päpstlichen Privilegien. Die Bischöfe entstammten aber auch vielfach der am Handel interessierten Führungsschicht. Und ihre Kirchen waren, wie noch zu zeigen ist, sehr stark in die Strukturen der Kolonialherrschaft einbezogen. So ist der Begriff ›Kaufleute an der Macht‹, wie schon betont, sehr weit zu fassen. Mit einer Dominanz von Handelsinteressen darf man in Pisa spätestens seit der 2. Hälfte des 11. Jahrhunderts rechnen. Und damals finden sich auch schon die ersten Hinweise auf Frühformen einer Kolonialpolitik.

1063 – im Jahr, als die Pisaner im Hafen von Palermo eine große Zahl sarazenischer Schiffe zerstörten und im Anschluss an diesen Sieg mit ihrem Dombau begannen – in diesem Jahr zerstörten sie auf ihrem Flottenstützpunkt Giglio im toskanischen Archipel ein Schiff der süditalienischen Handelsstadt Gaeta, auf dem zwölf Mönche des Klosters Montecassino mit heiligen Büchern, Messgewändern und Reliquien zum Judex von Torres auf Sardinien unterwegs waren.³⁴ Scheinbar handelt es sich bei diesem Vorfall um ein Phänomen der frühen pisanischen Raub- und Plünderungszüge – hier eben nicht gegen Sarazenen, sondern gegen christliche Seefahrer gerichtet. Reliquienraub kam durchaus auch in der Frühgeschichte anderer Seerepubliken vor. Das Ereignis hat aber wohl noch eine andere Seite. Die Pisaner hatten nach 1016 den Schutz Sardiniens gegen Überfälle der Sarazenen übernommen. Dieses Schutzverhältnis war die einzige herrschaftliche Funktion, die Pisa gegenüber der Insel schon früh wahrnahm. Deutlicher fassbar wird der Geltungsbereich dieses Schutzverhältnisses gegen die Sarazenen in einem Vertrag, den Pisa 1184 mit dem Emir der Balearen abschloss. Kein Untertan des Emirs sollte einen Bewohner der Stadt Pisa, ihres Distrikts oder ihrer Inseln schädigen, weder zu Lande noch zu Wasser, weder mit einer Galeere noch mit einem anderen Schiff. Als Inseln der Pisaner werden hier angeführt: Sardinien, Korsika, Elba, Pianosa, Montecristo, Gorgona, Giglio und Capraia. Das Protektoratsgebiet der Seerepublik reichte also deutlich über den unmittelbaren Herrschaftsbereich der Kommune hinaus.³⁵ Die Kontrolle des Meeres ermöglichte freilich nicht nur die Vertreibung muslimischer Piraten, sondern auch christlicher Konkurrenten. Pisa scheint davon ausgiebig Gebrauch gemacht zu haben. Gaeta, Amalfi und die anderen unteritalienischen Seestädte bekamen keine Chance, im Handel auf Sardinien Fuß zu fassen. Genua spielte hier neben Pisa eine – zunächst nur untergeordnete – Rolle. Nicht unbedeutend war anfänglich der Einfluss von Marseille – vermittelt über die Reformabtei St. Viktor, die im ausgehenden 11. Jahrhundert die Saline von Cagliari und damit den Salzhandel in die Hand bekam. Aber auch gegenüber dieser Konkurrenz konnte sich Pisa durchsetzen.³⁶ Die Verkehrskontrolle bot einen wichtigen Ansatzpunkt, die wirtschaftliche Vorherrschaft auf Sardinien zu etablieren.

1080/85 bekamen die Pisaner vom Judex von Torres ein Zollprivileg, analog 1104 vom Judex von Cagliari, dem Herren des zweiten wichtigen Hafenplatzes der Insel. Sie wurden dadurch von Ausfuhrzöllen befreit und erhielten die Sicherheit von Personen und Gütern garantiert. Ähnliche Privilegierungen folgten. Die Pisaner erreichten dadurch auf der Insel ein von Abgaben unbelastetes Handelsmonopol. Ihre Kaufleute saßen in allen wichtigen

---

³⁴ Turtas 1999, 189.
³⁵ Ninci 1898, 47; Rossetti 2001, 105ff.
³⁶ Day 1984, 162.

Hafenorten. Sie bildeten dort – im frühen 13. Jahrhundert nachweisbar, aber sicher mit weiter zurückreichender Tradition – eine ›*commune portus*‹ mit zwei *consules* an der Spitze nach dem Vorbild der Mutterstadt. Einer von ihnen war ortsansässig, der zweite befand sich in der Regel in Pisa. Die einheimische Bevölkerung wurde durch diese privilegierte Form der Handelsorganisation vom Außenhandel völlig ausgeschlossen.[37] Eine analoge Organisation von Kaufleutegemeinden mit einem in Pisa und einem vor Ort ansässigen Konsul findet sich auch in den zahlreichen anderen Handelsniederlassungen der Pisaner zwischen dem Maghreb und dem Schwarzen Meer, wie sie im Lauf des 12. Jahrhunderts entstanden, sie hatte dort jedoch eine ganz andere Funktion.[38] Zwar basierten auch diese Gemeinden auf Handelsprivilegien bzw. Handelsverträgen, die mit den Herrschern der verschiedenen Reiche geschlossen wurden, zu einem Ausschluss einheimischer oder anderer fremder Kaufleute kam es hier jedoch nicht. Keines dieser Pisaner Handelsemporien ist zum Ausgangspunkt der Kolonienbildung geworden. Solche Handelsniederlassungen der Pisaner gab es im 13. Jahrhundert u. a. in Konstantinopel, Saloniki, Ayas, Antiochia, Tripo-lis, Tyrus, Jaffa, Akkon, Askalon, Jerusalem, Cäsarea, Damiette, Alexandria, Kairo, Tunis, Bugia, Bona, Messina, Palermo, Trapani, Genua, Montpellier, Valencia, Denia und auf den Balearen. Die Entwicklung von Kolonien aus Handelsniederlassungen findet sich erst später im genuesischen bzw. venezianischen Kolonialreich, etwa an der Schwarzmeerküste.[39]

In Sardinien hingegen ist es auf der Grundlage von Handelsniederlassungen schon früh zu Kolonialisierungstendenzen gekommen. Ohne direkt in die Herrschaftsstruktur einzugreifen, gelang es den Pisanern, das Wirtschaftsleben auf der Insel unter ihre Kontrolle zu bringen und nach ihren Interessen zu beeinflussen. Vom 11. bis zum 13. Jahrhundert herrschten hier die für Kolonialökonomien typischen Verhältnisse des ungleichen Tausches. Erst als die wirtschaftliche Vormachtstellung durch konkurrierende Mächte – insbesondere durch Genua – gefährdet war, gingen die Pisaner zu Formen der direkten Herrschaft über. Entsprechend der Typologie Jürgen Osterhammels handelt es sich um den Übergang von einer »Stützpunktkolonie« zu einer »Beherrschungs-

---

[37] Schaube 1888, 170ff; Schaube 1906, 519ff.; Day 1984, 59 und 141ff.
[38] Schaube 1888, 152ff; Allmendinger 1967, 81ff.
[39] Rossi-Sabatini 1935, 7ff. und 43ff.; Herlihy 1958, 29; Feldbauer/Morrissey 2001, 97ff.

kolonie«.⁴⁰ Pisaner Adelsfamilien übernahmen durch Einheirat sardische Judikate. Cagliari wurde zu einer mächtigen Festungsstadt mit ausschließlich Pisaner Bürgern ausgebaut. Das aber sind Entwicklungen des 13. und 14. Jahrhunderts. Die Frühstadien des Pisaner Kolonialismus sind von anderen Formen geprägt.

Pisa versuchte nicht nur den Außenhandel Sardiniens in die Hand zu bekommen, sondern auch aus dem Binnenhandel Gewinn zu ziehen. Ein Ansatzpunkt dazu waren die so genannten ›donnicalie‹. 1104 etwa erhielt die *Opera di Santa Maria* in Pisa, also die dem Erzbischof unterstehende Dombauhütte, von einem sardischen Richter vier *donnicalie* übereignet, um die Freundschaft des *popolo pisano* zu erhalten – auch hier also ein eigenartiger Zusammenhang zwischen Kirchenprivilegierung und kommunalen Interessen. Diese *donnicalie*, wie sie der Dom von Pisa, andere Pisaner Kirchen, aber auch die Bischofskirche von Genua auf Sardinien erhielten, waren nicht einfach ländliche Wirtschaftshöfe.⁴¹ Dass hier auch ganz andere Geschäfte betrieben wurden, zeigt ein energisches Eingreifen Papst Alexanders III. gegen Pfandleihe auf den *donnicalie*. Die Pisaner verstießen hier offenbar gegen die kirchliche Wuchergesetzgebung. Ihre Beeinflussung des Lokalhandels aber war durchaus legal. Diesen betrieben sie hier auf eigenem Besitz und unter eigener Jurisdiktion. Die *donnicalie* stellten gewissermaßen ein Gegenstück zu den *communia portus* als Handelsstützpunkte im Binnenland dar und dienten damit der zusätzlichen ökonomischen Durchdringung der Insel. Hier ging es primär um den Aufkauf von Lebensmitteln zu billigem Preis. Sardinien hatte für die Lebensmittelversorgung Pisas große Bedeutung.⁴² Man könnte so den Versuch Pisas, zu günstigen Bedingungen Getreide aus Sardinien einzuführen, als eine regional erweiterte Form der Getreidepolitik deuten, wie sie andere italienische Stadtkommunen damals auch in ihrem Umland betrieben.⁴³ In diesem Sinn ließe sich eine Verbindungslinie zwischen der der Selbstversorgung dienenden Contado-Politik und frühen Formen der Kolonialpolitik ziehen. Sicher gibt es diesbezüglich fließende Übergänge. Die wirtschaftlichen Interessen Pisas an Sardinien gingen jedoch weit über die Eigenversorgung hinaus. Manche der Lebensmittel wurden

---

[40] Chiaverini 1999, 100; Osterhammel 2001, 17.
[41] Seidel 1977, 354; Day 1984, 154; Turtas 1999, 251; Solmi 2001, 268ff.
[42] Schaube 1906, 523; Day 1984, 38 und 155.
[43] Peyer 1950; Montanari 1979; Haverkamp 1982, 229; Rossetti 2001, 105ff.

weiter exportiert, wie z. B. der sardische Käse. Andere Produkte dienten dem Pisaner Exportgewerbe, etwa die Tierhäute den in der Stadt besonders stark vertretenen Leder- und Waffenerzeugern oder die Felle den Kürschnern. Die wichtigsten Handelsgüter der Insel waren jedoch Produkte des Bergbaus bzw. der Montanindustrie, nämlich Silber und Salz.[44] In diesen Produktionszweigen engagierten sich die Pisaner unmittelbar in der Erzeugung. Der hohe Gewinn, der in diesen Bereichen zu erwarten war, scheint für Pisa ein Hauptmotiv dafür gewesen zu sein, Sardinien in ein Verhältnis kolonialer Abhängigkeit zu bringen und in diesem Status zu erhalten.

Ein frühes Zeugnis für das Interesse der Pisaner am Bergbau als Wurzel expansionistischer Tendenzen entstammt dem 11. Jahrhundert, spiegelt aber sicher viel ältere Verhältnisse wider. Es handelt sich um ein Privileg des Erzbischofs von 1094 für die ›fabbri‹, also die Schmiede bzw. Eisenarbeiter, eine der ältesten Zünfte der Stadt. Sie sollten dem Dom, um Schutz zu erhalten, eine Geldzahlung leisten, wenn sie während des Winters zur Saisonarbeit nach Elba, Giglio, Alma oder an andere Plätze über See von der Mündung des Arno bis Rom oder Korsika gingen.[45] Dieser Geleitschutz für Wanderarbeiter reicht wahrscheinlich bis in die Sarazenenzeit zurück. Die Eiseninsel Elba, das Hauptziel der *fabbri*, war jedenfalls schon im 10. Jahrhundert unter der Kontrolle der Pisaner. Zum *contado* der Stadt hat sie nicht gehört. Es handelt sich also um ein frühes territoriales Ausgreifen über das engere Stadtgebiet hinaus – wohl über die Domkirche vermittelt wie bei der gegenüberliegenden Hafenstadt Piombino und sicher wirtschaftlich motiviert. Der bedeutende Eisenbergbau von Elba war auch insofern bemerkenswert, als er seit der Antike kontinuierlich betrieben wurde.[46] Daneben hatte Elba für Pisa als Flottenstützpunkt Bedeutung – eine andere Funktion, die ein koloniales Abhängigkeitsverhältnis zur Folge haben konnte. Anders als auf Sardinien hat Pisa auf Elba seine Kolonialherrschaft von Anfang an unmittelbar ausgeübt. Sie dürfte hier besonders weit zurückreichen. Wie die Urkunde von 1094 wahrscheinlich macht, spielte für die Anfänge der wirtschaftlich moti-

---

[44] Herlihy 1958, 32 und 128ff.; Seidel 1977, 354; Day 1984, 5 und 50. Braudel 1994, 217; Blanchard 2001, 579 und 912.
[45] Herlihy 1958, 129.
[46] Ninci 1898, 43; Braunstein 1999, Sp. 1750; Ceccarelli Lemut 1999, Sp. 2166; Conti 1999, Sp. 369ff.; Cristiani 1999, Sp.1774; Rossetti 2001, 136.

vierten Seefahrt der Pisaner im Tyrrhenischen Meer das Interesse an Eisen und Holz – denn darauf verweist wohl die Nennung von Korsika – eine wesentliche Rolle. Spätere Expansionsrichtungen der Kolonialpolitik zeichnen sich in diesem Kontext bereits andeutungsweise ab.

Die Beispiele mögen genügen, um die frühen Wurzeln von Formen des Protokolonialismus im westlichen Mittelmeerraum zu illustrieren. Sie reichen weit vor den sogenannten ›Ersten Kreuzzug‹ zurück und haben mit der Kreuzzugsbewegung hinsichtlich des mentalen Hintergrunds wie hinsichtlich der Ausdrucksformen wenig zu tun. Diese eigenständigen Wurzeln des Protokolonialismus im Westen lassen sich in Pisa besonders früh und besonders deutlich fassen. Mit dem Bedeutungsverlust Pisas als Kolonialmacht im ausgehenden 13. Jahrhundert reißen manche Kontinuitätslinien hier jedoch ab. In Sardinien schließt der Expansionismus der Katalanen an den Kolonialismus Pisas an. Die katalanische Expansion setzte sich von den Balearen aus über Sardinien und Sizilien geradewegs in den Orient fort. Sardinien war in diesem Zusammenhang nicht so sehr seiner Rohstoffressourcen wegen von Interesse, sondern als Flottenstützpunkt auf der Seefahrtsroute nach Osten.[47]

Hinsichtlich Wirtschaftsgesinnung und Wirtschaftsverhalten unterscheidet sich die siegreiche Rivalin Genua nicht grundsätzlich von Pisa. Manche Organisationsformen des Protokolonialismus sind hier anders. Die Vergabe von Kolonialbesitz an Private spielt eine größere Rolle.[48] Die Geschlechterverbände als Inhaber kolonialer Besitzrechte treten stärker in Erscheinung. Vor allem kommt den Handelsgesellschaften als Trägerinnen von Kolonialherrschaft mehr Bedeutung zu – für die Entwicklung des europäischen Kolonialismus ein sehr maßgeblicher Faktor. Das Grundprinzip einer an Handelsinteressen orientierten Politik, die auswärtige Territorien in wirtschaftliche Abhängigkeit zu bringen trachtet, gilt hier wie dort wie auch in anderen Seerepubliken dieses Typs. ›Kaufleute an der Macht‹ führen zu einem kommerziell motivierten Expansionismus, der koloniale Strukturen zur Folge haben kann. Allerdings ist dieser Zusammenhang zwischen Expansionismus und Protokolonialismus kein zwingender. Amalfi etwa – die älteste der italienischen Seerepubliken – hat zwar schon im 10. Jahrhundert ein umfassendes Netzwerk von Kaufleuteniederlassungen im ganzen Mittelmeer-

---

[47] Braudel 1994, 170.
[48] Burke 1988, 223ff.; Epstein 1996, 51 und 103ff.; Morrissey 2001, 66ff.

raum aufgebaut, diese aber nirgendwo zu kolonialen Frühformen weiterentwickelt.[49] Dazu fehlte wohl die militärische Stärke, um wirtschaftliche Abhängigkeitsverhältnisse in auswärtigen Territorien herzustellen und aufrechtzuerhalten. Sondergemeinden auswärtiger Kaufleute waren im hohen Mittelalter eine häufige Erscheinung. Gelegentlich haben sich aus solchen Stützpunkten Kolonien entwickelt, der Regelfall war das jedoch nicht. Die wichtigere Wurzel scheint die ökonomische bzw. herrschaftliche Abhängigkeit eines auswärtigen Produktionsgebiets gewesen zu sein.

Den Protokolonialismus der italienischen Seerepubliken – insbesondere von Pisa und Genua – nur mit Piraterie, Habgier und Raublust in Zusammenhang zu bringen, wäre wohl eine einseitige Sicht dieser Sonderentwicklung. Sicher – die Kolonialpolitik gerade dieser beiden Seemächte hatte fatale Folgen: Handelskriege von einer bis dahin nicht bekannten Brutalität, Verarmung von abhängigen Regionen, die von ihren natürlichen Ressourcen her besonders begünstigt waren, wie das etwa für Sardinien gilt, systematische Verschuldungspolitik entgegen alten christlichen Traditionen gegenüber indigenen Herrschaftsträgern, die zu Marionetten der Kolonialmacht gemacht werden, soziale Ungleichheit zwischen wirtschaftlich Mächtigen und Ausgebeuteten, die in Frühformen einer Apartheid-Politik Ausdruck finden, schließlich Fortdauer bzw. Wiederaufleben der Sklaverei nicht nur bei muslimischen Kriegsgefangenen, sondern auch im Handel mit christlichen Sarden und Korsen.[50] Die Nennung technischer, wissenschaftlicher und wirtschaftlicher Fortschritte, die von Pisa und später auch von Genua ausgegangen sind, kann diese negativen Effekte nicht aufwiegen. Der Protokolonialismus der Seerepubliken ist aber sicher in einem größeren Kontext zu sehen, zu dem auch andere Facetten gehören, die hier nur stichwortartig skizziert werden können.

In Pisa entstand in der 2. Hälfte des 13. Jahrhunderts das älteste Portulan, also eine Form der Seekarte, wie sie sowohl für die Entwicklung der Hochseeschifffahrt als auch für die der Kartographie als Wissenschaft von entscheidender Bedeutung war. Arabische Einflüsse sind wahrscheinlich, für die Pisa damals relativ offen war. Für die Weiterentwicklung und Verbreitung des Kompasses könnte Pisa eine Rolle gespielt haben. Er wurde jedenfalls nicht nur in der

---

[49] Citarella 1993, 273ff.
[50] Tangheroni 1973, 114; Day 1984, 38; Airaldi 1986, 402; Day 1987, 17ff.; Petrucci 1989, 231; Epstein 1996, 101; Luzzati 1999a, Sp.741; Luzzati 1999c, Sp.1983.

Schifffahrt, sondern auch in Bergwerken nahe Pisa im Bergbau unter Tag eingesetzt. Der Export von Schiffen – etwa 1240 nach Marseille – deutet auf das hohe Ansehen des Pisaner Arsenals. Mit der hochentwickelten Schiffsbautechnik, sicher aber auch mit der spezifischen Tradition von Plünderungszügen hängt die führende Rolle der Seestädte in der Belagerungstechnik zusammen. Die Eroberung Lissabons 1147 wurde durch einen eigens zu Hilfe gerufenen Pisaner Ingenieur ermöglicht. Ebenso waren die Pisaner im Festungsbau führend, wie etwa die Wehranlagen von Cagliari und Sassari auf Sardinien zeigen. In der Waffenproduktion spielte Pisa aufgrund seiner hochentwickelten Eisen- und Lederindustrie eine maßgebliche Rolle.[51] Im Waffeneinsatz ging Pisa wie auch Genua einen von der dominanten Ritterkultur abweichenden Weg. Der Seekrieg begünstigte den Einsatz von Schusswaffen. Pisaner Bogenschützen waren schon im 11. Jahrhundert begehrte Hilfstruppen, ebenso späterhin Genueser Armbrustschützen.[52]

Seefahrt und Seehandel begünstigten die Entwicklung seerechtlicher Bestimmungen. Nach Amalfi ist diesbezüglich Pisa an zweiter Stelle zu nennen. Die frühe Entfaltung des Pisaner Seerechts hängt neben dem rasch expandierenden Seehandel auch mit der frühen Wiederaufnahme römischer Rechtstraditionen zusammen. Pisa wurde zu einer Hochburg der Beschäftigung mit Römischem Recht, das für Handels- und Seefahrtsbelange günstige Anknüpfungspunkte bot.[53] Die seit etwa 1200 nachweisbare Seerechtsbehörde der *consules maris* fand in der Folgezeit in zahlreichen Handelsplätzen des Mittelmeerraums Nachahmung. In Pisa und im benachbarten Lucca entstanden in der 2. Hälfte des 12. Jahrhunderts aus Familienverbänden von Stadtadeligen die ersten Vermögens- und Einkünfte-Consorterie.[54] Die Weiterentwicklung der Consorteria über den Albergho zur Maona sowie der Einsatz solcher Handelsgesellschaften in Kolonialunternehmungen erfolgte freilich dann vor allem in Genua.[55] Auch im Bankwesen hatte Pisa vor Genua einen Vorsprung, der allerdings durch die rasante Entwicklung der ligurischen Bankmetropole rasch an Bedeutung ver-

---

[51] H. Chone 1902, 93; Schaube 1906, 330; Herlihy 1958, 133 und 167; Rogers 1997, 208ff.; Lindgren 1998, 405; Elmshäuser 1999, Sp. 431, Manselli 1999, Sp. 105.
[52] Epstein 1996, 99; Baum 1999, Sp.970.
[53] Luzzati 1999a, Sp.735; Luzzati 1999b, Sp.2178.
[54] Sagù 1999, Sp.164.
[55] Petti-Balbi 1999a, Sp. 279; Balard 1999, Sp.106; Epstein 1996, 86ff. und 154ff.; Bernard 1993, 190.

lor. In Pisa wurde 1374 der erste Scheck ausgestellt. Das Netzwerk von Bankfilialen korrespondierte mit den Handelsniederlassungen. In einer Pisaner Bank konnte der älteste Beleg für doppelte Buchführung nachgewiesen werden.[56] Werner Sombart hat die doppelte Buchführung als den »Prüfstein des modernen Kapitalismus« bezeichnet. Ohne Rechnen mit den indisch-arabischen Ziffern wären die neuen Formen der Buchhaltung nicht möglich gewesen. Deren Einführung in die europäische Kulturgeschichte ist dem Pisaner Leonardo Fibonacci zu verdanken, dem ersten bedeutenden Mathematiker des Abendlandes.[57] Sein Lebensweg ist durch Umstände gekennzeichnet, wie sie für die Glanzzeit Pisas an der Wende vom 12. zum 13. Jahrhundert typisch sind. Als Sohn des Leiters der pisanischen Handelsniederlassung in Bugia in Algerien geboren, machte er früh mit der arabischen Wissenschaft Bekanntschaft. Seine Tätigkeit als Kaufmann führte ihn nach Ägypten, Syrien, Byzanz, Sizilien und in die Provence. Sein 1202 abgefasster *Liber abaci* bezweckte die Einführung der neuen Ziffern sowie deren Anwendung auf praktische Probleme wie Umrechnung von Geldeinheiten oder Zinsrechnung. Seine wissenschaftlichen Leistungen stehen also in einem unmittelbaren Zusammenhang mit den Bedürfnissen seiner merkantilen Umwelt. Die ›Kaufleute an der Macht‹ honorierten seine Leistung später mit einem jährlichen Salär. Leonardo Fibonacci steht für ein weltoffenes, kosmopolitisches, wissenschaftlich und wirtschaftlich innovatives Pisa. Die Ambivalenz frühkolonialistischer wie frühkapitalistischer Entwicklungen wird an Gestalten wie ihm ganz offenkundig.

Der Niedergang Pisas als Handels- und Kolonialmacht seit dem ausgehenden 13. Jahrhundert hatte zur Folge, dass andere Stadtrepubliken die wirtschaftliche Führungsrolle übernahmen. Neben dem maritimen Genua ist diesbezüglich auch auf das im Binnenland liegende Florenz zu verweisen. Beide wurden zu Zentren des Frühkapitalismus, insbesondere durch ihre Stellung im internationalen Bankwesen. Die koloniale Komponente wurde von Genua weiterentwickelt – stets im Wettstreit mit der zweiten großen Seemacht Venedig.[58] Der Florentiner Frühkapitalismus beruht auf ganz anderen Grundlagen.[59] Bei allen Wechselbeziehungen zwi-

---

[56] Melis 1987, 115; Bernard 1993, 211; Boone 1999, Sp. 827; Luzzati 1999d, Sp. 888.
[57] Neuenschwandner 1999, Sp. 1893f.
[58] Bernard 1993, 189f.; Morrissey 2001, 70ff.
[59] Brucker 1990, 76ff.

schen kolonialistischen und kapitalistischen Entwicklungen – die beiden Phänomene sind von ihren Wurzeln her nicht als ident zu behandeln.

Über seine wirtschaftlichen Rahmenbedingungen und Begleiterscheinungen hinaus lässt sich der Pisaner Protokolonialismus in einen weiteren religiös-kulturellen Kontext einordnen. In diese Richtung nach Zusammenhängen zu suchen, wird von überraschenden Gegebenheiten nahe gelegt, die bereits zur Sprache kamen, wie die Entscheidung über koloniale Einflusssphären durch die Zuordnung von Diözesen zum Erzbischof der Kolonialmacht oder die koloniale Durchdringung eines abhängigen Territoriums durch Gutshöfe, die an die Dombauhütte geschenkt wurden. Und man wird mit der Frage nach solchen Zusammenhängen auch sonst rasch fündig. Die Gestaltung des ganzen Dombezirks, der berühmten Piazza dei miracoli, zu der neben der Kathedralkirche das Baptisterium, der Campanile und der Camposanto zu rechnen sind, des Doms selbst und insbesondere der Domfassade gibt viele Hinweise auf eine religiöse Fundierung der Herrschaftsansprüche Pisas – vor allem der Kolonialherrschaft über Sardinien – in künstlerischen Ausdrucksformen.[60] So stellt sich die Frage, ob nicht die stilistische Einzigartigkeit dieses Bauensembles, für dessen Elemente sich die Charakteristik ›Protorenaissance‹ findet,[61] ein mit dem Protokolonialismus korrespondierendes Phänomen darstellt.

Mit dem Bau des Doms von Pisa wurde 1064 begonnen, also noch lange vor der Erhebung zum Erzbistum – und zwar in unmittelbarem Anschluss an einen Sieg über die Sarazenen im Hafen von Palermo. Ein Teil der Beute diente für den Dombau. In einer Inschrift an der Domfassade ist das ausdrücklich festgehalten. Auch drei vorangegangene Sarazenensiege werden hier erwähnt, unter ihnen der von 1016, der zur Schutzherrschaft über Sardinien und zur späteren Kolonialisierung der Insel führte. Der neue Dom von Pisa ist also primär eine Siegeskirche der werdenden Kommune, genauso wie die nach einem Sarazenensieg von 1087 dem Tagesheiligen der Schlacht errichtete Kirche San Sisto, in der später der Rat der Stadt tagte. San Sisto in Pisa dürfte die älteste Siegeskirche für den Tagesheiligen eines Schlachtensiegs im Abendland sein. Erst ein paar Jahrzehnte später folgt Venedig diesem Brauch, der ursprünglich aus Byzanz stammt.[62] Auch der Dom diente der Kom-

---

[60] Seidel 1977, 340ff.
[61] Herlihy 1958; Panofsky 1990, 76ff.
[62] Braunfels 1953, 137ff.; Seidel 1977, 345ff.; Mitterauer 1997, 37.

mune als Versammlungsort. Ein weiterer Sarazenensieg wurde in Form von Beutegut an der Domfassade verewigt. Einen der größten Triumphe feierte die Pisaner Flotte gemeinsam mit ihren toskanischen Bundesgenossen 1115 auf den Balearen. Von drei erbeuteten Säulen, die man als Siegeszeichen mit Zauberkraft ansah, wurden zwei den Florentinern für ihr Baptisterium überlassen, eine aber in die Domfassade einbezogen. Auf einem der Giebel wurde ein ebenfalls in dieser Schlacht erbeuteter Bronze-Greif angebracht. Das orientalische Fabeltier – halb Löwe, halb Adler – konnte ja auch als Christus-Symbol gedeutet werden. Das Gedenken an die vorangegangenen Kriegserfolge wurde erst in den folgenden Jahren an der Domfassade in Inschriften festgehalten. Es ist die Zeit, in der sich die Auseinandersetzung mit Genua um Sardinien zuspitzte. Mit Recht wird wohl die Verewigung der früheren Siege an der Kathedralkirche als religiöse Legitimation der Kolonialherrschaft gedeutet.[63] Die Inschriften sprechen deutlich aus, dass die Sarden dieser Siege wegen als in der Schuld Pisas stehend betrachtet wurden. Auch sonst finden sich im Dombezirk und andernorts in Pisa religiöse Bezüge auf die Abhängigkeit Sardiniens. So wurden schon im 11. Jahrhundert die Reliquien sardischer Märtyrer überführt. Der wichtigste unter ihnen war der heilige Ephysius, der als der christliche Befreiungsheld Sardiniens galt. Ihm war im Dom ein eigener Altar geweiht. Seine Reliquien wurden später in einem Reliquiar aufbewahrt, das dem berühmten Schiefen Turm nachgebildet war. Der Tag der Translation des heiligen Ephysius wurde in Pisa als hoher Feiertag begangen. Man wird die Überführung sicher nicht als Zeichen der Verbundenheit von gleichberechtigten Partnern ansehen dürfen, eher wohl als Ausdruck des kolonialen Status der Insel. Bis in die Spätphase der Pisaner Kolonialherrschaft wurde das Verhältnis von Pisa zu Sardinien durch religiöse Symbolhandlungen artikuliert – nun freilich durch eine Translation in der Gegenrichtung. Als die Pisaner ihre letzten Besitzungen auf Sardinien gegen die Übermacht der vom Papst mit der Insel belehnten Könige von Aragon verteidigten, ließen sie ihre Domkanzel in die Kathedrale von Cagliari überführen – ein verzweifelter Versuch, mit überirdischen Mitteln einen Herrschaftsanspruch zu halten, der mit irdischen Mitteln nicht mehr zu halten war.[64]

Der ungarische Historiker Jenö Szücs hat die europäische

---

[63] Seidel 1977, 356ff.; Zimmermanns 1980, 80; Sachs/Badstüber/Neumann 1983, 158.
[64] Seidel 1977, 363.

Sonderentwicklung mit der ausdrucksstarken Formulierung »produktive Trennungen« charakterisiert.[65] Die Entstehung des Protokolonialismus in den italienischen Seerepubliken lässt sich mit diesem Modell gut fassen. Szücs geht von der Trennung von geistlicher und weltlicher Macht in der Epoche des Investiturstreits aus. Der Aufstieg der italienischen Stadtkommunen steht mit dieser Auseinandersetzung in engem Zusammenhang. Vor allem die großen Seerepubliken konnten sich damals neben Kaiser und Papst als ein Machtfaktor ganz neuer Art positionieren. Handelsmächte dieser Art hatte es im mittelalterlichen Europa bis dahin nicht gegeben. Für die Entwicklung des Protokolonialismus waren die von den ›Kaufleuten an der Macht‹ getragenen Separationsprozesse sehr ›produktiv‹. Nochmals am Beispiel Sardinien illustriert: Seit der Auseinandersetzung mit dem Kaiser sahen sich die Päpste des Reformzeitalters auf der Basis der Konstantinischen Schenkung als die Inhaber der Souveränität, hatten jedoch real keine Möglichkeit, Herrschaft auszuüben. Sie legitimierten das Kolonialprotektorat Pisas. Anders als Lehensträger in den feudal strukturierten Reichen der Zeit, waren die neuen Stadtkommunen vielfach nicht interessiert und oft auch gar nicht in der Lage, Herrschaftsrechte in vollem Umfang auszuüben. Sie nahmen sie – ihren Handelsinteressen entsprechend – nur partiell wahr. Pisa etwa begnügte sich auf Sardinien lange Zeit mit der Absicherung seiner wirtschaftlichen Position. In Gerichtsbarkeit und Verwaltung beschränkte es sich auf seine Kaufleuteniederlassungen. Sonst wurden die einheimischen Herrschaftsträger belassen, die freilich durch ihre ökonomische Abhängigkeit oft nur willfährige Werkzeuge der Seerepublik waren. Für die Kolonialmacht Pisa war die Abspaltung der Handelsbelange aus dem Komplex der Herrschaftsrechte höchst ›produktiv‹.

Die »produktiven Trennungen« führen in der Sonderentwicklung Europas neben anderen Verselbstständigungsprozessen gesellschaftlicher Teilbereiche auch zur Autonomie der Ökonomie. Der Anthropologe Ernest Gellner hat in dieser Autonomie der Ökonomie das entscheidende Wesensmerkmal des von Europa ausgehenden Kapitalismus gesehen.[66] Für den von Europa ausgehenden Kolonialismus lässt sich Gleiches sagen. Insgesamt haben Kolonialismus und Kapitalismus in ihren Wurzeln wie in ihrer weiteren Entwicklung wesentliche Gemeinsamkeiten. Die italienischen Stadtkommunen, insbesondere die Seerepubliken, zeigen

---

[65] Szücs 1994, 20ff.
[66] Gellner 1990, 183ff.

diesbezüglich strukturelle Bedingungen. Im Protokolonialismus, der von ihnen ausging, erscheinen viele Auswirkungen des Kolonialismus der Neuzeit vorweggenommen. Durch ihn verursachte Unterentwicklung lässt sich bereits im mittelalterlichen Europa fassen und wirkt bis in die jüngste Vergangenheit nach. Die einstmals so reichen Inseln Sardinien und Sizilien sind diesbezüglich zu nennen, wohl insgesamt der Mezzogiorno mit seinen wirtschaftlichen Problemen. Das Prinzip des ›ungleichen Tausches‹ wurde schon von den Seerepubliken systematisch und höchst effektiv praktiziert. Die verheerenden Auswirkungen einer rein am wirtschaftlichen Profit orientierten Kolonialpolitik für die politischen und gesellschaftlichen Verhältnisse in den abhängigen Territorien lassen sich bereits im Mittelalter beobachten. Wie sehr dabei mit traditionellen Wertesystemen gebrochen wurde, zeigt das Wiederaufleben von Sklaverei und die Nichtbeachtung der kirchlichen Wucherverbote. Zwischen den ihn tragenden Mächten hat der Protokolonialismus zu lang anhaltenden Konflikten geführt, die besonders brutal ausgetragen wurden – auch das eine Entsprechung zu neuzeitlichen Verhältnissen. Diese ihm immanente Aggressivität lässt sich sicher nicht, oder jedenfalls nicht allein, aus den Kreuzzügen ableiten. Eine wirtschaftsanthropologische Beschäftigung mit den Frühformen des Kolonialismus wird andere Wege gehen müssen. Die hier mit der Fokussierung auf Pisa und Sardinien verfolgte Spur kann nur ein erster Versuch in diese Richtung sein. Die Aktualität des Kolonialismus und seiner Folgewirkungen legt es nahe, solchen Spuren weiter nachzugehen.

Literatur

Airaldi 1986 = Gabriella Araldi, Genova e la Liguria nel Medioevo, in: Anna M. N. Pattone und Gabriella Airaldi (Hg.), Comuni e signorie nell' Italia settentrionale. Il Piemonte e la Liguria, in: Storia d'Italia 5, Turin 1986.
Allmendinger 1967 = Karl Heinz Allmendinger, Die Beziehungen zwischen der Kommune Pisa und Ägypten im Hohen Mittelalter. Eine rechts- und wirtschaftshistorische Untersuchung, in: Vierteljahrschrift für Sozial- und Wirtschaftsgeschichte 54, Wiesbaden 1967.
Balard 1999 = Michel Balard, Mahona di Chio, in: Lexikon des Mittelalters 6, Stuttgart 1999.
Baum 1999 = Hans-Peter Baum, Armbrustmacher, in: Lexikon des Mittelalters 1, Stuttgart 1999.
Bartlett 1996 = Robert Bartlett, Die Geburt Europas aus dem Geist der Gewalt, München 1996.

Benvenuti 1989 = Gino Benvenuti, Le repubbliche marinare. Amalfi, Pisa, Genova e Venezia, Roma 1989.
Bernard 1993 = Jacques Bernard, Handel und Geldwesen im Mittelalter 900-1500, in: Carlo M. Cipolla und Knut Borchardt (Hg.), Europäische Wirtschaftsgeschichte 1, Stuttgart 1993.
Blanchard 2001 = Jan Blanchard, Mining, Metallurgy and Minting in the Middle Ages, Stuttgart 2001.
Bordone 1999 = Renato Bordone, Kommune, in: Lexikon des Mittelalters 5, Stuttgart 1999.
Boone 1999 = Marc Boone, Buchgeld, in: Lexikon des Mittelalters 2, Stuttgart 1999.
Braudel 1994 = Fernand Braudel, Das Mittelmeer und die mediterrane Welt in der Epoche Philipps II., 2 Bände, Frankfurt am Main 1994.
Braunfels 1953 = Wolfgang Braunfels, Mittelalterliche Stadtbaukunst in der Toskana, Berlin 1953.
Braunstein 1999 = Philippe Braunstein, Eisen, in: Lexikon des Mittelalters 3, Stuttgart 1999.
Brucker 1990 = Gene Brucker, Florenz in der Renaissance, Frankfurt am Main 1990.
Burke 1988 = Peter Burke, Republics of Merchants in Early Modern Europe, in: J.Baechler u.a. (Hg.), Europe and the Rise of Capitalism, Oxford 1988.
Ceccarelli Lemuth 1999 = Maria .Luisa Ceccarelli Lemut, Piombino, in: Lexikon des Mittelaltters 6, Stuttgart 1999.
Cerman/Olgivie 1994 = Markus Cerman und Sheilagh C. Ogilvie (Hg.), Protoindustrialisierung in Europa. Industrielle Produktion vor dem Fabrikszeitalter , in: Historische Sozialkunde 5, Wien 1994.
Chiaverini 1999 = Mario Chiaverini, Repubblica pisana, Pisa 1999.
Chone 1902 = Heymann Chone, Die Handelsbeziehungen Kaiser Friedrichs II. zu den Seestädten Venedig, Pisa, Genua, Berlin 1902.
Citarella 1993 = Armando O. Citarella, Merchants, markets and merchandise, in: Southern Italy in the High Middle Ages, in: Settimane di studio del Centro Italiano di Studi sull'Alto Medioevo 40, Spoleto 1993.
Conti 1999 = Pier-Maria Conti, Massa Marittima, in: Lexikon des Mittelalters 6, Stuttgart 1999.
Cristiani 1999 = Emilio Cristiani, Elba, in: Lexikon des Mittelalters 3, Stuttgart, 1999.
Day 1984 = John Day, La Sardegna e i suoi dominatori dal secolo XI al secolo XIV, in: Storia d´Italia, dir.di Giuseppe Galasso 10, Turin 1984.
Day 1987 = John Day, Uomini e terre nella Sardegna coloniale. XII-XVIII secolo, Turin 1987.
Duby 1977 = Georges Duby, Krieger und Bauern. Die Entwicklung von Wirtschaft und Gesellschaft im frühen Mittelalter, Frankfurt am Main 1977.
Elmshäuser 1999 = Konrad Elmshäuser u.a., Technische Innovationen, in: Lexikon des Mittelalters 5, Stuttgart 1999.
Ennen 1972 = Edith Ennen, Die europäische Stadt des Mittelalters, Göttingen 1972.
Epstein 1996 = Steven A. Epstein, Genoa and the Genoese. 958-1528, Chapel Hill-London 1996.

Fábrega y Grau 1999 = Angel Fábrega y Grau, Barcelona, in: Lexikon des Mittelalters 1, Stuttgart 1999.
Feldbauer/Liedl/Morrissey 2001 = Peter Feldbauer/Gottfried Liedl/John Morrissey (Hg.), Vom Mittelmeer zum Atlantik. Die mittelalterlichen Anfänge der europäischen Expansion, Querschnitte Band 6, Wien-München 2001.
Feldbauer/Morrissey 2001 = Peter Feldbauer/John Morrissey, Italiens Kolonialexpansion. Östlicher Mittelmeerraum und die Küsten des Schwarzen Meeres, in: Peter Feldbauer/Gottfried Liedl/John Morrissey (Hg.), Vom Mittelmeer zum Atlantik. Die mittelalterlichen Anfänge der europäischen Expansion, Querschnitte Band 6, Wien-München 2001.
Ferluga 1999 = Jadran Ferluga, Dalmatien, in: Lexikon des Mittelalters 3, Stuttgart 1999.
Finley/Smith/Duggan 1989 = Moses I.Finley, Denis Mack Smith und Christopher Duggan, Geschichte Siziliens und der Sizilianer, München 1989.
Fuhrmann 1999 = Horst Fuhrmann, Konstantinische Schenkung, in: Lexikon des Mittelalters 5, Stuttgart 1999
Gellner 1990 = Ernest Gellner, Pflug, Schwert und Buch. Grundlinien der Menschheitsgeschichte, Stuttgart 1990.
Girgensohn 1999 = Dieter Girgensohn, Amalfi, in: Lexikon des Mittelalters 1, Stuttgart 1999.
Gründer 1992 = Horst Gründer, Welteroberung und Christentum. Ein Handbuch zur Geschichte der Neuzeit, Gütersloh 1992.
Haverkamp 1982 = Alfred Haverkamp, Die Städte im Herrschafts- und Sozialgefüge Reichsitaliens, in: Historische Zeitschrift 7, München 1982.
Herlihy 1958 = David Herlihy, Pisa in the Early Renaissance, New Haven 1958.
Kriedte/Medick/Schlumbohm 1977 = Peter Kriedte/ Hans Medick/Jürgen Schlumbohm, Industrialisierung vor der Industrialisierung. Gewerbliche Warenproduktion auf dem Land in der Formationsperiode des Kapitalismus, Göttingen 1977.
Lilie 1984 = Ralf-Johannes Lilie, Handel und Politik zwischen dem byzantinischen Reich und den italienischen Kommunen Venedig, Pisa und Genua in der Epoche der Komnenen und der Angeloi, 1081-1204, Amsterdam 1984.
Lindgren 1998 = Uta Lindgren, Mittelalterliche Seekarten. Methoden und Instrumente zu ihrer Herstellung und Benutzung, in: Uta Lindgren (Hg.), Europäische Technik im Mittelalter 800 bis 1400. Tradition und Innovation, Berlin 1998.
Luzzati 1987 = Michele Luzzati, Firenze e l'area Toscana, in: Storia d'Italia 7/1, Torino 1987.
Luzzati 1999a = Michele Luzzati, Italien, in: Lexikon des Mittelalters 5, Stuttgart 1999.
Luzzati 1999b = Michele Luzzati, Pisa, in: Lexikon des Mittelalters 6, Stuttgart 1999.
Luzzatti 1999c = Michele Luzzati, Sklaven, in: Lexikon des Mittelalters 7, Stuttgart 1999.
Luzzati 1999d = Michele Luzzati, Toskana, in: Lexikon des Mittelalters 8, Stuttgart 1999.

MacNiocaill 1999 = Geraóid MacNiocaill, Laudabiliter, in: Lexikon des Mittelalters 5, Stuttgart 1999.
Manselli 1999 = Raoul Manselli, Arsenal, in: Lexikon des Mittelalters 1, Stuttgart 1999.
Melis 1987 = Federigo Melis, La banca pisana e le origini della banca moderna, Firenze 1987.
Mitterauer 1997 = Michael Mitterauer, Anniversarium und Jubiläum. Zur Entstehung und Entwicklung öffentlicher Gedenktage, in: Emil Brix und Hannes Stekl (Hg.), Der Kampf um das Gedächtnis. Öffentliche Gedenktage in Mitteleuropa, Wien 1997.
Mitterauer 2002 = Michael Mitterauer, Städte als Zentren im mittelalterlichen Europa, in: Peter Feldbauer/ Michael Mitterauer/ Wolfgang Schwentker (Hg.), Die vormoderne Stadt. Asien und Europa im Vergleich, Querschnitte Band 10, Wien 2002.
Mitterauer 2003 = Michael Mitterauer, Warum Europa? Mittelalterliche Grundlagen eines Sonderwegs, München 2003.
Montanari 1979 = Massimo Montanari, L'alimentazione contadina nell' alto Medioevo, Neapel 1979.
Morrissey 2001 = John Morrissey, Die italienischen Seerepubliken, in: Peter Feldbauer/Gottfried Liedl/John Morrissey (Hg.), Vom Mittelmeer zum Atlantik. Die mittelalterlichen Anfänge der europäischen Expansion, Querschnitte Band 6, Wien-München 2001.
Neuenschwandner 1999 = Erwin Neuenschwandner, Leonardo Fibonacci, in: Lexikon des Mittelalters 5, Stuttgart 1999.
Nicol 1988 = Donald M. Nicol, Byzantium and Venice, Cambridge 1988.
Ninci 1898 = Giuseppe Ninci, Storia dell'isola dell'Elba, Portolongone 1898.
Osterhammel 2001 = Jürgen Osterhammel, Kolonialismus. Geschichte – Formen – Folgen, München 2001.
Panofsky 1990 = Erwin Panofsky, Die Renaissancen der europäischen Kunst, Frankfurt am Main 1990.
Partner 1997 = Peter Partner, God of the Battles. Holy War of Christianity and Islam, Princeton 1997.
Petti Balbi 1999a = Giovanna Petti Balbi, Albergo di nobili, in: Lexikon des Mittelalters 1, Stuttgart 1999.
Petti Balbi 1999b = Giovanna Petti Balbi, Genua, in: Lexikon des Mittelalters 4, Stuttgart 1999.
Petrucci 1989 = Sandro Petrucci, Forestieri a Castello di Castro in periodo pisano, in: Marco Tangheroni (Hg.), Commercio, finanza, funzione pubblica. Stranieri in Sicilia e Sardegna nei secoli XIII-XV, Napoli 1989.
Peyer 1950 = Hans Konrad Peyer, Zur Getreidepolitik der oberitalienischen Städte im 13. Jahrhundert, Wien 1950.
Pietschmann 1999 = Horst Pietschmann, Tordesillas, in: Lexikon des Mittelalters 8, Stuttgart 1999.
Pitz 1991 = E. Pitz, Europäisches Städtewesen und Bürgertum. Von der Spätantike bis zum hohen Mittelalter, Darmstadt 1991.
Rapaniç/Steindorff 1999 = Željko Rapaniç und L. Steindorff, Zadar, in: Lexikon des Mittelalters 9, Stuttgart 1999.

Reinhard 1983 = Wolfgang Reinhard, Geschichte der europäischen Expansion 1, Stuttgart 1983.
Reinhard 1994 = Wolfgang Reinhard, Die Europäisierung der Erde und deren Folgen, in: Jörg A. Schlumberger und Peter Segl (Hg.): Europa – aber was ist es? Aspekte seiner Identität in interdisziplinärer Sicht, Köln 1994.
Rogers 1997 = Randall Rogers, Latin Siege Warfare in the Twelfth Century, Oxford 1997.
Ronzani 1997 = Mauro Ronzani, Chiesa e »Civitas« di Pisa nella seconda metà del secolo XI. Dall'avvento del vescovo Guido all'elevazione di Daiberto a metropolitano di Corsica. 1060-1092, Pisa 1997.
Rossetti 2001 = Gabriella Rossetti, Costituzione cittadina e tutela del contado, una vocazione originaria a Pisa tra XI e XII secolo. I protagonisti e gli spazi, in: Gabriella Rossetti (Hg.), Legislazione e prassi istituzionale a Pisa. Secoli XI-XIII, Pisa 2001.
Rossi-Sabatini 1935 = Giuseppe Rossi-Sabatini, L'espansione di Pisa nel Mediterraneo fino alla Meloria, Firenze 1935.
Runciman 1995 = Steven Runciman, Geschichte der Kreuzzüge, München 1995.
Sachs/Badstüber/Neumann = Hannelore Sachs/Ernst Badstüber/Helga Neumann, Erklärendes Wörterbuch zur christlichen Kunst, Hanau 1983.
Sagù 1999 = Maria Leticia Sagù: Consorteria, in:Lexikon des Mittelalters 3, Stuttgart 1999.
Scalfati 1995 = Silio P.P. Scalfati, Die bendiktinische Ausdehnungspolitik auf der Insel Korsika im Zeitalter der Kirchenreform, in: Silio P.P. Scalfati, La Corse médiévale, Ajaccio 1995.
Scalfati 1999 = Silio P.P.Scalfati, Stranieri nella Corsica medioevale, in: Gabriella Rossetti (Hg.), Dentro la città. Stranieri e realtà urbane nell' Europa dei secoli XII-XVI, Neapel 1999.
Schaube 1888 = Adolf Schaube, Das Konsulat des Meeres in Pisa. Ein Beitrag zur Geschichte des Seewesens, der Handelsgilden und des Handelsrechts im Mittelalter, Leipzig 1888.
Schaube 1906 = Adolf Schaube, Handelsgeschichte der romanischen Völker des Mittelmeergebiets bis zum Ende der Kreuzzüge, München 1906.
Schulz 1992 = Knut Schulz, »Denn sie liebten die Freiheit so sehr...«. Kommunale Aufstände und Entstehung des europäischen Bürgertums im Hochmittelalter, Darmstadt 1992.
Seidel 1977 = Max Seidel, Dombau, Kreuzzugsidee und Expansionspolitik. Zur Ikonographie der Pisaner Kathedralbauten, in: Frühmittelalterliche Studien 11, 1977.
Solmi 2001 = Arrigo Solmi, Studi storici sulle instituzioni della Sardegna nel medioevo. A cura di Maria Eugenia Cadeddu, Nuoro 2001.
Szücs 1994 = Jenö Szücs, Die drei historischen Regionen Europas, Frankfurt am Main 1994.
Tangheroni 1973 = Marco Tangheroni, Politica, commercio, agricoltura a Pisa nel Trecento, Pisa 1973.
Tangheroni 1992 = Marco Tangheroni, Medioevo Tirrenico. Sardegna, Toscana e Pisa, Pisa 1992.

Turtas 1999 = Raimondo Turtas, Storia della chiesa in Sardegna, Roma 1999.
Udovitch 1978 = Abraham L. Udovitch, Time, Sea and Society. Duration of Commercial Voyages on the Southern Shores of the Mediterranean during the High Middle Ages, in: Settimane di studio del Centro Italiano di Studi sull'Alto Medioevo 25/2, Spoleto 1978.
Vones 1999 = Ludwig Vones, Ceuta, in: Lexikon des Mittelalters 2, Stuttgart 1999.
Waley 1969 = Daniel Waley, Die italienischen Stadtstaaten, München 1969.
Zimmermanns 1980 = Klaus Zimmermanns, Toskana. Das Hügelland und die historischen Stadtzentren, Köln 1980.

Die italienischen Seerepubliken

JOHN MORRISSEY

Auch heute noch hisst jedes italienische Schiff – ob Fischkutter, venezianisches Vaporetto, Luxusdampfer oder Zerstörer – die Flagge mit dem Wappen der mittelalterlichen Seerepubliken Amalfi, Pisa, Genua und Venedig. Jährlich messen sich in einer der vier Hafenstädte von der Gondolierikooperative in San Marco gebaute Galeeren: »Jedes Boot führt am Bug eine vergoldete Galionsfigur, die Wahrzeichen der Republiken: das geflügelte Pferd für Amalfi, der geflügelte Drache für Genua, der Adler für Pisa und der Löwe von San Marco für Venedig.«[1]

Nur zwei Beispiele einer Traditionspflege, die den Stellenwert der *repubbliche marinare* in der Geschichte Italiens deutlich machen. Stadtstaaten, territoriale Winzlinge, die einerseits im komplizierten Machtgefüge der Apenninhalbinsel, andererseits im gesamten Mittelmeerraum, wo sich die Interessen islamischer Staaten, Byzanz' und Europas überschnitten, eine entscheidende Rolle spielten. Gerade diese Orientierung in den mediterranen Raum macht die Seerepubliken zu einem Sonderfall in einem Land, das ohnehin – laut Renouard, Jones und anderen – im mittelalterlichen Europa einen Sonderfall darstellt. Italien war von Urbanität geprägt, der Gegensatz zwischen städtischer und ländlicher Gesellschaft so stark verwischt wie nirgendwo anders.

Ohne Zweifel wussten die Seestädte ihre schwierige geographische Situation zu nutzen, die topographischen Nachteile in eine Art Gunstlage umzukehren. Eingeklemmt zwischen Wasser und hoch aufragendem Gebirge, beziehungsweise auf flachen Laguneninselchen, wo gerade genug Platz zum Wohnen, kaum für Felder und Gärten war, mussten sich die Bewohner zum Meer orientieren. Pisas Lage war günstiger als die der drei anderen Städte: Am Kreuzungspunkt der Via Aurelia über den Arno gelegen, verfügte Pisa über her-

---

[1] D'Antonio/Caroli/Puglia 1996, 25.

vorragende Verbindungen in das agrarische und holzreiche Hinterland. Allerdings stellte das Flussgeschiebe des Arno die Kommune vor gewaltige Probleme: Gesteinsmassen verringerten die Wassertiefe im Hafen, umliegendes Land versumpfte und damit erhöhte sich die Malariagefahr.[2] Im 12. Jahrhundert wurde daher der Hafen an die felsige Küste im Norden verlegt, was bei einer Distanz von über 15 Kilometern den Transportaufwand erhöhte und die Versorgung im Kriegsfalle gefährdete. Schiffe jeder Größe konnten hingegen im Zentrum Amalfis, Genuas und Venedigs ankern; sie sind »mit dem Hafen verschmolzene Städte, von diesem nicht unterscheidbar.«[3]

Eingeklemmt waren die Seerepubliken auch im politischen Sinn, das Bedrohungspotenzial war enorm: In Italien prallten die Interessen von Byzantinern, Langobarden, Sarazenen, Papst und Kaiser aufeinander. Dazu kamen Konflikte mit lokalen adeligen Machthabern im Hinterland oder mit rivalisierenden Städten – Venedig gegen Chioggia, Amalfi gegen Salerno, Pisa gegen Lucca.

Amalfi

Formell unterstand die süditalienische Stadt wie Neapel und Gaeta dem byzantinischen Exarchat von Ravenna, genoss aber als Bündnispartner Konstantinopels im Kampf gegen die Langobarden weitgehende Autonomie. Letztere nutzten Rivalitäten innerhalb der amalfitanischen Aristokratie, um 839 die Stadt kurzfristig zu besetzen – ein Schock, der im selben Jahr zu einer Verfassungsreform führte, um den Ausgleich zwischen konkurrierenden Familien zu erreichen und bei der Machtbeteiligung einen möglichst großen Teil der Bevölkerung einzubeziehen. Aufgrund ihres Reichtums dominierten die Kaufleute, die ›comiti‹, den neu geschaffenen Rat, sie stellten auch die Beamten, denen Verwaltung und Rechtsprechung unterlag. Die Republik wurde von zwei auf ein Jahr gewählten Rektoren regiert. Über den Zeitpunkt der endgültigen Unabhängigkeit Amalfis von Byzanz besteht in der Literatur Uneinigkeit: Bragadin setzt sie mit der republikanischen Verfassung des Jahres 839 fest, Stefanelli spricht von einer schleichenden Entwicklung im 10. Jahrhundert, parallel zur Veränderung des politischen Systems zugunsten der *comiti*:[4] Ab etwa 900 wurde das Staatsoberhaupt nicht mehr

---

[2] Renouard 1981, 188.
[3] Benevolo 1996, 46.
[4] Stefanelli o.J., 41ff.; Bragadin 1989, 18f.

gewählt, es regierte auf Lebenszeit und konnte das Amt innerhalb der Familie vererben. Allerdings unterlag der Doge – 957 wurde dieser Titel erstmals erwähnt – strengen Kontrollmechanismen. Bei ungerechter Amtsführung konnte er abgesetzt und sein Vermögen konfisziert werden.[5]

Auch nach seiner Unabhängigkeit pflegte Amalfi enge Kontakte zu Byzanz, das die Seerepublik als Tor zum westlichen Mittelmeer betrachtete und daher die süditalienischen Kaufleute mit Privilegien ausstattete, die ihnen freien Zugang zu allen Häfen in der Romania, wie das byzantinische Reich in Italien genannt wurde, garantierten und die Übernahme der Funktion syrischer und jüdischer *mercantes* im Orienthandel ermöglichten. Sie unterhielten aber auch – von den Päpsten misstrauisch beäugt und häufig gerügt – enge wirtschaftliche und militärische Beziehungen zu den Sarazenen.[6] Amalfitanische Kaufleute entwickelten im ganzen Mittelmeerraum jene Strukturen, die typisch für alle Seerepubliken werden sollten: Kolonien bzw. Stützpunkte in den wichtigsten mediterranen Handelsstädten, in Konstantinopel, Laodicea, Beirut, Jaffa, Antiochia, Jerusalem, Alexandrien, Kairo, Durres, auf Zypern und Malta. Die Italiener verfügten über Stadtviertel mit eigener Kirche, Magazinen, Geschäften, Badehäusern, Herbergen und Spitälern. Solche Kolonien genossen üblicherweise extraterritorialen Status, es galt also die Rechtsprechung der Mutterstadt. In Jerusalem gewährte der Kalif Amalfitanern um 1070 das Recht, neben der Grabeskirche ein eigenes Gotteshaus zu bauen, mit Hospiz und Krankenhaus. Das Hospital der Johanniter, die sich später zum militärischen Ritterorden entwickelten, gilt als richtungweisend für die Entwicklung der europäischen Medizin. Chronisten berichteten, dass in Übersee mehr Amalfitaner lebten als in der Heimat. »Das wahre Amalfi findet man nicht in Amalfi. Die aktivsten Elemente seiner Bevölkerung, und vielleicht auch die Mehrheit, haben sich in fernen Ländern niedergelassen ...«[7]

Von arabischer Seite besonders gut dokumentiert ist die Kolonie in Ägypten, nicht zuletzt aufgrund der Ereignisse des Jahres 996: Chronisten berichten von Massakern an Christen, nachdem auf der sich zu Operationen gegen Byzanz vorbereitenden Flotte Feuer ausbrach. Die Europäer wurden dafür verantwortlich gemacht, so auch die Amalfitaner, die als einzige namentlich erwähnt

---

[5] Stefanelli o.J., 83.
[6] Horden/Purcell 2000, 168.
[7] Renouard 1981, 75.

werden.[8] Der Kalif war jedoch an guten Beziehungen zu den Italienern interessiert, er ließ die Täter bestrafen, die Schäden wurden kompensiert. Denn Amalfitaner lieferten trotz wiederholter Klagen des Papstes den Fatimiden kriegswichtige Rohstoffe: Bauholz, Eisenerz, Pech und auch Sklaven im Austausch gegen Gold und Gewürze. Wieder hatte die süditalienische Handelsstadt Vorreiterfunktion: Venedig, Pisa und Genua ließen sich bei ihren Aktivitäten ebenfalls von pragmatischen und nicht von ideologischen Motiven leiten.

Im 10. und 11. Jahrhundert war Amalfi auf dem Höhepunkt seiner politischen und ökonomischen Macht: Im noch heute existierenden Arsenal wurden leistungsfähige Galeeren hergestellt, die Kommune entwickelte rege Bautätigkeit, etwa bei der Errichtung des dem Hl. Andreas geweihten Doms mit den berühmten Bronzetüren. Ein Dokument des Jahres 957 erwähnt den *tarì*, die vielleicht erste seit dem Ende des weströmischen Reiches in Italien geprägte Münze. Amalfitanische Magistratsbeamte kodifizierten auf spätrömische Zeit zurückgehende Seefahrtgesetze: Die *tavole amalfitane* fanden bald im ganzen Mittelmeergebiet Anerkennung, erstmals wurde der Seehandel nach international verbindlichem Recht abgewickelt.[9]

Amalfi war wohl der erste christliche europäische Staat, der von der benachbarten islamischen Kultur profitierte. Spuren dieser Einflüsse sind noch heute an der Küste zwischen Positano und Vietri sul Mare sichtbar: Amalfi rühmt sich seiner Zitrusfrüchte und seines handgemachten Papiers, Vietri seiner Keramik, bunte Kirchenkuppeln sind das architektonische Wahrzeichen der gesamten Küstenregion. In dieser Region soll auch der Kompass entscheidend weiterentwickelt worden sein: Chinesen und Araber hatten eine auf Wasser schwimmende magnetisierte Nadel benützt, die sich auf hoher See aber nicht leicht handhaben ließ.[10]

Neben strategischen Rohstoffen belieferten amalfitanische Kaufleute die islamischen Staaten mit Fassdauben, Holzschuhen, Hanf, Getreide, Öl und Wein. Aus dem Orient wurde der europäische Markt mit Gewürzen aller Art, Aloe für medizinische Zwecke, Balsam und Weihrauch für die Liturgie, Farbstoffen, Alaun zur Fixierung der Farben, Baumwolle, Samt, Seide, Teppichen, Edelsteinen, Perlen und Elfenbein versorgt, Luxuswaren, die Europa begierig aufnahm.

---

[8] Imperato 1980, 61.
[9] Feldbauer/Morrissey 2002, 25.
[10] Feldbauer/Morrissey 2002, 25f.

Doch Amalfis Unabhängigkeit und seine überragende Rolle im internationalen Handel waren bereits gefährdet. Der Druck der seit 1030 in Süditalien expandierenden Normannen nahm ständig zu, 1073 wurde die Stadt von Robert Guiscard erobert, der aber der Dogenrepublik wegen ihrer wirtschaftlichen Bedeutung und starken Flotte Autonomie garantierte. Die mehr oder weniger unfreiwillige Allianz hatte schwerwiegende Folgen: Byzanz gewährte 1081 Venedig als Dank für Flottenhilfe im Kampf gegen die Normannen großzügige Handelsprivilegien, amalfitanische Stützpunkte in der Romania und der Levante mussten zum Teil den Venezianern überlassen werden.[11] Die süditalienische Hafenstadt konnte auch nicht die Chancen des ersten Kreuzzuges ergreifen, weil sie 1096 nach einem Aufstand von einem gewaltigen normannischen Heer mit 20 000 Sarazenen als Hilfstruppen belagert wurde – zwar erfolglos, doch fehlten nun die Mittel für aufwändige Expeditionen nach Oltremare.[12] Außerdem bevorzugten westeuropäische Kreuzfahrer ohnehin die Dienste der für sie günstiger gelegenen norditalienischen Seerepubliken Genua und Pisa. Gerade die Politik Pisas sollte für Amalfi, seit 1131 endgültig unter normannischer Herrschaft, verheerende Folgen haben. Die Toskaner empfanden die militärische Stärke der Normannen in Verbindung mit Amalfis noch immer beachtlichem wirtschaftlichen Potenzial als extreme Bedrohung. 1135 und 1137 griffen pisanische Flotten an, vor allem die zweite Attacke mit über 100 Schiffen und 30 000 Soldaten war von furchtbarer Wirkung: Amalfi, Atrani, Scala und selbst das hochgelegene Ravello wurden geplündert und zerstört. Die Dogenstadt sollte sich von diesem Schlag nicht mehr erholen. Allerdings spielten amalfitanische Seefahrer weiterhin eine wichtige Rolle im regionalen Handel, oder sie bildeten das Rückgrat der Kriegsflotten neuer süditalienischer Machthaber, etwa den in Neapel herrschenden Anjou. Ebenso wenig wollte man auf die Kenntnisse almalfitanischer Juristen und Beamter verzichten.[13]

Pisa

Die vernichtenden Angriffe auf Amalfi scheinen durchaus charakteristisch für die außenpolitische Konzeption Pisas gewesen zu sein.

---

[11] Renouard 1981, 76; Tangheroni 1996, 148.
[12] Stefanelli o.J., 128f.
[13] Feldbauer/Morrissey 2002, 26f.

Seit dem Aufstieg zur Regionalmacht im 9. Jahrhundert setzten die Pisaner mehr als jede andere italienische Kommune auf militärische Mittel zur Durchsetzung ihrer Interessen, vor allem gegenüber den Sarazenen. Schon 820 attackierten pisanische Schiffe die afrikanische Küste, wo sich die Stützpunkte arabischer Korsaren befanden. Hatten die Expeditionen der Toskaner bis zur Jahrtausendwende eher defensiven Charakter, kann man für das 11. Jahrhundert geradezu von ›vorweggenommenen Kreuzzügen‹ sprechen. Die Sarazenen wurden in Kalabrien, Sardinien, Bona an der nordafrikanischen Küste, Palermo und im tunesischen Mehdia besiegt.[14] Symbol dieser Erfolge ist der Dom auf der Piazza dei Miracoli, dessen Baukosten mit der reichen Beute aus dem Krieg gegen Palermo finanziert wurden. Die vom byzantinischen Baumeister Buscheto geplante Kirche wurde der neuen Stadtpatronin, der Jungfrau Maria, geweiht.

Nicht anders handelte Venedig einige Jahrhunderte früher, als es seinen eher unbedeutenden Patron Theodorus gegen den Evangelisten Markus austauschte. Vor diesem politischen Legitimationsbedürfnis muss der Reliquienkult und der meist im östlichen Mittelmeer durchgeführte Reliquienraub gesehen werden: Überreste von Kirchenheiligen und biblischen Objekten zogen nicht nur Pilgerströme an, von denen die Wirtschaft profitierte, sie untermauerten den Anspruch der Seerepubliken, in der Nachfolge Konstantinopels und Jerusalems zu stehen. Auch Amalfi und Genua gaben sich nicht mit zweitklassigen Schutzheiligen zufrieden: Ihre Patrone waren der Hl. Andreas und der Hl. Georg, nach dem eine der einflussreichsten Banken der mittelalterlichen Welt benannt werden sollte.[15]

In der Römerzeit neben Ostia der wichtigste Hafen an der westitalienischen Küste, blieb Pisa auch im 7. und 8. Jahrhundert Drehscheibe im Handel mit Korsika, Sardinien, Spanien und Frankreich. Formell unterstand die Stadt zunächst der Markgrafschaft Tuszien, löste sich aber wie Amalfi und Venedig im Falle Byzanz' schrittweise aus dieser Oberherrschaft. In allen drei Fällen ist dieser Prozess schlecht dokumentiert, dürfte aber mit geschicktem Lavieren zwischen konkurrierenden Mächten zu tun haben: Im Fall von Pisa zwischen Kaiser und Papst. Der Krieg gegen Amalfi genoss wohlwollende kaiserliche und päpstliche Duldung, im Investiturstreit wollten beide Kontrahenten von Pisas Wirtschaftskraft und militärischer Stärke profitieren – sie gewährten den

---

[14] Luzzato 1958, 78; Mitterauer 1996, 118f.; Tangheroni 1996, 138ff.
[15] Feldbauer/Morrissey 2002, 15.

Toskanern eine Reihe von Privilegien, unter anderem 1077 die Anerkennung pisanischer Ansprüche auf Korsika durch den Papst. Die Arnostadt war zur wichtigsten Handelsmetropole des westlichen Mittelmeers aufgestiegen. Kosmopolitisches Lebensgefühl und kaufmännisches Denken sollte ein Jahrhundert später von Pisa ausgehend die Wissenschaft revolutionieren. Leonardo Fibonacci bereiste als Kind mit seinem Vater die Levante und Sizilien. Flink erlernte er die Regeln indischer und arabischer Mathematik, die er 1202 in seinem *Liber Abbaci* veröffentlichte. Fibonacci erläuterte die allgemeine Funktion der indischen Zahlen, die Rolle der Null und die Wurzelrechnung. Dank der Anschaulichkeit seiner aus dem Geschäftsleben entlehnten Beispiele wurde die Algebra rasch verbreitet.[16]

Der Höhepunkt pisanischer Macht wurde nach dem ersten Kreuzzug und der erfolgreichen Expedition gegen die balearischen Mauren erreicht. In allen wichtigen Städten der Levante erhielten die Pisaner eigene Stadtviertel und Steuerprivilegien, der Kommandant der in Oltremare operierenden Flotte, Erzbischof Dagobert, wurde nach der Eroberung Jerusalems zum Patriarchen gewählt. Im westlichen Mittelmeer kontrollierten die Toskaner Elba mit seinen Eisenvorkommen, Korsika und Sardinien; an den Küsten Nordafrikas und Spaniens verfügten sie über eine Reihe von Stützpunkten. Einzig in der Romania konnten sie aufgrund energischer Interventionen Venedigs nicht so richtig Fuß fassen: Eine auf Rhodos überwinternde pisanische Flotte wurde 1099 von den Venezianern zerstört, die Gefangenen erst nach dem Versprechen, in keinem Hafen des byzantinischen Reiches Handel zu treiben, freigelassen. Handgreiflichkeiten, Piraterie und regelrechter Krieg waren charakteristisch für das Verhältnis der Seerepubliken, die, wenn sie Einigkeit gezeigt hätten, »das Heilige Land fraglos in ein italienisches Protektorat verwandelt« hätten.[17]

Hauptgegner Pisas war jedoch schon aufgrund der Nachbarschaft Genua. Nicht nur im tyrrhenischen Meer rivalisierten beide um den Zugang zu den Märkten der Provence, Spaniens und des Maghreb. Trotz gelegentlichen gemeinsamen Vorgehens lieferten Genua und Pisa einander eine Serie von blutigen Kriegen. Pisas traditionelle Strategie, eigene Ansprüche eher mit militärischen denn mit diplomatischen Mitteln durchzusetzen, erwies sich auf Dauer, schon alleine wegen der Kosten einer solchen Politik, als kontrapro-

---

[16] Renouard 1981, 227; Herlihy 1990, 201f.
[17] Mayer 1989, 164.

duktiv. Weder mit Genua noch mit den aufstrebenden und an das Meer drängenden Städten wie Lucca und Florenz konnten vorteilhafte Verträge zur Anerkennung pisanischer Ansprüche abgeschlossen werden. Außerdem erwies sich Pisas treue Unterstützung der römischen Kaiser in der zunehmend antistaufischen Stimmung Italiens als entscheidender Nachteil.[18]

Ähnliches gilt für die Innenpolitik. Kollektive Regierungsstrukturen verfielen zusehends, innerhalb des alten Adels und des neuen Patriziats – meist Fernkaufleute – kollidierten Machtansprüche und ökonomische Interessen, ihre Rivalitäten machten die Stadt geradezu unregierbar. Selbst die gut funktionierende Verwaltung Sardiniens wurde in Mitleidenschaft gezogen: Zwei Drittel des pisanischen Handels liefen in irgendeiner Form über diese Insel, deren wichtigste Exportprodukte Silber, Salz, Holz, Fisch, Wolle und Käse waren.[19] Auch die Berufung des Venezianers Ambrosio Morosini – galt doch die Serenissima in ganz Italien als Musterbeispiel korrekter und effizienter Verwaltung – zum Stadtoberhaupt, zum ›podestà‹, änderte wenig an der prekären Situation. Pisas Schwäche ermutigte Genua zum Angriff: 1284 vernichteten ligurische Schiffe die von Morosini und Ugolino della Gherardesca kommandierte Flotte bei der Insel Meloria vor der toskanischen Küste. Tausende Gefangene wurden nach Genua gebracht, darunter auch Rustichiello da Pisa, der einige Jahre später im Kerker auf einen Venezianer stieß: Marco Polo, 1298 an der dalmatinischen Küste in genuesische Gefangenschaft geraten, der dem Pisaner seine Reiseerinnerungen diktierte. Dante beschreibt das innenpolitische Chaos, das der Niederlage folgte, im 23. Gesang seines *Inferno*.[20]

Dabei hätte Pisa innere Stabilität dringend benötigt, um seinen wichtigsten noch verbliebenen Besitz, Sardinien, zu verteidigen. Die Allianz mit Kaiser Heinrich VII. von Luxemburg wurde der Arnostadt zum Verhängnis: Sein früher Tod 1313 führte zur Auflösung der kaiserlichen Armee, Pisa stand allein gegen die guelfische Liga – Lucca, Florenz und den neapolitanischen König Robert von Anjou. Nach anfänglichen Siegen bestand innerhalb der Signoria Uneinigkeit über das weitere Vorgehen gegen die Liga, was wieder eine institutionelle Krise und Verfassungsänderungen hervorrief. Die geschwächte Republik hatte sich selbst gelähmt, 1326 schlug

---

[18] Banti 199, 32.
[19] Renouard 1981, 228f.
[20] Feldbauer/Morrissey 2002, 32.

König Robert die pisanischen Streitkräfte, Sardinien ging für immer verloren.[21]

Nach diesem Verlust musste Pisa eine neue Rolle finden, Dazu war ausgewogene Politik mit der neuen Großmacht Florenz notwendig, das am freien Zugang zu den pisanischen Märkten und vor allem zum Hafen Porto Pisano interessiert war. Um den Ambitionen des Aufsteigers wirklich Widerstand entgegenzusetzen, war die Signoria zu schwach, ein 1369 abgeschlossener Handelsvertrag räumte florentinischen Kaufleuten mehr Rechte ein als Pisanern in ihrer eigenen Heimatstadt, die 1406 die Oberhoheit von Florenz zu akzeptieren hatte. Die neuen Herren verlegten ihren Haupthafen nach Livorno. Pisa verschwand zwar nicht in die Bedeutungslosigkeit, hatte aber als politische und ökonomische Großmacht ausgedient.

Genua

Innere Krisen müssen aber keineswegs zur wirtschaftlichen Stagnation führen. Das zeigt die Geschichte Genuas: Musterbeispiel des über die staatliche Integrität triumphierenden Individualismus, der ökonomischen Expansion bei gleichzeitigem Niedergang der politischen Institutionen. In keiner anderen italienischen Kommune vollzog sich innerhalb der Wirtschaft ein derart radikaler Wandel, der in unmittelbarem Zusammenhang mit dem Zusammenbruch von Verwaltung und Regierung stand. Amalfi, Pisa und Venedig lebten in erster Linie vom Handel und gewerblicher Produktion – die Genuesen hingegen verlagerten ihre wirtschaftlichen Aktivitäten immer stärker ins internationale Bankwesen und Geschäftsmanagement. Ab dem 15. Jahrhundert beherrschten genuesische Banken, vor allem die Casa di San Giorgio, fast alle »weltpolitisch zentrierten Finanzströme, Devisen- und Finanzgeschäfte europäischer Machtpotentaten«.[22]

Vor der Jahrtausendwende folgte die Entwicklung Genuas ähnlichen Mustern wie die der anderen Seestädte: geschicktes Taktieren zwischen Byzantinern, Langobarden, Sarazenen, Kaiser und Papst; im Schnittpunkt dieser Machtbereiche Aufstieg zur Drehscheibe im Handel; den Holzreichtum des Hinterlandes nutzend Aufbau einer Flotte, um im internationalen Warenaustausch Fuß zu fassen und militärisch bestehen zu können. Wie bereits erwähnt, brachen

---

[21] Banti 1995, 50ff.
[22] Karbe 1995, 262.

Genua und Pisa die Vorherrschaft sarazenischer Flotten im westlichen Mittelmeer, und wie die Arnostadt nutzte die Georgsrepublik die ihr im ersten Kreuzzug gebotenen Gelegenheiten. Nicht nur ihre Flotte, sondern auch ihre Belagerungsmaschinen – etwa bei der Belagerung Jerusalems – leisteten den Kreuzfahrern wertvolle Dienste.[23]

Anders als Pisa konnte sich Genua gegenüber der stärksten Wirtschaftsmacht im östlichen Mittelmeer, Venedig, gut behaupten: Der Byzantiner Michael Paleologos belohnte die Genuesen für ihre weitreichende Hilfe bei der Rückeroberung Konstantinopels 1261 mit Privilegien in Griechenland und im Schwarzen Meer. Von ihren Stützpunkten auf der Krim und im kaspischen Raum kontrollierten ligurische Kaufleute die Endpunkte der durch die *Pax Mongolica* gesicherten Interkontinentalrouten nach Persien, Indien und China. Auf Dauer konnten sie ihre Position gegen die Osmanen allerdings nicht halten.[24]

Besonders erfolgreich agierte Genua im westlichen Mittelmeerraum. Schon im 11. Jahrhundert liefen ligurische Schiffe die Häfen Andalusiens und Nordwestafrikas an: Wichtigstes Ladegut waren afrikanisches Gold, Leder aus Cordoba, Seide aus Granada, Olivenöl aus Sevilla sowie orientalische Gewürze. Die ökonomische Durchdringung der iberischen Halbinsel gelang durch militärische Allianzen mit den christlichen Königen, für deren Eroberungspläne Flottenunterstützung benötigt wurde, und durch Handelsverträge mit den Almohaden. Von Muslimen und Christen gewährte Privilegien unterschieden sich kaum voneinander und entsprachen den Konzessionen, von denen schon die Fernhändler Amalfis im frühen 10. Jahrhundert profitiert hatten. In Sevilla bildeten Genuesen die größte Gruppe ausländischer Kaufleute, Zeitgenossen empfanden ihr ausgedehntes Quartier als »ein anderes Genua«.[25]

Der christlichen Eroberungen führten zur wirtschaftlichen Neuorientierung der Iberischen Halbinsel. Eine Entwicklung, an der Genuesen maßgeblich beteiligt waren: Al-Andalus hatte als westliches Scharnier der islamischen Welt mit dem christlichen Europa fungiert, ab der Mitte des 13. Jahrhunderts richtete sich der Blick nach Westen und Norden – nach Lissabon, Brügge und Southampton.[26] Mitglieder fast aller ligurischen Patrizierclans wa-

---

[23] Epstein 1996, 30; Zazzu 1993, 15.
[24] Feldbauer/Morrissey 2002, 35 und 75ff.
[25] zit. bei Zazzu 1993, 69.
[26] Constable 1996, 213.

ren an dieser ersten Phase atlantischer Expansion beteiligt. Sie spielten bei der wirtschaftlichen Durchdringung Madeiras und der Azoren im 15. Jahrhundert eine ebenso entscheidende Rolle wie bei der Finanzierung der Projekte Christoph Columbus'. Damit bewiesen genuesische Kapitalisten Weitblick – ein Jahrhundert später kontrollierten Bankiers der ligurischen Metropole den gesamten Silberexport Spaniens ins restliche Europa.[27]

Im krassen Gegensatz zur wirtschaftlichen Expansion und den großen außenpolitischen Erfolgen stand die innenpolitische Dauerkrise, die von ständigen Verfassungsänderungen gekennzeichnet war. Die Entwicklung verlief ähnlich wie in Pisa: Bis ins 12. Jahrhundert relativ ausgewogene Machtverteilung zwischen Bürgertum, Adel und Bischof; 1190 wurde die Regierungsgewalt einem gewählten *podestà* unterstellt, um nur ein Jahr später das System zu verändern: Einmal jährlich diskutierten die Eliten, ob im nächsten Jahr ein Alleinherrscher oder ein Kollektivorgan regieren sollte. Im 13. Jahrhundert wechselten sich beide Regierungsformen ohne erkennbares System ununterbrochen ab.[28] Damit stellt sich die Frage, wer denn die Republik überhaupt noch repräsentierte, und wessen Interessen sie diente. Im Gegensatz zu Venedig, das die Aktivitäten seiner Kaufleute und politischen Vertreter in Übersee normalerweise sorgfältig kontrollierte, zogen Genuesen weitgehend unbehelligt vom Staat ihre Fäden, »im eigenen Namen und ohne weitere engere organisatorische Verbindung zur Metropole«.[29]

Schon 1235 gründeten private Unternehmen die *associazione di creditori dei Saraceni di Ceuta*, um gegen das an der Straße von Gibraltar gelegene Emirat vorzugehen; die Republik selbst konnte den Krieg nicht finanzieren und musste die Geldgeber durch Gewährung von Sonderrechten entschädigen. Man gab solchen Kreditorenverbänden den arabischen Namen *maona*, was mit ›Assistenz‹ übersetzt werden könnte.[30] Die Republik geriet in immer größere Abhängigkeit von solchen Gesellschaften und musste daher die wichtigsten staatlichen Einnahmequellen verpfänden: Direkte und indirekte Steuern, Salzmonopol oder die Verwaltung und damit totale wirtschaftliche Ausbeutung vom Staat beanspruchter Territorien wie Korsika und Chios, wovon an anderer Stelle die Rede sein soll. Während die Kommune die Flotte auf wenige Einheiten

---

[27] Airaldi 1988, 9.
[28] Renouard 1981, 282.
[29] Karbe 1995, 261.
[30] Zazzu 1993, 64; Renouard 1981, 287.

reduzierte, stellten private Reeder problemlos große Schiffsverbände auf, die samt Besatzung und Admiral an Bestbietende vermietet wurden.[31] Ob Arsenal, Seidenproduktion, Getreideimporte, Orienthandel oder Banken – der Staat hatte jede Mitsprache verloren.

Die genuesische Wirtschaft überstand hingegen problemlos selbst katastrophale außenpolitische Rückschläge. Denn es erfolgte – nicht zuletzt als Konsequenz des Verlustes der Schwarzmeerkolonien oder der Insel Chios – eine Neuorientierung der wirtschaftlichen Aktivitäten: Verstärkte Konzentration auf internationale Finanzgeschäfte und Verlagerung der Handelsverbindungen nach Westeuropa und ins westliche Mittelmeer. Auch im Ausland wandten genuesische Financiers in der Heimat geübte Praktiken an – verschuldete Staaten überließen den Kreditoren Steuerrechte, Landbesitz und sogar die Gerichtsbarkeit. Ein unentrinnbarer Teufelskreis aus Schulden-Kreditbedarf-Neuverschuldung war in Bewegung gekommen; eine Situation, die sich in Spanien, wo genuesische Bankiers Hauptgläubiger des Staates wurden, aber auch in der ligurischen Hafenstadt verheerend auf den Lebensstandard der Bevölkerung auswirkte.[32]

Die Finanzkünste der Genuesen erstaunten sogar die Venezianer. So schrieb ein Gesandter an die Republik: »Das Wechsel- und Geldgeschäft erklären sie für die ehrenvollste Art des Handelsbetriebes, während sie von Warenhandel und Schifffahrt sagen, das sei Sache der Krämer.«[33] Der Berichterstatter weist auf einen entscheidenden Unterschied zwischen beiden Seerepubliken hin: Das wirtschaftliche Standbein der Serenissima blieb immer der Fernhandel. Die Signoria wäre auch nie bereit gewesen, wesentliche staatliche Einnahmequellen bedingungslos zur Nutzung an Private zu vergeben. Die Schiffsbauindustrie des Arsenals und die Flotten waren Staatsbesitz, die Schiffe konnten allerdings von Gesellschaften und Einzelunternehmern gepachtet werden.[34]

Wenn man auch bei Analogien zu modernen Entwicklungen vorsichtig sein sollte, drängt sich folgendes Bild auf: Auf der einen Seite steht das Modell eines globalisierenden Kapitalismus der Individualisten. Auf der anderen das Modell eines Staatskapitalismus oder kapitalistisch abgesicherten Wohlfahrtsstaats, der Gemein-

---

[31] Zazzu 1993, 44.
[32] Karbe 1995, 263ff.; Feldbauer/Morrissey 2002, 40f.
[33] Zit. bei Karbe 1995, 264.
[34] Feldbauer/Morrissey 2002, 41f.

wohl über die Interessen des Einzelnen stellt, der den Ausgleich zwischen den verschiedenen Bevölkerungsgruppen als Ziel guten Regierens ansieht.[35] Ohne Zweifel waren die genuesischen Eliten in Denken und Mentalität vom Feudalismus geprägt Die Macht der Patrizier »... beruhte auf ihrem ligurischen Landbesitz, und selbst ihre Palazzi in der Stadt waren ihren burgähnlichen Latifundien nachgebildete, mit Wehrtürmen und großen Höfen ausgestattete ›alberghi‹. So waren im Unterschied zu Venedig von Anbeginn die Lebensschwerpunkte zwischen Zentrum und Peripherie ›umgekehrt‹ definiert: das Zentrum befand sich für die genuesische Nobilität weit außerhalb der Metropole ... Damit waren aber kollektive Gemeininteressen und private Gruppeninteressen grundsätzlich voneinander getrennt.«[36]

Venedig

Teile der venezianischen Eliten waren als Folge der langobardischen Expansion schon in vorfeudaler Zeit auf die Laguneninseln gezogen, wo sie eine scheinbar egalitäre Gesellschaft vorfanden, von Fischfang und Salzgewinnung lebend. Die Zugezogenen kamen aus den Städten Venetiens, wo urbane römische Traditionen weitergelebt hatten: Aquileia, Concordia, Oderzo, Altino und Padua.[37] Die noch nicht zusammengewachsenen Inselstädtchen wurden von gewählten Tribunen verwaltet, sie unterstanden einem ebenfalls gewählten Dogen, der bis ins 9. Jahrhundert von Byzanz bestätigt werden musste. Wie bereits erwähnt, löste sich die Lagunenstadt schrittweise und leider undokumentiert aus griechischer Oberhoheit; Venedigs Unabhängigkeit sollte fast ein Jahrtausend währen, nicht nur im politischen Chaos Italiens ein absoluter Einzelfall, sondern vielleicht auch im Rahmen globaler Geschichte: Die Serenissima wurde seit ihrer Entstehung im Frühmittelalter bis zur Zeit Napoleons kein einziges Mal durch fremde Truppen erobert oder auch nur kurzfristig besetzt.

Die Stadt ohne Hinterland, die »Stadt in Reinkultur«[38] orientierte sich einerseits zum Meer und profitierte gleichzeitig vom nahe gelegenen Po, schon immer der Hauptverkehrsweg von der Adria

---

[35] Feldbauer/Morrissey 2002, 42.
[36] Karbe 1995, 61.
[37] Luzzatto 1958, 53.
[38] Braudel 1990, 112.

in das getreide- und damals noch holzreiche Landesinnere. Außerdem kreuzten sich hier die wichtigsten Nord-Süd-Routen ins transalpine Europa. Venezianische Flussschiffer sicherten die Versorgung der wachsenden Stadt, wo, wie Zeitgenossen schrieben, »man nicht anbaute oder erntete«,[39] mit Getreide und machten im Landesinneren blendende Geschäfte mit orientalischen Luxusgütern, die zunächst von Syrern und Juden in die Lagune gebracht wurden. Die Kaiser des Heiligen Römischen Reiches gewährten den Venezianern Handelsrechte und Schutz bei Schiffbruch – im Normalfall gehörten gestrandete Schiffe samt Ladung den Anrainern – doch bald nahmen die Venezianer mit kampfstarken Geleitzügen den Schutz ihrer Schiffe in die eigene Hand. Damit entwickelten sie ein Transportsystem, das in den folgenden Jahrhunderten maßgeblich zum Aufstieg der Markusrepublik zur ersten Seemacht des Mittelmeeres beitragen sollte: Von Kriegsgaleeren begleitete Handelsschiffe, die den Angriffen feindlicher Verbände oder Piraten – ohnehin oft ein und dasselbe – erfolgreich begegnen und so den Geschäftspartnern bisher ungekannte Zuverlässigkeit garantieren konnten. Die im staatlichen System der *muda* organisierten Flotten liefen einmal jährlich die wichtigsten Häfen des östlichen Mittelmeeres an.[40]

Die schwierigen topografischen Bedingungen in der Lagune stellten die wachsende Stadt vor größte Probleme, die besondere Organisationsstrukturen erforderten. Verschlammungen und Verschiebungen von Sandbänken aufgrund hoher Gezeiten, Flussüberschwemmungen oder starken Windes mussten durch administrative und bauliche Maßnahmen verhindert werden, um die Fahrrinnen freizuhalten. Neu geschaffene Behörden errichteten Leuchttürme und Wellenbrecher, organisierten Schlepp-, Rettungs- und Lotsendienste. Nicht weniger Beachtung schenkte man dem Schutz der Fischbestände, des Waldes auf dem Festland und der Trinkwasserversorgung.[41] Lotsen durften aus militärischen Gründen nur Venezianer sein, war doch die Kenntnis der zahlreichen gefährlichen Untiefen der beste Schutz vor feindlichen Angriffen: 811 eroberten karolingische Truppen Teile der Lagune, scheiterten aber beim Angriff auf Rialto und die umliegenden Inseln – ein Jahr später musste Karl der Große Byzanz gegen die Anerkennung seiner Kaiserwürde die Unantastbarkeit Venedigs garantieren. Als die Dogenrepublik

---

[39] Zit. bei Lane 1980, 24.
[40] Feldbauer/Morrissey 2002, 17.
[41] Bevilacqua 1995, 22f. und 51ff.; Crouzet Pavan 2001, 20ff., 120.

1380 im Chioggia-Krieg gegen Genua in höchste Bedrängnis geriet, wurden die Fahrrinnen kurzerhand mit steinebeladenen Schiffen blockiert. Venedig bot, wie später Amsterdam, dem Handel die beste Infrastruktur, die eine Stadt vor dem Zeitalter der Eisenbahn und des Lastwagens entwickeln konnte: Der teure und langwierige Zwischentransport vom Schiff zum Magazin entfiel gänzlich; die zusammenwachsenden Inselchen passten sich in Architektur und Kanalführung an die Bedürfnisse des Seehandels an. Bis heute sind fast alle Häuser Venedigs – mit Ausnahme einiger neuerer Viertel am Rande der Lagunenstadt – direkt vom Kanal erreichbar. Was der Fußgänger heute als die Rückseite der Gebäude empfindet, war eigentlich die Vorderseite.

Bis zur Jahrtausendwende gelang es der Signoria durch Diplomatie, Boykottmaßnahmen und militärische Härte, die Adria unter Kontrolle zu bringen. Konkurrenten wie Commachio, Triest oder Koper wurden ausgeschaltet, süditalienische Araber, die 878 sogar Grado angegriffen hatten, aus der Adria verdrängt, dalmatinische Hafenstädte unter venezianische Herrschaft gezwungen. In dieser ersten Phase der Expansion trug der Handel mit Sklaven und Holz zum wirtschaftlichen Aufschwung der Markusrepublik bei. Wie Amalfi belieferte auch Venedig trotz päpstlicher Verbote die islamische Welt mit strategischer Ware – die Muslime füllten ihre Heere mit Sklaven aus dem slawischen Raum auf.[42] Die Riva degli Schiavoni zwischen Markusplatz und Arsenal erinnert an den Stellenwert dieses Wirtschaftszweiges.

Als Venedig seine Interessen in der Adria durch die Politik Robert Guiscards gefährdet sah, trat die Signoria auf die Seite Byzanz', das durch die normannischen Expansionspläne nach Osten unmittelbar bedroht war. 1081 schlugen venezianische Schiffe Guiscards Flotte bei Durres/Durazzo. Für diese Hilfe garantierte Kaiser Alexios den Kaufleuten seines Bündnispartners volle Bewegungsfreiheit in der Romania sowie Befreiung von allen Zöllen, womit sie größere Vorrechte genossen als die Griechen selbst, die 10 Prozent an Abgaben zu leisten hatten.[43] Durch diese Privilegien konnte Venedig – auf Kosten Amalfis – den Orienthandel zwischen Byzanz und Europa monopolartig dominieren, was aber den Keim zu Konflikten mit den tyrrhenischen Seerepubliken und mit Byzanz selbst barg: Pisa und Genua versuchten ebenfalls, in der Romania Fuß zu fassen, durchaus mit Zustimmung der Griechen, die im 12. Jahr-

---

[42] Lane 1980, 27.
[43] Feldbauer/Morrissey 2002, 19.

hundert die Konsequenzen der venezianischen Machtposition schmerzlich spürten. Die nun praktizierte Politik des Entziehens und Gewährens von Sonderrechten hatte jedoch fatale Folgen für Konstantinopel: Die jeweils benachteiligte Seerepublik antwortete prompt mit Angriffen auf byzantinisches Territorium.[44] Das Verhältnis zwischen Griechen und Italienern war zunehmend von Hass geprägt; die Erfahrung mit marodierenden Kreuzfahrern, den Piratenüberfällen, der Bevorzugung der ›Lateiner‹, die einander in Konstantinopel offene Straßenkämpfe lieferten, führten zu offener Aggression und gipfelten in den ›Lateinerpogromen‹ des Jahres 1171. Hunderte Italiener wurden getötet, tausende ins Gefängnis geworfen, ihr Vermögen konfisziert.

Wie Genua und Pisa hatte auch Venedig, wenn auch nach einigem Zögern, mit größeren Flottenverbänden am ersten Kreuzzug teilgenommen. Und wie ihre italienischen Rivalen passten sich die Venezianer rasch an die lokalen Gegebenheiten an, während der fränkische Adel traditionellen feudalen Vorstellungen treu blieb und die ökonomischen Chancen in Oltremare nicht begriff. Die Übernahme eines Stadtviertels in Tyros 1123 bedeutete für Venedig auch die Kontrolle über ein äußerst produktives Hinterland: etwa 40 Dörfer auf ungefähr 150 Quadratkilometern. Mit arabischen Methoden wurde in Plantagenwirtschaft Zucker und Baumwolle angebaut, und zwar derart erfolgreich, dass dieses System auch auf venezianisch und genuesisch kontrollierten Inseln Anwendung fand – auf Kreta, Zypern, Korfu und Chios. Francis C. Lane bezeichnet die Fähigkeit der raschen Anpassung und des pragmatischen Vorgehens freundlich als »geschmeidig«,[45] das wohl passendste – wenn auch etwas harmlos klingende – Adjektiv, um die Politik der Markusrepublik zu beschreiben.

Der vierte Kreuzzug ist das anschaulichste Beispiel, wie die Signoria flexibel auf sich ständig ändernde Umstände reagierte, beziehungsweise durch geschickte Manipulation verstand, ein groß angelegtes militärisches Unternehmen für eigene Zwecke zu instrumentalisieren. Ursprünglich gegen Ägypten gerichtet, wurde der Kreuzzug aufgrund finanzieller Probleme der Franken von den Venezianern umgeleitet. Innerhalb eines Jahres hatte das venezianische Arsenal, die wahrscheinlich größte Industrieanlage der mittelalterlichen Welt, 200 Schiffe für 4 500 Ritter samt Pferden, 9 000 Knappen und 20 000 Mann Fußvolk bereitgestellt. In Venedig er-

---

[44] Lane 1980, 67f.
[45] Lane 1990, 70.

schienen allerdings nur 10 000 Kreuzfahrer, mit weit weniger als der vereinbarten Summe für die Anmietung der Flotte, was sie für Änderungswünsche des Dogen Enrico Dandolo bezüglich der Route und Angriffsziele höchst empfänglich machte.[46] 1202 eroberten Franken und Venezianer das ungarnfreundliche Zadar an der dalmatinischen Küste, zwei Jahre später Konstantinopel. Die griechische Hauptstadt wurde Opfer einer wahren Orgie von Plünderungen, Brandschatzung, Mord und Vergewaltigung.

Dandolos Verzicht auf 40 000 Silbermark hatte der Serenissima unschätzbaren Gewinn gebracht: Einfluss bei der Wahl zum Kaiser des ›Lateinischen Kaiserreichs‹, drei Achtel byzantinischen Territoriums und Konstantinopels sowie reiche Beute: Reliquien, Kunstschätze wie die Pferdequadriga und 500 000 Silbermark. Die Signoria beanspruchte bei weitem nicht alle ihr zustehenden Gebiete, sondern nur den Besitz strategisch günstiger Häfen und Inseln. Damit hatte Venedig die Grundlage zu einem Imperium gelegt, das zwar über geringe territoriale Ausdehnung verfügte, aber die Kontrolle der Handelswege und den Aufbau eines effektiven Kolonialsystems ermöglichte.

Den außenpolitischen Erfolgen entsprach innenpolitische Stabilität, die angesichts der stetigen Systemkrisen nicht nur in den Kommunen, sondern auch in größeren Machtbereichen Italiens, schon die Zeitgenossen mit Erstaunen und Bewunderung erfüllte. Wenn auch die venezianische Geschichte nicht so frei von sozialen Unruhen war wie von manchen Autoren dargestellt, funktionierte der Interessenausgleich einer durchaus von großen sozialen Gegensätzen gekennzeichneten und keineswegs im modernen Sinn ›republikanischen‹ Gesellschaft recht gut.[47]

In Venedigs 60 bis 70 Pfarrsprengel wurden die Priester von den Hausbesitzern gewählt, die Signoria ernannte Sprengelvorsteher, deren Aufgabe die Erstellung von Steuerlisten und die Einberufung der Wehrdienstpflichtigen zum Flottendienst war. Die Regierung der Republik war durch ein fein abgestimmtes System der Machtkontrolle gekennzeichnet: der Doge hatte zwar unbegrenzte Amtszeit, war aber an die Beschlüsse seiner insgesamt neun Räte – sechs aus den großen Bezirken, den bis heute existierenden *sestieri* wie San Marco oder Cannaregio; drei aus dem Senat, wo vor allem Finanzgesetze erlassen wurden – gebunden. Die Amtszeit der Räte war auf ein Jahr begrenzt. Der Große Rat, der um 1300 an

---

[46] Runciman 1995, 889f.
[47] Lane 1980, 143; Rösch 1989, 28ff.; Rösch 2000, 112.

die 1.100 Mitglieder umfasste, verabschiedete Gesetze und wählte die mit unmittelbaren Verwaltungsaufgaben betrauten Beamten: für das Arsenal, Finanzen, Getreideversorgung, Schiffsinspektion, Reinhaltung der Kanäle und Schifffahrtsrinnen. Jeder Amtsinhaber konnte bei Missbrauch seiner Position belangt werden, dafür sorgten die *avvogatori di commun*, denen auch verfassungsrechtliche Aufgaben zufielen. Lane beschreibt das venezianische System als aristokratische Kommune; etwa 500 Männer waren in wechselnden Funktionen an Regierung und Verwaltung beteiligt.[48]

Das konservative Festhalten an bewährten Strukturen bei gleichzeitiger Flexibilität in außen- und wirtschaftspolitischen Fragen mag wohl erklären, warum Venedig auch elementaren Bedrohungen besser zu begegnen wusste. »Die Senatoren Venedigs paßten sich den kaleidoskopischen Veränderungen Asiens und den gelegentlichen Wellen von Kreuzzugsfieber an, handelten, wann immer nötig, rasch neue Verträge aus und lenkten die Flotten ... mal in diesen Hafen, mal in jenen, wo immer die Kosten eines gesicherten ... Handelsverkehrs am geringsten waren.«[49]

Auf die seit 1261 bestehende Dominanz Genuas im Schwarzen Meer reagierte Venedig mit verstärkten Handelsbeziehungen zu Ägypten, entweder über Drittländer wie Zypern und das Königreich Armenien, oder direkt über Alexandrien, wo die Karawanenwege aus Arabien endeten. Der Verlust wichtiger Positionen im östlichen Mittelmeer als Folge der türkischen Expansion führte zu einer bemerkenswerten Änderung venezianischer Politik: Erstmals kontrollierte Venedig auf dem italienischen Festland, der Terra Ferma, größere Territorien und unterstellte sie als Teil des Staates der Signoria. Dies wurde zu einem umso wichtigeren Ziel, als aufstrebende Regionalpotentaten wie die Scaligeri, Carraresi und Visconti die Handelswege der Po-Ebene und über die Alpen gefährdeten. Die Eroberung und Erschließung der Terra Ferma stellte an die Markusrepublik neue Anforderungen: Neu geschaffene Magistrate führten die notwendigen Arbeiten für Wasserregulierungen, Trockenlegungen, Straßenbauten, Anbau neuer Produkte und den Schutz des Waldes durch.[50] Gleichzeitig reagierte das venezianische Gewerbe auf die schwieriger gewordenen Bedingungen im Fernhandel: Die Produktion von Luxusgütern wurde gesteigert, der Export von Seide, Glas-, Leder- und Holzwaren, aber auch von

---

[48] Lane 1980, 146ff.; Crouzet-Pavan 2001, 222f.
[49] Lane 1980, 207.
[50] Luzzatto 1958, 189ff.

Büchern, wurde zu einem wichtigen Posten im Budget der Dogenrepublik.[51]

Venedigs neue Rolle als italienische Territorialmacht führte naturgemäß zur Konfrontation mit einer Reihe von Kommunen und Herrschern, die die venezianische Expansion bis an den Appennin und die Alpen nicht hinnehmen wollten. 1509 sah sich die Serenissima mit einer europäischen Allianz, der Liga von Cambrai, konfrontiert, die übermächtig erschien: Ironischerweise wurde nun Venedig nach 300 Jahren selbst Ziel eines umgeleiteten Kreuzzugs, war es doch ursprünglich die Absicht der Liga gewesen, eine Expedition gegen die Türken zu unternehmen.[52] Mehrmals am Rande einer Niederlage stehend, gelang es Venedig, den Streitmächten Spaniens, Frankreichs, Mantuas, Ferraras, des Kaisers und des Papstes erfolgreich Widerstand zu leisten. Nach sieben Jahren Krieg, der durch Anleihen in der Bevölkerung finanziert wurde, hatte die Dogenrepublik alle Festlandgebiete wieder zurückgewonnen.[53]

Im östlichen Mittelmeer konnten trotz der osmanischen Erfolge die Kolonien Zypern und Kreta gehalten werden, venezianische Handelsschiffe liefen weiterhin die Häfen der Levante und Ägyptens an, Venedig blieb die Drehscheibe im Handel zwischen Orient und Europa, wenn auch seine Kaufleute nicht mehr die Hauptrolle im Warenverkehr spielten.

Literatur

Airaldi 1988 = Gabriella Airaldi, Da Genova a Siviglia – l'avventura dell' occidente. In: Genova e Siviglia. Katalog zur Ausstellung, Genua 1988.
D'Antonio/Caroli/Puglia 1996 = Nino D'Antonio/Ela Caroli/Vito Puglia, Amalfi. Maurische Kunst am Golf von Neapel, München 1996.
Banti 1995 = Ottavio Banti, Breve storia di Pisa, Pisa 1995.
Benevolo 1996 = Leonardo Benevolo, La città nella storia d'Europa, Rom-Bari 1996
Bevilacqua 1995 = Piero Bevilacqua, Venedig und das Wasser, Frankfurt am Main-New York 1995.
Bragadin 1989 = Marc' Antonio Bragadin, Le repubbliche marinare, La Spezia 1989.
Braudel 1990 = Fernand Braudel, Sozialgeschichte des 15.-18. Jahrhunderts. Bd. 3: Aufbruch zur Weltwirtschaft, München 1990.
Constable 1996 = Olivia Remie Constable, Trade and Traders in Muslim

---

[51] Feldbauer/Morrissey 2002, 154ff.
[52] Lane 1980, 398.
[53] Feldbauer/Morrissey 2002, 148f.

Spain. The Commercial Realignment of the Iberian Peninsula, 900–1500, Cambridge 1996.

Crouzet-Pavan 2001 = Elisabeth Crouzet-Pavan, Venezia trionfante. Gli orrizonti di un mito, Turin 2001.

Epstein 1996 = Steven A. Epstein, Genoa and the Genoese. 928-1528. Chapel Hill-London 1996.

Feldbauer 1995 = Peter Feldbauer, Die islamische Welt 600-1250. Ein Frühfall von Unterentwicklung? Wien 1995.

Feldbauer/Morrissey 2002 = Peter Feldbauer/John Morrissey, Venedig 800-1600. Wasservögel als Weltmacht, Wien 2002.

Herlihy 1990 = David Herlihy, Pisa nel Duecento. Vita economica e sociale d'una città italiana del Medioevo, in: Cultura e storia Pisana 3, Pisa 1990.

Horden/Purcell 2000 = Peregrine Horden/Nicolas Purcell, The Corrupting Sea. A Study of Mediterranean History, Oxford 2000.

Imperato 1980 = Giuseppe Imperato, Amalfi e il suo commercio, Salerno 1980.

Jones 1997 = Philip Jones, The Italian City State. From Commune to Signoria, Oxford 1997.

Karbe 1995 = Lars Cassio Karbe, Venedig oder die Macht der Phantasie. Die Serenissima – ein Modell für Europa, München 1995.

Lane 1980 = Frederic C. Lane, Seerepublik Venedig, München 1980.

Lopez 1996 = Roberto S. Lopez, Storia delle colonie Genovesi nel Mediterraneo, Genua 1996.

Lopez/Raymond 1990 = Roberto S. Lopez/Irving W. Raymond, Medieval Trade in the Mediterranean World, New York 1990.

Luzzatto 1958 = Gino Luzzatto, Breve storia economica dell' Italia medievale, Turin 1958.

Mayer 1989 = Hans Eberhard Mayer, Geschichte der Kreuzzüge, Stuttgart-Berlin-Köln 1989 (7. Auflage).

Mitterauer 1996 = Michael Mitterauer, Der Krieg des Papstes, in: Kreuzzüge, Beiträge zur historischen Sozialkunde 3/96, Wien 1996.

Rösch 1989 = Gerhard Rösch, Der venezianische Adel bis zur Schließung des großen Rats, in: Erich Hoffmann/Hermann Kulke/Hartmut Lehman etc (Hg.), Kieler Historische Studien 33, Sigmaringen 1989.

Rösch 2000 = Gerhard Rösch, Venedig. Geschichte einer Seerepublik, Stuttgart 2000.

Morris 1990 = Jan Morris, The Venetian Empire, London 1990.

Renouard 1981 = Yves Renouard, Le città italiane dal X al XIV secolo. Bd. 1, Mailand 1981.

Runciman 1995 = Steven Runciman, Geschichte der Kreuzzüge, München 1995.

Stefanelli o.J. = Giuseppe Stefanelli, A Short History of Amalfi, Amalfi o.J.

Varela 1988 = Consuelo Varela, Genovesi a Siviglia. In: Genova e Siviglia. Katalog zur Ausstellung, Genua 1988.

Zazzu 1993 = Guido Nathan Zazzu, Il volo del Grifo. Storia di Genova dagli inizi al 1892, Genua 1993.

Das Weltsystem im 13. Jahrhundert:*

Sackgasse oder Wegweiser?

JANET LIPPMANN ABU-LUGHOD

Die meisten westlichen Historiker, die sich mit dem Aufstieg des Westens auseinander setzten, haben jene Entwicklung behandelt, als ob sie losgelöst, gleichsam unabhängig von den Beziehungen und Verbindungen des Westens zu anderen Hochkulturen gewesen wäre. Als ich mir erstmals hierüber Gedanken machte, schrieb ich dies schlichtweg dem Ethnozentrismus zu. Doch dann fiel mir etwas anderes auf: Nahezu alle westlichen Wissenschaftler, und insbesondere diejenigen, die eine globale Perspektive der modernen Welt beherzigten, ließen ihre jeweiligen Geschichtsdarstellungen um 1400 beginnen – just zu dem Zeitpunkt also, da beide, der Osten wie auch der Westen, den Tiefststand ihrer Entwicklung erreicht hatten und das organisatorische System, welches zuvor existiert hatte, zusammengebrochen war. Durch die Auswahl dieses speziellen Augenblicks als Anknüpfungspunkt ihrer Geschichtsdarstellung blieb ihnen denn auch kaum anderes übrig, als eine ähnliche, kongruente Handlung zu veranschlagen, eine, in der der Westen ›aufstieg‹, scheinbar aus dem Nichts heraus.

Was würde mit der Erzählperspektive geschehen, wenn man ein wenig früher begänne? Wie jeder Ökonom weiß, kommt es in zyklischen Begebenheiten sehr darauf an, wo man die Datenreihe beginnen lässt und welche Zeitspanne man für entsprechende Ein-

---

* Der vorliegende, in der Originalfassung etwas längere Artikel wurde ursprünglich von der American Historical Association unter dem Titel »The World System in the Thirteenth Century: Dead-End or Precursor« herausgebracht. Etwas später erfolgte – wiederum unter der Ägide der American Historical Association – ein reprint in einem Sammelband von Michael Adas (Hg.): Islamic and European Expansion: The Forging of a Global Order. Temple University Press 1993. Wir danken für die Abdruckrechte. *Übersetzung Stefan Menhofer*

träge veranschlagt. Die Auswahl des Tiefststands eines gegebenen ›Trends‹ als Eingangseintrag lässt nichts anderes zu als den Ausweis einer ›Verbesserung‹, wogegen im Laufe eines längeren Trends sich dies als ein kurzfristiges Lebenszeichen eines ansonsten langfristig abwärts verlaufenden zeitlichen Trends erweisen mag. In mir stieg die Vermutung auf, dass es da wohl eine unbewusste Voreingenommenheit gegeben hatte, die die Einzigartigkeit des ›Wunders‹ des Westens in gewissem Maße zu einem Artefakt werden ließ, insbesondere im Hinblick auf die Vergangenheit, wenn auch nicht mit Bezug auf die Zukunft.

Noch wichtiger, was wäre mit der theoretischen Annahme, dass die spezifische Ausprägung des westlichen Kapitalismus, wie sie sich im westlichen Europa des 16. Jahrhunderts herauskristallisierte, ein notwendiger und (beinahe) ausreichender Grund für die Hegemonie des Westens war? Was, wenn man einen Blick auf das System vor der europäischen Hegemonie werfen wollte, wenn man weiters die Organisation der Kapitalakkumulation, »industrielle« Produktion, Handel und Distribution unter einem vergleichenden Blickwinkel betrachtete? Sollte man nun eine große Vielfalt unter früheren wirtschaftlichen Organisationsformen antreffen, die samt und sonders wirtschaftliche Vitalität und Dynamik erzeugt hatten, so mag es vielleicht nicht mehr gerechtfertigt erscheinen, Europas neu erworbene Hegemonie auf den Kapitalismus in seiner einzigartigen Form, die er in Europa annahm, zurückzuführen. Es mag indes eher notwendig sein, den Wahrheitsgehalt einer alternativen Hypothese zu überprüfen: Dass nämlich der Aufstieg Europas essenziell durch all das vorangetrieben wurde, was es sich von anderen, entwickelteren Kulturen aneignete – zumindest solange, bis Europa besagte Kulturen überholte und unterwarf.

Eine globale Geschichte des 13. Jahrhunderts

Um solchen Fragen auf den Grund zu gehen, begann ich, mich mit der wirtschaftlichen Organisation der Welt im 13. Jahrhundert auseinander zu setzen. Anfangs hatte ich keineswegs die Absicht, ein Buch zu schreiben, sondern lediglich meine Neugier ob dieses ungelösten Rätsels zufrieden zu stellen. Im Laufe meiner fünfjährigen Forschungstätigkeit verschaffte mir indes kein einziges Buch, ja nicht einmal mehrere Bücher zusammengenommen, ein »globales« Bild davon, wie der internationale Handel zu jener Zeit organisiert war. Interessanterweise deuteten aber alle Geschichtsdarstellungen, auf die ich stieß, zumeist beiläufig, die vielfältigen Beziehungen und Verbindungen an, die ein jeder Ort mit meist viel weiter entfernten Handelspartnern unterhielt.

Ich beschäftigte mich nun vorrangig damit, diese Verbindungen zu rekonstruieren. Im Laufe meiner fünfjährigen Forschungstätigkeit habe ich fast alle Gegenden bereist, die von zentraler Bedeutung für jenes System waren, das ich dann als das Weltsystem des 13. Jahrhunderts definieren sollte, um die Schauplätze zu besichtigen und die lokalen Aufzeichnungen einzusehen. Des Weiteren zog ich umfangreiches publiziertes primäres wie sekundäres Quellenmaterial zu Rate. Während eine solche Untersuchung und Forschung im Idealfall eine lebenslange wissenschaftliche Auseinandersetzung hätte erfordern sollen, betrachtete ich mein Projekt als Herausarbeitung einer Synthese des bestehenden Materials, wenn auch unter einem differenten Blickwinkel, in der Hoffnung, dass andere Wissenschafter nicht bloß die Lücken in unserem Wissen schließen, sondern auch ihre eigenen Ergebnisse im Kontext des Weltsystems neu bewerten würden.

Die grundsätzliche Schlussfolgerung, zu der ich gelangte,[1] war, dass es vor dem Aufstieg des Westens zur Vorrangstellung im 16. Jahrhundert sehr wohl ein komplexes und florierendes Vorläufermodell gegeben hatte – ein System weltweiten Handels und sogar ›kulturellen‹ Austauschs, das auf seinem Höhepunkt gegen Ende des 13. Jahrhunderts eine sehr große Anzahl differenziert entwickelter Gesellschaften integrierte, die sich zwischen den beiden Extremen Nordwesteuropa und China erstreckten (wenn auch bloß an den Gipfelpunkten eines Inselmeers an Städten). In der Tat schien das Jahrhundert zwischen 1250 und 1350 offensichtlich einen entscheidenden Wendepunkt in der Weltgeschichte zu markieren, einen Moment, da das Gleichgewicht zwischen Ost und West zugunsten eines jeden Kontrahenten hätte umschlagen können. Hinsichtlich der geographischen Lage stellten die Kerngebiete des Nahen und Mittleren Ostens, die den östlichen Mittelmeerraum mit dem Indischen Ozean verbanden, einen Angelpunkt dar, an dem sich Ost und West gewissermaßen im Großen und Ganzen die Waage hielten.

Folglich hätte man damals auch gewiss nicht den Ausgang eines etwaigen Konflikts zwischen Ost und West vorhersagen können. Es schien weder eine historische Notwendigkeit zu geben, die

---

[1] Abu-Lughod 1987/88, Abu-Lughod 1989, Abu-Lughod 1990.

das System zugunsten des Westens verschob, noch gab es irgendeine historische Notwendigkeit, die Kulturen in den östlichen Regionen davon abgehalten hätte, Wegbereiter eines modernen Weltsystems zu werden. Diese These erschien mir als zumindest ebenso plausibel wie die gegensätzliche Meinung.

Zugegeben, das ›moderne‹ Weltsystem, das sich vielleicht entwickelt hätte, wäre der Osten dominant geblieben, hätte höchstwahrscheinlich eine differente Organisation und andere Institutionen aufgewiesen als die historisch spezifische Version, die sich unter europäischer Hegemonie entwickelte. Es gibt allerdings keinerlei Grund für die Annahme, dass – wäre der ›Aufstieg‹ des Westens nicht erfolgt – die Welt unter anderer Führung stagniert hätte.

Aus nämlichem Grund schien es ganz entscheidend, ein tieferes Verständnis der Jahre zwischen 1250 und 1350 zu gewinnen.[2] Während jener Periode erreichte eine internationale Handelswirtschaft in den Gegenden zwischen Nordwesteuropa und China ihren Höhepunkt, sie brachte Wohlstand und künstlerische Errungenschaften in vielen der Gegenden, die neu integriert wurden, mit sich.

Diese Handelswirtschaft bezog Kaufleute und Produzenten in ein extensives (weltweites), wenngleich engmaschiges Austauschnetzwerk mit ein. Primärerzeugnisse, inklusive, wiewohl nicht als spezielles Merkmal, landwirtschaftliche Güter, hauptsächlich jedenfalls Gewürze, machten einen signifikanten Anteil des Gesamtvolumens aller Handelsgüter aus; insbesondere über kürzere Distanzen jedoch nahmen Fertigprodukte eine erstaunlich zentrale Stellung innerhalb des Systems ein. Tatsächlich hätte der Fernhandel wahrscheinlich überhaupt nicht aufrechterhalten werden können, ohne Fertigprodukte wie Textilien und Waffen mit einzubeziehen. Die Produktion primärer und fertiger Güter war nicht bloß für die Befriedigung lokaler und regionaler Bedürfnisse ausreichend, sondern konnte auch dem Bedarf nach Exportprodukten gerecht werden.

Zudem schloss der Fernhandel eine Vielzahl an Handelsgemeinschaften an den verschiedenen Punkten entlang der Route ein, da Distanzen, was ihre zeitliche Erfassung betrifft, bestenfalls in Wochen und Monaten kalkuliert wurden und es Jahre erforderte, die komplette Schleife zu absolvieren. Die Kaufleute, die aufeinander folgende Transaktionen durchführten, sprachen weder zwingend

---

[2] Zum Folgenden ausführlich Abu-Lughod 1989.

dieselben Sprachen noch waren ihre lokalen Währungen dieselben. Dennoch wurden Güter transferiert, Preise festgesetzt, Einigungen über Wechselkurse erzielt, Verträge geschlossen, Kredite gewährt und erstreckt, Partnerschaften geformt, und, wie könnte es anders sein, Aufzeichnungen geführt und Vereinbarungen eingehalten.

Der Rahmen dieser Austauschverhältnisse war nicht sonderlich groß, und der Prozentsatz der am internationalen Handel oder sogar an der Produktion beteiligten Bevölkerung entsprach lediglich einem Bruchteil der Gesamtproduktivität dieser Gesellschaften. Relativ gesprochen lag die Größenordnung dieses Systems im späten Mittelalter jedoch nicht wesentlich unter der der Frühen Neuzeit (d. h. nach 1600), auch die Produktionstechnologie war der in der späteren Epoche nicht wirklich unterlegen. Kein großartiger technologischer Durchbruch unterscheidet die frühe Neuzeit vom späten Mittelalter.

Das Buch, das dann aus meiner Forschungsarbeit hervorging,[3] beschreibt das Welthandelssystem um 1300 und stellt dar, wie und in welchem Ausmaß die Welt in dieses allgemeine Handelsnetzwerk von Produktion und Austausch eingebunden war. Da solche Produktion und solcher Austausch relativ unbedeutend für die für das wirtschaftliche Überleben der beteiligten Regionen relevanten Zweige waren, brauchte ich nicht eine unrealistische Vision eines eng aufeinander bezogenen Systems der Interdependenz zu rechtfertigen. Das war ja offensichtlich nicht der Fall. Dies trifft aber auch auf das 16. Jahrhundert zu. Wenn es nun aber möglich ist, die Ansicht zu vertreten, dass ein Weltsystem in diesem späteren Jahrhundert seinen Anfang genommen habe, so erscheint es ebenso plausibel, dessen Existenz bereits 300 Jahre zuvor anzuerkennen.

Es ist wichtig zu erkennen, dass kein System vollständig global in dem Sinne ist, dass alle Teile gleichförmig miteinander als Scharniere verbunden sind, ungeachtet ihrer zentralen oder auch nur peripheren Rolle. Sogar heutzutage ist die Welt globaler integriert als jemals zuvor in ihrer Geschichte, dennoch aufgesplittert in bedeutende Subsphären und Subsysteme – wie etwa Naher und Mittlerer Osten und Nordafrika, Nordatlantik, Pazifisches Becken bzw. Pazifischer Rücken, osteuropäischer Block (funktionell immer noch existent, wogegen seine sozialistische Ausrichtung weithin bereits zerbröckelt ist) sowie China, das immer noch ein System für und in sich selbst ist. Und innerhalb eines jeden dieser Blöcke neh-

---

[3] Abu-Lughod 1989.

men bestimmte größere Kernstädte Schlüsselrollen ein, die ihr Umland dominieren und des Öfteren intensivere Interaktionen mit Knotenpunkten anderer Systeme als mit den an der eigenen Peripherie gelegenen Gebieten pflegen.

Auch im 13. Jahrhundert gab es Subsysteme (bestimmt durch Sprache, Religion und jeweilige Reichszugehörigkeit und erfassbar in den relativen Transaktionen), die von imperialen oder Kernstädten beherrscht und deren Drehscheibenfunktion durch Handelsenklaven, die im Wesentlichen ohne Hinterland waren, bestärkt wurde. Deren Interaktionen untereinander, wenngleich in ihrer Intensität selbstverständlich nicht mit den heutigen vergleichbar, prägten die Konturen des größeren Systems. Anstatt durch Fluglinien waren diese Städte über Schifffahrtsstraßen, Flüsse und die großen Karawanenrouten zu Lande, die teilweise bereits seit der Antike benutzt wurden, aneinander geknüpft. Häfen und Oasen dienten denselben Zwecken wie Flughafenterminals heutzutage, der Zusammenführung verschiedener Waren und Menschen über größere Distanzen.

Angesichts der primitiven Transporttechnologien konnten freilich nur wenige an den gegenüberliegenden Endpunkten des Systems gelegene Knotenpunkte direkt miteinander Handelsgeschäfte abwickeln. Reisen wurden in viel kleinere geographische Segmente aufgeteilt, wobei zentrale Orte zwischen den aneinander grenzenden flankierenden Handelskreisen als *break-in-bulk* Umschlagplätze für Waren fungierten, die für entfernter gelegene Märkte bestimmt waren. Auch war die Welt damals bei weitem nicht das ›globale Dorf‹ von heute, das identische Verbraucherziele und Fließbandarbeit in einer weitreichenden internationalen Arbeitsteilung gemein hat. Die Subsysteme des 13. Jahrhunderts waren wesentlich eigenständiger und daher auch nicht derart lebensnotwendig aufeinander angewiesen in Hinblick auf gemeinsames Wohlergehen und letztlich Überleben. Es bleibt dennoch bemerkenswert, dass trotz der Härten und Hindernisse, die der Fernhandel zu jener Zeit in sich trug, ein dermaßen großes Volumen desselben bewältigt werden konnte.

Eine Analyse derartiger Handelsbewegungen führt uns, natürlich zu analytischen Zwecken, zur Unterscheidung von drei sehr großen Kreisen. Der erste war der westeuropäische Handelskreis, der die Atlantikküste und große Teile des Mittelmeerraums unter Kontrolle hatte. Der zweite lag im Nahen und Mittleren Osten und beherrschte sowohl die Landbrücke entlang der zentralasiatischen Steppen als auch die Meeresbrücke, unterbrochen nur von einer kurzen Landroute, zwischen dem östlichen Mittelmeer und dem Indischen Ozean. Der dritte Handelskreis schließlich, der fernöstliche, verband den indischen Subkontinent mit Südostasien, China und den darüber hinaus gelegenen Gebieten. Zu jener Zeit lagen die bedeutendsten und einflussreichsten Zentren und Kreise im Nahen und Mittleren Osten sowie in Asien. Im Gegensatz dazu war der europäische Kreis sozusagen ein gerade emporgekommener Neuling, der über einen Zeitraum von mehreren Jahrhunderten hindurch lediglich tangentiell und lose mit dem Kern des Weltsystems, wie er sich zwischen dem 8. und 11. Jahrhundert nach Christi gebildet hatte, verbunden war.

Diese drei hauptsächlichen Handelskreise waren nun organisatorisch aufgeteilt in acht untereinander verbundene Subsysteme, innerhalb derer wiederum kleinere Handelskreise und subkulturelle wie auch politische Systeme zu existieren schienen. Im folgenden Abschnitt befassen wir uns der Reihe nach mit jedem einzelnen dieser Subsysteme, das Hauptaugenmerk soll jedoch der Frage gewidmet werden, wie diese zusammenhingen.

Der europäische Kreis

Ab der Mitte des 13. Jahrhunderts entwickelten sich drei europäische Kernzonen zu einem einzigen Handelskreis. Die Grafschaften Champagne und Brie im östlichen Teil Mittelfrankreichs richteten die wechselnden Messen der Champagne aus, die aufeinander folgend in vier Städten veranstaltet wurden: den Handels- und Produktionszentren Troyes und Provins sowie den kleineren Marktstädten Bar-sur-Aube und Lagny. Eine zweite Kernzone war die Textil erzeugende Region Flandern mit der Stadt Brügge als bedeutendstem Handels- und Finanzzentrum und dem nahe gelegenen Gent als Hauptindustriestadt. Der dritte Kernbereich befand sich in Italien, wo die zwei international wichtigsten Hafenstädte an gegenüberliegenden Seiten der Halbinsel gelegen waren: Genua gen Westen und Venedig gen Osten.

Das Wachstum dieses europäischen Kreises stand in engem kausalen Zusammenhang mit den Kreuzzügen, die seit Ende des 11. Jahrhunderts Westeuropa dem Nahen und Mittleren Osten näher gebracht und die Nachfrage nach nur im Osten erhältlichen Produkten angekurbelt hatten. Eine solche Steigerung der Nachfrage bewirkte ihrerseits eine erhöhte Produktivität auf dem europäischen Kontinent – um Waren zu fertigen, die gegen Gewürze,

Baumwolle und Textilien aus Seide aus dem Osten eingetauscht werden konnten.

Um diesen Prozess zu rekonstruieren, ist es wichtig, einen Maßstab für das Wachstum an sich festzulegen. Im 2. Jahrhundert nach Christi erstreckte sich das Römische Reich über ein sehr weitläufiges Territorium, das alle an das Mittelmeer angrenzenden Regionen mit einschloss. Es reichte gen Norden bis einschließlich England und umfasste ganz Westeuropa mit der Ausnahme Deutschlands. Im Osten erstreckte es sich bis nach Griechenland, Anatolien und den Fruchtbaren Halbmond, in südlicher Richtung entlang der nordafrikanischen Küstenstriche. Roms südlich und östlich gelegene Randzonen standen in regem Kontakt – sei es über den Land-, oder Seeweg – mit beträchtlichen Teilen des Rests der ›Alten Welt‹, mit weit entfernten Gebieten wie Indien und indirekt sogar China. Um diese Zeit herum war ein System, das man mit gutem Grund als allererstes aufkeimendes Weltsystem bezeichnen könnte, bereits entstanden, wenn es auch den ›Fall Roms‹ nicht überdauern sollte.

Interne Schwächungen innerhalb des aufgeblasenen Römischen Reiches ermöglichten letzten Endes den germanischen Stämmen, die die Landstriche nördlich und östlich der italienischen Kernzone bewohnten – Stämme, die ehedem noch an eben diesen Grenzen aufgehalten worden waren –, die römischen Linien zu durchbrechen. Die ersten Invasionswellen ereigneten sich im 3. nachchristlichen Jahrhundert, sie erschöpften sich allerdings schnell. Der darauffolgende Ansturm konnte jedoch nicht mehr derart leicht zurückgeschlagen werden. Eine Reihe erfolgreicherer Einfälle während des ganzen 5. Jahrhunderts gipfelte schließlich im Zusammenbruch der geeinten Herrschaft und in der Zersplitterung der westlichen Regionen mit der folgenden Aufteilung unter den Franken, Vandalen, Westgoten und später den Langobarden.

Nach dem Fall des Weströmischen Reiches durchlebte der größte Teil Westeuropas eine Phase signifikanter Regression, welche den Anfang jenes Abschnitts markierte, der in die angloamerikanische Historiographie unter dem Namen ›*Dark Ages*‹ Eingang finden sollte.[4] Obwohl es durchaus zutrifft, dass ein Gutteil der wirtschaftlichen Basis des Subkontinents sich auf spezifisch regionale Überlebensstrategien und Aktivitäten verlagerte, ist es dennoch wichtig zu unterstreichen, dass die Entwicklung in Südeuropa nicht diesen

---

[4] Anderson ²1978.

Der europäische Kreis 139

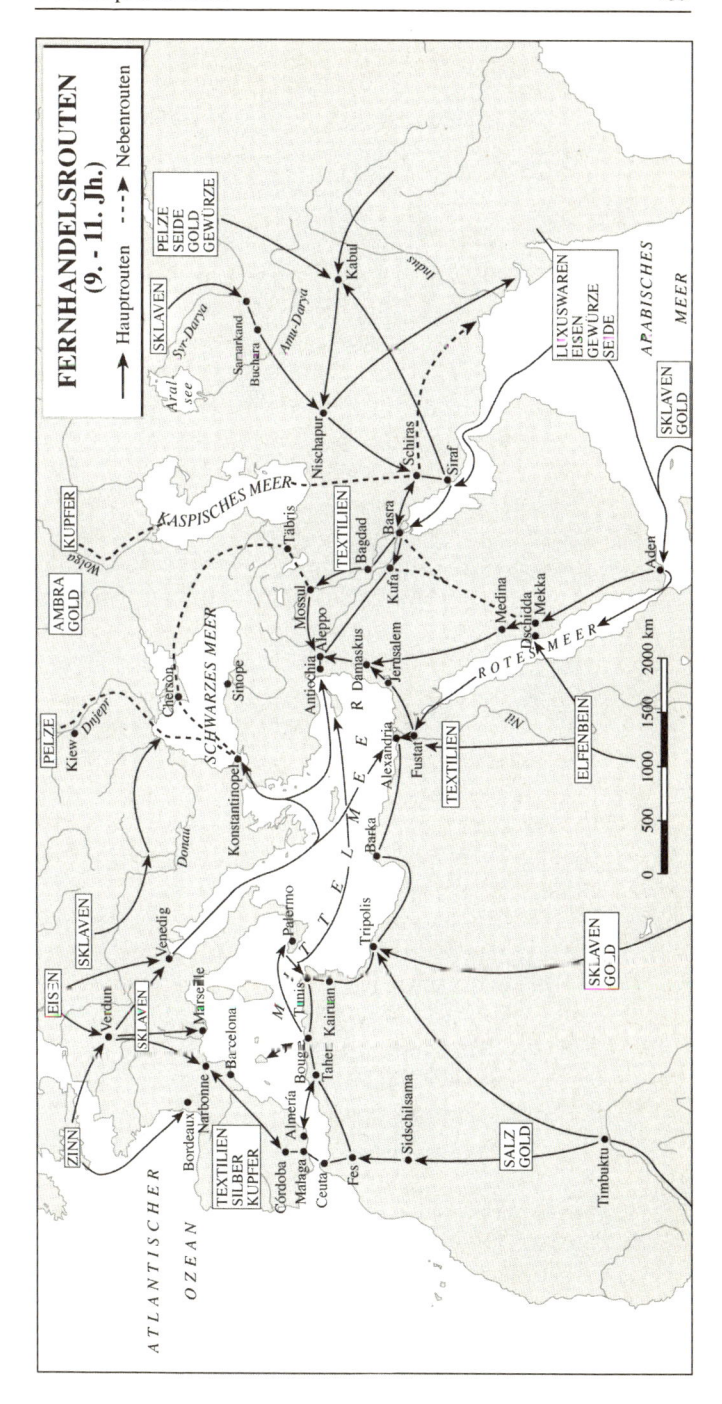

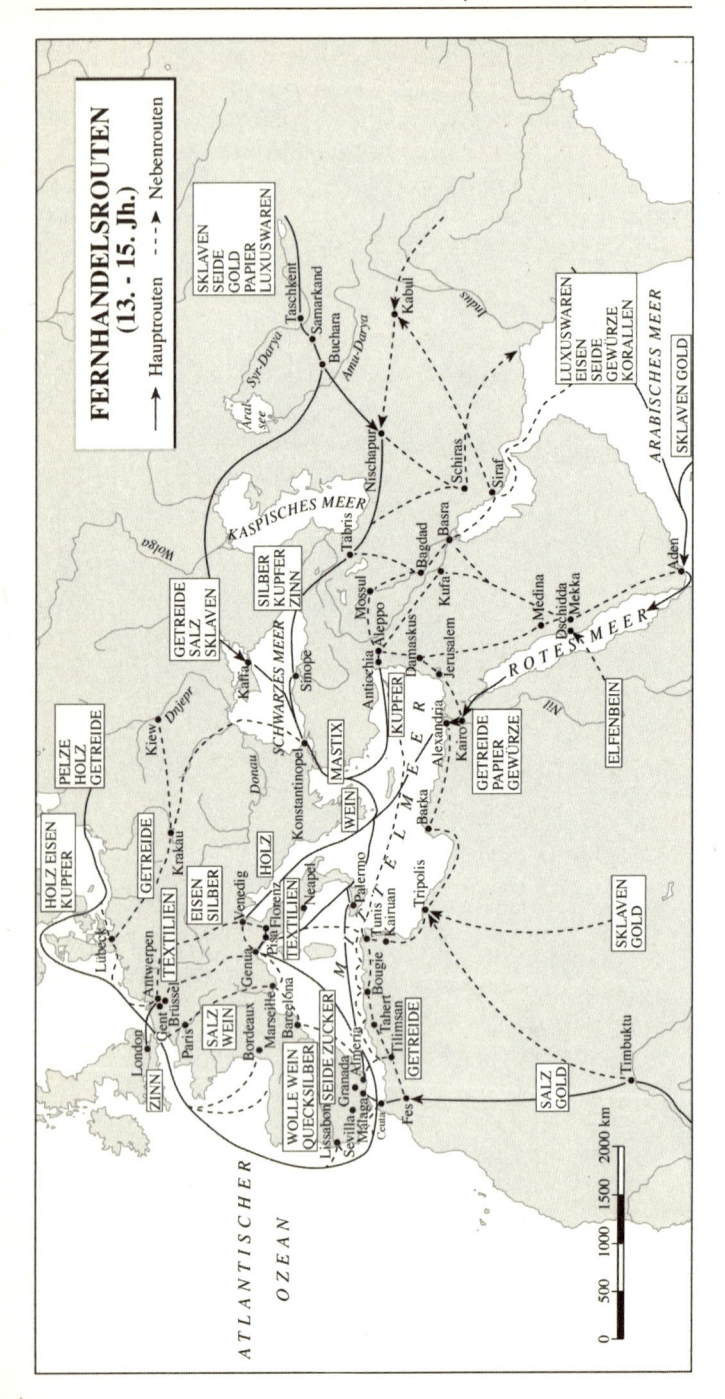

Das Weltsystem im 13. Jahrhundert

FERNHANDELSROUTEN (13. - 15. Jh.)

→ Hauptrouten
--→ Nebenrouten

Verlauf nahm. Fast die gesamte Iberische Halbinsel war unter muslimischer Herrschaft, und ihre Wirtschaft war demzufolge nicht dem gesamteuropäischen, sondern dem florierenden islamischen Wirtschaftsraum verbunden. Und zumindest Teile Italiens, am ausgeprägtesten der direkt am Meer gelegene Stadtstaat Venedig als Vorposten des noch unbesiegten Oströmischen Reichs, seines Verbündeten in Konstantinopel, erlebten weiterhin eine Phase wirtschaftlicher Blüte.

Es ist wichtig, im Gedächtnis zu behalten, dass das 9. Jahrhundert, als Nordwesteuropa allmählich die ersten Schritte aus seinen *Dark Ages* machte, einen zivilisatorischen Höhepunkt sowohl im Nahen und Mittleren Osten (unter der Herrschaft der Abbasiden) als auch in China (unter der Tang Dynastie) darstellte. Diese beiden zentralen Mächte errichteten Handelsbeziehungen untereinander vermittels der Route über Persischen Golf und Indischen Ozean, eine für beide Seiten vorteilhafte Verbindung. Dies, nebenbei bemerkt, ist auch die Zeit von Sindbad, dem Seefahrer.[5] Die gestürzten Umaiyaden waren mittlerweile auf die Iberische Halbinsel übergewechselt und schlossen sich dort mit den einflussreichen nordafrikanischen Dynastien zusammen. Das 10. und 11. Jahrhundert waren eine Zeit des technologischen Fortschritts[6] und zunehmend differenzierterer Geschäfts- sowie Kreditpraktiken in Asien wie auch im Nahen und Mittleren Osten.[7] Die meisten der ›sozialen‹ Innovationen, die die Italiener in späterer Zeit so effektiv einsetzen sollten, da sie das institutionelle ›Bindemittel‹ bereitstellten, welches das europäische Subsystem integrierte, mussten sie erst von ihren Gegenspielern im Nahen und Mittleren Osten lernen.

Westeuropa wurde im Sog der Kreuzzüge, deren erster gegen Ende des 11. Jahrhunderts unternommen wurde, entscheidend in das bereits existierende Weltsystem hineingezogen. Erst in der Zeit nach diesem ersten Einfall expandierten die Messen in der Champagne als zentrale Treffpunkte für die italienischen Kaufleute und Händler, die östliche Waren über die Levante importierten, und ihre flämischen Berufsgenossen, welche die Wolltextilien auf den Markt brachten, die Europa gegen die Seide und die Gewürze des Orients eintauschte. Die flämische Textilproduktion wurde durch die steigende Nachfrage aus dem Orient nach dem qualitativ hochwertigen Stoff sehr belebt. Im Zuge der weiteren Kreuzzüge wurden

---

[5] Vgl. Hourani 1951.
[6] Hartwell 1962, Hartwell 1966.
[7] Udovitch 1970.

europäische Kolonien in der Levante gegründet, wo die Kaufleute den Importhandel vor Ort bewältigten.

Die Messen der Champagne genossen nur für relativ kurze Dauer eine herausragende Bedeutung als Zwischenhandelszentrum für flämische Textilproduzenten auf der einen und italienische Kaufleute auf der anderen Seite. Gegen Ende des 13. Jahrhunderts fuhren genuesische Schiffe erstmals durch die Straße von Gibraltar und segelten dann auf direktem Wege die Atlantikküste entlang nach Brügge, wodurch die ›Übersiedlung‹ des ›internationalen‹ Markts von der Champagne eben dorthin erfolgte. Die Venezianer waren gezwungen, diesem Beispiel Folge zu leisten, obwohl sie in Brügge zu keiner Zeit so einflussreich wie die Genuesen oder piemontesischen Italiener wurden. Diese Umgehung des französischen Zentralmassiv, im Zusammenhang mit der Unterwerfung der Grafschaften Brie und Champagne unter das französische Königreich im Jahre 1285 bedeutete den Untergang der Messen. Denn einer der vergleichsweisen Vorteile, den die Messestädte bis dahin genossen hatten, war, dass sie den reisenden Kaufleuten ›spezielle‹ Vereinbarungen anbieten konnten; sobald sie jedoch unter die Kontrolle des Königreichs kamen, gingen sie dieses Rechts, spezielle Privilegien gewähren zu dürfen, verlustig. Die herausragende Stellung Brügges war allerdings auch nur kurzlebig. Allmählich verschlammten die Hafenanlagen der Stadt trotz ihrer sukzessiven Verlegung immer weiter nach außen, bis letztendlich tiefgängigere Schiffe den Hafen überhaupt nicht mehr direkt anlaufen konnten. Daraufhin verlegten die Italiener ihre Transaktionen und die damit verbundenen Finanzmärkte nach Antwerpen, das einen wesentlich besseren Hafen bot.

Während dieser Zeit verstärkten die Italiener ihre Kontrolle über die Produktion und Distribution westeuropäischer Güter, da es ja ihre Schiffe waren, denen die Kontrolle der Schifffahrtswege im Mittelmeer oblag. Die Araber zogen sich aus diesem Meer zurück und überließen den pisanischen, genuesischen und letztendlich sogar mehr noch den venezianischen Galeeren die Aufgabe, sämtliche Warentransfers zwischen Westeuropa und den Kernzonen des Weltsystems, dessen Schwerpunkt immer noch deutlich im Osten gelegen war, zu besorgen.[8]

---

[8] Lane 1973; Byrne 1930.

Der Handelskreis des Nahen und Mittleren Ostens

Europäische Schiffe liefen drei Stützpunkte auf der Landverbindung vom Mittleren zum Fernen Osten an. Der erste Stützpunkt im Norden waren die Hafenstädte am östlichen Ende des Schwarzen Meers, von wo die Waren auf der Karawanenlandroute nach China transportiert wurden. Der zentral gelegene Stützpunkt befand sich an der Küste Palästinas, von wo Karawanen nach Bagdad aufbrachen und von dort weiter zum Zipfel des Persischen Golfs zogen, um entweder die lange Seereise anzutreten oder die südliche Karawanenroute quer durch Zentralasien einzuschlagen. Der dritte Stützpunkt im Süden lag bei der ägyptischen Hafenstadt Alexandria, von wo über Kairo Verbindungen zum Roten Meer und darüber hinaus weiter in Richtung Osten über das Arabische Meer und den Indischen Ozean hergestellt wurden.

Die um die Vorherrschaft auf den Schifffahrtsstraßen des Mittelmeers ringenden Genuesen und Venezianer (ihr einziger Rivale, Pisa, war bereits früh ausgeschaltet worden) hatten um 1300 einen Modus Vivendi gefunden, der Genua Hegemonie über die nördliche Route zusicherte, wogegen Venedig seine faktische Monopolstellung in den Handelsbeziehungen mit den ägyptischen Mamluken und ihren Karimi-Kaufleuten konsolidierte. In der Levante allerdings konnten sich beide nicht behaupten, als Saladin und später der Mamlukensultan Baybars sie aus den Kreuzfahrerstaaten vertrieben, welche die Europäer in Palästina errichtet hatten.

Diese Stützpunkte waren die Anker der drei nahöstlichen Subsysteme, die die Levante mit dem Fernen Osten verbanden. Die nördliche Route führte quer durch die zentralasiatischen Steppen und Wüsten, die unter Dschingis Khan und seiner Konföderation mongolischer und tatarischer Stämme unter eine geeinte Herrschaft gekommen waren. Diese Vereinigung schuf die Rahmenbedingungen für die Entdeckungsreisen und Handelsexpeditionen von so bekannten Persönlichkeiten wie Marco Polo und seinen Onkeln in der zweiten Hälfte des 13. Jahrhunderts und für die Errichtung kleiner Kolonien genuesischer und anderer italienischer Kaufleute in Peking und anderen chinesischen Städten (mittlerweile unter der Yuan- oder mongolischen Dynastie). Nicht zuletzt waren es auch die größere Sicherheit und Stabilität dieser Gegend, welche die sprunghafte Expansion des Überlandhandels erleichterten und begünstigten.

Die Handelswege durch die arabischen Länder waren vor europäischen Einfällen geschützter. In Palästina trafen die europäischen

Kaufleute auf die aus Zentralasien oder vom Persischen Golf kommenden Karawanen, sie folgten ihnen jedoch nur selten ostwärts auf der langen Seereise nach Indien, zur Malaischen Halbinsel oder nach China. In Ägypten schließlich blieb den europäischen Händlern überhaupt jeglicher Durchgang verwehrt. Es war ihnen nicht gestattet, das Land vom Nil zum Roten Meer zu queren, und sie mussten daher im Handel mit den örtlichen Karimi (Großhändlern), überdies unter Beaufsichtigung durch die Regierung, Vorlieb nehmen und auf diesem Wege all ihre aus Europa oder anderen Teilen des Mittelmeerraums herbeigeschafften Waren gegen Gewürze, Textilien und andere Produkte des Ostens eintauschen. Gegen Ende dieser Periode verfestigten sich die Handelsbeziehungen zwischen Venedig und Ägypten zusehends, bis sie den Austausch zwischen dem Westen und Indien sowie den weiter östlich gelegenen Gebieten praktisch monopolisierten.

Das asiatische System via Indischer Ozean

Der Handel im Indischen Ozean, der Europas Interessen in dieser Gegend beträchtlich vorausging und weit über die ›Entdeckung‹ der Neuen Welt seitens der europäischen Forschungsreisenden hinaus, die ja ungeplanter Nebeneffekt ihrer Suche nach einer alternativen Route nach Indien war, fortdauerte, war selbst in drei Subsysteme unterteilt, von denen allerdings bloß eines mit den südlichen Subsystemen des Nahen und Mittleren Ostens überlappte, die das Rote Meer und den Persischen Golf mit Stützpunkten an der Westküste Indiens verbanden. Die Hafenstädte in Gujarat (nahe dem heutigen Bombay) sowie an der Malabarküste (Pfefferküste) im Süden beherbergten Kolonien moslemischer Kaufleute[9] und Händler aus dem Mittleren Osten, die als Mittelsleute auftraten und ihre Religion und Geschäftspraktiken dahin mitnahmen und verbreiteten, wohin sie ihr Weg führte.

Arabische Moslems und persische Kaufleute waren in wesentlich geringerem Umfang im zweiten Handelskreis des Indischen Ozeans wahrnehmbar, der an der Ostseite Indiens entlang der Koromandelküste verankert war. Dort vermittelten die einheimischen indischen Kaufleute einen Großteil des Seehandels, der ostwärts durch die Straßen von Malakka und Sunda (zwischen der Malai-

---

[9] Goitein 1963, Goitein 1980.

schen Halbinsel und dem heutigen Sumatra und Java) für die chinesischen Hafenstädte im dritten Kreis bestimmt war. Obwohl persische und arabische Schiffe an diesem Handelskreis partizipierten, hatten die Europäer jedenfalls zu jener Zeit weder Schiffe im Indischen Ozean noch im Südchinesischen Meer. Die wenigen Europäer (inklusive der Missionare und einer eher spärlichen Zahl an Händlern), die sich in diese Gebiete vorwagten, reisten ausnahmslos auf asiatischen Schiffen. Nach Vasco da Gamas erfolgreicher Umsegelung Afrikas im Jahre 1498 befuhren europäische Schiffe erstmals den Schauplatz Indischer Ozean. Und erst nachdem die portugiesischen Kriegsschiffe die kleine ägyptische und indische Verteidigungsflotte im Arabischen Meer zerstört hatten, begannen die Europäer, die große asiatische Handelsflotte zu kontrollieren, wenn auch nicht gänzlich auszustechen.

In diesem asiatischen Kreis war die Straße von Malakka (und als sehr zweitrangige Alternative die Straße von Sunda zwischen dem südlichen Sumatra und Java) von absolut entscheidender Bedeutung. Alle Schiffe, die zwischen Indien und China segelten, mussten die ›Gurgel‹, jene Meerenge, die Sumatra von der Malaischen Halbinsel trennte, passieren. Tomé Pires, der scharfsinnige portugiesische Kaufmann und Autor, der diese Gegend in der ersten Hälfte des 16. Jahrhunderts bereiste, erkannte die unstrittige strategische Bedeutung Malakkas für den Welthandel, als er festhielt: »Wer der Herrscher über Malakka ist, hat seine Hände an der Gurgel Venedigs«. Außerdem schrieb er: »Wenn Cambay (der Hafen von Gujarat) vom Handel mit Malakka abgeschnitten wäre, könnte es nicht leben«.[10]

Seine Einschätzungen waren zutreffend. Malakka, der Hauptumschlagplatz in der Straße nach dem Fall von Srivijaya, diente, ähnlich den Messestädten der Champagne, als Treffpunkt für Kaufleute und Händler, die aus allen Himmelsrichtungen herbeiströmten, um Waren, Kredite und Währungen auszutauschen.

Aber während der Aufstieg der Messen in der Champagne hauptsächlich auf politische Gründe zurückzuführen war, verdankten die sich verlagernden Hafenstädte in der Straße von Malakka (deren rezenteste Erscheinung schlicht und einfach Singapur ist) den ihren dem Wetter. In den Tagen der Segelschiffe prägten die vorherrschenden Winde und Monsunjahreszeiten Routen und zeitliche Abstimmung des internationalen Handels. Da sich die Mon-

---

[10] Zit. nach Abu-Lughod 1989, 291.

sunwinde an der Straße von Malakka drehten, waren lange Verzögerungen in beiden Richtungen an der Tagesordnung. Ständige Kolonien von Kaufleuten, die aus Gegenden des ganzen asiatischen Kreises gekommen waren, koexistierten in Malakka, was dem Hafen eine kosmopolitische Qualität verlieh, die das Niveau, das lokale und regionale Ressourcen und Institutionen hätten erreichen können, bei weitem überstieg.

Wenn die indischen Küstengebiete eine magnetische Anziehungskraft verströmten, weil dort die Produkte eines reichen und teilweise industrialisierten Subkontinents vorhanden waren, und die Straße von Malakka ein Magnet war, da den Seefahrern kaum andere Optionen offen standen, so war China ein Magnet schlechthin. Durch China waren das Handelssystem über den Landweg, das die Verbindung zum Schwarzen Meer herstellte, und das Subsystem des östlichen Meers, das China mit der Straßenregion und den jenseitigen Gebieten verband, miteinander zu einer alles bestimmenden Schleife verwoben.

Es ist signifikant, dass das Weltsystem des 13. Jahrhunderts reibungslos funktionierte und allen Beteiligten wesentliche Vorteile brachte, wenn das Bindeglied über China einwandfrei operierte. Es ist aber vielleicht von entscheidender Bedeutung, dass, wie ich später darlegen werde, der Zusammenbruch dieses Weltsystems um die Mitte des nachfolgenden Jahrhunderts zu einem Großteil auf den Keil, der durch die Revolution der Ming zwischen China und Zentralasien getrieben wurde, zurückzuführen ist.

China war die bei weitem fortgeschrittenste und differenzierteste Kultur in der damaligen Welt und in technologischer Hinsicht wie auch als Seemacht bis zum späten 15. Jahrhundert führend.[11] Es war nicht bloß das (aus seiner Sicht) ›Mittelreich‹ des Universums, sondern kümmerte sich auch aktiv um die Bewältigung sowohl des ›Tributhandels‹ als auch des Kaufmannhandels in allen seinen Gewässern und im Indischen Ozean sowie periodisch sogar bis hinauf zum Persischen Golf. China verfügte über die größte und seetauglichste Flotte der Welt,[12] die jederzeit in der Lage war, etwaigen Angriffen standzuhalten und Gegner als Demonstration dieser Stärke in die Knie zu zwingen, insbesondere durch den Einsatz Flammen werfender Waffen und von Schießpulver getriebener Geschosse, die den späteren europäischen Kanonen entsprachen.

---

[11] McNeill 1982.
[12] Jung-Pang Lo 1970, 167-174.

Diese militärische Schlagkraft musste allerdings nicht allzu oft bemüht werden, da die im Raum des Indischen Ozeans Handel treibenden Länder ein bemerkenswert tolerantes System der friedlichen Koexistenz ausgeklügelt hatten, ganz im Gegensatz zu den Rivalitäten, die sich in der poströmischen Ära wie eine Seuche im Mittelmeerraum ausweiteten. K. N. Chaudhuri hat ein sehr detailliertes und plastisches Bild dieser Koexistenz in seinen hervorragenden Büchern über den Indischen Ozean gezeichnet.[13] Obgleich Piraterie keine unbekannte Größe in den östlichen Gewässern war, führte sie dennoch nicht – wie etwa im Mittelmeer – zu einem Krieg aller gegen alle, auch wurde sie nicht von einer einigen Thalassokratie unterbunden und unterdrückt, einer Seemacht mit dem Potenzial, jeglichen Widerstand auszuschalten. Statt dessen war sie eingedämmt auf die Nischen einer Zusammenarbeit größerer Tragweite, bei der Waren und Kaufleute verschiedenster Herren Länder auf den jeweiligen Schiffen miteinander in Berührung kamen und ungeschriebene Regeln der Gegenseitigkeit allgemein respektiert wurden. Dieses System wurde bis zum 16. Jahrhundert nicht entscheidend beeinträchtigt, als portugiesische Kriegsschiffe alle Spielregeln brachen, wenn sie Schiffe verbrannten oder enterten, die Fracht beschlagnahmten und ihr System von ›Pässen‹ den zwar zahlreichen, jedoch unbewaffneten einheimischen Flotten aufzwangen (man kann sich solche ›Pässe‹ als schriftliche Bestätigungen vorstellen, die bescheinigten, dass Schutzgeld an die Portugiesen bezahlt worden war. Ein ›Pass‹ verlieh einem Schiff vermeintliche Immunität vor Konfiszierung oder Zerstörung seitens der Portugiesen, was ich als Erpressung betrachte).

Der Wandel des Weltsystems im 13. Jahrhundert

Da wir nun das komplexe Weltsystem, das vor Europas Aufstieg zur Hegemonie existierte, beschrieben haben, bleiben zwei grundlegende Rätsel. Das erste: Warum bestand das Weltsystem des 13. Jahrhunderts nicht einfach fort und wuchs weiter an? Das zweite: Warum erfolgte der ›Aufstieg‹ des Westens gerade zu jener Zeit? Versuchen wir, diesen Fragen auf den Grund zu gehen.

Wenn man sich den hohen und zunehmend differenzierten Entwicklungsstand und auch den weitverzweigten Charakter der Ver-

---

[13] Chaudhuri 1990.

bindungen zwischen den verschiedenen Teilnehmern am Weltsystem des 13. Jahrhunderts vor Augen hält, versteht es sich von selbst, dass die Frage auftaucht, warum denn dieses System nicht noch weiter expandierte und zusehends an Prosperität gewann. Schließlich besagt doch eines der Bewegungsgesetze, dass Dinge, die in Bewegung sind, auch dazu tendieren, in Bewegung zu bleiben, wenngleich nur wegen der Trägheitskraft; dieses Prinzip mag nun aber auch auf die Geschichte zutreffen. Ist es doch erst nach bereits erfolgter Trendwende, dass sich Historiker bemüßigt fühlen, die Erklärung für das Geschehene zu liefern!

Und doch wissen wir, dass während des 15. Jahrhunderts nahezu alle Teile der damals bekannten Welt eine Phase tiefer Rezession durchliefen. Zu dieser Zeit war die Weltlage auf einem wesentlich niedrigeren Niveau angelangt als zu Beginn des 14. Jahrhunderts. Während der Depression des 15. Jahrhunderts fiel das absolute Ausmaß internationalen Handels stark ab, Währungen wurden generell abgewertet (immer ein sicheres Zeichen für geringere Prosperität und insgesamt nachlassende Produktivität), und Kunst und Handwerk verloren an Ansehen. Es ist logisch, dass man sich auf der Suche nach Anzeichen für und Hinweisen auf diese unerwartete Kehrtwende in das 14. Jahrhundert begibt.

Solche Hinweise sind nicht schwer aufzuspüren. In den dreißiger und vierziger Jahren des 14. Jahrhunderts stößt man auf Anzeichen für Probleme in Europa: Bankausfälle in Italien und das Nachlassen der Hafenexpansion in Genua wie auch in Venedig; Ernteausfälle über ganz Nordwesteuropa verstreut; Arbeitsunruhen in Flandern, die nicht zuletzt für das Absinken der Qualität flämischen Tuchs verantwortlich waren, sobald einmal die bis zu jener Zeit in der Produktion verwendete qualitativ hochwertigere englische Wolle durch spanische ersetzt werden musste; regionale Kriege und gestiegene Produktionskosten – bedingt durch den einsetzenden Zusammenbruch von Recht und Ordnung. Vorboten einer Schwäche traten auch an verschiedenen Stellen des Nahen und Mittleren Ostens sowie im asiatischen Handelskreis auf.

Ob dies normale Fluktuationen waren, über die Historiker hinweggesehen hätten, wenn das System innerhalb kürzerer Zeit seine einstige Prosperität wiedererlangt hätte, oder ob das schon Symptome größerer, allgemein anzutreffender Probleme waren, lässt sich mit solchem zeitlichen Abstand nicht feststellen. Aber es gab bereits ganz offensichtlich Schwächen, als die Katastrophe Mitte des Jahrhunderts zuschlug.

Die Katastrophe kam in Form einer derart tödlichen und weitverbreiteten Epidemie, dass sie von all den anderen regelmäßig auftretenden Seuchen der Vormoderne als der Schwarze Tod hervorgehoben wurde. Es ist natürlich unmöglich, Gründe und Verlauf dieser Epidemie exakt zu rekonstruieren, oder auch nur zu sagen, ob die Ausbrüche der Pest, die aus dem Osten berichtet wurden, identische medizinische Indikationen und Deskriptionen aufwiesen wie diejenigen, die im Westen auftraten. William McNeill hat in seinem Buch *Plagues and Peoples*[14] jedenfalls den Versuch unternommen, vom heutigen Wissensstand der Medizin Rückschlüsse zu ziehen und diesen Ansatz mit bekannten, wenn auch leider nur allzu unvollständigen ›Tatsachen‹ aus der früheren Epoche zu kombinieren.

Er kommt zu dem Schluss, dass die Beulenpest wahrscheinlich erstmals in den zwanziger Jahren des 14. Jahrhunderts in einer von den Mongolen kontrollierten Gegend nahe dem Himalaya ausbrach, und dass infektiöse Flöhe wahrscheinlich in den Satteltaschen schnell vorankommender Reiter nach Süd- und Zentralasien getragen wurden. Er untermauert dies jedenfalls durch gesammelte Auszüge aus chinesischen Jahreschroniken, die belegen, dass ungefähr ab 1320 Ausbrüche von Epidemien in einer Reihe chinesischer Provinzen rund um die Zone der ursprünglichen Infektion gemeldet wurden. Von China selbst aus, so McNeill, wurden die infizierten Flöhe überall in die nördlichen Steppen Zentralasiens verbreitet, wo sie auf neue Wirtskörper übersprangen, auf die Wühlmäuse der Ebenen. Da die der Pest ausgesetzten Bevölkerungen lediglich über geringe oder gar keine natürlichen Immunkräfte gegen diese neue Seuche verfügten, waren die Sterblichkeitsraten extrem hoch, insbesondere, so hat es den Anschein, unter den mongolischen Soldaten.

Von diesem Punkt an wird die ganze Geschichte klarer, und wir können die Ausbreitung der Krankheit entlang der bestehenden Handelswege tatsächlich nachvollziehen, indem wir die Daten, da erstmals von der Pest berichtet wurde, den verschiedenen Orten zuordnen. Dabei zeigt sich eine zutiefst ironische Laune und Wendung des Schicksals: Die Stärke des Systems war in der Tat gewissermaßen auch sein Verhängnis. Ratten infiltrierten den genuesischen Hafen Kaffa am Schwarzen Meer, eingeschleppt wahrscheinlich von den mongolischen Truppen, die zu jener Zeit dort die Italiener belagerten. Die Ratten kamen daraufhin auf die Schiffe, die zum Mittel-

---

[14] McNeill 1976.

meer zurückkehrten, diese wiederum ließen pestinfizierte Flöhe an ihren jeweiligen Bestimmungshäfen zurück. Ab der Jahrhundertmitte hatten alle bedeutenden Handelszentren einen schwerwiegenden Niedergang erlebt, der beinahe proportional zu ihrer wirtschaftlichen Bedeutung verlief (die einzige Gegend, für die ich keinerlei Dokumentation einer besonders virulenten Epidemie zu jener Zeit ausfindig machen konnte, war Indien. Ob dies daran liegt, dass die Wissenschafter das Beweismaterial bis jetzt noch nicht zusammengetragen haben oder ob die indische Bevölkerung sich bereits einen gewissen Grad an Immunität von früheren Ausbrüchen angeeignet hatte, lässt sich nicht eruieren).

Wo immer sie auch zuschlug, zeitigte die Pest verheerende, lang anhaltende Auswirkungen, da die Ausbrüche durch das ganze Jahrhundert hindurch wiederkehrten. Aber die Auswirkungen der Entvölkerung waren keinesfalls gleichförmig. Die Pest brachte den Topf der gesellschaftlichen Veränderung zum Brodeln, wenn auch nicht überall auf die gleiche Weise. Zunächst verzeichneten die Orte, die abseits der internationalen Handelswege lagen, geringere Verluste als solche, die eine zentrale Stellung einnahmen. England und Skandinavien beispielsweise hatten proportional niedrigere Mortalitäten als etwa China, Ägypten oder Italien. Zum zweiten waren die Sterblichkeitsraten in den Städten höher als auf dem Land. Diese unterschiedlichen Mortalitäten veränderten in gewissem Maße die zukünftigen ›Lebenschancen‹ verschiedener Länder und die relativ größere ›Handlungsfähigkeit‹ der Bauern gegenüber der Stadtbevölkerung.

Die Störung regionaler Machtstrukturen ermöglichte auch politische Veränderungen, die ohne das Auftreten der Pest wohl nicht stattgefunden hätten, obgleich die Auswirkungen und Konsequenzen nicht gleichförmig waren. In Europa stärkte die folgende Knappheit an Arbeitskräften anerkanntermaßen die Stellung der Arbeiter und Kleinbauern und beseitigte die Überbleibsel der Leibeigenschaft nachhaltig. Im Gegensatz hiezu entfalteten ähnliche Entwicklungen in Ägypten keinerlei derartige Wirkung; es gab wohl einen Wechsel an der Spitze des Regimes, doch die neue Elite der herrschenden Mamluken verringerte keineswegs den auf die Bauern ausgeübten Druck und Zwang. In China andererseits waren die politischen Auswirkungen dramatischer Natur und hatten weitreichende Konsequenzen.

Die Revolution der Ming, die 1398 vollzogen wurde, löste die Dynastie der Yuan, die sich nach der mongolischen Eroberung etabliert hatte, ab und ersetzte sie durch eine indigene chinesische

Dynastie. Ich vermute, dass der zeitliche Ablauf in gewissem Zusammenhang mit dem hohen Opferzoll der Pest unter den ›ausländischen‹ Militäreinheiten, die ja die Herrschaft der Yuan erzwungen hatten, stand. Während die Auswirkungen vielleicht günstig für chinesische Selbstbestimmung und Autonomie gewesen sein mögen, waren sie im Hinblick auf das Weltsystem durchwegs weniger vorteilhaft, da die erfolgreiche Revolution China erneut von Zentralasien abschnitt. Thomas Barfield[15] vertritt die Ansicht, dass es im Laufe der gesamten Geschichte zu anhaltenden Spannungen entlang der beweglichen Grenze zwischen den Stammesgruppen Zentralasiens und der sesshaften Bevölkerung Chinas kam. Nur einmal waren die beiden Regionen politisch vereinigt, und zwar im 13. Jahrhundert und in der ersten Hälfte des 14. Jahrhunderts, als China von den Mongolen regiert wurde.

Ich bin versucht, daraus die Schlussfolgerung zu ziehen, dass das Weltsystem des 13. Jahrhunderts von dieser Vereinigung äußerst profitierte, weil sie die freie Entfaltung des Handels in einem Kreis, der sich durch eben die chinesische ›Schleife‹ schloss, erleichterte. Als diese Verbindung abriss, wie es nach der Rebellion der Ming im späten 14. Jahrhundert der Fall war, unterminierte dieser Einschnitt zusehends die Lebensfähigkeit des Weltsystems in seiner bisherigen Organisationsstruktur.

Der Regimewechsel in China hatte noch eine andere, sehr signifikante Konsequenz: den Zerfall der chinesischen Kriegsflotte,[16] der sich allerdings erst mehr als 50 Jahre darauf endgültig vollziehen sollte. Die chinesische Einstellung zum Handel und zur Wichtigkeit der Bewahrung der militärischen Schlagkraft war Gegenstand hitziger Debatten in der neuen Dynastie. Gewisse Gruppierungen innerhalb des Palasts befürworteten den Rückzug aus dem Weltsystem, um sich der Lösung interner Schwierigkeiten zuzuwenden. Andere wiederum unterstrichen die Notwendigkeit, den Anschein von Stärke nach außen hin für die Welt zu wahren. Unter Letzteren befand sich auch der Flottenadmiral Cheng Ho, der seit den Anfangsjahren des 14. Jahrhunderts Expeditionen chinesischer ›Schatzschiffe‹ (in Konvois von 60 oder mehr Schiffen) leitete, die im Indischen Ozean patrouillierten und alle bedeutenden Hafenstädte anliefen.

Diese Machtdemonstrationen wurden aber letztendlich in den dreißiger Jahren des 15. Jahrhunderts eingestellt. Nachdem einige

---

[15] Barfield 1990.
[16] Jung-Pang Lo 1958.

Scharmützel zur See verloren worden waren, schlug sich die Politik des Palasts auf die Seite der Gegner Cheng Hos. Obwohl die Gründe für diese politische Kehrtwende geheimnisumwittert und rätselhaft bleiben, und Wissenschafter weit davon entfernt sind, sich auf eine Erklärung zu einigen, so waren die Resultate dennoch spürbar und katastrophal für die Zukunftsaussichten fortdauernder asiatischer Unabhängigkeit. Die Schiffe wurden zurückgerufen und deaktiviert. Innerhalb von nur fünf Jahren – laut der sorgfältigen Nachforschungen Los[17] – waren die Holzschiffe verrottet und konnten nicht mehr umgehend repariert werden.

Die Bedeutung des chinesischen Rückzugs vom Meer kann gar nicht überschätzt werden. Das Verschwinden der einzigen großen und bewaffneten asiatischen Seeflotte aus dem Indischen Ozean und dem Südchinesischen Meer ließ diese riesigen Wasserflächen verteidigungslos zurück. Als die portugiesischen Kriegsschiffe, die dem neuen Seeweg um den äußersten Zipfel Afrikas herum – erschlossen durch die Entdeckungsfahrt Vasco da Gamas – folgten, in den ersten Jahrzehnten des 16. Jahrhunderts endgültig in diese Zone einbrachen und die ›Spielregeln‹ gegenseitiger Toleranz verletzten, die in diesen Regionen über tausend Jahre hindurch gegolten hatten, gab es niemanden mehr, der sie hätte aufhalten können.

Der Rest ist, wie man so sagt, Geschichte. Die Portugiesen machten sich daran, ein unerbittliches System von ›Pässen‹ zu installieren, um Schutzgelder von den unbewaffneten arabischen und indischen Handelsschiffen, die immer noch den Handel durchführten, zu erzwingen. Durch ihre militärische Bewaffnung brachten die Portugiesen den Prozess der Errichtung eines Systems europäischer Hegemonie über ehedem florierende und vitale Regionen ins Rollen. Der Reihe nach folgten weitere europäische Seemächte, zuerst die Holländer und dann die Briten, den Wegen, die von den Portugiesen geebnet worden waren, um große Teile des Handelsschauplatzes Indischer Ozean zu unterjochen und eigene Gewürzplantagen und Fabriken für die Erzeugung von Textilien des Ostens, Produkte, die in Europa stark begehrt waren, zu errichten.

Es sollte daher auch kaum verwunderlich sein, dass Holland und England letzten Endes die neuen Dreh- und Angelpunkte des ›modernen‹ Weltsystems wurden. Meine These, einfach ausgedrückt, ist, dass der ›Fall des Ostens‹ dem ›Aufstieg des Westens‹ zeitlich voranging und ein Fenster an Gelegenheiten eröffnet hatte,

---

[17] Jung-Pang Lo 1958.

das es so nicht gegeben hätte, wenn die Dinge einen anderen Verlauf genommen hätten.

Die zweite Frage, die wir zu untersuchen haben, ist, ob der spätere Erfolg Westeuropas in einem sich neu findenden und reorganisierenden Weltsystem ausschließlich durch die besondere Form des Kapitalismus, die sich eben dort entwickelte, bedingt war, oder ob der Kapitalismus, unter dem Schutz militärisch schlagkräftiger und zentralisierterer Nationalstaaten, seinerseits Nutzen ziehen konnte aus den Gelegenheitsfenstern, die nicht bloß durch den Zusammenbruch des Ostens, sondern auch durch die Chance der Ausschöpfung der ›freien Ressourcen‹, die sich in der Neuen Welt darboten, offen standen? Es gibt keinen Weg, diese Kontroverse auszuräumen, und in der Tat haben viele Historiker und Sozialwissenschafter, angefangen von Karl Marx und Max Weber, enormen Aufwand betrieben in den Versuchen, der andauernden Debatte neue Stimmen hinzuzufügen.

In der Folge möchte ich nun meine eigene Position darlegen und skizzieren, in welcher Hinsicht mein Verständnis vom Weltsystem des 13. Jahrhunderts zu dieser Position beigetragen hat. Ich glaube nicht, dass die westliche Erfindung einer bestimmten Spielart des Kapitalismus die europäische Hegemonie seit dem 16. Jahrhundert vorherbestimmte. Die Tatsache, dass ein äußerst subtil differenziertes Weltsystem – eines, das im Hinblick auf wirtschaftliche wie auch gesellschaftliche ›Technologien‹ gleichermaßen entwickelt war – dem ›modernen‹ zeitlich vorangig, wirft Zweifel an der einzigartigen Mitwirkung des europäischen Kapitalismus auf. Da in bezug auf Kultur, Religion oder wirtschaftlich-institutionelle Vereinbarungen in jenem früheren System keine Uniformität vorherrschte, ist es sehr schwierig, eine rein ›kulturelle‹ Erklärung für die spätere Dominanz Europas zu akzeptieren. Offensichtlich hatte eben keine bestimmte Kultur ein Monopol auf technologischen oder gesellschaftlichen Erfindungsgeist innegehabt. Weder ein einzigartiges Syndrom aus der Psychologie noch eine spezifische Wirtschaftsform der Organisation von Produktion und Austausch (so Marx), noch ein bestimmter Satz religiöser Vorstellungen und Werte (so Weber) war erforderlich, um sich im 13. Jahrhundert durchzusetzen. Die Tatsache, dass der Westen im 16. Jahrhundert letztendlich ›gewann‹, wogegen das frühere System unterging, lässt sich nicht ins Treffen führen, um die These überzeugend darzulegen, dass *nur* die Institutionen und die Kultur des Westens sich hätten durchsetzen können.

In der Tat bemerkenswert im Weltsystem des 13. Jahrhunderts

ist, dass eine große Vielzahl kultureller Systeme koexistierte und kooperierte und dass Gesellschaften, die sich in Bezug auf ihre Organisation von den westlichen stark unterschieden, das System prägten. Christentum, Buddhismus, Judaismus, Konfuzianismus, Islam, Zoroastrianismus und zahlreiche andere Sekten haben allesamt offensichtlich rege Geschäftstätigkeit, Produktion, intensiven Austausch und große Risikobereitschaft etc. gestattet und wohl auch erleichtert. Im 13. Jahrhundert existierte eine Vielzahl wirtschaftlicher Systeme nebeneinander – von ›beinahe‹ privatem Kapitalismus, obgleich von staatlicher Einflussnahme getragen, bis zu ›beinahe‹ staatlicher Produktion, wenn auch von privaten Kaufleuten unterstützt. Mehr noch, diese Spielarten waren nicht unbedingt deckungsgleich mit der geographischen Region oder der religiösen Prägung. Die Organisation der textilen Produktion in Südostindien war der in Flandern nicht unähnlich, während in Ägypten und in China eine Koordination in größerem Rahmen charakteristischer war. Der Staat baute sowohl im winzigen Venedig als auch im riesigen China Handelsschiffe, während anderswo (und zu bestimmten Zeiten auch in Genua, China und Ägypten) private Schiffe requiriert wurden, wenn ein staatlicher Bedarf bestand.

Auch die grundlegenden Bausteine für die wirtschaftlichen Aktivitäten waren keineswegs gleichartig. Die Teilnehmer am Weltsystem des 13. Jahrhunderts waren große agrarische Gesellschaften, wie etwa Indien oder China, die sich über ganze Subkontinente erstreckten, in denen die industrielle Produktion hauptsächlich, wenn auch nicht ausschließlich, auf die Verarbeitung landwirtschaftlicher Rohstoffe ausgerichtet war. Es gab aber auch kleine Stadtstaaten am Meer wie Venedig, Aden, Palembang und Malakka, die man am treffendsten als Handelsagenten fremder Großmächte bezeichnen könnte. In derart unterschiedlichen Gegenden wie Skandinavien, der Champagne, Samarkand, der Levante und den Hafenstädten entlang des Persischen Golfs wurde ihre Bedeutung durch ihre strategische Lage an Stellen, wo die Händler aus überlappenden Handelskreisen zusammentrafen, noch weiter unterstrichen. Andere wichtige Gebiete verfügten über ansonsten nicht erhältliche Rohmaterialien (qualitativ hochwertige Wolle in England, Kampfer auf Sumatra, Weihrauch und Myrrhe auf der Arabischen Halbinsel, Gewürze im indischen Archipel, Juwelen auf Ceylon etc.). Diese Rohmaterialien sind allerdings nicht etwa die Erklärung für das Weltsystem, sie sind vielmehr Produkte desselben.

Die wirtschaftliche Vitalität dieser Gegenden war zumindest teilweise das Ergebnis des Systems, an dem sie teilhatten. Man sollte also erwarten, dass mit jeder Restrukturierung eines Weltsystems, wie sie etwa im 16. Jahrhundert geschah, wiederum neue Gebiete in den Vordergrund treten würden. Wir haben bereits anklingen lassen, dass ein Teil jener Restrukturierung in Asien erfolgte und in gewissem Maße auf eine komplexe Kette von durch die Pest beschleunigten (aber nicht ›ausgelösten‹) Konsequenzen zurückgeführt werden konnte. Auf lange Sicht jedoch muss die Fähigkeit der Europäer, den Atlantik zu durchqueren, als sogar noch bedeutender als ihre Umsegelung Afrikas eingeschätzt werden.

Da sich im Jahr 1992, vor über einem Jahrzehnt, die Reise des Kolumbus zum 500. Mal jährte, ist es wichtig, sich ihre elementare Bedeutung zu vergegenwärtigen. Mit ihr wurde der Mittelmeerraum ganz entscheidend als Schwerpunktzone des Handels verdrängt, und sie löste damit eine langfristige Marginalisierung des Nahen und Mittleren Ostens aus, verringerte die relative Unverzichtbarkeit des Handelsschauplatzes Indischer Ozean, und sie versorgte die aufstrebenden, sich entwickelnden Nationen Westeuropas mit dem Gold und Silber, das sie einerseits für die Begleichung der lang anstehenden Zahlungsbilanzdefizite mit dem Osten und andererseits für die rasche Akkumulation von Kapital benötigten. Dieser Prozess der Kapitalakkumulation, der ›freie Ressourcen‹ aus eroberten Gebieten an der Peripherie abzog, wurde letztendlich der Hauptantriebsmotor europäischen technologischen wie auch gesellschaftlichen Wandels.

Wenn diese Geschichte auch außerhalb der in unserem Aufsatz behandelten Zeit liegt, so ist das doch ein geeigneter Punkt, um diesen Abschnitt zu beschließen. Die Entwicklung des Kapitalismus in der Form, die sich in Europa im 16. und 17. Jahrhundert und stärker noch im 19. Jahrhundert ausprägte, wäre vielleicht nicht so dramatisch verlaufen, wenn das Gepräge des Weltsystems im 16. Jahrhundert nicht transformiert worden wäre. Aus diesem Grund ist die Beschäftigung mit dem vorangehenden Weltsystem auch derart wichtig. Sie hilft uns, die wahrlich weltbewegenden Entwicklungen des 16. Jahrhunderts ins rechte Licht zu rücken und zu einer ausgewogeneren Darstellung der Wechselbeziehung zwischen Kapitalismus und dem ›Aufstieg‹ des Westens zu gelangen.

Literatur

Abu-Lughod 1987/88 = Janet Abu-Lughod, The Shape of the World System in the Thirteenth Century. In: Studies in Comparative International Development 22 (Winter 1987/88), 1-25.

Abu-Lughod 1989 = Janet Abu-Lughod, Before European Hegemony: The World System A. D. 1250–1350. New York 1989.
Abu-Lughod 1990 = Janet Abu-Lughod, Restructuring the Premodern World-System. In: Review 13 (1990), 273-86.
Anderson ²1978 = Perry Anderson, Passages from Antiquity to Feudalism. London ²1978 (1974).
Barfield 1990 = Thomas Barfield, The Perilous Frontier. New York 1990.
Byrne 1930 = E. H. Byrne, Genoese Shipping in the Twelfth and Thirteenth Centuries. Cambridge, Massachussetts 1930.
Chaudhuri 1990 = K. N. Chaudhuri, Trade and Civilisation in the Indian Ocean: An Economic History from the Rise of Islam to 1750. Cambridge, England 1990.
Goitein 1963 = S. N. Goitein, Letters and Documents on the India Trade in Medieval Times. In: Islamic Culture 37 (1963), 188-203.
Goitein 1980 = S. N. Goitein, From Aden to India: Specimens of the Correspondence of India Traders of the Twelfth Century. In: Journal of the Economic and Social History of the Orient 22 (1980), 43-66.
Hartwell 1962 = Robert Hartwell, A Revolution in the Chinese Iron and Coal Industries during the Northern Sung, 960–1126. In: Journal of Asian Studies 21 (1962).
Hartwell 1966 = Robert Hartwell, Markets, Technology, and the Structure of Enterprise in the Development of the Eleventh-Century Chinese Iron and Steel Industry. In: Journal of Economic History 26 (1966), 29-58.
Hourani 1951 = George Hourani, Arab Seafaring in the Indian Ocean in Ancient and Early Medieval Times. Princeton 1951.
Jung-Pang Lo 1955 = Jung-Pang Lo, The Emergence of China as a Sea Power During the Late Sung and Early Yuan Periods. In: Far Eastern Quarterly 14 (1955), 489-503.
Jung-Pang Lo 1957 = Jung-Pang Lo, China as a Sea Power, 1127-1368. Ph. Diss.: University of California, Berkeley 1957.
Jung-Pang Lo 1958 = Jung-Pang Lo, The Decline of the Early Ming Navy. In: Extremus 5 (1958), 149-68.
Jung-Pang Lo 1970 = Jung-Pang Lo, Chinese Shipping and East-West Trade from the Tenth to the Fourteenth Century. In: Sociètès et companies de commerce en l'orient et dans l'Ocèan Indien. Paris 1970: S. E. V. P. E. N., 167-74.
Lane 1973 = Francis C. Lane, Venice: A Maritime Republic. Baltimore 1973.
McNeill 1976 = William McNeill, Plagues and Peoples. Garden City, New York 1976.
McNeill 1982 = William McNeill, The Pursuit of Power: Technology, Armed Force and Society since A. D. 1000. Chicago 1982.
Richard 1983 = John F. Richard (Hg.), Precious Metals in the Latter Medieval and Early Modern Worlds. Durham, North Carolina 1983.
Udovitch 1970 = Abraham Udovitch, Partnership and Profit in Medieval Islam. Princeton 1970.

Italiens Kolonialexpansion

Östlicher Mittelmeerraum und die Küsten des Schwarzen Meeres

PETER FELDBAUER
JOHN MORRISSEY

Die Geschichte Italiens und Portugals vor 1500 verdeutlicht: Die Anfänge der europäischen Expansion sind untrennbar mit der spezifischen Gesellschafts- und Wirtschaftsentwicklung der iberischen Staaten, mit den Aktivitäten ihrer Seefahrer, Kaufleute, Adelsfamilien und Monarchen verbunden, lassen sich aber nur im gesamteuropäischen Kontext begreifen und sind ohne Berücksichtigung der Bedürfnisse und Möglichkeiten des internationalen Kaufmannskapitals nicht plausibel zu erklären. Neben oberdeutschen und niederländischen Handelshäusern trugen besonders die Kaufleute der traditionsreichen italienischen Stadtstaaten wie Genua, Venedig, Pisa und Florenz zum Erfolg des iberischen Ausgreifens nach Übersee und zum Aufbau einträglicher Kolonialreiche in Amerika und Asien bei. Die Bedeutung des oberitalienischen Kaufmannskapitals ergibt sich aber nicht nur aus der Teilnahme an iberischen Überseeunternehmungen, sondern hängt auch mit den bereits im Hochmittelalter einsetzenden eigenen Kolonialaktivitäten zusammen, die den Mittelmeerraum sowie die atlantischen Inseln vor der iberisch-westafrikanischen Küste betrafen.[1]

Als Gegenleistung für ihre unentbehrlichen Flotten- und Militärdienste während der Kreuzzüge sicherten sich Pisa, Genua und natürlich auch Venedig neben Handelsprivilegien und ›nationalen‹ Kaufleutequartieren in den größeren Hafenorten Palästinas bisweilen auch einige Dörfer und kleine stadtnahe Territorien, die viel direkter als die wesentlich umfangreicheren Besitzungen der französischen Lehensfürsten politisch mit der jeweiligen Metropole ver-

---

[1] Curtin 1990, 3ff.; Epstein 1996; Jones 1997.

bunden waren, und die vorrangig den spezifischen wirtschaftlichen Zielen des italienischen Kaufmannskapitals dienten.[2] Die Venezianer begannen beispielsweise auf den Ländereien, die ihnen im Jahr 1124 im Raum von Tyrus verliehen worden waren und wo es schon in islamischer Zeit Zuckerrohrfelder und -mühlen gegeben hatte, umgehend eine exportorientierte Zuckerproduktion, deren Technologie sie von den Arabern übernahmen und später auf andere Mittelmeerkolonien und die iberischen Atlantikinseln übertrugen. Während sie sich für die extensive, ertragsarme Landwirtschaft der ihnen verliehenen Dörfer weniger interessierten, betrieben sie den Anbau von Zuckerrohr auf den küstennahen Landstrichen in Eigenregie. Die Kultivation der Plantagen bewerkstelligten sie mittels Frondiensten, Sklaveneinsatz und gegebenenfalls Lohnarbeit. Offensichtlich vollzogen die Venezianer spätestens im zweiten Viertel des 12. Jahrhunderts eine Neuorientierung ihrer Politik im Nahen Osten. Sie begnügten sich nicht mehr mit Handelsprivilegien und Flottenstützpunkten, sondern strebten auch die Hoheit über Landgebiete zur Einrichtung von Kolonialökonomien an.[3]

Die italienischen Kolonialaktivitäten in der Levante blieben nicht auf Palästina beschränkt, sondern griffen bald auf die Inseln des östlichen Mittelmeeres und auf das südosteuropäische Festland über. Gegen Ende des 12. Jahrhunderts wurde Zypern zu einem Königreich der französischen Lusignans, das infolge einträglicher Wein-, Baumwoll- und später auch Zuckerpflanzungen sowie infolge seines Wertes als Zwischenstation im Handel mit den Mamluken für Genuesen und Venezianer von größtem Interesse war. Schon seit dem 13. Jahrhundert strebte Genua schrittweise eine Vormachtstellung auf der Insel an, Venedig vermochte seine Interessen aber trotz verschiedener Rückschläge ebenfalls zu behaupten. Die Flottenexpedition einer privaten Kompanie genuesischer Kaufleute und Patrizier verdrängte im Jahre 1373 die venezianischen Konkurrenten zwar aus einigen, aber keineswegs aus allen Positionen und machte Zypern zu einem Protektorat. Mehrere Versuche des zypriotischen Königshauses, im Zusammenspiel mit Venedig die genuesische Herrschaft abzuschütteln, misslangen. Die Verwaltung und Ausbeutung der neuen Kolonie überforderte jedoch die organisatorische und finanzielle Kapazität der genuesischen Unternehmer, die daher ihre Besitzungen 1447 der Bank San Giorgio übergaben. Aber auch diese machtvolle Institution konnte die wirt-

---

[2] Griffiths 1981, 75.
[3] Verlinden 1970, 4f.; Mayer 1980, 16f.; Prawer 1980.

schaftlichen Möglichkeiten nur unzulänglich nützen und die Herrschaft Genuas nicht stabilisieren. Im Jahr 1489 wurde Zypern schließlich von Venedig, das seinen Einfluss im Verlauf mehrerer Jahrzehnte wieder zurückgewonnen und sogar vergrößert hatte, annektiert. Ab diesem Zeitpunkt setzte die Umformung der Ökonomie des politisch völlig zerrütteten Inselkönigtums nach den Interessen der adriatischen Handelsmetropole ein.[4]

Der Kern des venezianischen Kolonialimperiums im östlichen Mittelmeer war wesentlich älteren Datums als die Besetzung Zyperns. Die palästinensischen Territorien gingen zwar im 13. Jahrhundert endgültig verloren, und die Kaufmannsniederlassungen im Byzantinischen Reich waren im 12. Jahrhundert keine Kolonien. Der Sturz des griechischen Kaiserreiches als Ergebnis des Vierten Kreuzzuges ermöglichte indessen seit 1204 die Annexion eines umfangreichen, wenngleich zerstreuten Kolonialbesitzes in Kleinasien und im ägäischen Raum. Vieles davon ging bald wieder verloren, vor allem der Großteil der Kykladen: 1205 ließ Doge Pietro Ziani – ganz im Gegensatz zur dirigistischen Politik der Serenissima – dem Patriziat bei Besitznahme und Verwaltung der Inseln freie Hand, solange die neuen Herren Bürger Venedigs blieben und die Gesetze der Republik respektierten. Naxos, Anafi, Santorini, Andros, Tinos, Mykonos und Kos wurden Eigentum von Familienmitgliedern der venezianischen Nobilität – der Sanudo, Foscolo, Barozzi, Ghisi und Giustiniani. Anders als in Kreta oder Euböa unterließ es die Signoria, die im ›Herzogtum des Archipels‹ vereinten Inseln strikter Kontrolle zu unterwerfen. Was prompt zu chaotischen Zuständen führte und die Ambitionen der Dogenrepublik im östlichen Mittelmeer gefährdete: Extreme Besteuerung der lokalen Bevölkerung, Verletzung religiöser Gefühle der orthodoxen Griechen, Provokation der Türken sowie ständige Scharmützel mit den Nachbarinseln.[5] Diese unhaltbare Situation erklärt auch, warum die sonst so entschlossene und notfalls mit aller Härte agierende Signoria wenig unternahm, um die Besetzung der Inseln durch neue Herren – Franken, Griechen oder Türken – zu verhindern.

Kreta, Euböa und einige kleinere Inseln entwickelten sich langfristig zu Knotenpunkten im Wirtschaftssystem Venedigs. Nach dem Vierten Kreuzzug zunächst Bonifaz von Montferrat zugesprochen, erwarben die Venezianer Kreta um bares Geld und traten Ansprüche auf ein großes Gebiet anderwärts ab – deutliche Zeichen

---

[4] Thiriet 1959, 329ff.; Heers 1961, 374ff.; Maier 1982, 123ff.
[5] Vlasto 1913, 13; Feldbauer/Morrissey 2002, 54f.

für die große ökonomische und politische Bedeutung der Kolonie, deren vollständige Unterwerfung viele Jahrzehnte in Anspruch nahm. Venedigs Vorgehen kam gerade zur rechten Zeit, denn auf einem Teil der Insel hatten sich bereits Genuesen niedergelassen – ein verständlicher Wettlauf, wenn man die ideale Lage Kretas zwischen Europa, Afrika und Asien bedenkt.[6] Genua war als Kolonialmacht nicht annähernd so erfolgreich wie Venedig. Nach dem Fall des venezianisch dominierten lateinischen Kaiserreiches und der Rückeroberung Konstantinopels durch den byzantinischen Kaiser Michael VIII. im Jahr 1261 hatte Genua infolge eines Flottenbündnisses mit den Siegern großen Einfluss im Bereich des Schwarzen Meeres, insbesondere auf der Halbinsel Krim, erlangt. Eine Reihe von Handelsniederlassungen auf dem kleinasiatischen Festland sowie mehrere Inseln entschädigten für den Verlust der Positionen in Palästina an die Muslime und bildeten den Kern des genuesischen Imperiums im östlichen Mittelmeer, zu dem seit 1301 bzw. endgültig seit 1346 auch Chios sowie später Zypern zählten. In der zweiten Hälfte des 15. Jahrhunderts war davon lediglich die Insel Chios übrig, die bis 1566 von Genua kontrolliert wurde, ehe sie an die Türken verloren ging. Nur auf Chios erfolgte, analog zu den venezianischen Kolonien, eine gezielte Transformation von Wirtschaft und Gesellschaft nach den Bedürfnissen der Metropole.[7]

Sobald auf den einzelnen venezianischen und genuesischen Kolonialbesitzungen innere Stabilität hergestellt war, begann der Ausbau von exportorientierten Monokulturen: Kreta wurde auf Zucker und Wein spezialisiert, Korfu hauptsächlich auf Wein, Chios, das auch ein wichtiger Alaunexporteur war, auf das insbesondere in Ägypten nachgefragte Gewürz Mastix; Zypern, zur Zeit Genuas noch ein wichtiger Getreidelieferant, produzierte unter venezianischem Einfluss Zucker, Baumwolle und Wein. Die allmähliche Transformation zu einseitigen Kolonialökonomien erfolgte allerdings längst nicht so rasch und radikal wie später auf den Azoren, Kanaren und in der Karibik unter portugiesischer bzw. spanischer Herrschaft.

Kreta

Damit Kreta die ihm zugedachte wichtige Position im venezianischen Handels- und Kolonialsystem auch erfüllen konnte, mussten

---

[6] Feldbauer/Morrissey 2002, 56f.
[7] Balard 1978; Scammell 1981, 183ff.

zwei Probleme gelöst werden. Einerseits sollten die Häfen absolut sichere Stützpunkte des Transithandels werden, was die militärische Kontrolle der ganzen Insel nahe legte. Andererseits erforderte eine dauerhafte Beherrschung der relativ großen Insel eine möglichst effiziente Nutzung der lokalen Ressourcen, die zunächst wenig Rücksicht auf die Bedürfnisse des Fernhandels und die Versorgung Venedigs nahm, später aber profitable Exportgeschäfte ermöglichte. Beide Probleme löste die Signoria, indem sie Kreta in 200 Ritterlehen unterteilte und venezianischen Adeligen zuwies und an gemeine Soldaten Knappenlehen vergab.[8] Die so geschaffene lateinische Oberschicht erwies sich nicht nur bei der Unterdrückung der griechischen Bevölkerungsmehrheit und bei der Niederschlagung mehrerer Aufstände als erfolgreich, sie trug auch in eigenem Interesse zur Intensivierung der Landwirtschaft bei. Die Administration der Insel war in vielen Bereichen ein Spiegelbild der venezianischen Verwaltung. Kreta war wie die Mutterstadt in sechs Bezirke aufgeteilt, die auch die entsprechenden Namen trugen: San Polo, Dorsoduro, Castello, San Marco, Cannareggio und Santa Croce. Jeder Auswanderer sollte sich hier zu Hause fühlen, jeder Einheimische daran erinnert werden, wer hier regierte. Als Regierung fungierte eine von der Markusrepublik auf zwei Jahre eingesetzte dreiköpfige Signoria, beratend stand ihr der Große Rat der Nobilität zur Seite. Die Signoria hatte sich strikt an die Anweisungen Venedigs zu halten, was von Inspektoren, den *sapientes* und *provveditori* in regelmäßigen Abständen überprüft wurde. Rege Bautätigkeit untermauerte den Herrschaftsanspruch der neuen Herrscher, deren Städte nicht nur als Mittelpunkte des Kolonialsystems, sondern auch als Zeichen imperialer Größe dienten: Eines der ersten fertig gestellten Gebäude in der Hauptstadt Candia, wie die Venezianer Iraklion und die Insel nannten, war 1239 bezeichnenderweise die Markuskirche – ein klares politisches Signal an die orthodoxe Bevölkerung. Die wichtigsten Städte sowie vorgelagerte Inselchen erhielten Befestigungsanlagen, in Candia und Chania wurden Arsenale eingerichtet, die Hafenanlagen erweitert.[9]

Im ersten Jahrhundert der venezianischen Herrschaft auf Kreta dominierte eine extensive Landwirtschaft, die mit einer wenig entwickelten Technologie auskam und unter Arbeitskräftemangel litt.

---

[8] Lane 1980, 152.
[9] Gallina 198, 6f.; Ravegnani 1998, 38f.; Feldbauer/Morrissey 2002, 57ff. Zur städtischen Bautätigkeit in Venedigs mediterranen Kolonien vorzüglich Georgopoulou 2001.

Produziert wurden hauptsächlich Getreide und Wein, aber auch Käse, Wolle und Leder – anfänglich aber alles eher unregelmäßig und in relativ geringen Quantitäten, so dass nicht nur größere Exporte in die Metropole ausblieben, sondern selbst die Versorgung der venezianischen Streitmacht, deren Umfang infolge des hartnäckigen Widerstandes auf der Insel ständig wuchs, Schwierigkeiten bereitete.[10] Analog zu Euböa hatten die Venezianer allerdings auch auf Kreta die fruchtbarsten und am besten bewässerten Gebiete in Besitz genommen und umfangreiche Maßnahmen zur Förderung eines produktiveren, kommerzialisierten Agrarsektors eingeleitet. Dabei standen Schutz und Melioration von Böden – die vielen Dekrete zur Bewässerungs- und Mühlenorganisation sind eindrucksvolle Belege –, die Unterstützung einer effizienten Viehhaltung und seit dem späten 13. Jahrhundert die Vermehrung des Arbeitskräfteangebots durch fallweise Sklavenimporte –, vorwiegend aus Südosteuropa, Russland und Südwestasien –, im Vordergrund. Die venezianische Herrschaft wurde auf immer größere Teile der Insel ausgedehnt. Das erleichterte die Bemühungen der Kolonialherren und einiger mit ihnen kollaborierender einheimischer Großgrundbesitzer, Kreta zu einem wichtigen Weizenexporteur und im 14. Jahrhundert sogar zur Kornkammer Venedigs zu machen. Die Olivenkulturen machten zwar ebenfalls Fortschritte, erlangten aber nie einen Stellenwert wie auf Korfu, von wo Olivenöl in größeren Mengen ausgeführt wurde. In der Weinproduktion war Kreta aber Korfu sowohl der Quantität als auch der Qualität nach deutlich überlegen.

Der im späten 14. Jahrhundert einsetzende Aufstieg der Zucker- und Baumwollproduktion, begleitet von der Intensivierung des Weinbaus und der Getreideproduktion, ergänzt um erste Salz- und Alaunexporte, signalisiert die nun rasch voranschreitende Transformation Kretas in eine typische, völlig von den Interessen der Markusrepublik geprägte Kolonialökonomie. Vor allem Wein – von dessen Herstellung und Vertrieb immer mehr Inselbewohner lebten – gewann an Bedeutung. Es gibt kaum ein wichtiges oberitalienisches Handelshaus, in dessen Büchern der Transport und Verkauf von Kretawein nicht verzeichnet ist, und die verschiedenen venezianischen Galeerenlinien lieferten die begehrte Fracht in den gesamten Mittelmeerraum, aber auch bis nach Flandern und England. Der Großteil des schweren und teuren Weines wurde allerdings zum

---

[10] Luzzatto 1961, 63.

Eigenbedarf in die Markusrepublik verschifft, wo die ›vini navigati‹, das heißt auf dem Seeweg transportierte Weine, in hohem Ansehen standen.[11]

Die Grundzüge venezianischer Kolonialpolitik wurden von einer Kommission des Senats festgelegt. Die Metropole traf in Zusammenarbeit mit der jeweiligen Kolonialverwaltung die strategischen Entscheidungen und bestimmte den Beitrag jeder Kolonie für Flotte und Armee. Kreta musste etwa im Spätmittelalter ständig zwei bis vier Kriegsgaleeren stellen. Alle Kolonialgebiete wurden einer diskriminierenden, protektionistischen Wirtschaftspolitik unterworfen, die direkte Handelskontakte nur mit der Metropole vorsah, die Entwicklung eines selbstständigen Gewerbes möglichst unterbinden und die abhängigen Regionen auf den Export von Nahrungsmitteln bzw. Rohstoffen festlegen sollte. Diesen Maßnahmen, deren Bedeutung für die Entfaltung der ausgedehnten Exportplantagen augenfällig ist, entsprach eine lückenlose, regelmäßige und sehr erfolgreiche Steuereintreibung durch Kolonialfunktionäre, die anders als ihre portugiesischen und spanischen Kollegen in Asien oder in Lateinamerika, willens und in der Lage waren, bilanztechnisch exakte Rechnungsbücher zu führen. Die alljährlichen Grundsteuern und indirekten Taxen wurden gelegentlich – etwa im Kriegsfall – durch Sonderabgaben erhöht und durch die Einkünfte aus dem Salzmonopol ergänzt. Ähnlich straff wie die Besteuerung war auch das System marktunabhängig fixierter Preise, das beispielsweise den Getreide produzierenden Grundherren auferlegt wurde und eine ziemlich kostengünstige Versorgung Venedigs trotz erheblicher Zwischenhandelsgewinne ermöglichte.[12]

Venedigs Herrschaft über Kreta dauerte über 450 Jahre. Schließlich konnte die Signoria dem Druck der Osmanen, die seit 1645 die Insel heftig angriffen und immer größere Teile in Besitz nahmen, nicht länger standhalten. Die zur Verteidigung Candias aufgebotene christliche Flotte – Venedigs Verbände wurden durch Schiffe aus Malta, Neapel, dem Kirchenstaat und der Toskana verstärkt – agierte überdies wegen Kompetenzstreitigkeiten höchst unglücklich und konnte türkische Landungsunternehmungen nicht verhindern. Dabei wären die Europäer mit über 100 Galeeren und Galeonen den Osmanen zur See ebenbürtig gewesen. Der Krieg sollte 24 Jahre dauern. Venezianische Schiffe attackierten die Türken in der nörd-

---

[11] Thiriet 1959, 413ff.; Solow 1987, 53ff.; Blackburn 1997, 76ff.; Tucci 1998, 188.
[12] Feldbauer/Morrissey 2002, 63.

lichen Ägäis; das Ziel, den feindlichen Nachschub zu unterbrechen beziehungsweise die Dardanellen vollkommen zu blockieren, wurde verfehlt. Im September 1669 musste die Hauptstadt, die seit Kriegsbeginn belagert worden war, kapitulieren.[13]

Chios

Seit dem 11. Jahrhundert wurde die fruchtbare und strategisch günstig gelegene Insel Ziel der Machtinteressen verschiedenster Herrscher: des türkischen Korsaren Tzachas, Venedigs, Byzanz' und, als Folge der Verträge des Jahres 1261, Genuas. Benedetto Zaccaria, der 1301 die Insel übernahm, war der Prototyp des genuesischen Karrieristen: Als junger Mann erhielt er von Michael Paleologos die Nutzungsrechte über die Alaunvorkommen Foceas in der Nähe Smyrnas; auf Zaccarias eigenen Schiffen wurde das für die textile Farbfixierung so wichtige Mineral nach Genua und Flandern transportiert, auf dem Retourweg Waren jeder Art in die Romania und an die Schwarzmeerküste gebracht, wo der Genuese über eine Reihe von Stützpunkten verfügte. Er bereiste im diplomatischen Dienst des byzantinischen Kaisers Europa, nahm 1284 mit mehreren Galeeren an der Entscheidungsschlacht zwischen Genua und Pisa bei Meloria teil, ein Jahr später erzwang er in einem Bravourstück die Öffnung des pisanischen Hafens. Als sich die Kolonie im syrischen Tripolis von der Georgsrepublik lossagte, unterstützte Zaccaria die Rebellen. 1293 blockierte seine Flotte im Auftrag des kastilischen Königs die Straße von Gibraltar, 1294 ernannte ihn der französische König zum Admiral. Die ihm von Byzanz überlassene Insel Chios fiel nach seinem Tod wieder an den Kaiser.[14]

1346 wurde Chios endgültig genuesisch, dynastische Probleme in Konstantinopel machten die Eroberung zu einer leichten Angelegenheit. Von Beginn an waren es private Familien, welche die Insel im Namen der Republik verwalteten, und als die Signoria die Kosten für die Okkupation nicht bezahlen konnte, musste sie alle Hoheitsrechte an die Maona, die sich nach der einflussreichsten Familie ›albergo degli Gustiniani‹ nannte, abtreten.[15] Die Maona kontrollierte und monopolisierte nicht nur den gesamten Handel, sondern erwarb auf Chios sowie den benachbarten Küstenstrichen

---

[13] Lane 1980, 620f.; Morris 1990, 88ff.
[14] Vlasto 1913, 14ff.; Renouard 1981, 299; Zazzu 1993, 75.
[15] Vlasto 1913, 21ff.; Argenti 1958, 90ff.; Zazzu 1993, 64.

auch ausgedehnten Grundbesitz, übte volle Rechtsprechung über ihre Untertanen aus, zog alle Steuern, Taxen und sonstigen Abgaben ein und verfügte sogar über weitreichende politisch-militärische Handlungsfreiheit.

Die starke und stabile Position der Maona erlaubte den Ausbau von Chios zur wichtigsten Drehscheibe des genuesischen Handels im östlichen Mittelmeer, der sich insbesondere in der nördlichen Ägäis und im Schwarzen Meer konzentrierte und die Märkte Kleinasiens, des Balkans, aber auch Persiens sowie des fernöstlichen Festlands erschloss. Die benachbarte Lage von Bursa, wo sich zwei alte Karawanenrouten für Seide und Gewürze kreuzten, machte Chios zu einem Stapelplatz für diese Güter, wobei die asiatischen Gewürze aber nur eine sekundäre Rolle spielten. Neben der Seide aus der Region des Kaspischen Meeres erreichten auch arabische Duftstoffe und persische Perlen Chios auf diesem Weg. Vom Balkan kamen über Saloniki Früchte und Textilien, aber auch Sklaven; Kleinasien lieferte insbesondere Weizen, Alaun, Baumwolle, Pech, Holz und Färbstoffe.[16] Beim Großteil dieser Güter handelte es sich lediglich um Transitwaren, für die Chios infolge der günstigen Lage zum beliebten Umschlagplatz geworden war. Vor allem kleinasiatische Produkte gelangten bis zur Mitte des 15. Jahrhunderts fast ausschließlich auf diesem Weg nach Italien, ins westliche Mittelmeer und nach Nordwesteuropa. Die in der Region um Bursa gezogene Baumwolle beispielsweise wurde um 1450 bis nach Flandern, nach Südfrankreich, Mallorca sowie in die islamischen Fürstentümer Nordafrikas und Spaniens geliefert.

Chios spielte im genuesischen Kleinasien- und Schwarzmeerhandel offenkundig eine ähnliche Rolle wie Kreta und Zypern im venezianischen Levantegeschäft. Die Ähnlichkeit geht aber noch weiter: Auch auf Chios und den damit verbundenen, ebenfalls von der Maona kontrollierten Festlandbesitzungen wurde die regionale Exportproduktion auf Kosten der Lokalversorgung forciert und völlig in den Dienst des ligurischen Kaufmannskapitals gestellt. Einerseits gelang es den Genuesen, die Landwirtschaft der Insel nach strikt kommerziellen Interessen auf die Produktion von Mastix, Wein und Seide zu spezialisieren. Andererseits weitete man die für den Schiffbau so wichtige Pechgewinnung aus. Vor allem aber trachtete man, die Produktion von Alaun in den Fundstätten nahe Chios in Eigenregie zu betreiben und die Ausfuhr zu monopoli-

---

[16] Heers 1961, 388ff. und 416ff.

sieren. Das Letztere gelang so gut, dass die mächtigen genuesischen Produktions- und Vertriebskonsortien in den Jahrzehnten bis zur türkischen Eroberung Konstantinopels den abendländischen Alaunhandel fast lückenlos kontrollierten.[17]

Neben dem für Europas Textilgewerbe unentbehrlichen Alaun war insbesondere Mastix als Exportgut sehr geschätzt und gewinnbringend. Dieses in den arabischen Ländern stark nachgefragte aromatische Harz kam fast ausschließlich von Chios, das deswegen auch Mastixinsel genannt wurde.[18] Mastix dient bis heute mit seinem feinen rauchigen Geschmack der Aromatisierung von Süßspeisen und Likören, vor allem gilt es als ideales Zahnpflegemittel. Infolge gezielter Förderungsmaßnahmen durch die Maona konnte die Produktion enorm gesteigert und dadurch die genuesische Kaufkraft auf den Märkten Syriens und Ägyptens erheblich verbessert werden. Allerdings versuchte das Konsortium zur Preisstabilisierung Überproduktion zu verhindern, gegebenenfalls verbrannte man auch Mastixernten.[19] Welche Bedeutung die Genuesen dem Anbau dieses seltenen Naturproduktes beimaßen, zeigt sich an ihrem zurückhaltenden Vorgehen in der Mastixochoria genannten Region. Die ansässige Bevölkerung wurde nicht feudalisiert und genoss im Vergleich zu den Griechen im Norden der Insel wesentlich mehr Freiheiten. »Auch wenn es strengste Vorschriften über das Sammeln des Mastix und den Schutz des Monopols gab, waren die Genuesen selbst nicht an Grundbesitz interessiert.«[20]

Zusammen mit der planmäßigen Ausdehnung der Wein- und Maulbeerbaumkulturen entstand auf Chios die für Kolonialökonomien typische exportorientierte Landwirtschaft. Eine gezielte Landvergabe- und Steuerkonzessionspolitik zog viele genuesische Familien aus unterschiedlichen Gesellschaftsschichten auf die Insel, die sich nicht nur in den Hafenstädten niederließen, sondern im Falle bäuerlicher Herkunft auch aufs Land zogen. Dies alles förderte den Zustrom von Kaufmannskapital in den exportorientierten Agrarsektor, in dem neben der unterdrückten griechischen Inselbevölkerung und einigen importierten Sklaven immer häufiger auch eingewanderte ligurische Bauern auf der Basis von Halbpachtverträgen tätig wurden. Obwohl diese in der Regel zwei Drittel ihrer Ernteerträge an ihre reichen, Grund besitzenden Landsleute abgeben muss-

---

[17] Heers 1961, 393ff.
[18] Heyd 1923, 634.
[19] Vlasto 1913, 42.
[20] Bouras 1984, 33.

ten, war ihre Rechtslage doch viel besser als die der Griechen, die als Matrosen, Land- und Pecharbeiter der Maona persönlich dienten, Fron- und Kriegsdienste leisten mussten und die Insel nicht verlassen durften.[21] Die steigende Nachfrage nach Arbeitskräften für die expandierenden Exportkulturen ließ sich aber mit der relativ geringen Zahl griechischer und italienischer Bauern nicht befriedigen. Immer häufiger wurden daher im Agrarbereich Sklaven eingesetzt.[22]

Obwohl flächenmäßig klein, bot Chios mit seinen Ressourcen im 15. Jahrhundert einer beachtlichen Zahl genuesischer Rentiers und Kaufleute vielfältige Investitionsmöglichkeiten und Zinsgewinne, bot aber auch einer wachsenden Gruppe von Beamten, Juristen und Handwerkern einen auskömmlichen und bequemen Lebensunterhalt.[23] Auch als sich die Situation nach der Eroberung Konstantinopels etwas verschlechterte, blieb Chios bis tief ins 16. Jahrhundert eine äußerst profitable Kolonie, für die das genuesische Handelskapital, dessen Aktivitäten sich infolge der Partizipation an der iberischen Expansion zunehmend nach Westen verlagerten, unvermindertes Interesse zeigte.

Die Maona versuchte sich zunächst durch Tribute mit den Osmanen zu arrangieren, investierte aber gleichzeitig, besonders nach dem Verlust Kaffas 1474, in den Ausbau der Verteidigung und suchte durch diplomatische Kontakte Bündnispartner gegen den übermächtigen Nachbarn. Gerade die Suche nach Alliierten erwies sich als verhängnisvoll: Verhandlungen mit Spanien und Malta, aber auch die Aufnahme tausender christlicher Flüchtlinge sowie Unpünktlichkeiten bei den Tributzahlungen veranlassten die Türken, Chios anzugreifen.[24] Der aus Ungarn stammende Admiral Piali versammelte im April 1566 eine Flotte von über 300 Schiffen vor der Hauptstadt, die Genuesen ergaben sich ohne Widerstand. Die 220 Jahre dauernde Herrschaft der Maona war damit beendet.

Küstengebiete des Schwarzen Meeres

Ab dem 13. Jahrhundert drangen Venezianer und Genuesen in die Küstenregionen des Schwarzen Meeres vor. Einerseits lockte das reiche Angebot Bulgariens, Russlands und der kaspischen Region:

---

[21] Balard 1977, 5ff.
[22] Verlinden 1977, 896ff.; Heers 1961, 402f.
[23] Scammell 1981, 187.
[24] Vlasto 1913, 58.

Getreide, Sklaven, Salz, Pelze und Seide. Andererseits endeten hier wichtige Fernhandelsrouten: Waren aus China und Zentralasien gelangten auf durch die Mongolen gesicherten Karawanenstraßen in das am Don gelegene Tana; persische, indische und südostasiatische Produkte wurden über Täbriz nach Trapezunt an der kleinasiatischen Küste geliefert, das außerdem mit der Mittelmeerstadt Laiazzo verbunden war.[25]

Nach dem Zusammenbruch des Lateinischen Kaiserreiches erfreute sich Genua aufgrund des Vertrages von Ninfeon weitreichender Privilegien, die den Ligurern – wenn auch nur für wenige Jahre, ein Zeitraum, der jedoch ausreichte, um einen entscheidenden Schritt vor den venezianischen Rivalen zu sein – praktisch eine Monopolstellung im Handel jenseits von Konstantinopel garantierten. Darüber hinaus erhielten sie zwei wichtige Stützpunkte am Nadelöhr zwischen Mediterranée und dem Schwarzen Meer: Galata und Pera, beide außerhalb der Stadtmauern gelegen. Offensichtlich war sich Michael Paleologos bewusst, wie schnell italienische Bündnispartner Unruhe in die *Polis* bringen konnten – die Geschichte des 11. und 12. Jahrhunderts hatte es allzu oft bewiesen. Innerhalb kurzer Zeit entwickelte sich Pera zur blühenden Stadt, die Geschäftsverbindungen ihrer Kaufleute reichten von England und Flandern über den mediterranen Raum bis nach Indien und China. Bald überflügelte die Wirtschaftskraft der wildwachsenden Siedlung jene der benachbarten griechischen Metropole um ein Vielfaches. Das weit verzweigte Handelsnetz, dessen Fäden hier zusammenliefen, fand sein Spiegelbild in der perotischen Bevölkerungsstruktur: Eine Mischung der Ethnien und Religionen, die scheinbar nicht nur problemlos nebeneinander lebten, sondern auch keine Scheu vor dem Miteinander hatten. Zahllose genuesische Kaufleute waren mit Griechinnen, Slawinnen, Kaukasierinnen oder Tartarinnen liiert – oftmals freigelassene Sklavinnen.[26] Dem auf ein Jahr eingesetzten ›*Podestà dei Genovesi di Romania*‹ unterstanden, mit Ausnahme Kaffas, die Konsuln aller Stützpunkte im Schwarzmeergebiet und in Kleinasien; Verwaltung und Rechtsprechung orientierten sich am System Genuas. Das Verhältnis zur Mutterstadt war jedoch von Distanz geprägt: Spätestens seit dem Übergreifen des Bürgerkriegs auf die Kolonien, als Schiffe der guelfisch gesinnten Signoria 1324 das ghibellinische Pera angriffen und von den Peroten in Allianz mit dem Türken Ghazi Kelebis zurück-

---

[25] Feldbauer/Morrissey 2002, 74ff.; Morrissey 2001, 21f.
[26] Lopez 1997, 224f.

geschlagen wurden, kann man die genuesische Bosporusstadt als eigenen Staat betrachten, »bereit sich gegen alle zu verteidigen, auch auf sich alleine gestellt«.[27]

Das Schwarze Meer galt zwar als Domäne der Genuesen, die Venezianer waren aber trotz verstärkten Engagements im östlichen mediterranen Raum nicht gewillt, ihren ligurischen Rivalen den Handel nördlich von Konstantinopel als Monopol zu überlassen. Zu sehr hing die Serenissima von regelmäßigen Getreidelieferungen ab, und war auf den Gewinn bringenden Verkauf von Sklaven angewiesen. Vor allem auf Venedigs verlässlichsten Wirtschaftspartner, die Mamluken Ägyptens,[28] wollte man nicht verzichten. Schon bald nach 1204 hatten sich venezianische Händler in Soldaia auf der Krim niedergelassen, das an der Mündung des Don gelegene Tana wurde ein Jahrhundert später zielstrebig zum Stützpunkt ausgebaut, und 1319 fassten die Venezianer in Trapezunt Fuß.[29] Die Entwicklung dieser Handelszentren verlief nicht anders als jene Peras oder Kaffas: Schnellwachsende Städte mit kosmopolitischem Charakter, eine hektische Geschäftswelt, die Investoren hohe Gewinne versprach. Der arabische Reisende Ibn Batutah zählte Soldaia neben Alexandrien, Calicut und dem chinesischen Zeitun zu den vier größten Häfen der Welt.[30]

Politische Veränderungen um die Mitte des 14. Jahrhunderts – die Mongolenreiche in Turkestan und Südrussland wurden von Unruhen erschüttert, in China übernahm die an wirtschaftlichen Kontakten zum Westen wenig interessierte Mingdynastie die Macht, die Osmanen beherrschten das Innere Kleinasiens und blockierten die Handelsstraße zwischen Trapezunt und Laiazzo – konnten die Position der italienischen Handelskolonien zunächst nicht wirklich beeinträchtigen. Man musste zwar Einbußen hinnehmen, konnte diese jedoch mit der forcierten Erschließung bisher vernachlässigter Regionen kompensieren. Die Verlagerung auf den Handel mit lokalen Produkten aus dem unmittelbaren Hinterland versprach durchaus Gewinn und diente zum Teil der Verbesserung des Nahrungsmittelangebots in der Heimat: Salzfisch, Salz und Kaviar wurden nun verstärkt nach Europa exportiert. Die fulminanten Siege Timurs, Führer eines zentralasiatischen Turkvolkes mongolischen Ursprungs, erweckten in den Europäern Hoffnung auf eine wir-

---

[27] Lopez 1997, 230.
[28] Abu-Lughod 1989, 124.
[29] Lane 1980, 118, 203; Nicol 1999, 294f.
[30] Lopez 1997, 232.

kungsvolle Allianz gegen die Osmanen. Tatsächlich erlitten die Türken um 1400 fürchterliche Niederlagen gegen das Heer des neuen Großreiches, die hochgesteckten Erwartungen wurden wohl durch die Plünderungen Tanas und Foceas getrübt. Allerdings hatte sich Timur ungeachtet seiner Angriffe an intensiven Handelsbeziehungen mit Europa interessiert gezeigt. Bevor entschieden war, ob er sich als Bündnispartner oder Elementarbedrohung des Westens erweisen würde, verstarb der erfolgreiche Feldherr, sein Weltreich zerfiel so rasch, wie es entstanden war. Die Osmanen konnten sich erholen und reorganisieren. Innerhalb weniger Jahre waren sie militärisch so stark, dass fast alle italienischen Kolonien der östlichen Mediterranée und des Schwarzmeergebietes den Status tributpflichtiger Vasallen akzeptieren mussten, um ungestört Handel treiben zu können. Eine ironische Umkehrung der Machtverhältnisse, wie der griechische Historiker Argenti am Beispiel von Chios feststellt.[31] Trotz dieser Zahlungen blieb die Lage der italienischen Kolonien prekär, drohte doch die rapide osmanische Expansion alle Kolonien von ihrem Hinterland abzuschneiden. Nach der Eroberung Konstantinopels und Peras war es nur noch eine Frage der Zeit, bis die Städte an den Küsten des Schwarzen Meeres sowie einzelne Ägäisinseln von den Türken übernommen wurden: Zwischen 1459 und 1462 gingen die italienischen Stützpunkte in Trapezunt und Sinope verloren, ebenso das von den genuesischen Gattilusio kontrollierte Lesbos. 1475 eroberte Mehmed II. Kaffa, wenig später unterwarf er die restliche Halbinsel Krim.

Die Konkurrenz um wirtschaftliche Hoffnungsgebiete jenseits des Bosporus war ein wesentlicher Grund für die dauerhaften Spannungen zwischen Venezianern und Genuesen. Im Mittelmeerraum und in Westeuropa waren ihre Einflusszonen relativ klar getrennt, in der schrumpfenden Romania und an den Küsten des Schwarzen Meeres sahen sich Venezianer und Genuesen als unmittelbare Nachbarn, deren Interessen ständig kollidierten. Die Schwächung des Rivalen wurde daher geradezu zum Prinzip erhoben, jeder Vorteil des Gegners konnte in Gewalt münden, und dabei nahmen die Kontrahenten in Kauf, dass Messerstechereien zu Kriegen ausarteten, welche auch in der italienischen Heimat mit größter Heftigkeit ausgetragen wurden. Ob dauerhafte Kooperation zwischen Genua und Venedig sowie sensibles Reagieren auf die kaum lösbaren Probleme des Byzantinischen Reiches – anstatt es gezielt zu destabilisie-

---

[31] Argenti 1958, 60.

ren – die osmanische Expansion hätten aufhalten können, ist eine vieldiskutierte Frage. Abgesehen von ihrer Arroganz im Umgang mit griechischen Interessen hatten Venezianer und Genuesen die Dynamik des neuen türkischen Staates offensichtlich unterschätzt. Ein Fehlurteil, das man verstehen kann: Die Erfahrung der vorangegangenen Jahrhunderte hatte gezeigt, dass als Bedrohung auftretende Großreiche sich zu verlässlichen Partnern entwickelten oder aufgrund politischer und ökonomischer Probleme rasch in sich zusammenbrachen. Außerdem konnte keiner dieser Staaten, deren militärische Macht auf dem Einsatz von Reitertruppen beruhte, die Seeherrschaft der Italiener ernstlich gefährden. Die maritimen Supermächte rechneten nicht mit der Lernfähigkeit des Osmanischen Reiches, das noch im frühen 15. Jahrhundert auf die Dienste europäischer Schiffe und Mannschaften zurückgegriffen hatte. Wenig später verfügten die als Landratten abgestempelten Türken über kampfstarke Marineverbände, die bei der Eroberung von Trapezunt, Kaffa, Lesbos, Chios und Zypern eine entscheidende Rolle spielten.

Literatur

Abel 1996 = Benjamin Abel (Hg.), Intercultural Contacts in the Medieval Mediterranean, London 1996.

Abu-Lughod 1987 = Janet L. Abu-Lughod, Before European Hegemony. The World System A.D. 1250-1350, New York-Oxford 1987.

Argenti 1958 = Philipp P. Argenti, The Occupation of Chios by the Genoese and Their Administration of the Island. 1346-1566, Cambridge 1958.

Balard 1977 = Michel Balard, Les Grecs de Chios sous la domination genoise au XIVe siècle. In: Byzantinische Forschungen. Internationale Zeitschrift für Byzantinistik 5 (1977), 5-15.

Balard 1978 = Michel Balard, La Romanie genoise XIIe-début XVe siècle. Atti della Società Ligure di Storia Patria NF 18. 2 Bde., Genua 1978.

Blackburn 1997 = Robin Blackburn, The Making of New World Slavery. From the Baroque to the Modern 1492-1800, London-New York 1997.

Bouras 1984 = Charalambos Th. Bouras, Chios. Griechische traditionelle Architektur, Athen 1984.

Braudel 1990a = Fernand Braudel, Das Mittelmeer und die mediterrane Welt in der Epoche Philipps II. Bd. 1, Frankfurt am Main 1990.

Braudel 1990b = Fernand Braudel, Sozialgeschichte des 15.-18. Jahrhunderts 3: Aufbruch zur Weltwirtschaft, München 1990.

Bragadin 1989 = Marc' Antonio Bragadin, Le repubbliche marinare, La Spezia 1989.

Curtin 1990 = Philip D. Curtin, The Rise and Fall of the Plantation Complex. Essays in Atlantic History, Cambridge 1990.

Epstein 1996 = Steven A. Epstein, Genoa and the Genoese 958-1528, Chapel Hill-London 1996.
Feldbauer/Morrissey 2002 = Peter Feldbauer/John Morrissey, Venedig 800-1600. Wasservögel als Weltmacht, Wien 2002.
Gallina 1989 = Mario Gallina, Una società coloniale del Trecento. Creta fra Venezia e Bisanzio, Venezia 1989.
Georgopoulou 2001= Maria Georgopoulou, Venice's Mediterranean Colonies. Architecture and Urbanism, Cambridge 2001.
Griffiths 1981 = Gordon Griffiths, The Italian City-State. In: The City-State in Five Cultures, Hg. Robert Griffeth/Carol G. Thomas, Santa Barbara-Oxford 1981.
Heers 1961 = Jacques Heers, Gênes au XVe siècle. Activité économique et problèmes sociaux. Affaires et gens d'affaires 24, Paris 1961.
Heyd 1923 = Wilhelm Heyd, Histoire du commerce du Levant au Moyen Age 2, Leipzig 1923.
Jones 1997 = Philip Jones, The Italian City-State. From Commune to Signoria, Oxford 1997.
Lane 1980 = Frederic C. Lane, Seerepublik Venedig, München 1980.
Lopez 1996 = Roberto S. Lopez, Storia delle colonie Genovesi nel Mediterraneo, Genua 1996.
Luzzatto 1961 = Gino Luzzatto, Storia economica di Venezia dall' XI al XVI secolo, Venedig 1961.
Maier 1982 = Franz Georg Maier, Cypern. Insel am Kreuzweg der Geschichte, München ²1982.
Mayer 1980 = Hans Eberhard Mayer, Geschichte der Kreuzzüge, Stuttgart-Berlin-Köln 1980 (5. Aufl.).
Morris 1990 = Jan Morris, The Venetian Empire, London 1990.
Morrissey 2001 = John Morrissey, Die Mongolen. Feinde oder Partner, in: Von Bösewichten und Barbaren. Zur Entmystifizierung von Geschichtsklischees, in: Beiträge zur historischen Sozialkunde 1/2001, Wien 2001.
Nicol 1999 = Donald M. Nicol, Byzantium and Venice. A Study in Diplomatic and Cultural Relations, Cambridge 1999.
Prawer 1980 = Joshua Prawer, Crusader Institutions, Oxford 1980.
Ravegnani 1998 = Giorgio Ravegnani, La conquista veneziana di Creta e la prima organizzazione militare dell' isola. In: Venezia e Creta. Atti del convegno internazionale di studi. A cura di Gherardo Ortalli, Venedig 1998.
Renouard 1981 = Yves Renouard, Le città italiane dal X al XIV secolo, Mailand 1981.
Scrammell 1981 = Geoffrey Scammell, The World Encompassed. The First European Maritime Empires c. 800–1650, London-New York 1981.
Solow 1987 = Barbara L. Solow, Capitalism and Slavery in the Exceedingly Long Run. In: British Capitalism and Caribbean Slavery. The Legacy of Eric Williams, Hg. Barbara L. Solow/Stanley L. Engerman, Cambridge 1987, 51-77.
Thiriet 1959 = Freddy Thiriet, La Romanie vénitienne au Moyen Age. Le développement et l'exploitation du domaine colonial venitien. XIIe–XVe siècles, Paris 1959.
Tucci 1998 = Ugo Tucci, »Il commercio del vino nell« economia cretese. In:

Venezia e Creta. Atti del convegno internazionale di studi. A cura di Gherardo Ortalli, Venedig 1998.

Verlinden 1970 = Charles Verlinden, The Beginnings of Modern Colonization. Eleven Essays with an Introduction, Ithaca-London 1970.

Verlinden 1977 = Charles Verlinden, L'esclavage dans l'Europe médiévale 2. Italie – Colonies italiennes du Levant – Levant latin – Empire byzantin, Brügge 1977.

Vlasto 1913 = Alexander M. Vlasto, A History of the Island of Chios, London 1913.

Zazzu 1993 = Guido Nathan Zazzu, Il volo del Grifo. Storia di Genoa dagli inizi al 1892, Genua 1993.

Byzanz im Spätmittelalter
Wirtschaft und Gesellschaft

KATERINA MITSIOU

Byzanz, d. h. das Oströmische Reich mit der Hauptstadt Konstantinopel, war in seiner mehr als tausendjährigen Geschichte ein multikultureller Staat, in dem verschiedene Völker lebten und wirkten (Griechen, Slawen, Armenier usw.). Das Byzantinische Reich hatte bis zu seinem Ende (1453) immer wieder gegen zahlreiche Feinde, zum Teil gleichzeitig, zu kämpfen, unter anderem gegen die Araber, die Bulgaren, die Seldschuken und letztendlich die Osmanen, um nur einige der bedeutendsten zu nennen. Es umfasste in jeder Epoche unterschiedliche Gebiete um das östliche Mittelmeer, in Anatolien und auf der Balkanhalbinsel; zur Zeit seiner größten Expansion unter Kaiser Basileios II. (976-1025) hatte es eine Ausdehnung von etwa 1,2 Millionen km^2 und 18 bis 20 Millionen Einwohner.[1]

Byzanz war ein klassisches Beispiel patrimonialer Herrschaft, wobei der Kaiser als Vertreter Gottes auf Erden galt. Er vergab Titel und Funktionen an die Beamten und Aristokraten und traf alle wichtigen politischen Entscheidungen. Um ihn gruppierte sich das gesamte administrative System mit der dazu gehörenden Finanzverwaltung und die verschiedenen sozialen Gruppen.

Der byzantinische Kaiser versuchte, mit seiner Verwaltung auch die Wirtschaft des Staates und die ökonomischen Aktivitäten seiner Untertanen zu regulieren. Ein Beispiel ersten Ranges bietet das aus der Zeit des Kaisers Leon VI. (886-912) stammende *Eparchikon Biblion* (Buch des Eparchen/›Bürgermeisters‹ von Konstantinopel, der vom Kaiser direkt eingesetzt wurde).[2] Es handelt sich wahrscheinlich um ein Gesetzbuch, das die Zusammensetzung und Tätigkeit der Berufsvereinigungen in der Hauptstadt Konstantinopel regulierte. Besondere Aufmerksamkeit wurde etwa der Seidenpro-

---

[1] Koder 2002, 10.
[2] Eparchikon Biblion 1991.

duktion gewidmet; die Ausfuhr von Seidenstoffen war streng verboten.

Nach einer Phase im 11. Jahrhundert, in der wegen politischer Instabilität und ständiger Machtwechsel die staatliche Kontrolle der Zünfte geringer wurde und sich gleichzeitig Mitglieder verschiedener Gewerbe klingende Titel zur Verbesserung ihrer sozialen Stellung erkauften, versuchten die Kaiser der Komnenendynastie (1081-1185) diese ökonomische und soziale Entwicklung wieder einzudämmen.

Die im Eparchenbuch erwähnten Produzenten und Händler waren Teil eines größeren Handelsnetzes. In den ersten byzantinischen Jahrhunderten und bis zur arabischen Eroberung im Nahen Osten und in Nordafrika (7. Jahrhundert) wurde ein umfangreicher Handel mit diesen Gebieten betrieben. Für die Versorgung von Konstantinopel wurde Getreide aus Ägypten geliefert, andere Produkte des frühen byzantinischen Fernhandels waren Wolle, Textilien und Metalle. Es gab auch periodisch stattfindende Märkte wie in Edessa und Ephesos, wobei die Wirtschaft auf lokaler Ebene durch den Austausch von Produkten funktionierte. Vom 7. bis zur Mitte des 9. Jahrhunderts charakterisierten dann das Streben nach Autarkie und ein geringes Handelsvolumen das Wirtschaftsleben. Nach der Abwehr der Araber, d. h. ab dem 9. Jahrhundert bis 1204 wurde die byzantinische Wirtschaft reaktiviert und gewann ihren internationalen Charakter zurück, wobei die zwei größten Städte des Reiches, Konstantinopel und Thessalonike, wichtige Zentren waren.

Die Gesellschaftsstruktur war eine auf die Person des Kaisers zentrierte Klassengesellschaft mit einer gewissen vertikalen Durchlässigkeit. Theoretisch war es allen Bürgern möglich, höhere Stellen in der Administration zu erreichen, Karriere zu machen und auf diese Weise sozial aufzusteigen. Aus diesem Grund spricht man in Bezug auf Byzanz auch nicht von geschlossenen Kasten, Klassen oder Schichten.[3]

Die Großgrund besitzende Oberschicht, das Beamtentum, die Kleriker und das Volk bildeten die sozialen Kräfte in der Hauptstadt; auf dem Land gab es nicht nur die ansässigen Aristokraten, sondern auch die Bauern, die in Byzanz den größten Anteil der Bevölkerung stellten. Die Macht der Oberschicht, der *eugeneis*, basierte auf ihrem Grundbesitz sowie ihren Funktionen und Titeln. In der frühbyzantinischen Zeit war Großgrundbesitz dominant, und

---

[3] Matschke-Tinnefeld 2001, 11.

die bäuerliche Bevölkerung setzte sich vor allem aus Sklaven, Kolonen (Pächtern) und freien Bauern zusammen. In der Krise, die durch die arabische Expansion ausgelöst wurde, weil umfangreiche Gebiete verloren gingen, ist ein Rückgang des Großgrundbesitzes festzustellen.

In Byzanz begegnete man der arabischen Bedrohung im 7. Jahrhundert mit militärischen und administrativen Umstrukturierungen. Größere Regionen des Reiches wurden als Militärbezirke, *themata*, organisiert und von einem *strategos* verwaltet, der zusätzlich zivile administrative Pflichten übernahm. Die Soldaten dieser Militärbezirke kamen immer häufiger in den Besitz von Grundstücken, den so genannten Soldatengütern oder *stratiotika ktemata*, die – statt einer baren Besoldung – ihrer Versorgung und militärischen Ausrüstung dienten. Das Themensystem begünstigte die Entstehung einer Militäraristokratie, die trotz eines kurzzeitigen Machtverlustes im 11. Jahrhundert mit dem Aufstieg der Komnenischen Dynastie eine bestimmende politische Rolle spielte. Daneben formierte sich im 11. Jahrhundert eine bürokratische Aristokratie, die im 12. Jahrhundert zusammen mit den Militäraristokraten und den Aristokraten der Provinz die beherrschende Schicht des Reiches bildete.

Die Großgrundbesitzer konnten durch den Kauf von Bauerngütern und durch die Erweiterung des Pronoiasystems, das später zu besprechen sein wird, ihre ökonomische Position immer mehr ausbauen. Die ›bürokratischen‹ Aristokraten zogen im 11. und 12. Jahrhundert vor allem aus städtischen Geschäften, wie der Vermietung von Häusern Gewinn.

Die Teilnahme an kaufmännischen Aktivitäten ist auch für die Mönche einiger Klöster belegt, obwohl es ihnen kanonisch verboten war, sich mit dem Handel zu befassen. Nach Aussage von Zeitgenossen verkauften sie ihre Produkte sogar zu Wucherpreisen.[4]

Klöster, und generell die Kirche, besaßen einen großen Anteil am gesamten verfügbaren Land und erhielten verschiedene Steuerfreiheiten oder Steuererleichterungen. Die Vertreter dieser bedeutenden Institution, d.h. der obere Klerus, Priester und Mönche, bildeten eine wichtige soziale Gruppe, die politische und ökonomische Macht sowie Einfluss besaß. Größe und Umfang des beweglichen und unbeweglichen Vermögens weisen die Kirche und ihre Mitglieder als bedeutende Großgrundbesitzer des Reiches aus.

Die einfachen Bauern lebten in mittelbyzantinischer Zeit in

---

[4] Vgl. Johannes Tzetzes 1972, Brief Nr. 57 (1146/47).

Dorfgemeinschaften, die durch eine gemeinsame Steuerhaftung, *allelengyo*, geprägt waren. Verließ ein Bauer sein Land, musste die Gemeinde die fehlenden Steuern bezahlen. Im Laufe der Zeit wurde der Kleingrundbesitz durch die allmähliche Expansion der Großgrundbesitzer immer gefährdeter, und ab dem 11. Jahrhundert vermehren sich Belege, die eine Stärkung der Abhängigkeitsbeziehungen der Bauern zu den Großgrund besitzenden Aristokraten nahe legen, was auf der anderen Seite jedoch nicht bedeutet, dass keine freien Bauern mehr existierten.[5]

Die Entwicklungen im Inneren des Reiches wurden allerdings aufgrund äußerer Einwirkungen, d. h. des Vierten Kreuzzuges, radikal auf eine neue Grundlage gestellt. Die Ereignisse am Anfang des 13. Jahrhunderts signalisierten den Übergang zur letzten Periode der byzantinischen Geschichte, der Palaiologenzeit (1261-1453).

Das Jahr 1204 als Zäsur

Das Jahr 1204 bedeutete für Byzanz eine umfassende Zäsur. Der Angriff und die Eroberung von Konstantinopel am 13. April 1204 durch die Kreuzfahrer des Vierten Kreuzzuges[6] zerstörte das bisherige politische, administrative und wirtschaftliche System; in der Folge formierten sich drei griechische Nachfolgestaaten in Epirus (Westgriechenland), Trapezunt (Nordkleinasien an der Schwarzmeerküste) und Nikaia (Nordwestkleinasien). Von dort her organisierten die Griechen den Widerstand gegen die Lateiner, bis das so genannte ›Reich von Nikaia‹ Konstantinopel 1261 zurückerobern konnte. Diesem Staat war es gelungen, eine neue wirtschaftliche Basis aufzubauen, indem protektionistische Maßnahmen für den Handel getroffen und die Autarkie der Landwirtschaft als Basis der Wirtschaft in dieser Periode gestärkt wurden.

Hinter der Umlenkung des Vierten Kreuzzuges nach Konstantinopel stand die größte italische Seemacht dieser Zeit, Venedig, die seit dem Anfang der Komnenenzeit Privilegien und Abgabefreiheiten in den byzantinischen Gebieten genossen hatte. Venedigs Handelstätigkeit in den byzantinischen Regionen, die in einem gewissen Maß zur Schwächung der byzantinischen Wirtschaft geführt hatte, rief 1171 antivenezianische Maßnahmen des byzantinischen Kaisers (Manuel I. Komnenos) hervor, die dazu führten,

---

[5] Zu diesem Thema s. Lemerle 1979.
[6] Lilie 2004, 157-180.

dass tausende Venezianer Konstantinopel verlassen mussten. Einige Jahre später (1182) demonstrierte ein antilateinischer Pogrom der Bevölkerung von Konstantinopel die antiwestlichen Gefühle der Byzantiner und viele Lateiner wurden verhaftet. Diese Ereignisse machten Venedig klar, dass nur die Erneuerung der Verträge allein die problemlose Abwicklung des Handels im Ostmittelmeerraum nicht mehr garantieren konnte.

Es kann daher nicht verwundern, dass Venedig zur Umlenkung des Vierten Kreuzzuges beitrug, und dass es von der Eroberung Konstantinopels aufgrund seiner Hilfe für die Kreuzfahrer am meisten profitierte, wie die *Partitio Romaniae* (der Teilungsvertrag zwischen Venedig und den Kreuzfahrern) und die späteren Entwicklungen bewiesen. Zielpunkte des venezianischen Interesses waren naturgemäß die Inseln, Häfen und Küstengebiete, die die Pfeiler des Seehandels darstellten. Deswegen nahm Venedig nach der Teilung des Byzantinischen Reiches Kolonien und Stützpunkte auf Kreta, Euboia, Korfu, Korone und Methone (auf der Peloponnes) und zahlreichen ägäischen Inseln in Besitz.

Genua, die andere bedeutende Seemacht, die vom Vierten Kreuzzug nicht profitiert hatte, konnte hingegen aus der Rückgewinnung Konstantinopels durch Nikaia 1261 Gewinn ziehen. Zu dieser Zeit besaß Genua kaum Rückhalt in der Ägäis und versuchte dies durch Piraterie zu kompensieren. Militärische Aktionen dienten der Einrichtung von Stützpunkte wie z. B. auf Rhodos. Die Situation änderte sich, als Kaiser Michael VIII. Palaiologos versuchte, mit der Vergabe von Privilegien an Genua ein Gegengewicht zur Macht Venedigs zu schaffen (Vertrag von Nymphaion 1261). Bald aber zeigte sich, dass die Genuesen diesen Vertrag vor allem zum Ausbau ihrer Position im Schwarzen Meer nutzten.

Die Präsenz der italischen Händler blieb in der gesamten Palaiologenzeit (1261-1453) stark; sie genossen oft völlige Zollfreiheit oder reduzierte Zolltarife. Darüber hinaus waren die italischen Kolonien im byzantinischen Raum weitgehend autonom, sie verfügten über ihre eigenen Verwaltungsbeamten (*podesta*, *baile* oder *consul*), und besaßen in den byzantinischen Städten eigene Stadtteile, etwa in Konstantinopel, wo Pera (Galąta), die genuesische Kolonie auf der nördlichen Seite des Goldenen Horns, sich im Laufe der Zeit zum völlig unabhängigen übermächtigen Konkurrenten Konstantinopels entwickelte.[7]

---

[7] Oikonomides 1979, 46.

Der Handel in spätbyzantinischer Zeit

Die Beziehungen zu den westlichen Seemächten blieben bis zum Ende des Reiches 1453 für Byzanz essenziell, weil diese den Handel und die internationale Wirtschaft kontrollierten und die wirtschaftliche und politische Existenz von Byzanz gewährleisteten. Wie Angelike Laiou-Thomadakis treffend bemerkte, war Byzanz das Hinterland der von den Italienern zur See beherrschten Märkte.[8]

Bis zur Eroberung durch die Osmanen (1453) konnte das Byzantinische Reich den Export von landwirtschaftlichen Produkten mehr oder weniger weiterführen. Der Getreideexport ist bis zum Ende des 14. Jahrhunderts sicher belegt. Bekannt sind auch die Exportgebiete, die dem Reich verblieben waren: Die Venezianer kauften Weizen aus Mazedonien (Thessalonike), Thrakien (vor allem über Rhaidestos), der Peloponnes (z. B. über Methone), deren Weizen nach Dubrovnik und Ragusa exportiert wurde,[9] und aus Westgriechenland (etwa um Arta). Daher finden sich in den Archiven von Ragusa am Anfang des 14. und im 15. Jahrhundert Erwähnungen von Händlern aus Epirus und der Peloponnes.

Die wichtigsten Regionen für die Produktion und den Handel von Getreide waren allerdings die Gebiete am Schwarzen Meer und das westliche Kleinasien. Am Schwarzen Meer, zu dieser Zeit ebenfalls schon außerhalb der Machtsphäre des Reiches, dienten Häfen wie Kaffa, Chilia, Licostomo und Moncastro hauptsächlich diesem Handel, während die kleinasiatischen Produktionsgebiete durch die osmanisch-türkische Expansion schrittweise verloren gingen.

Andere Exportprodukte waren für Byzanz Hülsenfrüchte aus Thessalonike sowie Baumwolle und Leinen von der Peloponnes und aus Thessalonike.

Die Venezianer handelten mit Pfeffer und anderen Gewürzen sowie mit Seide, Textilien, Zucker, Leinen, Wolle, Seife, Wein und Luxusprodukten wie Parfums und Pelzen. Westliche Handelsherren kauften aus dem byzantinischen Raum auch Rohstoffe für die spätere Veredelung und den Weiterverkauf als Luxusprodukte (Mastix, Alaun). Der byzantinische Raum (hauptsächlich Konstantinopel) diente hier als Anlaufpunkt für Venedigs Transithandel.

Unter diesen Umständen konnte die vor allem auf der Landwirtschaft basierende byzantinische Wirtschaft kaum in größerem

---

[8] Laiou-Thomadakis 1980-81, 177.
[9] Laiou-Thomadakis 1980-81, 183.

Ausmaß eigenständig am internationalen Handel teilnehmen. Die Überlegenheit der westlichen Mächte, welche alle dafür notwendigen Faktoren kontrollierten, sowie der Mangel an Innovation in Handel und Handwerk ließen nur beschränkte Möglichkeiten für Aktivitäten byzantinischer Händler.

Dennoch ist die Teilnahme von Byzantinern am Handel in der spätbyzantinischen Zeit festzustellen. Sie waren vor allem im Handel über kurze und mittlere Distanzen tätig, der z. T. von Bauern und Produzenten selbst ausgeübt wurde und bis zur Mitte des 14. Jahrhunderts nicht unerheblich war. Darüber hinaus waren Kleinhändler auch auf den verschiedenen lokalen Märkten (Wochenmärkte, Jahrmärkte, Heiligenfeste, *panegyreis*, die unter der Kontrolle der Kirche standen) beschäftigt.

Auf internationaler Ebene begegnen Byzantiner hauptsächlich als kaufmännische Partner von Venezianern oder Genuesen.[10] Genuesischen Urkunden und der *Prattica della Mercatura* entnehmen wir, dass sie meist Getreide aus der Schwarzmeerregion nach Konstantinopel und Pera transportierten, wobei sie ihre Tätigkeit auf den Bereich des Donaudeltas und des sonstigen Schwarzen Meeres konzentrierten. Byzantinische Händler und Handwerker lebten z. B. in Kaffa, wo sie in die lokale Gesellschaft integriert waren. Aber auch Griechen aus Trapezunt waren auf der Krim aktiv.

Unter den griechischen Händlern waren die aus Monembasia (Malvasia, auf der Peloponnes) stammenden zumindest bis zur Mitte des 14. Jahrhunderts die bedeutendsten, da sie nicht nur in Konstantinopel und am Schwarzen Meer, sondern auch in den venezianischen Gebieten und auf der Peloponnes Handel trieben.[11] 1284 und 1328 waren sie von den byzantinischen Kaisern mit umfangreichen Privilegien ausgestattet worden.

Aus byzantinischen Urkunden aus dem 14. und vom Anfang des 15. Jahrhunderts geht hervor, dass die Byzantiner Handelsgesellschaften (*syntrophiai*) bildeten und vor allem in kleinen Geschäften oder in *commende* oder *colleganze*, den wichtigsten Formen von Handelsgesellschaften, organisiert waren. Es gibt auch vereinzelte Beispiele von byzantinischen Händlern, die im 15. Jahrhundert in Brügge und London Handel trieben.

Die bedeutendste Entwicklung waren jedoch die zunehmenden Aktivitäten des byzantinischen Adels im Handel, die für die zweite Hälfte des 14. Jahrhunderts festzustellen sind. Die byzantinischen

---

[10] Matschke 2002, 771-806.
[11] Kislinger 2002, 18.

Aristokraten, aber auch Mitglieder der kaiserlichen Familie, die früher ihre Macht und soziale Stellung ihrem Landbesitz verdankt hatten, nahmen immer mehr an Handel und Finanzaktivitäten teil, weil sie mit der Expansion der Osmanen ihre Besitzungen verloren.

Trotzdem schaffte Byzanz es nicht wirklich, sein Wirtschaftssystem an die neue Situation anzupassen. Vor allem war der byzantinische Staat nicht in der Lage, die wirtschaftliche Aktivität der westlichen Händler unter seine Kontrolle zu bringen, vielmehr wurden die erwähnten Privilegien der Lateiner immer wieder (1268, 1277, 1285) erneuert. Wenn die Kaiser versuchten, Maßnahmen gegen diese privilegierte Stellung zu treffen, gelang ihnen dies kaum, da ohne eine ausreichende Kriegsflotte, die Andronikos II. Palaiologos (1282-1328) aus Kostengründen aufgelöst hatte, keine Auseinandersetzung mit den Venezianern oder den Genuesen zu gewinnen war.

Zwar versuchten die byzantinischen Kaiser, wie Andronikos II., die für die Grundversorgung der Bevölkerung der Städte maßgeblichen Getreidepreise niedrig zu halten und die lokale Produktion zu schützen, aber nach 1320 war Byzanz kaum mehr fähig, das wirtschaftliche Leben zu regulieren. Charakteristisch ist eine Episode aus der Regierungszeit des Kaisers Johannes VI. Kantakuzenos (1347-1354), der im Jahre 1348 die Zolltarife für den Hafen von Konstantinopel auf zwei Prozent reduzierte, um der Konkurrenz des genuesischen Pera zu begegnen; nach längeren Auseinandersetzungen musste er seine Unterlegenheit eingestehen und erneut einen ungünstigen Vertrag schließen (1352).[12]

Gesellschaftsstruktur und Staatsniedergang

Allgemein war in der byzantinischen Zeit die Familie die »hoffnungsvolle Stütze der Byzantiner«,[13] was sicherlich auch für das spätere Byzanz gilt. Ehen und Heiratsverbindungen konnten sozialen und finanziellen Aufstieg bedeuten. In den bäuerlichen und handwerklichen Familien halfen die Kinder ihren Eltern bei der Arbeit, aber von einer Kontinuität des Berufs des Vaters kann nicht immer die Rede sein. Die Frauen konnten trotz der patriarchalen Struktur der Gesellschaft die Führung einer Familie übernehmen, meistens wenn sie Witwen wurden. Das trifft sowohl für städtische

---

[12] Oikonomides 1979, 46-52.
[13] Matschke 1991, 155.

Familien, also die Führung von Geschäften in der Hauptstadt, als auch auf die bäuerlichen Familien auf dem Land zu.[14]

Landwirtschaft und bäuerliche Lebensformen dominierten, wie in jedem anderen vorindustriellen Staat, die Wirtschaft des byzantinischen Reiches. In der mittelbyzantinischen Zeit wurden unter der mazedonischen Dynastie im 10. Jahrhundert Maßnahmen für die Einschränkung der Macht der *dynatoi*, der ›Mächtigen‹ in Staat und Kirche, und für die Unterstützung der kleineren Grundbesitzer getroffen. In dieser Zeit bildete, wie wir schon gesehen haben, das Themensystem mit den Soldatenbauern, die durch Soldatengüter (*stratiotika ktemata*) versorgt wurden, das militärische Rückgrat des Reiches.

Im 11. Jahrhundert verfiel das Themensystem allerdings schrittweise. Parallel dazu entwickelte sich das so genannte ›Pronoiasystem‹,[15] durch dessen Verbreitung und Dominanz im 12. Jahrhundert eine Änderung der agrarischen Verhältnisse stattfand. Die *pronoia* (eigentlich ›Fürsorge‹) bestand aus der Vergabe der steuerlichen Einkünfte von großen Landgütern oder Dörfern und der damit verbundenen Dienste der Bauern (*angareiai*) an Adelige, die dafür militärische Dienste für den Staat leisten mussten. Diese Übergabe wurde auch *oikonomia* genannt; sie war zunächst zeitlich begrenzt, und der Pronoiabesitzer konnte sie nicht vererben. Im Reich von Nikaia (1204-1261) und unter den Laskariden entwickelte sich dieses Phänomen weiter, wobei die *pronoia* in der Palaiologenzeit erblich wurde. Dadurch verlor der Staat jenes Recht an Land und Einkünften, die früher der öffentlichen Hand zugeflossen waren.

Die ersten Palaiologen betrieben andererseits auch eine letztlich höchst schädliche Politik gegenüber den *akritai* (wörtlich ›Grenzern‹), die als Besitzer von Pronoialehen an der kleinasiatischen Grenze lebten, indem sie deren *pronoia* stark besteuerten. Dieser steuerliche Druck führte dazu, dass viele Grenzer ihre Pronoiabesitzungen verließen, wodurch Angriffen aus den türkischen Emiraten kein nennenswerter Widerstand entgegengesetzt wurde. Die militärische Schwächung des Staates durch diese Maßnahmen führte zu einer steigenden Abhängigkeit von Söldnern, wie z. B. der Katalanischen Kompanie Anfang des 14. Jahrhunderts, was die Staatsfinanzen zusätzlich belastete.

---

[14] Matschke 1991, 155-159; zu diesem Thema s. auch Patlagean 2005, 218ff.
[15] Ostrogorsky 1954.

Abgesehen von den Konsequenzen auf militärischer Ebene verstärkte das Pronoiasystem auch die sozialen Ungerechtigkeiten, weil Pronoiabesitzer, die unter Umständen ganze Dörfer oder Landstriche besaßen, im Gegensatz zu den verbliebenen freien Bauern oft Steuerfreiheit genossen, aber von ihren *paroikoi*, den abhängigen Bauern, geldliche und andere Abgaben verlangten. Auf diese Weise wurde die Macht der *dynatoi* erhöht, während der kleine Grundbesitz und die freien Bauern mehr und mehr verschwanden.

Nicht nur die Adeligen waren die Begünstigten der byzantinischen Finanzpolitik, auch Kirche und Klöster zählten zu den Profiteuren. Sie waren wichtige Pronoiabesitzer, die die Protektion der Kaiser genossen und größere Ländereien besaßen. Der Fall der Klöster des Berges Athos, die großen Landbesitz in Mazedonien (besonders im Gebiet Chalkidike) und Thrakien innehatten, ist in diesem Zusammenhang charakteristisch.[16]

Der Status des *paroikos* ist nicht einfach zu definieren, bezeichnet aber in jedem Fall einen abhängigen und unfreien Bauern. Die *paroikoi* mussten ihren Herren Geldabgaben und Zwangsdienste leisten, wobei letztere auch durch Geldzahlungen abgegolten werden konnten. Darüber hinaus konnten sie auch eigenes Land besitzen, das nicht zum Pronoiabesitz zählte. Ihr Status ist also nicht gänzlich mit dem der hörigen Bauern im westlichen Feudalsystem gleichzusetzen.

Die *paroikoi* konnten nicht nur einem Großgrundbesitzer zugehörig sein, sondern auch dem Staat (*demosiakoi paroikoi*), dem sie das *telos* (die Grundsteuer) zu entrichten hatten.[17] Die *paroikoi* teilte man aus fiskalischen und administrativen Gründen in vier Klassen ein: *zeugaratoi* (Besitzer von einem Paar Ochsen und Bewirtschafter jenes Umfanges an Land, der damit bearbeitet werden konnte), *boidatoi* (Besitzer von einem Ochsen), *aktemones* (Bauern ohne Ochsen) und *aporoi*, d. h. landlose Arme. Auf dem Land, das als *pronoia* abgegeben wurde, konnten außer den *paroikoi* auch *proskathemenoi* (vom Pronoia-Herren auf dem Land angesiedelte Bauern) und *xenoi* (Fremde) an der Bewirtschaftung des Pronoialandes teilnehmen, aber sie gehörten nicht zu den ursprünglichen *paroikoi* des Grundbesitzes.

Das Leben der Bauern war auf keinen Fall leicht. Viele freie Bauern, die die Steuerbelastungen nicht mehr ertragen konnten, wechselten freiwillig in den Status des abhängigen Bauern, denn

---

[16] Laiou 1977.
[17] Acta et Diplomata 1871, 35, 39, 40.

unter dem Schutz der Großgrundbesitzer waren sie wenigstens vor den staatlichen Fiskalbeamten oder Steuerpächtern sicherer. In mehreren gewalttätigen Erhebungen reagierten sie auf den Druck der Mächtigen, viele Bauern gaben aber auch auf und verließen ihr Land. Schließlich wurde auch anhand der Informationen der *praktika* in der Region von Mazedonien in der ersten Hälfte des 14. Jahrhunderts festgestellt, dass die Zahl der bäuerlichen Bevölkerung aufgrund der Kriege und der wirtschaftlichen Krise sank.[18]

Die herrschenden sozioökonomischen Bedingungen beeinflussten auch die finanziellen Möglichkeiten des Staates. Die byzantinischen Kaiser hatten durch das Pronoiasystem Einkünfte, die früher dem Staat zukamen, an Adelige abgegeben, zusätzlich verringerten die Steuerexemptionen vieler Klöster und Adeliger sowie die Befreiung oder Reduzierung der Zölle für die westlichen Händler die Staatseinkünfte.

Zeichen dieser ökonomischen Schwächung des byzantinischen Staates war die Abwertung des byzantinischen *nomisma*, die schon in der ersten Hälfte des 13. Jahrhunderts einsetzte. Von 14 Karat Gold sank der Goldgehalt Ende des 13. bis Anfang des 14. Jahrhunderts auf 11 Karat, während dann in den letzten Jahrzehnten nur mehr Silbermünzen geprägt wurden.[19] Dies führte zu einem massiven Vertrauensverlust in die Währung. Die Einführung der venezianischen Goldwährung, des *duca d'oro*, wird damit in Zusammenhang gebracht.

Während der gesamten Palaiologenzeit (1261-1453) herrschten innere Unruhen und soziale Spaltungen, teils als Folge und teils als Ursache der Schwäche des Reichs. Die usurpatorische Übernahme der Macht durch Michael VIII. Palaiologos von der vorangegangenen Laskaridendynastie in Nikaia, der daraus erwachsene Arsenitenstreit[20] und Michaels Unionspolitik mit den nachfolgenden kirchlichen Spaltungen erschütterten das Vertrauen der Bevölkerung im kleinasiatischen Teil, welcher die Basis des Aufstieges von Nikaia gebildet hatte, und führte zur oben angedeuteten Schwä-

---

[18] Laiou 1977, 223-266.
[19] Hendy 1985, 519-547.
[20] Der Arsenitenstreit brach nach der Absetzung des Patriarchen Arsenios 1264 in Byzanz aus. Die Anhänger des Patriarchen erkannten seine Absetzung nicht an und widersetzten sich vielen kirchenpolitischen Ereignissen der zweiten Hälfte des 13. und der ersten Jahrzehnte des 14. Jahrhunderts, wie der Unionspolitik des Kaisers Michael VIII. Das arsenitische Schisma wurde 1310 aufgehoben.

chung der Reichsgrenze, der Flucht der Akritai und dem geringen Widerstand gegenüber den türkischen Eroberern.[21]

Zum immer schnelleren Verfall des Reiches trugen auch zwei Bürgerkriege in der ersten Hälfte des 14. Jahrhunderts (1321-1328 und 1341-1347) bei. In diesen zwei Kriegen wurden im Streit um die Macht in einem schwächer werdenden Staat, die dem Reich noch verbliebenen Regionen wie Thrakien und Mazedonien verwüstet und das soziale Gefüge wurde erschüttert. Bemerkenswert ist, dass im zweiten Bürgerkrieg zwischen Johannes VI. Kantakuzenos und den Palaiologen, die ärmeren Schichten die als legitim empfundene Dynastie der Palaiologen unterstützten, während die Aristokratie hauptsächlich, aber nicht durchwegs, auf der Seite des Großgrundbesitzers Johannes Kantakuzenos stand.

Im zweiten Bürgerkrieg entstand auch die Bewegung der *Zelotai* (›Eiferer‹) in Thessalonike. An diesem Aufstand, der sich sowohl gegen die Machthaber in Konstantinopel als auch gegen den Aristokratenführer Kantakuzenos richtete und dort zu einer Art Volksherrschaft führte, zeigte sich, wie stark die Macht der städtischen Bevölkerung sein konnte und wie groß die soziale Unzufriedenheit war. Die so genannten *dynatoi* (= ›die Mächtigen‹) wurden in diesem Kampf gegen den ›Kantakuzenismus‹ aus Städten, wo sich ansatzweise ein ›demokratisches‹ Element durchsetzen konnte, vertrieben und ihr Vermögen konfisziert.[22]

In dieser Zeit spielte ein weiterer Faktor der Instabilität eine wichtige Rolle: Die kirchliche Auseinandersetzung über die Sichtbarkeit des Taborlichtes (*Hesychasmos*[23]), dessen Schau mönchische Kreise, vor allem des Athos, durch bestimmte Techniken zu erreichen suchten. Der hesychastische Konflikt nahm bald auch politische Dimensionen an, als Johannes VI. Kantakuzenos die Partei der Hesychasten aktiv unterstützte und für die Wahrheit ihrer Lehre eintrat. Auf Synoden wurden nach dem Sieg des Kantakuzenos die Gegner des Gregorios Palamas, des Hauptvertreters des Hesychasmos, verurteilt (1347 und 1351). Alle diese Auseinandersetzungen führten zur weiteren Schwächung des allmählich untergehenden

---

[21] Vryonis 1971.
[22] Ostrogorsky 1963, 422f.
[23] Hesychasmus (aus dem Wort *hesychia* = ›Stille, Schweigen‹) bezeichnet zunächst eine Form ostkirchlicher Mystik, die danach strebt, durch eine bestimmte Atemtechnik das unerschaffene Licht Gottes zu sehen. Im 14. Jahrhundert beschreibt der Terminus Hesychasmus nicht nur diese theologische Lehre, sondern auch den aufgrund dieser Lehre in Byzanz ausgebrochenen Streit, der politische und soziale Folgen hatte.

Byzantinischen Reiches, während die Serben in West- und Nordgriechenland sowie in Thessalien und die Osmanen in Kleinasien und dann auch auf der Balkanhalbinsel expandierten. Die gegnerischen Parteien in den Bürgerkriegen und auch die Bewegung der *Zelotai* bedienten sich bedenkenlos der Hilfe und Unterstützung dieser beiden Kräfte, um an die Macht zu kommen.

In gesellschaftlicher Hinsicht allerdings hatte die Zeit der Bürgerkriege nicht nur katastrophale Folgen für Byzanz, sondern sie machte auch die Formierung neuer gesellschaftlicher Kräfte und die Artikulierung von politischen Interessen der unteren Schichten der byzantinischen Gesellschaft möglich.[24] Obwohl sich nach 1261 die traditionellen Machtsstrukturen, die auf der Stärke von Aristokratie und Bürokratie beruhten, wieder durchgesetzt hatten, gab es Neuentwicklungen in der ersten Hälfte des 14. Jahrhunderts, wie das Auftreten einer ›mittleren‹ Gruppe, der *mesotes*, die als eine besondere Erscheinung des späten Byzanz gilt. Die *mesoi* waren in den Quellen nicht unbekannt, aber die Tatsache, dass in der Palaiologenzeit die Begriffe *mesotes* oder *deutera* oder *mese moira* (d. h. der mittlere bzw. der zweite Teilbereich der Gesellschaft) deutlicher eine bestimmte soziale Kategorie von Menschen bezeichnete, weist auf eine stärkere soziale Profilierung dieser Gruppe hin.[25]

Welche sozialen Gruppen genau unter den *mesoi* einzuordnen sind, ist in der Byzantinistik umstritten, aber man kann sicherlich verschiedene Kategorien von Händlern nennen, wie z. B. Getreidehändler Viehhändler, Händler von Luxusprodukten, Zwischenhändler und besonders Fernhändler, deren Tätigkeit wir schon erwähnt haben. Darüber hinaus waren Personen, die sich mit Darlehen und Geldwechsel beschäftigten, sicherlich ebenfalls Angehörige der *mesoi*. Dazu gehören die Dienstleute von Adeligen, die deren Vermögen verwalteten und so ihre Position für private Zwecke nutzen konnten, wie es oft auch die staatlichen Beamten taten. Schließlich sind unter den *mesoi* städtische Handwerker zu erwähnen, wie z. B. Handwerker mit eigenen Verkaufsläden, Textilhandwerker und die im Baugewerbe Beschäftigten. Die *mesotes* umfasste also generell Personen mit einer mittleren Besitzlage, aus kommerziellen, finanziellen und gewerblichen Berufen[26] oder aus dem staatlichen und privaten Dienst.[27]

---

[24] Matschke-Tinnefeld 2001, 2.
[25] Matschke-Tinnefeld 2001, 143.
[26] Oikonomides 1979, 114f.
[27] Matschke-Tinnefeld 2001, 138.

Unumstritten ist, dass die ›Mittleren‹ über ein ausreichendes Einkommen verfügten und schrittweise ein Selbst- und Gruppenbewusstsein entwickelten, wie in den Ereignissen der Bürgerkriegszeit (1320-1350) deutlich wurde. Aus ihren Kreisen stammten auch wichtige Persönlichkeiten, die an den dynastischen Konflikten aktiv teilnahmen, wie Alexios Apokaukos. Dieser in der kleinen bithynischen Stadt Belokoma geborene und aus einfachen Verhältnissen stammende Mann schaffte es, an die Spitze der politischen Macht zu gelangen und das politische Schicksal des Reiches für einige Jahre zu bestimmen.

Die spätbyzantinischen Literaten äußerten sich meist negativ über diese ›Mittleren‹, kritisierten ihren Aufstieg und ihre politischen Aktivitäten. In dieser Einstellung kam die charakteristische Meinung der oberen Schichten der byzantinischen Gesellschaft zum Ausdruck, die die kaufmännischen und auf das Geldgewerbe bezogenen Berufe ablehnten. Die Vertreter dieser Berufe waren die *banausoi*, der *ochlos*, das unkultivierte Volk. Im späten Byzanz allerdings spielten diese *banausoi* eine bedeutende politische Rolle.

Dieses Phänomen ist mit der Bedeutung, die das ›demokratische‹ Element besonders in der Hauptstadt gewann, verbunden. Die Teilnahme und der Beitrag des Volkes – darunter auch die Seeleute – an der Bewegung der *Zelotai* war, wie schon gesagt, bedeutend.[28] Das Volk, der *demos*, äußerte vor allem in den großen Städten seine politische Meinung und artikulierte sein Recht auf politische Betätigung.

In der ersten Hälfte des 14. Jahrhunderts »umfasst der Demos eine breite Bevölkerungsschicht, auch die ärmsten Glieder der Bevölkerung, dazu Matrosen, Bauern, Handwerker, Kaufleute und Literaten. Allen, die dem Volk angehören, ist nicht ein bestimmter Beruf gemeinsam, sondern eine bestimmte Höhe des Einkommens und Vermögens.«[29] beschreibt Klaus Matschke-Tinnefeld die Zusammensetzung des ›Volkes‹. Unter diesem Volk müssen wir aber außer den Kaufleuten und den Handwerkern auch weitere gesellschaftliche Elemente, wie beispielsweise die Armen, Obdachlosen und Landlosen, die ›Unedlen‹ und ›Niedrigen‹ einordnen. Alle diese Gruppen zusammen prägen das Bild der unteren gesellschaftlichen Kräfte, die aber in den Zeiten der inneren politischen und wirtschaftlichen Krise in Bewegung gerieten und Anspruch auf ihre Rechte erhoben.

---

[28] Matschke-Tinnefeld 2001, 79-80.
[29] Weiss 1969, 72; Matschke (2001), 63.

Die Schwäche des politischen Systems, wie sie etwa in der Aufteilung des Staates als Apanagen verschiedener Mitglieder der Kaiserfamilie offenbar wird, trug zu diesen sozialen Wandlungen bei. Unbezweifelbar bleibt, dass die genannten Schichten gute Gründe für ihre Unzufriedenheit mit dem politischen System und den soziökonomischen Umständen hatten.[30] Deswegen strebten sie, sobald sie politische Macht in ihre Hand bekamen, diese Chance auch zu nutzen.

Die Rolle des *demos* bei politischen Entscheidungen scheint damals zeitweise größer als die des Adels gewesen zu sein, denn das Volk beeinflusste den Ausgang verschiedener Ereignisse im Inneren des Staates und bei dynastischen Auseinandersetzungen wesentlich oder bestimmte ihn mit seiner Haltung.[31]

Der zunehmende politische Einfluss des Volkes stieß schnell auf den Widerstand der traditionellen Kräfte der byzantinischen Gesellschaft. Für einige Literaten, wie z. B. Nikephoros Gregoras, waren die *Zeloten* (Vertreter des demokratischen Elements in Thessalonike) eine »absonderliche Ochlokratie«, während der prominente Aristokrat und byzantinische Kaiser Johannes Kantakuzenos das Verhalten des Volkes auf die Einwirkung von Demagogen zurückführte. Für Gelehrte wie Gregoras und die meisten Aristokraten, war die politische Aktivität des Volkes auf keinen Fall gerechtfertigt, obwohl es auch zuvor in der byzantinischen Geschichte Beispiele von Volksbewegungen gegeben hatte.

Die Gelehrten waren in jeder Zeit über ihre sozialen Vernetzungen durch ihre Herkunft, ihre Lebensbedingungen, aber auch aufgrund der persönlichen Kontakte durch Schüler-Lehrer Beziehungen präsent und einflussreich. Sie verfügten auch über institutionelle Verbindungen, d.h. Verbindungen zum Kaiserhof, zum Patriarchat usw. Sie nahmen zu den verschiedenen wirtschaftlichen, sozialen und politischen Problemen Stellung und beschrieben das Bild der byzantinischen Gesellschaft und die sich zuspitzenden sozialen Auseinandersetzungen im Alltagsleben durch Werke, wie im »Dialog zwischen den Reichen und den Armen« von Alexios Makrembolites.[32] Viele Aussagen von Literaten dieser Periode (etwa des Dichters Manuel Philes), beweisen, dass auch diese Gruppe ein übersteigertes Selbstbewusstsein entwickelt hatte und sich von anderen gesellschaftlichen Gruppen abgrenzen wollte.[33]

---

[30] Matschke-Tinnefeld 2001, 90.
[31] Weiß 1969, 156.
[32] Ševčenko 1960, 187-228.
[33] Matschke-Tinnefeld 2001, 66-67.

Innerhalb der byzantinischen gesellschaftlichen Struktur, in der nach wie vor die Gliederung in Aristokratie, Beamte und Volk, ihr Zusammenwirken und die zwischen ihnen bestehenden Auseinandersetzungen das Gefüge bestimmten, schienen die Grenzen im späten Byzanz eher noch schärfer als früher.

In jeder Epoche hatten vornehme Geburt, Funktion im Staatsdienst, Reichtum (aus Grundbesitz, aus Gehältern u.s.w.), ein spezifisches Selbstbewusstsein, ein besonderes soziales Prestige, bzw. eine hohe moralische Reputation die konstituierenden Elemente der Aristokratie gebildet.[34] Die Gruppe, welche die spätbyzantinischen Quellen als *megistanai* (etwa ›Magnaten‹) bezeichnen, bestand aus Grund besitzenden, Macht ausübenden und gesellschaftlich herausgehobenen Personen. Zu ihnen zählten angesehene Familien wie die Palaiologoi, Kantakuzenoi, Tarchaneiotes, Asanes, Laskaris, Raoul u. a. Sie beschäftigten sich vielfach mit der Verwaltung ihrer Besitzungen oder sie bekleideten im Staatswesen und im Militär hohe Funktionen. Tatsächlich waren Bürokratie und Militär die Wege für Aufsteiger in die Aristokratie gewesen. Den Adeligen, die über eine Verbindung mit der kaiserlichen Familie oder der palaiologischen Dynastie verfügten, wurden Festungen, Inseln oder Stadtviertel übertragen; sie konnten weiters als *kephalai* (wörtlich ›Häupter‹, d. h. Statthalter)[35] von Regionen und Städten dienen.

Die Aristokratie der frühen Palaiologenzeit suchte keine Nähe zu den ›Mittleren‹; stattdessen versuchten die Aristokraten, andere Elemente und Gruppen der Gesellschaft zu kontrollieren und ihre Interessen durch Gefolgschaften durchzusetzen. In der zweiten Hälfte des 14. Jahrhunderts entwickelte sich eine Gruppe innerhalb der aristokratischen Kreise, die, wie wir schon gesehen haben, im Handel aktiv wurde, um die aus der osmanischen Expansion resultierenden Verluste an Landbesitz auszugleichen. Das so genannte aristokratische Unternehmertum wurde mit keinem bestimmten byzantinischen Terminus bezeichnet, der seine Funktion beschrieben hätte, vielleicht weil es sich um ein kurzes Phänomen handelte, das zudem auf eine kleine Gruppe beschränkt blieb. Schließlich ist im Erscheinen dieses Unternehmertums auch ein Hinweis auf den Verlust an Macht und Aktivität der ›Mittleren‹ in der zweiten Hälfte des 14. Jahrhunderts zu sehen.[36]

---

[34] Matschke-Tinnefeld 2001, 8 und 16.
[35] Maksimovic 1988, 117f.
[36] Eine andere Meinung bei Oikonomides 1979, 122-123.

Die Mitglieder der Aristokratie hatten, wie schon festgestellt, die Chance militärische Kommandos zu erhalten. Sowohl im Heer als auch in der Flotte besetzten die Adeligen, die von einem jungen Alter an in diesem Bereich Karriere machen konnten, die Führungspositionen. Auf der anderen Seite bestand das Heer nicht nur aus Aristokraten, sondern auch aus Soldaten, welche die Quellen *stratiotai* nennen. Sie besaßen *pronoiai*, deren jährliche Einkünfte zwischen etwa 50 und 110 für größere und 10 bis 12 Hyperpyra für kleinere schwankten. Durch den Druck von Großgrundbesitzern und Klöstern verloren aber viele *stratiotai* ihren Pronoiabesitz und es gibt Fälle, wo *stratiotai* zu *paroikoi*, abhängigen Bauern, wurden. Der Staat war zudem bestrebt, dass sich die Soldaten nicht zu stark im Landbau engagierten, damit sie für militärische Einsätze leichter verfügbar waren. Die Frage, ob diese Soldaten eine spezifische soziale Gruppe darstellten, oder ob sie auch als Aristokraten bezeichnet werden sollten, ist noch offen. Manchmal kooperierte diese Gruppe mit dem Volk, manchmal aber auch mit den Aristokraten, pflegte also wechselnde Allianzen.

Neben dem Heer bot die öffentliche Verwaltung, die nach 1261 in Konstantinopel wiederhergestellt wurde, den zweiten Weg eines sozialen Aufstiegs. Das Beamtentum umfasste Personen, die weder arm noch Großgrundbesitzer waren. Sie versuchten die Kontinuität ihrer Gruppe durch Heiraten abzusichern. In einigen Beamtenkategorien, wie bei den Steuerbeamten und den Richtern, lässt sich feststellen, dass diese staatlichen Stellen vererbt wurden. Die Beamtenfamilien der Neokaisareites, Kinnamos, Oinaiotes, Panaretos und Bardales hatten stärkere Beziehungen zur Kirche und zu Handels- und Geldkreisen als zur Kaiserfamilie der Palaiologen. Die Grenzen zwischen dieser Gruppe und der Aristokratie existierten zwar, wurden aber am Ende des Reiches durchlässiger, weil beide Seiten infolge der Verkleinerung und der Schwäche des Staates jede Tätigkeit ausübten, die ihr Überleben gewährleistete.

Eine andere interessante soziale Entwicklung vom Anfang des 14. Jahrhunderts stellten *syntrophiai* (›Genossenschaften‹) dar, die bereits im Rahmen des Handels erwähnt wurden. Diese – soziologisch gesehen – mikrostrukturellen Formationen repräsentierten vor allem Beamte und Soldaten. Sie waren Kollegen von Steuerbeamten und Pächtern oder auch Soldaten und kleine Söldner. Neben ihrer Funktion als Bindeglied zwischen dem Beamtentum und den ›Mittleren‹ (*mesoi*) dienten die *syntrophiai* der Eingliederung von ausländischen Söldnern in die byzantinische Bevölkerung.[37] Da aber ihr innerer Zusammenhalt und ihre Existenzdauer nur kurz waren, blieb ihre Rolle bei der gesellschaftlichen Profilierung und Stabilisierung nur bescheiden.[38]

Gebietsverluste in Mazedonien, Thrakien und Zentralgriechenland bedeuteten seit dem Ende des 14. Jahrhunderts eine massive Schmälerung der ökonomischen Basis des Reiches, sodass es am Ende nicht nur militärisch, sondern auch wirtschaftlich nicht mehr überlebensfähig war. Schließlich umfasste das Byzantinische Reich am Vorabend der Eroberung Konstantinopels durch die Osmanen (29. Mai 1453) nur mehr die Stadt selbst, einen Teil Thrakiens und auf der Peloponnes das weitgehend autonome Despotat von Mistra.

Ab 1453 existierte Byzanz als politisches und ökonomisches System nicht mehr, aber einige Strukturen und Entwicklungen der Spätzeit wie z. B. das steigende Engagement und die Auseinandersetzung mit dem Handel ermöglichten in der Zeit des Osmanischen Reiches das Phänomen des griechisch bestimmten Handels auf der Balkanhalbinsel.

Literatur

Acta et Diplomata 1871 = Franz Miklosich-Joseph Müller, Acta et Diplomata Graeca Medii Aevi Sacra et profana, IV, Wien 1871.

Eparchikon Biblion 1991 = Das Eparchenbuch Leons des Weisens, hrsg. von Johannes Koder, in Corpus Fontium Historiae Byzantinae, Band 33, Wien 1991.

Hendy 1969 = Michael F. Hendy, Coinage and Money in the Byzantine Empire (1081-1261), Dumbarton Oaks Studies, Washington, District of Columbia 1969.

Hendy 1985 = Michael F. Hendy, Studies in the byzantine Monetary Economy c.300-1450, CUP Cambridge 1985.

Johannes Tzetzes 1972 = Johannes Tzetzes, Epistulae, hrsg. P.A.M. Leone, Leipzig 1972.

Kislinger 2002 = E. Kislinger, Handel und Gewerbe in Byzanz, in Historicum (Frühling 2002), Byzanz II, 14-19.

Koder 2002 = J. Koder, Bauern und Landwirtschaft, in Historicum (Frühling 2002), Byzanz II, 9-13.

Laiou-Thomadakis 1977 = Angelike Laiou-Thomadakis, Peasant Society in the Late Byzantine Empire, a Social and Demographic Study, Princeton 1977.

Laiou-Thomadakis 1980-81 = Angelike Laiou-Thomadakis, The Byzantine Economy in the Mediterranean Trade System; Thirteenth-Fifteenth Centuries, *DOP* 34/35 (1980-81), 177-222.

---

[37] Matschke-Tinnefeld 2001, 97.
[38] Matschke-Tinnefeld 2001, 97.

Lemerle 1979 = Paul Lemerle, The Agrarian History of Byzantium from the Origins to the twelfth Century, Galway 1979.
Lilie 2004 = Ralph Johannes Lilie, Byzanz und die Kreuzzüge, Stuttgart 2004.
Maksimovic 1988 = Ljubomir Maksimovic, The byzantine provincial Administration under the Palaiologoi, Amsterdam 1988.
Matschke 1991 = Klaus Peter Matschke, Bemerkungen zu den Mikro- und Makrostrukturen der spätbyzantinischen Gesellschaft, XVIIIth International Congress of Byzantine Studies, Moscow 1991, 152-195.
Matschke 2002 = Klaus Peter Matschke, Commerce, Trade, Markets and Money: thirteenth-Fifteenth centuries, in The Economic History of Byzantium, II, 2002, 771-806.
Matschke-Tinnefeld 2001 = Klaus Peter Matschke - Franz Tinnefeld, Die Gesellschaft im späten Byzanz. Gruppen, Strukturen und Lebensformen, Köln 2001.
Oikonomides 1979 = Nikos Oikonomides, Hommes d' Affaires Grecs et Latins à Constantinople (XIIIe-XVe siècles), Conférence Albert-le-Grand 1977, Montréal-Paris 1979.
Ostrogorsky 1963 = Georg Ostrogorsky, Geschichte des byzantinischen Staates, München³ 1963.
Ostrogorsky 1954 = Georg Ostrogorsky, Pour l' Histoire de la féodalité byzantine, Corpus Bruxellense Historiae Byzantinae, Subsidia I, Brussels 1954.
Patlagean 2005 = Evelyn Patlagean, Familie und Verwandtschaft in Byzanz, in: Geschichte der Familie. Mittelalter, hrsg. André Burguière, Christiane Klapisch-Zuber, Martine Segalen, Françoise Zonabend, Essen 2005.
Ševčenko 1960 = Ihor Ševčenko, Alexios Makrembolites and his »Dialogue between the Rich and the Poor«, in Zbornik Radova 6 (1960), 187-228.
Vryonis 1971 = Spyros Vryonis, The Decline of Medieval Hellenism in Asia Minor and the Process of Islamization from the eleventh through the fifteenth century, Berkeley 1971.
Weiss 1969 = Günter Weiss, Joannes Kantakuzenos. Aristokrat, Staatsman, Kaiser und Mönch in der Gesellschaftsentwicklung von Byzanz im 14 Jahrhundert, Wiesbaden 1969.
Zakythinos 1948 = Dionysios A. Zakythinos, Crise monétaire et crise économique à Byzance du XIIIe au XVe siècle, Athens 1948.

Der islamische Osten im Spätmittelalter

PETER FELDBAUER

Die Niederlage der Mongolen gegen die Armeen der seit kurzem in Ägypten und wenig später auch in Syrien herrschenden Mamlukendynastie im Jahre 1260 war ein welthistorisch folgenreiches Ereignis. Nach ihrem ersten Sieg bei Ain Dschalut gelang es den Mamluken über 40 Jahre lang, gegen die mongolisch-türkischen Nomadenverbände, die ausgehend von den Steppenregionen Zentralasiens innerhalb weniger Jahrzehnte ein Weltreich erobert und 1258 nach der Einnahme von Bagdad den letzten Abbasidenkalifen hingerichtet hatten, die Euphratgrenze zu halten. Syrien und Ägypten blieben daher außerhalb des mongolischen Einflussbereiches, was nicht nur die dauerhafte Etablierung eines mamlukischen Großreiches, sondern auch die endgültige Verlagerung des Zentrums der arabisch-islamischen Kultur aus dem ruinierten Irak nach dem Westen, nach Kairo, Damaskus und Alexandria, bewirkte.[1]

Fast gleichzeitig führten die Mamluken auch Krieg gegen die Kreuzfahrer. In der Tat war es der französische Kreuzzug des Jahres 1249 gegen Ägypten, der mamlukischen Offizieren den Anlass bot, die Macht der Aiyubidensultane in Kairo und schließlich auch in Syrien zu beenden. Mit der Eroberung der letzten Kreuzfahrerstützpunkte an der Küste Palästinas ging 1291 die nahezu 200 Jahre währende Offensive des christlichen Westens gegen die islamischen Staaten und Gesellschaften des syrisch-ägyptischen Raumes zu Ende. Die Pläne der Päpste und der ihrem Ruf folgenden ›fränkischen‹ Kreuzfahrerheere für eine dauerhafte Okkupation Jerusalems und des Heiligen Landes im Interesse von Religion, Wirtschaft und Politik waren damit endgültig gescheitert. Die islamische Seite hatte einen wichtigen Sieg errungen und – anders als im westlichen Mittelmeerraum – den militärischen Angriff Westeuropas auf die

---

[1] Morgan 1986, 145ff; Hourani 1992, 117ff.; Garcín 1995a, 315ff. und 343ff.

Kernregionen arabisch-islamischer Wirtschaft, Gesellschaft und Kultur erfolgreich abgewehrt. Und nicht bloß dies: Von den Osmanen neuerlich politisch geeint, setzte der islamische Osten nach dem Fall von Konstantinopel seit dem Spätmittelalter erneut zur Eroberung europäischer Länder an, was immerhin zur Besetzung Kretas, Zyperns und großer Teile des Balkans sowie zur zweimaligen Belagerung Wiens führte.

Zentrum eines vormodernen Weltsystems?

Die These einer durchschnittlich eher günstigen wirtschaftlichen, soziopolitischen und kulturellen Entwicklung auch nach der Ära der Kreuzzüge wird nur von einer Minderheit unter den Islamhistorikern geteilt. Maxime Rodinson beispielsweise schätzt die Wirtschaftsentwicklung vor der Abbasidenära bis ins 16. Jahrhundert grundsätzlich positiv ein;[2] Michael Cook bezweifelt die Vorstellung eines radikalen ökonomischen Bruchs um die Jahrtausendwende ebenso wie das daraus abgeleitete Bild eines langen, unaufhaltsamen Niedergangs;[3] Roger Owen verweist darauf, dass erst die Zeit von 1300 bis 1450 als Krisenphase gelten kann, deren ökonomische und politische Probleme aber durch die Inkorporation der arabischen Länder ins Osmanische Reich nochmals gelöst wurden,[4] und Marshall G.S. Hodgson warnt in seinem monumentalen Werk über den Islam als Weltzivilisation ausdrücklich davor, das krisenhafte lange 14. Jahrhundert zum Ausgangspunkt einer linearen, die neuerliche Blüte unter Osmanen und Safawiden unterschlagende Niedergangsschilderung zu machen.[5]

Die Mehrzahl der Islamwissenschaftler interpretiert das 11. und 12. Jahrhundert als Abschluss der Trendwende von der ›Blütezeit des Islam‹ hin zu Stagnation und Abstieg. Die düsteren Niedergangsszenarios mancher Autoren, deren fachwissenschaftlicher Rang außer Zweifel steht, erwecken den Anschein, als solle die spätere Dominanz und Kolonialherrschaft der Europäer als einzige historische Option dargestellt werden.[6] Auf die französischen Islamhistoriker Claude Cahen und Maurice Lombard, die sich auf

---

[2] Rodinson 1971.
[3] Cook 1983, 290ff.
[4] Owen 1981.
[5] Hodgson 1974.
[6] Lewis 1970; Ashtor 1976a.

unterschiedliche Weise um die Überwindung eurozentrischer Verzerrungen bemüht haben, trifft dies wohl nicht zu. Aber auch bei ihnen heißt es, gleichsam bedauernd, dass die Geschichte keine Rückkehr des klassischen Islam zuließ – »Daran änderte auch die Zeit der Auferstehung nichts, die er im Istanbul der Osmanen erfuhr«[7] –, oder dass Krisen und Unruhen die Islamische Welt seit der zweiten Hälfte des 11. Jahrhunderts um die Vorrangstellung eines Gravitationszentrums ganz Eurasiens bringen: »Wirtschaftliche Macht, Kraft der materiellen Expansion und schöpferische Aktivität sind jetzt ... für Jahrhunderte das Privileg Westeuropas«.[8]

Außerhalb der Zunft der Orientalisten fällt die Einschätzung der Entwicklung der Gesellschaften, Staaten und Ökonomien des westasiatisch-nordafrikanischen Raumes für die Epoche von der Jahrtausendwende bis in die frühe Neuzeit manchmal wesentlich günstiger aus. Fernand Braudel beispielsweise spart in seinen epochalen Werken nicht mit Hinweisen auf die seiner Meinung nach zumindest bis ins 16. Jahrhundert reichende wirtschaftliche, politische sowie kulturelle Stärke und Kreativität der islamischen Gesellschaften und Staaten im Osten bzw. Süden des Mittelmeers. Bei der Suche nach den Triebfedern der globalen Expansion und des kapitalistischen Aufstiegs Europas verweist er bezeichnenderweise auf China und die Islamische Welt als die zwei Zivilisationen, die sich als potenzielle Konkurrenten »um den Preis bewerben hätten können, den Europa erringen sollte«. Dass dies nicht geschah, erklärt Braudel im Falle des Islam mit früheren Erfolgen. Als die wirtschaftlich über Jahrhunderte dominierende Macht der Alten Welt sei der Islam der unverzichtbare Mittler zwischen den Kernräumen der vorkapitalistischen Weltökonomien gewesen, »fest eingegraben in den mannigfaltigen und Profit bringenden Handel« zwischen Europa und dem Fernen Osten. Wenn Braudel fragt: »Welchen Grund hätte der Islam haben können, sich jenseits seiner Vorzugsstellung auszudehnen?«, unterstellt er islamischen Gesellschaften offenkundig noch für das frühe 16. Jahrhundert die Saturiertheit lang dauernden wirtschaftlichen Erfolgs.[9]

Die positivste Beurteilung der ökonomischen und soziopolitischen Situation der islamischen Gesellschaften und Staaten Westasiens und Nordafrikas im 13. Jahrhundert stammt von jener Gruppe von Weltsystemhistorikern, die in den 90er Jahren begon-

---

[7] Cahen 1968, 341ff.
[8] Lombard 1992, 237ff.
[9] Braudel 1974, 259; vgl. allgemein dazu ders. 1986; ders. 1990.

nen haben, die Konzepte von Wallersteins Weltsystemtheorie bei der Rekonstruktion und Interpretation vormoderner Weltsysteme sowohl auszudehnen als auch zu modifizieren. Beispielsweise haben Samir Amin, Christopher Chase-Dunn, Andre Gunder Frank, Barry K. Gills, Thomas D. Hall und Stephen K. Sanderson in stark programmatischen Aufsätzen und Sammelbänden auf die mindestens bis zum ausgehenden 13. Jahrhundert, vielleicht aber sogar wesentlich länger bestehende Zentrums-Position des islamischen Raumes gegenüber der Peripherie Westeuropas verwiesen, wobei allerdings stark unterschiedliche Abgrenzungen des jeweiligen Weltsystems sowie verschiedene Chronologien von Auf- und Abschwungsphasen vorgeschlagen werden. Es verdient in diesem Zusammenhang Erwähnung, dass einerseits von einer Kontinuität eines schon seit Jahrtausenden bestehenden Weltsystems ausgegangen wird, während andererseits von einem Entwicklungsbruch zwischen vormodernem und kapitalistischem Weltsystem im 14. und 15. Jahrhundert die Rede ist.[10]

Am explizitesten hat diesbezüglich als Exponentin der zweiten Position Janet Abu-Lughod in ihrer Monographie *Before European Hegemony. The World System A.D. 1250-1350* sowie in mehreren Aufsätzen, von denen einer in Übersetzung im vorliegenden Sammelband aufgenommen ist, Stellung bezogen. Im Zusammenhang mit der Hauptthese ihres Buches, wonach gegen Ende des 13. Jahrhunderts ein schon lange existierendes Weltsystem mit globalen Dimensionen, in das sich zuletzt auch Europa integriert hatte, seinem Höhepunkt zustrebte, interpretiert sie den arabisch-iranischen Raum als eine Kernregion eines große Teile Asiens, Afrikas und Europas verbindenden Globalsystems, das hinsichtlich der Komplexität und Ausdehnung der kommerziellen Kontakte sowie im Bereich der gewerblichen Produktion bereits ein Entwicklungsniveau aufgewiesen haben soll, wie es im Weltmaßstab erst wieder im Verlauf des 16. und 17. Jahrhunderts erreicht worden wäre.

In explizitem Gegensatz zum größten Teil der Standardliteratur beschreibt Abu-Lughod den Mongolenvorstoß bewusst ambivalent nicht nur als politische und wirtschaftliche Katastrophe für den irakisch-iranisch-transoxanischen Raum. Sie bewertet die politische Stabilität des mongolischen Großreiches nämlich gleichzeitig als wesentliche und grundlegende Voraussetzung für die ihrer

---

[10] Amin 1991; Chase-Dunn/Hall 1991 und 1997; Frank/Gills 1993a; dies. 1993b; Sanderson 1995.

Meinung seit Mitte des 13. Jahrhunderts herrschende Prosperitätsphase. Abu-Lughod leugnet mit dieser unkonventionellen Interpretation weder die mit dem Mongolenvorstoß verbundenen Verwüstungen und Bevölkerungsverluste, noch spricht sie von blühender Landschaft und prosperierendem Gewerbe. Ihre These bezieht sich vielmehr auf die parallel zur Reichsbildung zustande kommende Sicherheit auf den Karawanenrouten der Seidenstraße, die seit Jahrhunderten China mit der Islamischen Welt und Europa verbanden, den Transport von Luxusgütern und die Reise der Kaufleute aber noch nie mit so geringen Risiken und Protektionskosten ermöglicht hatten.[11]

Die postulierte Reduktion der Schutz- und Transportkosten auf der Seidenstraße infolge der relativ verlässlichen politischen und militärischen Lage hatte sicherlich positive Folgen für Kaufleute und Karawanenhandel, wenngleich innermongolische Kriege immer wieder Störungen bewirkten. Über die Dimensionen des kommerziellen Aufschwungs sind aber ebenso wenige verlässliche Zeugnisse erhalten wie über das ebenfalls zu vermutende neuerliche Städtewachstum in Ostiran und Transoxanien. Es gibt aber gleich mehrere Quellen für das durch die veränderten soziopolitischen Verhältnisse neu geweckte Interesse europäischer Kaufleute, die Strapazen einer Geschäftsreise ins ferne China unter mongolischem Geleitschutz auf sich zu nehmen. Balducci Pegolotti informiert in seinem Kaufmannsmanual aus der ersten Hälfte des 14. Jahrhunderts sowohl über die zumindest erforderliche Reisezeit, die man auf der Karawanenroute für die enorme Distanz vom Schwarzen Meer bis zur Hauptstadt Chinas benötigt, als auch über das hohe Maß an Sicherheit, das bei Tag und Nacht auf dieser Strecke herrscht.[12]

Inwieweit *Pax Mongolica* und Handelskonjunktur auch zu einer nicht unplausiblen Erholung von Gewerbe und Landwirtschaft nach den Zerstörungen der Eroberungsphase beitrugen, lässt sich beim gegenwärtigen Kenntnisstand nicht schlüssig beantworten: Unter anderem schon deswegen, weil die stereotypen Hinweise auf den Niedergang der Städte, des Handwerks und der Landwirtschaft

---

[11] Abu-Lughod 1989, 153ff.; dies. 1983a, 278ff.; dies. 1993b, 8f.; ähnlich argumentierten Risso 1995, 51; Tabak 1996, 25ff. und Christian 1998, 426f. Wesentlich vorsichtiger Bregel 1991, 66 hinsichtlich der positiven Effekte des mongolischen Weltreiches für den Fernhandel; skeptisch dagegen Morgan 1988; Roemer 1989 und Gronke 1998.
[12] Abu-Lughod 1989, 159 ff; Christian 1998, 426.

fast durchwegs die Gräueltaten der mongolischen Nomadenverbände mehr beschwören als belegen.[13]

Das Urteil der wohl besten Kennerin der iranischen Agrarentwicklung in der Ära der Mongolen, Ann K.S. Lambton, fällt bemerkenswert differenziert aus. Auch für sie überwiegen die negativen Folgen der mongolischen Eroberung und Administration, sie billigt der Militär- und Wirtschaftspolitik der Ilchane aber auch positive Effekte für die Landwirtschaft zu. Beispielsweise mag die *iqta*-Vergabe an Mitglieder der Armee, d.h. die Wiederbelebung seldschukischer Praktiken, zwar vorrangig militärischen Bedürfnissen gedient haben, gleichzeitig dürfte aber auch unbewirtschaftetes Land wieder reaktiviert worden sein. Ebenso lässt sich aus der Reduktion von Ackerland zugunsten von Weideflächen – ein Prozess der aus der Zunahme des nomadischen Bevölkerungsanteils, den steigenden Getreidepreisen und der sinkenden Getreideproduktion schlüssig folgt – nicht geradlinig auf einen radikalen Zusammenbruch des Agrarsektors schließen, wogegen auch das Aufkommen von Baumwoll- und Seidenkulturen spricht. Der allgemeine Eindruck rechtfertigt kein Katastrophenszenario, macht aber doch eine Stagnation oder sogar Rezession der Landwirtschaft in vielen Teilen des mongolischen Ostens wahrscheinlich.[14]

Auch die Gewerbeentwicklung in den iranischen Städten verlief nach der unmittelbaren Eroberungsphase wahrscheinlich ambivalent und keinesfalls immer ungünstig, wenngleich auch in diesem Fall eindeutige Belege fehlen. Es ist immerhin erwähnenswert, dass Eliyahu Ashtor, einer der radikalsten Vertreter eines allgemeinen ökonomischen und soziopolitischen Niedergangs der Islamischen Welt seit der Ära der Kreuzzüge, auf die starke Konkurrenz des iranischen Gewerbes für die Handwerker der schrumpfenden irakischen Städte hinweist.[15]

Am schlimmsten wirkte sich die Mongolenära offenbar im Irak aus, im einstigen Kernland des Kalifats. Bedingt durch die geopolitische Randlage und die Abtrennung von den anderen arabisch-islamischen Gesellschaften bewirkten hier die vielfältigen kriegerischen Verwüstungen große Bevölkerungsverluste und einen allgemeinen Niedergang der Städte, des Handwerks und der Land-

---

[13] Vgl. etwa Irwin 1986, 14ff.; Morgan 1988, 79ff.
[14] Ausführlich dazu Lambton 1988, 173ff. Vgl. auch dies. 1981, 298ff.; Roemer 1989, 9 sowie Ashtor 1981 b, 262ff. zum Aufschwung agrarischer Exportprodukte.
[15] Ashtor 1976, 262.

wirtschaft. Der Abschwung vieler Gewerbezweige resultierte möglicherweise nicht vorrangig aus kurzfristigen Kriegsfolgen, sondern vor allem aus dem langfristigen Verlust von Absatzmärkten. Nicht bloß die Seidenmanufakturen verloren an Bedeutung, auch die Glas-, Papier- und Baumwollproduktion wurde reduziert. Selbst der Fernhandel durch den Golf sowie der Regionalhandel litten, wofür die zeitgleiche Intensivierung auf den Karawanenrouten nach Persien und Zentralasien vermutlich keinen vollwertigen Ausgleich schuf.[16]

Während die wirtschaftlichen Probleme sowie der Niedergang vieler Städte im Irak der Ilchane plausibel auf die Mongoleninvasion zurückgeführt werden kann, hatte der Rückgang des Asienhandels andere Gründe. Wahrscheinlich fielen nicht primär interne politische und ökonomische Schwierigkeiten, sondern insbesondere die überlegene Konkurrenz der nördlichen Karawanenwege sowie der südlichen, von Ägypten und Syrien ausgehenden und durchs Rote Meer führenden Asienroute ins Gewicht. Während die Genuesen nach dem Verlust der letzten Kreuzfahrerstützpunkte an der Levanteküste im Jahr 1291 immer konsequenter Anschluss an die Seidenstraße über den Schwarzmeerraum suchten, konzentrierten sich die im Norden blockierten Venezianer auf die Kooperation mit den Mamluken und somit auf die im Roten Meer operierenden Händlergruppen. Die Route durch den Persischen Golf geriet demgegenüber allmählich ins Hintertreffen. Der Bedeutungsverlust von Bagdad und Basra in der Mongolenära dürfte hingegen weniger ins Gewicht gefallen sein.[17]

Ganz anders als im Irak und wesentlich besser als im mongolischen Osten verlief nach Meinung von Abu-Lughod die Wirtschaftsentwicklung im seit 1250/1260 unter der Herrschaft der Mamluken politisch geeinten ägyptisch-syrischen Raum. Hier soll eine diversifizierte, hegemoniale Ökonomie, in der Handel, Gewerbe und Landwirtschaft nach der kritischen Schlussphase der Aiyubidenherrschaft einen neuen Aufschwung erlebten und einander wechselseitig förderten, sowohl militärisch-politische Macht als auch kulturelle Blüte bis weit ins 14. Jahrhundert garantiert haben.[18]

Unmittelbar nach dem Machtantritt setzte infolge der neu gewonnenen politischen Stabilität und militärischen Stärke in Ägyp-

---

[16] Vgl. Ashtor 1976a, 249ff.; ders. 1981b, 253ff.; Gronke 1998, 271.
[17] So die interessante Argumentation von Abu-Lughod 1989, 197ff.; vgl. dazu auch Ashtor 1976a, 263f.
[18] Abu-Lughod 1989, 275ff.

ten, und etwas weniger ausgeprägt auch in Syrien, ein dauerhaftes Bevölkerungs-, Agrar- und Gewerbewachstum ein, das sich in der Größe der Städte und der relativ guten Versorgungslage ihrer Bevölkerung ebenso niederschlug wie in regelmäßigen Agrarexporten aus Ägypten. Zu den traditionellen Getreideausfuhren trat die Verschiffung immer größerer Mengen an Zucker, Baumwolle und anderer landwirtschaftlicher Stapelgüter, die in Südeuropa rege nachgefragt wurden. Es ist gut möglich, dass die Nahrungsmittelproduktion einiger ägyptischer und syrischer Regionen durch die Ausweitung von Zucker- und Baumwollplantagen etwas an Boden verlor. Im Fall der oberägyptischen Zuckerherstellung, die in der zweiten Hälfte des 13. Jahrhunderts einen wahren Boom erlebte, scheint diese Annahme sehr plausibel. Allein in Fustat waren zu dieser Zeit 66 Zuckerraffinerien in Betrieb, und Mamlukenemire begannen ihre ursprünglich aus der traditionellen Landwirtschaft stammenden Einkünfte – ihr Sold stammte entweder großteils aus staatlichen Agrarsteuern oder wurde durch die Überlassung von *iqta*-Rechten ersetzt – in diesen lukrativen Wirtschaftszweig zu investieren.[19]

Der gegen Ende der Aiyubidenära in wichtigen Gewerbezweigen zu beobachtende Verfall soll in den ersten hundert Jahren der Mamlukenherrschaft ebenfalls gestoppt oder sogar rückgängig gemacht worden sein. Die Belege für diesen Prozess sind aber ebenso fragmentarisch wie die Krisenberichte zuvor und lassen weder genaue Entwicklungsverläufe noch Größenordnungen erkennen. Möglicherweise hat die rege Zuwanderung von Handwerkern aus dem irakischen Raum das syrisch-ägyptische Lokal- und Exportgewerbe neben der Agrar- und Handelskonjunktur, dem Bevölkerungsanstieg und der relativ stabilen politischen Lage zusätzlich belebt.[20]

Besonders auffällig, am besten dokumentiert und auch gut erforscht ist die Handelskonjunktur unter den kiptschakischen Bahr-Mamluken, die sowohl mit der Verdichtung des Mittelmeerhandels als auch mit dem Aufschwung der Asienroute durchs Rote Meer zusammenhängt. Im Gleichklang mit dem Bedeutungsverlust von Bagdad, Basra und Persischem Golf im Geschäftsverkehr mit Indien, Südostasien und China stiegen Aden, Kairo und Alexandria zu den großen Handelskontoren der arabischen Welt auf, die ge-

---

[19] Allgemein dazu Ashtor 1976a, 288ff.; vgl. auch ders. 1981a, 91ff.; ders. 1981b, 263f. und 275; Abu-Lughod 1989, 230ff.
[20] Labib 1965, 307ff.; Ashtor 1976a, 288f.; Abu-Lughod 1989, 203f.

heimnisumwitterte Gruppe der schon unter den Fatimiden und Aiyubiden zu Einfluss gelangten Karimi-Kaufleute gewann auf den südlichen Routen des Asien-Europa-Transithandels für einen längeren Zeitraum eine monopolnahe Position.[21] Noch während der langen Regentschaft von Sultan an-Nasir Muhammad (1293-1340) soll die Prosperität insbesondere wegen der Karimi-Kaufleute bemerkenswert gewesen sein. Deren wichtigste italienische Partner waren seit 1261 Venezianer, die infolge der Restauration byzantinischer Herrschaft ihre Position im Schwarzmeer-Raum an den westlichen Stapelorten der Karawanenrouten nach Zentralasien verloren hatten. Die Partnerschaft diente Ägypten und Venedig gleichermaßen, trug aber auch zur allmählichen Umorientierung Genuas auf den Atlantik bei.[22] Die von Sultan an-Nasir Muhammad sowohl in Ägypten als auch in Syrien vorangetriebene Neuvermessung und Neubewertung des Landes zum Zwecke der Reorganisation der Steuerverwaltung und des *iqta*-Systems diente vorrangig fiskal- und militärpolitischen Zielen; sie dürfte gleichzeitig Irrigations- und Infrastrukturmaßnahmen erleichtert und damit die Landwirtschaft gefördert haben, was letztlich wiederum die politische und militärische Macht absicherte.[23]

Italienische Expansion und Pestwelle als Krisenauslöser

Im Unterschied zu all jenen, die die klassische ›Blütezeit des Islam‹ irgendwann zwischen 9. und 13. Jahrhundert enden lassen, erblickt Abu-Lughod erst in einander ergänzenden Krisenphänomenen seit dem zweiten Viertel des 14. Jahrhunderts, die in Gleichklang mit den schweren Erschütterungen im Fernen Osten, in Indien und in Westeuropa auftraten und die Strukturen des ›vormodernen‹ Weltsystems untergruben, den Ausdruck einer säkularen Trendwende. In expliziter Abgrenzung zu Eliyahu Ashtor, der die wirtschaftlichen Probleme Ägyptens auf zunehmende Korruption des despotisch-interventionistischen Staatsapparats, auf technologische Stagnation, auf mangelnden Unternehmergeist sowie auf feudalisierungsbedingte Bevölkerungs- und Produktionsverluste im Agrar-

---

[21] Labib 1965, 64ff. und 227f.; Ashtor 1976a, 300f.; ders. 1978a, IV/52f.; Irwin 1986, 73f.; Abu-Lughod 1989, 227ff.; Gronke 1998, 325.
[22] Abu-Lughod 1993a, 284ff.; eine abweichende Meinung vertritt Irwin 1986, 117f.
[23] Irwin 1986, 109ff.

bereich zurückführt, räumt Abu-Lughod zwei externen Faktoren Priorität als Krisenauslöser ein: der verheerenden Pestwelle des Jahres 1347-1350 und der aggressiven Handelspolitik Venedigs und Genuas im Mittelmeerraum. Sie geht davon aus, dass die Bevölkerung Ägyptens und Syriens durch die erste Pestwelle um etwa ein Drittel reduziert wurde, was die gesamte Ressourcenbasis des Mamlukenreiches empfindlich schwächte. Die daraus resultierende gesteigerte Ausbeutungspolitik der Mamluken-Sultane war ökonomisch und innenpolitisch ziemlich problematisch. Noch nachteiliger soll die zunehmende Abhängigkeit des Staatshaushalts und der Ökonomie von Rohstoffexporten und Transithandel gewesen sein. Nach Abu-Lughod erwies sich dies als entscheidende Weichenstellung für die Transformation hegemonialer in abhängige, periphere Gesellschaften.[24]

Analog zur Krise des 14. Jahrhunderts in Westeuropa wäre noch zu klären, inwieweit man die Seuchenwelle in Ägypten – und im islamischen Osten – eher als Krisenauslöser oder möglicherweise doch schon als Krisenfolge deuten sollte.[25] Unabhängig von der Beantwortung dieser offenen Frage war die pestbedingte Zerrüttung wichtiger Wirtschaftszweige des Mamlukenstaates seit der 2. Hälfte des 14. Jahrhunderts eine Katastrophe, deren Ausmaße und Langzeitfolgen strittig sind, die aber jedenfalls eine einschneidende historische Zäsur darstellt. Der ziemlich zeitgleich mit der ersten Pestwelle, der bis zum Ende der Mamlukenära noch weitere zwölf Seuchenzüge folgten, einsetzende Niedergang der Landwirtschaft traf sowohl die Sultane als auch die gesamte Mamlukenkaste schwer, da der größte Teil staatlicher und persönlicher Einkünfte aus dem Agrarbereich stammte. Da es im Unterschied zu Westeuropa im 15. Jahrhundert aus verschiedenen Gründen zu keiner demographischen Erholung kam – die intensive Agrarproduktion Ägyptens erwies sich als störungsanfällig und ließ sich nur schwer wieder in Schwung bringen – schlitterten Landwirtschaft und Gewerbe nach Ansicht vieler Autorinnen und Autoren in eine Abwärtsspirale. Die Reduktion der bäuerlichen Haushalte dürfte die Bevölkerungsrelation etwas zugunsten der Beduinen verschoben haben; infolge des zunehmenden Arbeitskräftemangels wurden marginale Böden aufgegeben; die Gesamtproduktion schrumpfte bei gleichzeitig steigenden Pro-Kopf-Erträgen, verringerter städti-

---

[24] Ashtor 1976, 235ff. und 280ff.; Abu-Lughod 1989, 236ff.
[25] Den besten Einstieg dazu bietet weiterhin Dols 1977; ders. 1979; ders. 1981. Vgl. jüngst dazu Naphy/Spicer 2003.

scher Nachfrage – die Pest traf die urbane Bevölkerung am härtesten – und sinkenden Getreidepreisen.[26]

Die Entvölkerung ganzer Landstriche, sinkende Erträge aus der Landwirtschaft und Deformationen des *iqta*-Systems erschwerten zusammen mit wiederkehrenden Seuchenwellen und steigenden Kriegskosten einen Wiederaufbau des Landes, was in weiterer Folge das bisher recht gut funktionierende Geldsystem sowie die Gewerbeproduktion empfindlich schwächte und schließlich auch den Fern-, Transit- und Regionalhandel in Schwierigkeiten brachte. Wenn auch tragfähige Untersuchungen über die Zusammenhänge zwischen demographischer Entwicklung, ländlicher Ökonomie, Währungsordnung, Gewerbe und Handel noch fehlen, so ist doch der fortschreitende wirtschaftliche Niedergang des Mamlukenreiches eine Tatsache von erheblicher Tragweite, die sich naturgemäß in den wichtigen Zweigen handwerklich-manufaktureller Produktion besonders deutlich niederschlug.[27]

Schwer getroffen wurde beispielsweise das Textilgewerbe Ägyptens, wenngleich es nicht schlagartig zugrunde ging, wie der Erfolg der Webereien Alexandrias bis zum Ende des 14. Jahrhunderts beweist. Bis zu diesem Zeitpunkt hatten Produktionsvolumen und Qualität vieler Handwerkserzeugnisse schon einen erkennbaren Niedergang erlebt, die Leinen-, Seiden-, Zucker-, Papier- und Glaserzeugung Ägyptens und Syriens waren aber immer noch von gesamtwirtschaftlicher Bedeutung und ermöglichten einträgliche Exporte in maghrebinische und ostarabische Länder, im Fall von Zucker sogar nach Venedig, Genua, Aigues-Mortes, Marseilles und Barcelona. Zu Beginn des 15. Jahrhunderts war ein Teil der Gewerbebetriebe verschwunden. Die Zuckerindustrie war vielerorts empfindlich geschrumpft und konnte sich nicht mehr völlig erholen, wodurch auch einer der am stärksten kommerzialisierten Agrarsektoren verfiel. Die von einem Zeitgenossen überlieferte Reduktion der Webstühle in Alexandria von 14 000 im Jahre 1394 auf lediglich 800 nur 40 Jahre später ist offensichtlich unzuverlässig, der damit zum Ausdruck gebrachte Trend wird aber durch die Schließung vieler Werkstätten in Kairo bestätigt.[28]

Selbst der Kronzeuge des Niedergangs der islamischen Welt im 14. und 15. Jahrhundert, Eliyahu Ashtor, warnt vor Übertreibun-

---

[26] Ashtor 1976a, 311ff.; Irwin 1986, 135ff.; Berkey 1998, 379ff.; Garcin 1998, 314f.; Gronke 1998, 324.
[27] Gronke 1998, 324.
[28] Ashtor 1976a, 306f.; Lopez/Miskimin/Udovitch 1970, 116.

gen. Auch sollte man die Dimensionen des wirtschaftlichen Abstiegs nicht überschätzen. »Das Gewerbe Ägyptens und Syriens war nicht gänzlich verschwunden. In Damaskus und Alexandria bestanden bis zum Ende des 15. Jahrhunderts Manufakturen für Seiden- und Brokatwaren, die nach Nordamerika und Europa exportiert wurden. Dennoch war der Niedergang der orientalischen Gewerbeproduktion hinsichtlich Quantität und Qualität nicht zu übersehen«.[29]

Das düstere Bild wird überdies durch die etwas günstigere Entwicklung des Handels aufgehellt, wenngleich auch dieser Wirtschaftszweig des Mamlukenreiches von der Krise nicht verschont blieb.

In den irakisch-iranischen Ländern des Mongolenreiches wirkte sich die Pestwelle wohl ähnlich verheerend aus wie in Ägypten. Man geht kaum fehl, massive Einbrüche der Agrar- und Gewerbeproduktion sowie das rapide Sinken der Armeestärke mit seuchenbedingten Bevölkerungsverlusten zu verbinden. Dies alles fiel umso mehr ins Gewicht, als es sich vor dem Hintergrund eines jahrzehntelangen Verfalls der politischen Autorität im Staatswesen der Ilchane vollzog, wo seit der Reformära unter Gazan (1295-1304) die Kämpfe zwischen verschiedenen Mongolensippen den allmählichen Untergang der Mongolenherrschaft in Westasien einleiteten. Vereinzelte Hinweise deuten zwar auf ein steigendes Interesse nomadischer oder auch sesshaft werdender Mongolenclans für die Landwirtschaft hin, und die neuerliche Ausweitung des *iqta*-Systems zur Militärbesoldung mag der Agrarproduktion sogar dienlich gewesen sein – eine generell positive Agrarentwicklung kann man aus diesen Indizien aber nicht ableiten. Die Nachfrage der mongolischen Armeen nach Getreide führte zusammen mit der Reduktion des Ackerlandes zu steigenden Preisen, was aber wenig über die allgemeine Konjunktur aussagt. Bemerkenswert ist allerdings die gegen Ende der Mongolenherrschaft einsetzende Ausweitung der Baumwoll- und Rohseideproduktion in vielen persischen Provinzen und in Obermesopotamien, was ein ausreichendes Arbeitskräfteangebot trotz Seuchen und Kriegswirren, vor allem aber auch eine steigende Nachfrage der Südeuropäer voraussetzte.[30]

Lässt sich auch kein schlüssiges Bild der Agrar- und Gewerbeentwicklung gewinnen, so vermitteln die wenigen Zeugnisse doch

---

[29] Ashtor 1976a, 307.
[30] Vgl. dazu Ashtor 1976a, 249ff.; Lambton 1988, 181f.; Morgan 1988, 81.

eher das Bild einer labilen ökonomischen Situation, die durch den Ausbruch der Pest sicherlich verschlechtert wurde. In Kombination mit der Zunahme interner Konflikte dürfte ein Zustand politischer und wirtschaftlicher Schwäche entstanden sein, der es den Ilchanen schließlich unmöglich machte, die notwendigen Steuern einzutreiben, um sich militärisch behaupten zu können. Damit waren das Ende politischer Stabilität und der durch die *Pax Mongolica* ermöglichten Handelsblüte auf den Karawanenrouten nach Zentralasien gekommen.

Nahezu zeitgleich mit den internen Problemen im iranisch-irakischen Raum traten in China und Indien – das Sultanat von Delhi erholte sich nie mehr völlig von den Plünderungen durch Timurs Truppen im Jahre 1398 – wirtschaftliche und politische Probleme auf, die zum Niedergang des Indienhandels auf der Karawanen-Golfroute beitrugen und die Krise des islamischen Raums mit verursachten oder zumindest verstärkten. Die politische Zersplitterung Persiens wurde zwar im 15. Jahrhundert durch die Reichsgründung Timurs wieder überwunden, die Wirtschaftsprosperität und Handelsblüte früherer Zeit kehrte aber trotz einiger Anstrengungen um Bewässerungssysteme und die Sicherheit von Karawanenrouten nicht in vollem Umfang zurück, obwohl eine gewisse Stabilisierung von Landwirtschaft und Gewerbe gelang. Nach Ansicht Abu-Lughods hing dies in erheblichem Maß mit einschneidenden Modifikationen im Asienhandel sowie dem wirtschaftlichen Erstarken Westeuropas zusammen. Ein weiteres Ergebnis des Strukturwandels von Fernhandel und früher internationaler Arbeitsteilung war der Sieg des Indien-Seewegs durch das Rote Meer über die Route durch den Persischen Golf.[31]

Zur Erklärung des Triumphs der Asienroute durch das Rote Meer wird einerseits darauf verwiesen, dass die Karawanenwege vom Golfhafen Basra nach Bagdad und weiter nach Damaskus oder Aleppo ebenso wie jene durch Persien nach Trapezunt seit dem Zerfall des Mongolenreiches für viele Kaufleute zu unsicher bzw. infolge der enormen Produktionskosten zu aufwändig wurden, sodass die Waren Indiens, Chinas und der Gewürzinseln nun fast ausschließlich durch das Rote Meer und weiter nach Ägypten oder zur syrischen Mittelmeerküste transportiert wurden. Die Sicherheit

---

[31] Abu-Lughod 1989, 205ff., 241ff. und 340ff.; Adshead 1988, 194ff.; Risso 1995, 51. Zur Reichsgründung Timurs und zur Wirtschaft der Timuriden vgl. Nagel 1993 sowie ergänzend Lambton 1981, 305; Gronke 1998, 288ff.

dieser Handelswege war zwar auch alles andere als selbstverständlich. Die Mamlukensultane gewährleisteten gegen hohe Abgaben aber immerhin soviel Schutz, dass immer häufiger die navigatorisch schwierigere Route gewählt wurde und die Produkte Asiens schließlich fast ausnahmslos via Aden, Dschidda und Suez nach Europa gelangten. Der Erfolg der Route durchs Rote Meer hing andererseits auch mit der aggressiven Handelspolitik der Venezianer im östlichen Mittelmeerraum und ihrer engen Kooperation mit den Mamluken zusammen. Seit dem frühen 15. Jahrhundert verfügte Venedig in den einträglichsten Zweigen des Levantehandels gegenüber den südeuropäischen Konkurrenten über eine dominante Stellung, die durch weitreichende Privilegien in Alexandria und anderen Stapelhäfen abgesichert war.[32]

Diese für das Mamlukenreich und insbesondere für Venedig vorteilhafte Entwicklung des Fernhandels zwischen Asien und Europa wird allerdings durch mehrere Tatsachen stark relativiert. Erstens zogen der Niedergang von Landwirtschaft und Gewerbe sowie die Schwierigkeiten mancher Gewerbezweige in einigen Regionen des islamischen Ostens und auch des Maghreb viele Zweige des traditionellen ägyptischen Handels mit anderen arabischen Ländern sowie den Binnenhandel stark in Mitleidenschaft. Die Märkte Kairos und Alexandrias erlitten trotz des blühenden Indiengeschäftes Einbußen, woraus der Verfall ganzer Stadtviertel, aber auch empfindliche Einnahmenverluste für die Staatskasse resultierten.[33] Zweitens wurde das mamlukische Ägypten geldpolitisch – Venedigs Dukaten dominierte als geläufigste Handelswährung – und selbst im profitablen Asiengeschäft immer abhängiger von der Zusammenarbeit mit den Venezianern und anderen Südosteuropäern, auf deren Transportdienste es zunehmend angewiesen war.[34] Drittens entwickelten sich die kommerziellen Beziehungen zu oberitalienischen, südfranzösischen und katalanischen Häfen möglicherweise zusehends zum Vorteil der Europäer.

Abu-Lughod beispielsweise erblickt in der Zusammenarbeit zwischen dem Sultan und Venedig nicht bloß Vorteile fürs Mamlukenreich, sondern vor allem auch gravierende langfristige Nachteile. In letzter Konsequenz hätte die für Staatshaushalt, Militär- und Administrationsapparat der Mamluken schließlich unverzichtbare Ko-

---

[32] Lane 1980, 449ff.; Scammell 1981, 103ff.
[33] Lopez/Miskimin/Udovitch 1970, 116f.
[34] Ashtor 1976b, 576f.; ders. 1978c, 12ff.; Feldbauer/Morrissey 2002, 108.

operation nicht zu wirtschaftlicher und politischer Stärke, sondern zu Abhängigkeit, Stagnation und Deformation der ägyptisch-syrischen Wirtschaft und Gesellschaft geführt. Der Mamlukenstaat bezog aus dem Asiengeschäft zwar hohe Transitgebühren, Hafenzölle und Steuern, bezahlte aber nach Meinung Ashtors dafür einen hohen Preis in Form wachsender Abhängigkeit von den Europäern, deren Handels- und Kriegsschiffen, Fertigprodukten und kommerziellen Praktiken man im Verlauf des 15. Jahrhunderts immer weniger entgegenzusetzen hatte. Venezianer und andere Südeuropäer lieferten nicht mehr wie früher hauptsächlich Holz und Eisen, sondern immer mehr Fertigwaren und teure Lebensmittel. Ägypten und Syrien seien dagegen in die Rolle von Rohstoffexporteuren geraten, in deren Städten die feinen orientalischen Stoffe billigeren europäischen Textilien Platz machten, deren Weizenproduktion zugunsten des Baumwollexports eingeschränkt wurde und deren Zuckererzeugung sogar Teile des Binnenmarktes an die ausländische Konkurrenz verlor.[35]

Gegenüber zunehmenden wirtschaftlichen, politischen und gesellschaftlichen Problemen stellten hohe Einnahmen aus dem Fernhandel nur ein unzulängliches Gegengewicht dar. Die zur Rettung der Staatsfinanzen gedachte Erhöhung der Gewerbe- und Agrarsteuern durch die Mamluken brachte wahrscheinlich nicht den erhofften Nutzen. Die Interpretation der Steuerpolitik als Hauptursache des ökonomischen Niedergangs durch Subhi Labib verkehrt allerdings Ursache und Wirkung. Sie leitete den ökonomischen Niedergang sicherlich nicht ein, könnte sich aber durchaus als untaugliches Mittel der Krisenbekämpfung erwiesen haben.[36]

Der von Labib, Ashtor, Abu-Lughod und vielen anderen immer wieder betonte Monopolcharakter der venezianisch-ägyptischen Handelsbeziehungen sowie die These von der wachsenden mamlukischen Unterlegenheit und Abhängigkeit lässt sich übrigens mit guten Argumenten relativieren und vielleicht sogar in Frage stellen. Wahrscheinlich gab es auch im 15. Jahrhundert weniger Monopol und Abhängigkeit als komplementäre Bedürfnisse und akzeptable Kompromisse zwischen Venedig bzw. Südeuropa und Mamluken, und wahrscheinlich konnte keiner der Partner dem anderen seine Interessen mit politisch-militärischem oder ökonomischem Druck aufzwingen. Ägypten und Venedig waren in hohem und vielleicht

---

[35] Ashtor 1971, 65ff.; ders. 1976b, 583; ders. 1978b, 299ff.; Abu-Lughod 1989, 235ff.
[36] Vgl. dazu Labib 1965, 381ff.; ders. 1970, 63ff.; Ashtor 1973, 194.

sogar steigendem Maß Staaten, deren Budget ganz wesentlich auf der Abschöpfung von Zwischenhandelsprofiten und den damit zusammenhängenden Renten und Steuern basierte. Auf dieser Grundlage entfaltete sich das Verhältnis wechselseitiger Vorteile und Verpflichtungen. Gute gegenseitige Berechenbarkeit dürfte neben den jeweiligen Konkurrenzvorteilen gegenüber anderen potenziellen Partnern ein wesentliches Merkmal dieser christlich-islamischen Allianz gewesen sein. Der Sultan honorierte die Verlässlichkeit der Venezianer, die ihm bezeichnenderweise später gegen die Portugiesen beistanden. Die Serenissima war peinlich darauf bedacht, ihren Verpflichtungen – zum Beispiel dem Schutz moslemischer Kaufleute in ihrem Machtbereich – immer nachzukommen. Und die Wirtschaftskrise des ausgehenden 15. Jahrhunderts erfasste Venedig und das Mamlukenreich fast synchron.[37]

Resümee

Kombiniert man die Hinweise zur Landwirtschafts-, Gewerbe- und Handelsentwicklung mit der Einschätzung der mediterranen Expansion der Kreuzfahrer und italienischen Kaufleute, der Handelsblüte im Zeichen der *Pax Mongolica*, der anschließenden Krise des 14. Jahrhunderts sowie der beginnenden iberischen Kolonialoffensive im Mittelmeerraum, so ergibt sich für die Staaten und Gesellschaften des gesamten arabisch-iranischen Orients auch für die Epoche vom 11. bis zum 15. Jahrhundert das Bild leistungs-, anpassungs- und innovationsfähiger Ökonomien. Die häufig vertretene These, eine anfängliche Wirtschaftsblüte habe spätestens seit der Jahrtausendwende einen endgültigen Rückschlag erlitten, ist unhaltbar. Dass die Ökonomien der muslimischen Länder wiederholt Krisen – aber auch immer wieder Aufschwungphasen – durchliefen, belegt weder unüberwindliche Strukturprobleme noch ununterbrochenen Niedergang. Wahrscheinlich standen die Nachfolgestaaten des Abbasidenkalifats hinsichtlich wirtschaftlicher Leistungsfähigkeit und technologischem Niveau den großen Agrarzivilisationen Asiens nicht wesentlich nach. Dem feudal zersplitterten Westeuropa waren sie, abgesehen von einigen italienischen und flandrischen Innovations- und Wachstumspolen, lange Zeit eindeutig überlegen.

---

[37] Ausführlich zum gesamten Problemkreis Oberdammer 2000, 7ff. sowie Feldbauer/Morrissey 2002, 108.

Ein im Vergleich zum spätmittelalterlich-frühneuzeitlichen Westeuropa gewonnenes Stagnationsmodell wird der konkreten Wirtschaftsentwicklung des islamischen Ostens nicht gerecht. Agrar-, Gewerbe- und Handelsentwicklung und auch der hohe Entwicklungsstand der Handels- und Finanztechniken lassen viel eher an eine dynamische als an eine stagnierende, statische Ökonomie denken, und die spärlichen Daten zur Handels- und Zahlungsbilanz machen immerhin wahrscheinlich, dass die arabisch-iranische Welt zumindest bis ins Spätmittelalter gegenüber Westeuropa wirtschaftlich nicht unterlegen gewesen ist, auch wenn die Umkehrung von Warenströmen und der Niedergang ägyptischer Gewerbestädte schon in der Epoche der Kreuzzüge auf die zunehmende Dynamik und Konkurrenz der südwesteuropäischen, insbesondere italienischen Ökonomien hinweisen. Selbstverständlich erlebten die Gesellschaften Westasiens und Ägyptens eine Abfolge von Konjunktur-, Stagnations- und Krisenphasen, und es gab wiederholt säkulare Katastrophen. Dies hindert aber Michael Cook beispielsweise nicht daran zu konstatieren, dass »auf der Basis der heute gesicherten bruchstückhaften Informationen die Vorstellung, die Wirtschaft der muslimischen Welt habe um die Jahrtausendwende einen endgültigen Rückgang erlitten, nicht sehr glaubhaft scheint«.[38]

Wie im Fall der Ökonomie zeigt auch die Längsschnittanalyse von Staat und Gesellschaft ziemlich klar, dass mit Niedergang und Zerfall des Abbasidenkalifats kein säkularer Abstieg von Staatsgewalt und Administrationstätigkeit einsetzte.

Auch in der Ära der Kreuzzüge und der beginnenden europäischen Expansion etablierten sich immer wieder dauerhafte Staatsgebilde mit zentralisierten Verwaltungsstrukturen, beachtlicher Finanz- und Militärkraft sowie nicht zu unterschätzender Kohäsion und innergesellschaftlicher Verankerung. Obwohl es, besonders im obermesopotamisch-nordsyrischen Raum, immer wieder auch instabile, kurzlebige Fürstentümer mit prekärer Agrar- und Steuerbasis gab, haben sich die auf Ibn Khaldun aufbauenden Theorien des Aufstiegs und Niedergangs rasch degenerierender Dynastien, deren Fremdherrschaft keine nennenswerte gesellschaftliche Basis aufgewiesen und deren städtische Zentren nahezu schutzlos den Angriffen wehrhafter Nomadenverbände ausgeliefert gewesen sein sollen, als unhaltbar erwiesen. Für den Staat der Samaniden und das Kalifat der Fatimiden sowie für die Emirate bzw. Sultanate der Buyiden,

---

[38] Cook 1983, 291.

Seldschuken und Aiyubiden stellt das zuletzt von Hall neuerlich vorgeschlagene Modell staatlicher Labilität und Stagnation eher eine Karikatur als einen für die Erfassung historischer Realität geeigneten Idealtypus dar.[39]

Lässt sich die These von einem kontinuierlichen Verfall staatlicher und gesellschaftlicher Organisationen seit dem 9. Jahrhundert auch nicht belegen, so ist andererseits klar, dass sich die Staatenwelt Westasiens und Nordafrikas um die Mitte des 13. Jahrhunderts in einer kritischen Phase befindet. Vor allem der Zerfall des Seldschukenreiches hat die Expansion der zentralasiatischen Mongolen erleichtert und den endgültigen Sturz des Kalifats in Bagdad vorbereitet. Nach der Bekehrung der mongolischen Ilchane sollte sich allerdings bald herausstellen, dass der iranische Raum trotz schwerwiegender Kriegszerstörungen ein erhebliches Maß an Kontinuität hinsichtlich Wirtschaft, Staatsorganisation und auch Kultur bewahrte. Dies änderte freilich nichts daran, dass sich die Trennung zwischen arabischer und iranischer Welt weiter vertiefte. Das Zentrum der arabisch-islamischen Kultur verlagerte sich aus dem ruinierten Irak weiter nach Westen, nach Syrien und Ägypten, wo sich die Tradition großer, relativ stabiler Zentralstaaten in der Mamlukenherrschaft fortsetzte.

In wahrscheinlich nicht zufälliger Parallele zur Wirtschaftsentwicklung lassen sich auch im Bereich der politischen Beziehungen mit Westeuropa seit dem 12. Jahrhundert erste Hinweise auf spätere okzidentale Konkurrenz und Überlegenheit konstatieren – man denke nur an die Anfänge des venezianischen und genuesischen ›Kolonialismus‹ im östlichen Mittelmeerraum.[40] Außer Debatte steht wohl auch, dass sich nirgendwo in der islamischen Welt die Ausformung jener rationalen Lebensführung und Wirtschaftsgesinnung, jener produktiven Spaltung zwischen Papstkirche und weltlichen Mächten, jener Familienformen und jenes Individualismus anbahnten, die später für den Aufstieg des okzidentalen Kapitalismus, für westliche Säkularisierung und Aufklärung so wichtig gewesen sein sollen.[41] Da die Wirtschafts-, Staats- und Kulturentwicklung des westasiatisch-nordafrikanischen Raumes, zu-

---

[39] Die Argumente von Hall 1985a; ders. 1985b; ders. 1986; ders. 1988 beziehen sich in hohem Maß auf Ibn Khaldun; zur Kritik siehe Feldbauer 1995, 189ff. und 424ff.
[40] Vgl. dazu neben dem Beitrag im vorliegenden Band auch Feldbauer-Morrissey 2002, 43ff. und 52ff.
[41] Vgl. dazu Mitterauer 1999 sowie ders. 2003.

mindest nach den Maßstäben der Zeit, bis ins 15. Jahrhundert und länger, in vieler Hinsicht erfolgreich verlief, spricht trotzdem wenig dafür, das Zeitalter der Kreuzzüge, der italienischen und der anlaufenden iberischen Expansion bereits als erste Etappe von Abhängigkeit und Unterlegenheit gegenüber dem christlichen Westen zu interpretieren.

Literatur

Abu-Lughod 1989 = Janet L. Abu-Lughod, Before European Hegemony. The World-System A.D. 1250-1350, New York-Oxford 1989.
Abu-Lughod 1993a = Janet L. Abu-Lughod, Discontinuities and Persistence. One World System or a Succession of Systems?, in: Andre Gunder Frank/Barry K. Gills (Hg.), The World System. Five Hundred Years or Five Thousand?, London-New York 1993, 278-291.
Abu-Lughod 1993b = Janet L. Abu-Lughod, The World System in the Thirteenth Century. Dead-End or Precursor?, Washington 1993.
Adshead 1988 = Samuel A.M. Adshead, China in World History, Basingstoke-London 1988.
Amin 1991 = Samir Amin, The Ancient World-Systems versus the Modern Capitalist World-System, Review 14/3, 1991, 349-385.
Ashtor 1971 = Eliyahu Ashtor, Les métaux précieux et la balance des payements du Proche-Orient à la basse époque, Monnaie. Prix. Conjoncture 10, Paris 1971.
Ashtor 1973 = Eliyahu Ashtor, Recent Research on Levantine Trade, The Journal of European Economic History 2/1, 1973, 187-206.
Ashtor 1976a = Eliyahu Ashtor, A Social and Economic History of the Near East in the Middle Ages, London 1976.
Ashtor 1976b = Eliyahu Ashtor, Observations on Venetian Trade in the Levant in the XIVth Century, The Journal of European Economic History 5/3, 1976, 533-536.
Ashtor 1978a = Eliyahu Ashtor, Studies on the Levantine Trade in the Middle Ages, Collected Studies 74, London 1978.
Ashtor 1978b = Eliyahu Ashtor, Underdevelopment in the Preindustrial Era. The Case of Declining Economies, The Journal of European Economic History 7/3, 1978, 285-310.
Ashtor 1978c = Eliyahu Ashtor, Aspetti della espansione italiana nel basso medioevo, Rivista Storica Italiana 90/1, 1978, 5-29.
Ashtor 1981a = Eliyahu Ashtor, Levantine Sugar Industry in the Late Middle Ages. A Case of Technological Decline, in: Abraham L. Udovitch (Hg.), The Islamic Middle East 700-1900. Studies in Social and Economic History, Princeton/N.J. 1981, 91-132.
Ashtor 1981b = Eliyahu Ashtor, The Economic Decline of the Middle East During the Later Middle Ages. An Outline, Asian and African Studies 15/3, 1981, 253-286.
Berkey 1998 = Jonathan P. Berkey, Culture and Society During the Late Middle Ages, in: Carl F. Petry (Hg.), The Cambridge History of Egypt

1. Islamic Egypt 640-1517, Cambridge-New York-Melbourne 1998, 375-411 und 596-602.
Braudel 1974 = Fernand Braudel, Europäische Expansion und Kapitalismus 1450-1650, in: Ernst Schulin (Hg.), Universalgeschichte, Neue Wissenschaftliche Bibliothek 72, Köln 1974, 255-294.
Braudel 1986 = Fernand Braudel, Sozialgeschichte des 15. bis 18. Jahrhunderts, 3 Bde., München 1986.
Braudel 1990 = Fernand Braudel, Das Mittelmeer und die mediterrane Welt in der Epoche Philipps II., 3 Bde., Frankfurt a. M. 1990.
Bregel 1991 = Yuri Bregel, Turko-Mongol Influence in Central Asia, in: Robert J. Canfield (Hg.), Turko-Persia in Historical Perspective, Cambridge 1991, 53-77.
Cahen 1968 = Claude Cahen, Der Islam 1. Vom Ursprung bis zu den Anfängen des Osmanenreiches, Fischer Weltgeschichte 14, Frankfurt a. M. 1968.
Chase-Dunn/Hall 1991 = Christopher Chase-Dunn/Thomas D. Hall (Hg.), Core/Periphery Relations in Precapitalist Worlds, Boulder/Col.-San Francisco-Oxford 1991.
Chase-Dunn/Hall 1997= Christopher Chase-Dunn/Thomas D. Hall (Hg.), Rise and Demise. Comparing World-Systems, Boulder/Col.-Oxford 1997.
Christian 1998 = David Christian, A History of Russia, Central Asia and Mongolia 1. Inner Eurasia from Prehistory to the Mongol Empire, Oxford-Molden/Mass. 1998.
Cook 1983 = Michael A. Cook, Wirtschaftliche Entwicklungen, in: Joseph Schacht/Clifford E. Bosworth (Hg.), Das Vermächtnis des Islam 1, München 1983, 254-292 und 306-308.
Dols 1977 = Michael W. Dols, The Black Death in the Middle East, Princeton/N.J. 1977.
Dols 1979 = Michael W. Dols, The Second Plague Pandemic and Its Recurrences in the Middle East 1347-1894, Journal of the Economic and Social History of the Orient 22/2, 1979, 162-189.
Dols 1981 = Michael Dols, The General Mortality of the Black Death in the Mamluk Empire, in: Abraham L. Udovitch (Hg.), The Islamic Middle East 700-1900. Studies in Social and Economic History, Princeton/N.J. 1981, 397-428.
Feldbauer 1995 = Peter Feldbauer, Die islamische Welt 600-1250. Ein Frühfall von Unterentwicklung?, Wien 1995.
Feldbauer/Morrissey 2002 = Peter Feldbauer/John Morrissey, Venedig 800-1600. Wasservögel als Weltmacht, Expansion. Interaktion. Akkulturation 1, Wien 2002.
Frank/Gills 1993a = Andre Gunder Frank/Barry K. Gills (Hg.), The World System. Five Hundred Years or Five Thousand?, London-New York 1993.
Frank/Gills 1993b = Andre Gunder Frank/Barry K. Gills, World System Economic Cycles and Hegemonial Shift to Europe 100 BC to 1500 AD, The Journal of European Economic History 22/1, 1993, 155-183.
Garcín 1995a = Jean-Claude Garcín u.a., États, sociétés et cultures du monde musulman médiéval Xe-XVe siècle 1. L'évolution politique et sociale, Paris 1995.

Garcín 1995b = Jean-Claude Garcín, Les Seldjukides et leurs héretiers, in: ders., États, sociétés et cultures du monde musulman médiéval Xe-XVe siècle 1. L'évolution politique et sociale, Paris 1995, 123-149.

Garcín 1998 = Jean-Claude Garcín, The Regime of the Circassian Mamlūks, in: Carl F. Petry (Hg.), The Cambridge History of Egypt 1. Islamic Egypt 640-1517, Cambridge-New York-Melbourne 1998, 290-317 und 580-585.

Gronke 1998 = Monika Gronke, Die mongolische Epoche 1250-1500, in: Albrecht Noth/Jürgen Paul (Hg.), Der islamische Orient. Grundzüge seiner Geschichte, Mitteilungen zur Sozial- und Kulturgeschichte der islamischen Welt 1, Würzburg 1998, 255-332.

Hall 1985a = John A. Hall, Powers and Liberties. The Causes and Consequences of the Rise of the West, Oxford 1985.

Hall 1985b = John A. Hall, Religion and the Rise of Capitalism, European Journal of Sociology 26/2, 1985, 193-223.

Hall 1986 = John A. Hall, States and Economic Development. Reflections on Adam Smith, in: ders. (Hg.), States in History, Oxford-New York 1986, 154-176.

Hall 1988 = John A. Hall, States and Societies. The Miracle in Comparative Perspective, in: Jean Baechler/John A. Hall/Michael Mann (Hg.), Europe and the Rise of Capitalism, Oxford-New York 1988, 20-38.

Hodgson 1974 = Marshall G.S. Hodgson, The Venture of Islam. Conscience and History in a World Civilization, 3 Bde., Chicago-London 1974.

Hourani 1992 = Albert Hourani, Die Geschichte der arabischen Völker, Frankfurt a. M. 1992.

Irwin 1986 = Robert Irwin, The Middle East in the Middle Ages. The Early Mamluk Sultanate 1250-1382, London-Sydney 1986.

Labib 1965 = Subhi Y. Labib, Handelsgeschichte Ägyptens im Spätmittelalter 1171-1517, Vierteljahrsschrift für Sozial- und Wirtschaftsgeschichte. Beihefte 46, Wiesbaden 1965.

Labib 1970 = Subhi Y. Labib, Egyptian Commercial Policy in the Middle Ages, in: Michael A. Cook (Hg.), Studies in the Economic History of the Middle East from the Rise of Islam to the Present Day, London 1970, 63-77.

Lambton 1981 = Ann K.S. Lambton, Reflections on the Role of Agriculture in Medieval Persia, in: Abraham L. Udovitch (Hg.), The Islamic Middle East 700-1900. Studies in Social and Economic History, Princeton/N.J. 1981, 283-312.

Lambton 1988 = Ann K.S. Lambton, Continuity and Change in Medieval Persia. Aspects of Administrative, Economic and Social History. 11th-14th Century, Columbia Lectures on Iranian Studies 2, Albany/N.Y. 1988.

Lane 1980 Lane, 1980 = Frederic C. Lane, Seerepublik Venedig, München 1980.

Lewis 1970 = Bernard Lewis, The Arabs in Eclipse, in: Carlo M. Cipolla (Hg.), The Economic Decline of Empires, London-Southampton 1970, 102-120.

Lombard 1992 = Maurice Lombard, Blütezeit des Islam. Eine Wirtschafts- und Kulturgeschichte. 8.-11. Jahrhundert, Frankfurt a. M. 1992.

Lopez/Miskimin/Udovitch 1970 = Robert S. Lopez/Harry Miskimin/Abraham Udovitch, England to Egypt 1350-1500. Long-term Trends and Longdistance Trade, in: Michael A. Cook (Hg.), Studies in the Economic History of the Middle East from the Rise of Islam to the Present Day, London-New York-Toronto 1970, 93-128.

Mitterauer 1999 = Michael Mitterauer, Die Entwicklung Europas. Ein Sonderweg?, Wiener Vorlesungen 71, Wien 1999.

Mitterauer 2003 = Michael Mitterauer, Warum Europa? Mittelalterliche Grundlagen eines Sonderweges, München 2003.

Morgan 1986 = David Morgan, The Mongols, Oxford-New York 1986.

Morgan 1988 = David Morgan, Medieval Persia 1040-1797, London-New York 1988.

Nagel 1993 = Tilman Nagel, Timur der Eroberer und die islamische Welt des späten Mittelalters, München 1993.

Nagel 1993 = Tilman Nagel, Die islamische Welt bis 1500, Oldenbourg Grundriß der Geschichte 24, München 1998.

Naphy/Spicer 2003 = William Naphy/Andrew Spicer, Der Schwarze Tod. Die Pest in Europa, Essen 2003.

Oberdammer 2000 = Peter Oberdammer, Die venezianische Expansion im Spätmittelalter und ihre Auswirkungen auf die ›Unterentwicklung‹ der islamischen Gesellschaften der Levante, Manuskript Wien 2000.

Owen 1981 = Roger Owen, The Middle East in the World Economy 1800-1914, London-New York 1981.

Risso 1995 = Patricia Risso, Merchants and Faith. Muslim Commerce and Culture in the Indian Ocean, Boulder-San Francisco-Oxford 1995.

Rodinson 1971 = Maxime Rodinson, Islam und Kapitalismus, Frankfurt a. M. 1971.

Roemer 1989 = Hans Robert Roemer, Persien auf dem Weg in die Neuzeit. Iranische Geschichte von 1350-1750, Beiruter Texte und Studien 40, Beirut-Stuttgart 1989.

Sanderson 1995 = Stephen K. Sanderson (Hg.), Civilizations and World Systems. Studying World-Historical Change, Walnut Creek-London-New Dehli 1995.

Scammell 1981 = Geoffrey V. Scammel, The World Encompassed. The First European Maritime Empires c. 800-1650, London-New York 1981.

Tabak 1996 = Faruk Tabak, Ars Longa. Vita Brevís? A Geohistorical Perspective on Pax Mongolica, Review 19/1, 1996, 23-48.

Gold und Djihad:

Der Maghreb, Europas afrikanische Grenze

GOTTFRIED LIEDL

Seit den Zeiten der Karthager und Römer, als Nordafrika eine der Kornkammern der Alten Welt und mit der mediterranen Hochkultur innig verbunden war, ja dieser Welt Kaiser und Kirchenväter schenkte, hat jene südliche ›Fassade des Mittelmeeres‹ (wie sie Braudel in seiner plastischen Diktion so treffend nennt) im weltpolitischen Dornröschenschlaf gelegen. Schwerlich lässt sich behaupten, der Westen dieser euro-mediterranen ›Fassade‹ (arabisch: *al-maghrib*) habe nach dem Zusammenbruch des Römischen Reiches eine aktive, den Mittelmeerraum oder ein weiter gefasstes ›Abendland‹ prägende, gestaltende Rolle gespielt. Im Gegenteil. Nordafrika (worunter jetzt das ganze Gebiet von Tripolis, Tunis, Algier bis Fez, Ceuta und Tanger verstanden sei: mit dem Atlasgebirge als seiner unverzichtbaren Kulisse), dieses Nordafrika tritt nicht mehr als aktiver Teilnehmer der Geschichte in Erscheinung. Dafür umso öfter als deren passives Objekt. Auch in seinem nordwestlichen Vorwerk, mit dem der afrikanische Kontinent schroff in den euro-mediterranen Raum hineinragt, spielt sich Geschichte anscheinend durchwegs als eine Geschichte ›der Anderen‹ ab: gewiss, auch der Vandalen und Byzantiner, vor allem aber – und das mit prägender Vehemenz – der Araber und (in einem weniger starken, minder prägenden Ausmaß) der Osmanen.

    Die Berber, Nordafrikas Ureinwohner, erscheinen auf den ersten Blick als jemand, der auf Impulse bloß reagiert; und kaum jemals selbst als Impulsgeber. Auf den ersten Blick ... Aber schon drei augenfällige Ausnahmen strafen die These von Nordafrikas historischer ›Passivität‹ Lügen. Berberland, das ist auch die Wiege dreier großer Bewegungen mit weit über den Maghreb hinaus reichenden Konsequenzen. Die Fatimiden bieten dem Abbasiden-Kalifat von Bagdad erfolgreich die Stirn, versehen den islamischen Raum mit neuen geistigen und materiellen Impulsen und öffnen ihn in einem vorher nicht gekannten Maß in den Mittelmeerraum hinein und nach Europa; die Almoraviden machen den Maghreb erstmals auch politisch zur Großmacht, indem sie ein riesiges Gebiet, das vom Senegal bis zum Ebro reicht, unter ihrer Führung vereinen; die Almohaden schließlich, ebenfalls berberischen Ursprungs, bauen den Maghreb und Islamisch Spanien – al-Andalus – zum starken, seegestützten Bollwerk gegen ein vehement nach Süden drängendes ›christliches Europa‹ aus.

Und da hätte man noch gar nichts gesagt über die Bedeutung, die ›das Berbertum‹ für die vielhundertjährige Präsenz des Islam in Europa – auf der Iberischen Halbinsel, in al-Andalus – gehabt hat. Im Guten wie im Schlechten: vom Berbergeneral Tarik, dem Bezwinger der Westgoten, über die Berberfraktionen und ihre Aufstände, die das spanisch-arabische Kalifat von Córdoba immer wieder erschüttern und letzten Endes zu Fall bringen, bis hin zum Einfluss, den das Berbertum auf die spanisch-arabische Volkskultur, auf den »Charakter« Islamisch Spaniens gehabt hat.[1]

Fernhandel und Stammespolitik

Also scheint der Maghreb doch mehr zu sein als nur die südliche ›Fassade‹ der Euro-Méditerranée. Aber sein Schicksal scheint es auch zu sein, die historische Potenz, über die er zweifellos verfügt, immer irgendwie gehemmt auszuspielen, auf widersprüchliche, in sich gebrochene Art und Weise.

Zur ›Potenz‹ des Maghreb trägt vor allem eines bei: seine herausragende geopolitische Situation. Er liegt an einem uralten Verkehrskreuz, an wichtigen Ost-West-/Nord-Süd-Verbindungen, die sich an der Schnittstelle zwischen Europa und Afrika, Mittelmeer und Atlantik – an der Straße von Gibraltar – zum Knoten schürzen. Das Ringen um die Herrschaft über diesen Knotenpunkt ist die geopolitische Konstante, in der die Völker nördlich und südlich der Meerenge von Gibraltar abwechselnd zusammenspielen und einander im Wege stehen.

---

[1] Für eine vor allem kulturhistorisch-politologisch ausgelegte Würdigung der Berber bis in die Gegenwart vgl. Kurio 1992. Zum Berbertum Islamisch Spaniens: Viguera Molíns 1998, 13ff. und besonders Guichard 1998, 129ff.; desgl. Kurio 1992, 49ff.; zu Almoraviden und Almohaden: Bosch Vilá 1956, Huici Miranda 1956; zu den Fatimiden: Halm 1987, 166ff., desgl. Halm 1991.

Treibende Kraft hinter Nordafrikas Spiel vis à vis Europa ist der Handel – genauer: der Fernhandel. Nordafrikas Atout ist der Sahara-Transit mit seinen beiden Produkten Salz und Gold. Wobei vor allem das Gold die Handelsware ist, die – jedenfalls ab einem ganz bestimmten Punkt der sozio-ökonomischen Entwicklung Europas – alle Verbindungen zur nördlichen Hälfte der Méditerranée intensiviert, ja geradezu unverzichtbar wird für das weitere Wohlergehen und die zunehmende wirtschaftliche Kraft und Stabilität dieses Raumes.

Außerdem: die *Pax Morabetina*, jene Befriedung und Einigung der Westsahara und des Maghreb durch die Almoraviden im 11. Jahrhundert, als zum ersten Mal der Fernhandel mit Sudangold in seiner Gesamtheit unter einheitlicher politischer Kontrolle stand (von den Produktionsstätten des Goldes am Oberlauf von Senegal und Niger, im Bergland von Guinea, bis hin zu dessen Stapel- und Umschlagplätzen am Mittelmeer), hat sich zu einem für Europa in jeder Beziehung goldrichtigen Zeitpunkt eingestellt. »Die Almoraviden kamen gerade im rechten Moment ans Mittelmeer, um von Europas ›ökonomischer Revolution‹ zu profitieren: als christliche Herrscher und Händler Gold nötiger hatten als je zuvor«.[2] Nordafrikas, des Maghrebs Bedeutung als Europas ›durchlässige Grenze zum Süden‹ wird während der ›ersten‹ ökonomischen Revolution, also noch im Hochmittelalter, schlagartig sichtbar, als zur Zeit der berühmten Messen der Champagne und des ersten Aufschwungs flandrischer, nord- und mittelitalienischer Textilindustrie, eine drohende Münzmetallkrise durch das ›afrikanische‹ Gold der Maghrebiner von Europa fern gehalten werden kann und der Aufschwung somit nicht gleich wieder zum Erliegen kommt. Wenn also Portugal, hunderte Jahre später, auf seine Weise den direkten Kontakt zu den westafrikanischen Goldminen herzustellen trachtet, so beweist das nur, wie gut Europa jene hochmittelalterliche Erfahrung verinnerlicht hat. Und *ex negativo*: wie wichtig der Maghreb als ›durchlässige Grenze‹ – oftmals aber auch Sperrriegel! – in Bezug auf jenes famose Betriebsmittel Sudangold ist beziehungsweise war.

Die zweite Lehre, die aus der almoravidischen Reichsgründung zu ziehen wäre (und die ein ebenso helles Licht auf das Rätsel der maghrebinisch-berberischen Longue durée wirft), bezieht sich auf den Raum, besser gesagt, die Räume (und deren innere Struktur), die besagter Fernhandel durchmisst. Als *Pax*, als ›Befriedung‹ war das politische Unternehmen nämlich eine Ausnahme ... Ausnahme

---

[2] Constable 1994, 202.

von der Regel, die nicht den einheitlichen Großraum bezeichnet sondern den in zahlreiche Fraktionen zergliederten, den (um es in der Sprache der Physik zu sagen) ›fraktalen Raum‹ einer Welt der Sippen- und Stammesverbände, der religiösen Sonderwege und Häresien, der politischen Rivalitäten.

Diese ›berberische Konstante‹ eines unruhigen, extrem zersplitterten Hinterlandes, einer von der jeweiligen Zentralgewalt tendenziell unabhängigen Peripherie, scheint jener eingangs geäußerten These von der historischen ›Passivität‹, ja Zweitrangigkeit des Maghreb wieder Recht zu geben. Besonders wenn man den Maghreb, das klassische Berberland, ›von außen‹ betrachtet, mit den Augen des Besatzers, des Kolonialherren. Das kann die (ferne) arabische Reichsverwaltung in Damaskus oder Bagdad sein, die von den Berbergebieten am Atlantik als vom ›hohen‹, vom sozusagen ›wilden‹ Westen zu sprechen liebt *(al-gharb al-aqsa)*. Das können aber auch europäische Kolonialmächte sein, wie zuletzt die Franzosen, die sich die Berberfrage vor allem unter der römischen Devise ›*divide et impera*‹ (teile und herrsche) angelegen sein ließen. Noch in den Siebzigerjahren des zwanzigsten Jahrhunderts kann ein völkerkundlicher Beobachter aus genau jener Sichtweise heraus eine Karte zeichnen, die unter der Chiffre ›Berber‹ ein gutes Dutzend Sprach- und Stammesgruppen in nicht weniger als 33 Verbreitungsinseln beschreibt.[3]

›Alpine‹ Zersplitterung und Konkurrenz der lokalen Kräfte wäre also neben der Großräumigkeit einer von bedeutenden Fernhandelsrouten durchzogenen Wüstenlandschaft die zweite wichtige Konstante ›Nordafrikas‹, genauer: des Maghreb. Im Folgenden wird diese These auf ihre Glaubwürdigkeit hin ein wenig abzuklopfen sein. Anhand einer gerafften Darstellung der historischen Entwicklung, in der Betrachtung ›geschichtsmächtiger‹ Bewegungen, Reiche und Dynastien sollte sich ›Nordafrika‹ auch auf der Zeitachse in seiner Besonderheit präsentieren lassen.

Grundlagen und Konstanten
maghrebinischer Politik und Geschichte

Jede halbwegs analytisch vorgehende Behandlung nordafrikanischer Geschichte von der arabisch-islamischen Invasion bis in die Neuzeit wird ein Tableau struktureller Entsprechungen zu Tage för-

---

[3] Walter Hirschberg in: Bernatzik 1974, 377.

dern, das es erlaubt, gewisse Konstanten – geographische, sozio-ökonomische, ideologische, kulturelle Leitlinien festzuhalten. Man kann immer wiederkehrende Merkmale beobachten, die sich anscheinend recht gut zu einer ›maghrebinischen Identität‹ zusammenführen lassen.

Beginnen wir mit der Geographie. Schon aus rein geographischen Gründen ist der Westen *(gharb al-aqsa)* in der Regel vergleichsweise autark (von Mekka, Damaskus und Bagdad liegt Spanien fast ebenso weit entfernt wie New York oder Boston von London ...). Zusätzlich dazu hat der Sturz des Umaiyaden-Kalifats von Damaskus durch die dann in Bagdad residierenden Abbasiden (ab 750 bzw. 760) die islamisch dominierte Méditerranée in zwei Hälften geteilt, Teile, die in der Folge immer weiter auseinander drifteten. Spanien blieb den Umaiyaden treu, ein Spross dieses Geschlechts, 'Abd ar-Rahman, fand dort Zuflucht und begründete ab 756 seine Dynastie ›andalusisch‹ neu (ab 929 behauptet sich in Córdoba sogar ein eigenes Kalifat).

In einer Grauzone zwischen Umaiyaden und Abbasiden hält sich ein eigenständiges, unabhängiges Glacis – die Sphäre der nordafrikanischen Berberdynastien, deren machtvollste Repräsentanten als ›Erneuerungsbewegungen‹, teilweise unter religiösen Vorzeichen, sowohl in Richtung Osten als auch nach Norden ausgreifen. Beispiele sind etwa die Fatimiden – nach Osten ausgreifend und ein eigenes schiitisches Kalifat errichtend, das Kalifat von Kairo (ab 969/973); die Almoraviden, al-Murābitūn, nach Norden (al-Andalus) und Süden, bis zum Senegal- und Nigerbogen, in die ›Goldländer‹ des Sudan ausgreifend; sowie die Almohaden, al-Muwahhidūn, die ihren Wirkungsbereich ebenfalls nach Norden (al-Andalus), aber vor allem nach Osten, bis Tunis und Tripolis ausdehnen.

Religion, Politik, Kultur – das ideologische Moment

Hier ist man im Kern der Problematik einer Eigenständigkeit, die sich an klar erkennbaren, unverwechselbaren Strukturmerkmalen festmachen lässt. Man sieht die zahlreichen Brandherde der Häresie, die dort, auf altem römisch-christlichen Boden, immer wieder aufflammen – von den Kharidjiten (im 8., 9. Jahrhundert) bis zur historisch bedeutsamsten Häresie, der Bewegung der Fatimiden (ab dem 10. Jahrhundert).

Außerdem sind da natürlich die verschiedenen Abhängigkeiten des westlichen Islam in Nordafrika. Nordafrika ist ein Glacis, über das sich die großen politisch-religiösen Gebilde die Herrschaft streitig machen: Marokko als das stets in Fraktionen der verschiedenen Berberstämme zerrissene Hinterland Spaniens, der ›mittlere und östliche Teil‹: Tlemsen, Algier und Tunis als Vorfeld islamischer Mächte des Ostens – von den Abbasiden und Fatimiden bis hin zu den Osmanen. Solche politischen Abhängigkeiten spiegeln sich logischerweise wider – in einer ›forcierten‹ religiösen Orthodoxie als Gegengewicht zur ›volkstümlich-häretischen‹ Unterströmung, die sich im Westen und in Spanien besonders als Mystizismus und Sufitum äußert. Die Widerständigkeit des Maghreb zeigt sich also in zwei Formen; oder anders formuliert, auf charakteristische Weise verdoppelt. Einerseits politisch, als ›Zweckbündnis‹ sesshafter mit (halb-)nomadischen Stämmen – die berühmten Stammeskonföderationen der Berber, veritable ›Motoren‹ der Geschichte, Staatenbildungen unter Führung immer wieder neuer, auffallend vitaler Dynastien. Andrerseits religiös, als eine Serie mehr oder weniger ›fundamentalistischer‹ Reformen, ja Revolutionen des geistigen Überbaus, was dann von der jeweils herrschenden Mehrheitsideologie als äußerst bedrohlich, mit anderen Worten als ›Häresie‹ empfunden und denunziert zu werden pflegt.

Vom Anfang der Entwicklung an gibt es die entsprechenden Konstellationen. So wird der hinhaltende Abwehrkampf der einheimischen Stämme im 7. Jahrhundert nach der Niederlage der Byzantiner von einer Konföderation der Berberstämme unter doppelter Führung organisiert – einer politischen und einer religiösen, letztere repräsentiert durch die so genannte Kāhina, die berühmte ›Priesterin‹ oder ›Seherin‹ der berberischen Awrās. Schlaglichtartig blitzt schon am Beginn ihrer Islamisierung das Typische der Atlasländer auf. Die politische Führung gehört nämlich der Gruppe der vielfach noch christlichen, Vulgärlatein sprechenden *Barāni* an (wie sie in den arabischen Genealogien genannt werden) – einer Verbindung aus ›echten‹ Sesshaften (den Masmūda Zentral- und Südmarokkos) und halbnomadischen Sanhādja (die später die ethnische Basis der Fatimiden aber auch der Almoraviden bilden werden).[4] Die Kāhina andrerseits (von der es auch heißt, sie sei jüdischer Abkunft gewesen)[5] vertritt die nomadisierenden Zanāta – jene berühmten Reiterstämme, denen das Abendland (über andalusische Vermittlung) die Spanische Reitschule (die Reitkunst *a la jineta*) und somit in letzter Instanz die moderne Kavallerie verdankt.

---

[4] Singer 1987, 264f.
[5] Singer 1987, 265.

Die Kāhina repräsentiert aber – gewissermaßen als sozio-politischer Prototyp – auch noch eine andere berberische Besonderheit oder Konstante: die relativ hohe Stellung der Frau in der Gesellschaft, notabene im Krieg! Eindrucksvolle Spuren dessen finden sich nicht nur in der Geschichte der Almoraviden, z. B. in der auffallend harmonischen, politisch bedeutsamen Partnerschaft Yūsuf Ibn Tāshufīns, des Begründers der Dynastie, mit der schönen Zaynab bint Ishāq, sondern auch im Kultur- und Geistesleben Islamisch Spaniens, wie ein Blick auf die freizügigen Viten und Karrieren angesehener Dichterinnen und Prinzenerzieherinnen lehrt.[6] Dass es schließlich noch heute im Hohen Atlas Heiratsmärkte gibt, wo Frauen Männer auswählen und nicht umgekehrt, scheint da gut ins Bild zu passen.

Das Grundmuster des Anfangs hat sich im Lauf der mittelalterlichen Geschichte des Maghreb oft wiederholt – bis weit in die frühe Neuzeit hinein. In Wellen erfolgt die Islamisierung und Arabisierung, wodurch sich das Berbertum zu immer neuen Lebenszeichen herausgefordert sieht. Solche Lebenszeichen treten gern in religiöser Verkleidung auf. Da sind etwa die Aufstände unter dem Banner der kharidjitischen Häresie. Die Bewegung der Kharidjiten, in der sich »leidenschaftliche, von pietistischer Unbeugsamkeit und starrer, theokratischer Überzeugung durchdrungene Frömmigkeit ... zu einem fanatischen Gottesstreitertum« steigerte, wie eine sehr bündige Definition lautet,[7] tritt sozusagen in die Fußstapfen der frühen berberischen Aufstandsbewegung und ruft seinerzeit eine mit der jeweiligen Zentralgewalt verbündete religiöse Orthodoxie auf den Plan – den Malikismus. Die Mālikīya ist jene große Rechtsschule des Islam, die rigoros an der Sunna festhält und rationalistisch einer geordneten Rechtsprechung durch bestallte Gelehrte das Wort redet. So ist sie im Grunde anti-mystisch eingestellt und steht der Volksfrömmigkeit skeptisch gegenüber. Kein Wunder, dass sie ihre in Nordafrika bis heute unbestrittene Vormachtstellung vor allem im Kampf gegen die schiitischen Häresien der Kharidjiten und der Fatimiden errungen hat.

Um die Angelegenheit aber nicht zu einfach zu machen, ist die religiöse Frage in eine weitere Konstante maghrebinischer Politik eingebettet – in das Phänomen der Konkurrenz, ja Erbfeindschaft großer Stammesverbände wie zum Beispiel der Sanhādja aus Alge-

---

[6] Arié 1973, 366ff.; Ortega / del Moral 1991, 94ff., 167f., 207; Hoenerbach 1970, 496ff.
[7] Ronart 1972, 415.

rien und der Südwest-Sahara von Mauretanien bis zum Senegal auf der einen Seite, der Zanāta von Marokko und Westalgerien auf der anderen. Im Zusammenhang mit dieser Urfehde – freilich religiös vermittelt und verbrämt – steht die Heraufkunft einer der mächtigsten staatenbildenden Dynastien des Maghreb, Westafrikas und Spaniens: der Almoraviden. Dem bereits bekannten Schema der religiös-politischen Verschränkung und Verdopplung folgend, steht am Anfang dieser Bewegung der religiöse Reformer und Eiferer ʿAbdallah Ibn Yāsīn, der um die Mitte des 11. Jahrhunderts unter den Sanhâdja seine Missionstätigkeit entfaltet und zu dem sich alsbald der Machtpolitiker Yahyā Ibn ʿUmar gesellt. Darin kommt ein weiterer unverzichtbarer Vektor des Berbertums zur Wirkung – der Vektor ›Geopolitik‹. Yahyā Ibn ʿUmar gelingt mit der Eroberung der Oasenstadt Sidjilmāsa (1053/54) die Absicherung der im Kampf um stammespolitische Hegemonie unverzichtbaren ökonomischen Überlegenheit: die Kontrolle über eine der wichtigen Salz- und Goldrouten der Sahara.

›Verschränkung und Verdopplung‹ als klassisches Strukturelement maghrebinischer Geschichte aber auch beim eigentlichen Begründer der Dynastie, dem Eroberer des Maghreb und Spaniens (also des muslimischen Teils der Iberischen Halbinsel), Yūsuf Ibn Tāshufīn (1061-1106). Auch diesem begnadeten Machtpolitiker steht ein Vertreter des ›mönchisch-kriegerischen‹ Prinzips zur Seite – Abū Bakr Ibn ʿUmar. Nur dass sich jetzt das dynastisch-machtpolitische Prinzip in charakteristischer Weise gegenüber dem Moment religiöser Legitimation durchsetzt (genau genommen kann man auch erst ab diesem Moment von einer ›Dynastie‹ der Almoraviden sprechen): Yūsuf Ibn Tāshufīn gelingt es, Abū Bakr auf einen Nebenschauplatz abzuschieben, in die Sahara, wo der wackere Kämpfer für den Glauben schließlich im Djihad gegen das schwarzafrikanische Königreich Ghana fällt.

Knappe sieben Jahrzehnte später taucht schon das nächste Glied der ›maghrebinischen‹ Serie auf. Die ›verweltlichte‹ Staatsmacht sieht sich von der ›religiösen Sendung‹ abermals herausgefordert: vom eifernden Reformer Ibn Tūmart, dem Begründer der Almohadenbewegung (al-Muwahhidūn, ›Bekenner des Einen‹, ›Unitarier‹) und Totengräber der Almoraviden.

Das klassische Setting vereinigt sämtliche Ingredienzien nordafrikanisch-berberischer Strukturgeschichte. Erstens die aufrührerische Peripherie – die Dissidenten haben ihren Stützpunkt selbstverständlich im unzugänglichsten Teil des Reiches, im Hohen Atlas; zweitens die traditionelle Feindschaft der Stämme – die neue Kraft verbündet sich mit den unzufriedenen Masmūda, alten Rivalen der Sanhādja; schließlich als Leitmotiv die Diskrepanz schlechthin – die Eifersucht zwischen religiösem und weltlichem Prinzip (religiöse Intelligentsija versus Staatsmacht). Eine Rivalität, die sich aber zuerst einmal auf dem religiösen Feld selbst abspielt – sozusagen als innerreligiöses Problem getarnt. Im Fall der Almohaden sieht das dann so aus, dass der herrschende Malikismus – ideologischer Stützpfeiler der Almoraviden – durch einen Mystizismus in Frage gestellt wird, der sich stark ans volksreligiös-populäre Sufitum, aber auch stark an die offenbar unausrottbare Vorstellung vom kommenden Mahdi anlehnt.

Das Schema ist nicht neu im Maghreb. Schon im 10. Jahrhundert hatten die Fatimiden etwas Ähnliches entwickelt, wobei sie insofern von überragender Bedeutung für das Verständnis maghrebinischer Verhältnisse sind, als sie die bekannte Doppelstruktur von Herrschaft nicht nur in der Praxis sondern geradezu als eine ideologisch-philosophische Grundhaltung entwickelten und dieses Programm in ganz typischer Weise gleich zu Beginn ihres Auftritts geschichtsmächtig werden ließen. »Der politische Umsturz,« analysiert Heinz Halm, wird vorbereitet »durch die von wandernden Propagandisten *(dā'ī)* konspirativ verbreitete Werbung *(da'wa)*« – der religiöse Part, der ›Lehrer und Erneuerer‹. Die Werbung selbst gilt aber einem »künftigen, zunächst nicht namentlich genannten Imam-Kalifen« – der politische Part, der *Mahdi*, der rechtgeleitete Herrscher aus dem Geschlecht des Propheten.[8] So wird man ohne Übertreibung feststellen dürfen, dass es die Fatimiden waren, die das Schema logisch-abstrakt vorzeichneten und als jenes universell anwendbare politische Konzept prägten, nach dem dann zwei andere nordafrikanische Dynastien, die Almoraviden und die Almohaden, ihre eigenen, nicht minder erfolgreichen Strategien ausgerichtet haben.[9]

Aber auch den sittenstrengen und transzendental ausgerichteten Almohaden blieb ein Schicksal nach dem Muster Ibn-Khaldun'scher Soziologie nicht erspart. In der Folge kommt es unter ihrer Kuratel zwar zu forcierter Islamisierung und ›Arabisierung‹ des öffentlichen Lebens. Aber als unvermeidliche Begleiterscheinung ih-

---

[8] Halm 1987, 166.
[9] Das für die praktische Umsetzung des politischen Konzepts eines religiös-weltlichen Dualismus so wichtige Zusammenspiel von Ribāt (Wehrkloster) und Djihād (Heiliger Krieg) wäre nachzulesen bei Halm 1991, 200ff.

rer politischen Sendung kommt es auch zur raschen ›Verweltlichung‹ der Bewegung; zur Etablierung einer ›normalen‹ Dynastie. Und so ist in auffälliger Übereinstimmung mit den meisten nordafrikanischen Dynastien auch das Almohaden-Kalifat nur kurzlebig. In den Jahrzehnten nach 1212, nach der katastrophalen Niederlage gegen die Christen, zeichnet sich für den Islam der Verlust fast ganz Spaniens (mit Ausnahme des Emirats von Granada), für die Almohaden selbst aber ihr Verschwinden von der politischen Bühne, die Ablösung durch eine neue maghrebinische Dynastie ab – die Meriniden (Marīniden, Banū Marīn).

Zu diesen nur so viel: Ihr Schicksal stellt die schematische und von Ibn Khaldun präzis diagnostizierte *Condition berbère* abermals perfekt nach. Überwindung der Vorgänger-Dynastie mit Hilfe einer Stammeskonföderation – diesmal sind wieder die Zanâta an der Reihe –, wobei man sich natürlich ebenfalls religiös legitimiert: es geht um den zumindest symbolischen Kampf gegen die christliche Reconquista, deren Erfolge die als verweltlicht und areligiös empfundene Vorgängerdynastie nicht zu verhindern vermochte.

Freilich war die Machtbasis der Meriniden im Vergleich zu den Reichen der Almoraviden und Almohaden verschwindend klein. Nicht einmal den gesamten Maghreb beherrschten sie – von der iberischen Halbinsel, von al-Andalus ganz zu schweigen. Ihre durchaus unfreiwillige Selbstbeschränkung auf Marokko ist aber lehrreich, zeigt sie doch in Reinkultur jenes andere Charakteristikum ›des Maghreb‹ und seiner geo-politischen Konditionierung: die unüberbrückbare Kluft zwischen Zentrum und Peripherie.

Das Zentrum und die Ränder

Wie gesagt – die Abfolge der Dynastien im charakteristischen Wechselspiel von Stadt und Land, als Kampf religiös bewegter, nicht selten häretischer Lebensformen gegen ›verweltlichte‹ Herrschaft, hat niemand besser darzustellen gewusst als der große Historiker und Soziologe Ibn Khaldun (1332-1406). Funktion und historische Sendung der Peripherie, der ›ungezähmten‹ Stammesverbände in ihrer kriegerischen Daseinsform – ʿUmrān badawī – ist es, die ›Zivilisation‹, wie sie sich in der urbanen Lebensweise – ʿUmrān hadārī – verkörpert, von Stagnation und Trägheit zu befreien und immer wieder aufs Neue zu politisch relevantem Tun anzustacheln. Im Bild der machtvoll geeinten Gesellschaft – geeint in Staaten, geführt von vitalen Dynastien – sieht Ibn Khaldun gleichsam die geheime Botschaft und den eigentlichen Sinn des rastlosen Auf und Ab maghrebinischer Geschichte.[10] Zwar verbürgt ʿUmrān hadārī, die Seinsweise und Denkungsart der Sesshaften, den zivilisatorischen Prozess als Gegengewicht zum stets drohenden Rückfall in die Barbarei; doch ist sie, für sich genommen, zu schwach, um politisch Bestand zu haben, mit anderen Worten: um sich auch auf dem Feld des Krieges zu bewähren. *Murūwa,* ›Manneszucht‹ (lat. virtus) – die Tugend des ʿUmrān badawī, des Krieger- und Nomadentums der Peripherie – ist somit als Gegenstück zum ʿUmrān hadārī unverzichtbar.[11]

Der westliche Islam blickt aber auch nach Norden, nach Europa, mit dem er (über Spanien und die balearisch-sizilische Inselwelt) militärisch, politisch und kulturell ununterbrochen im Austausch steht. In diesem Spannungsfeld kultureller Austauschvorgänge hat sich allem Anschein nach nicht nur die gegenseitige Abneigung der Kontrahenten entfaltet: auch eine Reihe von Anpassungen ist festzustellen.

Das maghrebinische Modell ist das Modell einer schwachen Zentralgewalt inmitten einer nie ganz zu zähmenden Peripherie. Nehmen wir den offensichtlichen, den politischen Aspekt. Niemals zeigt dieses Modell seine Konturen schärfer als in krisenhaften Epochen. Zurecht hat man bei der Betrachtung von Zeiten epochaler äußerer Bedrohung festgestellt – seien es die Angriffe der Normannen, die der christlichen Reconquista (Portugal, Spanien) oder auch des Osmanischen Reichs (eine Entwicklung, die freilich bereits jenseits unseres Untersuchungshorizonts liegt) –, dass den politischen Mächten des Maghreb für ihre Abwehrmaßnahmen in der Regel nur das ›gewohnte Flickwerk eines Heeres privilegierter Stämme‹ zur Verfügung steht. Das jeweilige Staatsgebilde war und blieb dezentralisiert, ein Gebilde, aufgeteilt in das halbwegs kontrollierte Regierungslager *(bilād al-mahzan)* und ein unzugängliches ›Land des Dissenses‹ *(bilād as-sibāʿ).*[12]

Stammesland ist also *Bilād as-sibāʿ,* wörtlich: ›Gebiet der wilden, ungezähmten Tiere‹. Da wird ein soziologischer mit einem Landschaftsbegriff – einer Landnutzung – gleich gesetzt, und was das für Bilder evoziert, liegt auf der Hand. Die ›wilden Tiere‹, das sind gewiss auch die Bestien des Waldes und der Steppe. Aber sind nicht auch die Bergstämme und die Wüstennomaden im wahrsten

---

[10] Ibn Khaldun 1992, 109ff.
[11] Abdel-Malek 1973, 137ff.
[12] Sivers 1987, 525; siehe dazu auch Sivers 1971ff., 392.

Sinne des Wortes die Panther und Löwen der Geschichte? Wann immer sie aus ihren Rückzugsgebieten, ihren uneinnehmbaren Bergfestungen ausbrechen, stellen sie, wie Ibn Khaldun so treffend festgestellt hat, die saturierten Städte mit ihren träge und reich gewordenen Bürgern auf die Probe. A propos Stadtbewohner ... Gibt es überhaupt ausreichend *Bilād al-mahzan*, urbanisiertes, Steuer zahlendes Gebiet in jenen Ländern des Maghreb?

Was somit noch aussteht, wäre der Versuch, die Modernisierungsproblematik am Beispiel des Schicksals der Maghrebländer noch weiter einzuengen – auf die Frage nach dem Wesen von Stadt und Land; auf die charakteristischen Unterschiede, die hier sichtbar werden (je nachdem, wie stark die Verstädterung ist, ja und auch: in welcher Form sich ein Land »urbanisiert« zeigt). Auch auf die Rückkopplungseffekte, die jene nun schon genügend sichtbar gemachten Strukturmerkmale ideologisch-religiöser Natur hinsichtlich ihrer ökonomischen, historischen, politischen oder sozio-politischen Nützlichkeit (oder Schädlichkeit) haben, wäre ein prüfender Blick zu werfen.

Zur Frage der Urbanisierung. Europa und Nordafrika im Vergleich. Differenzierungen

Auf der Suche nach »Merkmale[n] sozialer Transformation« gibt Peter von Sivers in seinem klugen Aufsatz über Nordafrika am Beginn der Neuzeit einen verfolgenswerten Hinweis. Nicht einfach schon die Urbanisierung als solche, sondern erst das Zusammenspiel von Urbanisierung und Entwicklung städtischer (oder Städte begünstigender) Technologien sei das Kriterium dafür, ob eine gegebene Gesellschaft die Fähigkeit und die Bereitschaft besitze, so etwas wie ›Modernisierung‹ zuzulassen.[13]

Groß- und Weltstädte, Metropolen wie Córdoba, Palermo, Konstantinopel, Alexandrien, Kairo, Nīshāpūr, Bagdad, Delhi – Städte »mit oft bis zu mehreren hunderttausend Einwohnern« – wären nicht das gewesen, was sie waren ohne ihr enormes landwirtschaftliches Umfeld. Ganze ›Dorflandschaften‹, wie Sivers sie nennt, stellen die unverzichtbare ökonomische Basis für gelingende Urbanisierung dar. Diese ›Dorflandschaften‹ sind somit wenn nicht ›das‹,

---

[13] Sivers 1987, 502ff.

so doch eines der Geheimnisse ökonomischen Erfolges bei gewissen privilegierten Gesellschaften am Beginn der Neuzeit.

Es geht um das wichtigste Kriterium sozio-ökonomischer Hegemonie – Verdichtung. Nicht so sehr die eine, einzige ›Riesenstadt‹ ist die Garantie für eine rasche Entwicklung; erst die Kombination von ›Großstadt‹ und ›dichten Dorflandschaften‹ führt zu einer ›dorflandschaftlich intensivierten‹ Demographie. Entwickelt sich nun die Dorflandschaft um einen urbanisierten Kern herum weiter, entsteht eine neue Geographie: die Stadtlandschaft. »In beiden Fällen, der großstädtischen wie auch der stadtlandschaftlichen Urbanisierung, konnte der Anteil der städtischen an der gesamten Bevölkerung bis zu 30 Prozent betragen, so dass zwar die Mehrheit der Gesellschaft in den islamischen und christlichen Regionen bäuerlich blieb, die Stadtbewohner aber immerhin den Platz einer beachtlichen Minderheit einnehmen konnten.«[14]

Einen wichtigen Unterschied darf man aber nicht außer Acht lassen: Die politischen Folgen einer jeweils verschieden organisierten ›Urbanität‹ können beträchtlich differieren. Je nachdem, wie ›Urbanität‹ – anders gesagt: jene »beachtliche Minderheit städtischer Bevölkerung« – zu Stande kommt, bildet sie eine charakteristische Form von Territorialität aus.

Zwei Formen urbaner Territorialität

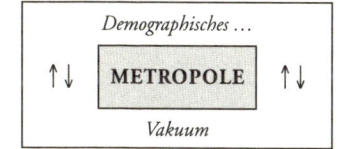

Demographisches ...	Demographische ...
↑↓ **METROPOLE** ↑↓	← **STADT-LANDSCHAFT** →
Vakuum	Durchdringung

Der Unterschied bei ›statistisch gleicher‹ Wirkung liegt also in der Verschiedenartigkeit geographisch-ökonomischer Ausgestaltung – sprich: in der jeweils ganz andersartigen Kontrolle des besiedelten Landes. Und ohne der Wirklichkeit allzu viel Gewalt anzutun, scheint es sogar möglich, besagten Unterschied in ein Modell einzubauen, das einer gewissen, intuitiv festgestellten kulturellen Differenzierung zwischen ›christlich‹ geprägter und ›islamisch‹ dominierter Sphäre so etwas wie sozio-ökonomische Evidenz gibt.

---

[14] Sivers 1987, 502.

Kulturelle Verteilung der beiden Formen urbaner Territorialität

Typisch für den
›islamisch-orientalischen‹
Bereich:

›großstädtische‹
Urbanisierung

Typisch für den
›christlich-abendländischen‹
Bereich:

›stadtlandschaftliche‹
Urbanisierung

Zwischen diesen beiden idealtypischen Exremen scheint das Emirat von Granada gestanden zu haben. Seine Hauptstadt trug beide Merkmale: einerseits war sie ›Metropole‹, nämlich eine für mittelalterliche Verhältnisse sehr große Stadt. Als solche war sie aber andererseits auch eingebettet in eine weitläufige Stadtlandschaft (siehe dazu auch unten, S. 282 ff.).

Im Spätmittelalter und in der Frühen Neuzeit kam es speziell in Ober- und Mittelitalien sowie in den Niederlanden zur Urbanisierung in der Form von Stadtlandschaften, die von einer Anzahl kleiner und mittlerer Städte mit im Höchstfall einigen zehntausend Einwohnern sowie von dazwischenliegenden Dörfern mit mehr oder weniger intensiver Landwirtschaft geprägt waren. Eine Vielzahl mittlerer und kleiner ›Städte‹, das ist die Dichte, die eine neue demographisch-sozioökonomische ›Feldstärke‹ erzeugt ... nämlich eine gleichförmige, in sich geschlossene Territorialität, eine intensive territoriale Durchdringung des Herrschaftsraumes. Unten stehendes Schema fasst die Situation in Europa und seinem Umfeld während des Spätmittelalters / in der frühen Neuzeit grob zusammen.

Die beiden Typen von Territorialität im Spätmittelalter / in der Frühen Neuzeit

Beispiele für

die proto-nationale Stadtlandschaft

- Flandern / Niederlande
- Ober- und Mittelitalien
- Königreich Granada

das Herrschaftsgebiet / ›Reich‹

- Heiliges Römisches Reich
- Kastilien
- Nordafrika

Wenden wir nun die erarbeiteten Erkenntnisse auf die konkrete Situation an – den Maghreb im Spätmittelalter –, so zeigt sich die komplexe Situation von Zentralisierungstendenzen, die jedoch auf halbem Wege stecken bleiben. Treibende Kraft ist logischerweise das Militär (angesichts der Unternehmungen christlicher Mächte nur zu verständlich) – doch scheint der Krieg im Maghreb viel weniger innovations-fördernd gewirkt zu haben als etwa jenseits der Straße von Gibraltar, auf der Iberischen Halbinsel.

Der frühmodern-militärische Aspekt und das Problem der Macht im Maghreb

Zwar zielt Peter von Sivers mit seinen Analysen auf die politisch-militärische Situation zu Beginn der Neuzeit, doch bringt er damit, wie es scheint, die Angelegenheit auch hinsichtlich jener Jahrhunderte der großen Reiche auf den Punkt, als von einem direkten Eingreifen christlicher (oder anderer auswärtiger) Mächte im Maghreb selbst noch keine Rede sein konnte: »In Europa, im Vorderen Orient und in Nordafrika konnten Herrscher jedweder Art, sofern sie nur Geld hatten, [...] sehr viel rascher Truppen aufstellen und einsetzen, als es vorher der Fall gewesen war.« Und als dies im Maghreb jemals möglich sein würde, wie man versucht ist, hinzuzufügen. Und Sivers kennt auch den Grund. Europäische Mächte verfügen über Städte. Das heißt, über Soldaten. Denn »Städter, die relativ eng beieinander wohnten [..., konnten] rasch ausgehoben werden«.[15]

Freilich nur dann, wenn man auch das nötige Geld hatte, um diese Soldaten adäquat auszurüsten. Die Kombination ›Geld und urbane Infrastruktur‹, wo einander beide Faktoren in der Art eines Rückkopplungs-Effekts verstärken, darf man sich vielleicht in ihrer sozio-politischen Wirkung so vorstellen: je urbaner ein Herrschaftsgebiet, desto lukrativer die Herrschaft; je mehr Geld vorhanden ist, desto ›militaristischer‹ kann sich die Gesellschaft geben; je mehr das Militär aber die Öffentlichkeit prägt, desto »heißer« ist wiederum die gesamte sozio-politische Bewegung. Ein Kreislauf, der sich verkürzt, aber darum nicht falsch ausgedrückt, in folgender Gleichung darstellen lässt: höherer (kriegerischer) Energieumsatz nach außen = energetische Intensivierung nach innen = Steigerung von Urbanität und Zentralisierung. Das ist das selbst-referenzielle Schema der Modernisierung. Das ist das Fortschrittssyndrom.

---

[15] Sivers 1987, 503.

Angesichts dieser Möglichkeiten muss aber festgestellt werden, dass – durchaus im Gegensatz zu al-Andalus und dessen spanischen Nachfolgemächten (Stichwort ›iberischer Vorsprung‹) – Nordafrika an der spätmittelalterlich-frühneuzeitlichen militärischen Revolution eigentlich nicht teil nimmt. Der exakte Beobachter formuliert es in einem Satz, den man geradezu den ›Kernsatz der Modernisierungsproblematik‹ nennen darf: »Nordafrika stellte sich auf die neuen Technologien verspätet und definitiv erst am Anfang des sechzehnten Jahrhunderts um.«[16]

Warum war das so? Ausnahmsweise sei ein Blick in die Zukunft erlaubt. Vordergründig wird das iberische Erfolgsmodell des 16. Jahrhunderts, wird etwa das Spanien der Habsburger – um hier Nordafrikas ›glücklicheren‹ Zwillingsbruder zum Vergleich heranzuziehen – den Faktor seiner quantitativen Erweiterung in jeder Hinsicht, demographisch, ökonomisch, machtpolitisch-ideologisch ausreizen. Indem die Herrscher Spaniens intensive, gewachsene Wirtschaftszonen wie das reiche Granada oder das wirtschaftsmächtige Flandern ›aufschlucken‹, werden sie die verfügbaren Geldmittel kurzfristig enorm vermehren können. Über ein solches »Aufschlucken« wird machtpolitische Quantität direkt in Qualität umschlagen, weil sie nämlich – vorerst jedenfalls – zu einem ökonomisch-politischen Multiplikationseffekt bei diesen iberischen Territorialmächten führen wird – zur Stärkung politischer Macht durch Zentralisierung.

Nordafrikas ›Verspätung‹ dagegen ist genauso Ergebnis von sozio-kulturellen, sozio-geographischen Besonderheiten – nur eben gegenteiliger Natur: die ›extensive‹ Geographie Nordafrikas. In Nordafrika sind die Ressourcen, über die die jeweilige Zentralgewalt verfügt, prekär, sie stammen nämlich nur aus dem Küstenland (Besteuerung agrarisch-händlerischer Aktivitäten) beziehungsweise aus dem Kolonial- und Fernhandel (punktuelle Beherrschung der Endabschnitte des saharanisch-sudanesischen Gold- bzw. Salzhandels). Die hohe Anfälligkeit für externe Störungen – Störungen des Handels durch Unterbrechung der wichtigen Fernrouten –, aber auch die Anfälligkeit für demographisch-ökonomische Krisen (die bei einer Landwirtschaft extensiven Typs naturgemäß viel heftiger ausfallen) liegt da auf der Hand.

Faktenhistorisch offenbart, und zwar mit hinreichender Deutlichkeit, hat sich diese profunde strukturale Schwäche des Maghreb übrigens nicht zuletzt in der raschen Abfolge der Dynastien.

---

[16] Sivers 1987, 505.

Abfolge der Dynastien im Westen der islamischen Welt: ein Vergleich

NORDAFRIKA / MAGHREB	SPANIEN / AL-ANDALUS
IDRISIDEN: 788-921 (133 Jahre)	**'UMAIYADEN:** 756-1012/31 (256/275 Jahre)
AGHLABIDEN: 800-909 (109 Jahre)	*andalusischer Einfluss in Nordafrika (10.Jh.)*
ZIRIDEN: 972 1135/48 (163/176 Jahre)	
HAMMĀDIDEN: 1015-1152 (137 Jahre)	
FATIMIDEN: 909-1171 (262 Jahre)	›**TAIFAS**‹ (Kleinreiche): 1012-1092 (80 Jahre)
ALMORAVIDEN: 1056-1147 (91 Jahre) } →	*Eroberung Islamisch Spaniens (11., 12. Jh.)*
ALMOHADEN: 1140-1269 (129 Jahre)	
MERINIDEN: 1269-1428/65 (159/196 J.) ←	**NASRIDEN:** 1232/38-1492 (254/260 Jahre)
WATTĀSIDEN: 1428-1509/49 (81/121 J.) ←	
SA'DIER: 1509-1576/1603 (67/92 J.) dann Zerfall in Nebenlinien	*Einflussnahme fremder Mächte auf den Maghreb:*
ABDALWADIDEN (ZIJANIDEN): unabhängig von 1236-1393 (157 Jahre), dann Vasallen der Meriniden und Hafsiden	a. *Portugiesen (15., 16.Jh.)* b. *Habsburger (16.Jh.)* c. *Osmanen (16.Jh.)*
HAFSIDEN: 1230-1534/74 (304/347 J.) ←	

Zeichenerklärung:

▨ Dynastien, die über eine relativ starke Bürokratie verfügten (Zentralisierungstendenzen stark ausgeprägt)

☐ Dynastien, deren Zentralisierungsbemühungen scheiterten

Werfen wir zum Abschluss unserer Analyse einen letzten Blick auf das, was oben der ökonomisch-politische Multiplikationseffekt genannt worden ist. Es sei der Versuch unternommen, den Unterschied der beiden Wirtschaftssysteme – des ›intensiven‹ wie des ›extensiven‹ – tabellarisch aufzuzeichnen.

›Intensives‹ und ›extensives‹ Ausbeutungsmodell – ein Vergleich

ÖKONOMISTISCH-FRÜHMODERN Mediterrane, bürgerliche Stadtstaaten	INTERNER RESSOURCEN-KREISLAUF **Nachhaltige** Ressourcen-Bewirtschaftung durch Besteuerung; als ›Gegenleistung‹ **Schutz, Förderung** der frühbürgerl. Ökonomie (Handels- und Kapitalinteressen); **Ressourcensteigerung** intern möglich (Intensivierung der ›Volkswirtschaft‹ durch Binnenkolonisation, Ausweitung des Handels etc.)
TRIBUTÄR-/PARASITÄR Kastilien bis Mitte 15.Jh., Maghreb-›Staaten‹	EXTERNE (PREKÄRE) RESSOURCEN-ZUFUHR **Prekäre** Ressourcen-Bewirtschaftung durch mehr oder weniger freiwillig geleistete **Tribute**; Zentralgewalt hat kaum ›Gegenleistung‹ anzubieten (Stammeskonföderationen sind militär.-polit. autark, ökonomisch autonom); **Ressourcensteigerung** auf fiskalischem Weg kaum möglich: nur (außen-)politisch-militärisch: **Beutezüge**

Gerade der Begriff des ›Beutezugs‹ scheint perfekt geeignet, Möglichkeiten und Grenzen einer ›tributär-parasitären‹ Staatsmacht zu beschreiben. Im Maghreb (und, wie gleich hinzugefügt sei, auch in Kastilien bis zur Mitte des 15. Jahrhunderts – nicht aber im gleichzeitigen Emirat von Granada) bleibt der Zentralgewalt als Möglichkeit, ihren Zugriff zu ›intensivieren‹ – sprich: die pekuniäre Situation zu verbessern –, im Grunde nur die Veranstaltung von ›Kriegs- und Beutezügen‹; anders gesagt, sie hat externe Zuflüsse nötig, um sich zu erhalten; eine genuine Intensivierung der Zone der Macht ist ihr verwehrt. So blieb es das ganze Mittelalter hindurch, so hat es funktioniert, das ›maghrebinisch-kastilische Modell‹. Allem Anschein nach waren die iberischen Staaten selbst im 16. Jahrhundert noch eine Mischform aus frühmodern-zentralistischem und tributär-parasitärem System.

Rein militärisch gesehen, ist die relative Kurzfristigkeit nordafrikanischer Reiche, sind selbst die Niederlagen im 15. und 16. Jahrhundert noch direkte Folge (und Ausdruck) eines Traditionalismus – dieser bildet gewissermaßen die Innenansicht des Problems. Das nordafrikanische Militärwesen wird auch am Beginn der Neuzeit immer noch auf Stammesstrukturen fixiert sein – also auf ›Kavallerie‹. Damit wird aber das Beispiel ›Pferd‹ als solches symptomatisch.

Was heißt das? Nun, in Nordafrika kann man immer wieder beobachten, wie sehr selbst schon »die Zucht von Reittieren und die Ausbildung der Reiter ... den Herrscherdynastien ... entzogen [war]«; beides, der Nachschub an Pferden wie an Reitern, konnte von der Zentralregierung »nicht wirksam kontrolliert werden.«[17]

In Nordafrika gab es keine ›Stadtlandschaften‹! Pferdezucht, die nur auf dem flachen Lande möglich ist, die offenes Land benötigt – in einer urban kontrollierten Umgebung wäre sie Teil des urbanen, des bürgerlich-zivilisatorischen Systems; mit anderen Worten – der Zentralgewalt unterworfen. Nicht so in den ›weiten Territorien‹ des Maghreb. Die sind nämlich Stammesland. Der Vergleich zwischen Nordafrika und der Iberischen Halbinsel macht hier durchaus Sinn. Ein anderes islamisches Gebilde, das Emirat von Granada hat ja gezeigt, wie man auch auf dem ›traditionellen Sektor‹ schlechthin, der Reiterei, ordnungspolitisch mit Erfolg interveniert, indem man diesen Sektor zum Beispiel verwissenschaftlicht. In Spanien – um den Vergleich jetzt auf den Punkt zu bringen – wird das Wissen, ›wie man richtig Pferde züchtet‹, das im Maghreb Teil der Stammeskultur und eines volkstümlichen Erfahrungsschatzes ist, von einer professionellen, städtischen Intelligentsija besetzt und zum Gegenstand eines komplexen hippologisch-militärtechnischen Diskurses gemacht. Ibn Hudayls berühmte und oft zitierte Abhandlungen über Pferdezucht und Kavallerie sind, wenn man so will,

---

[17] Sivers 1987, 506.

theoretisch-wissenschaftlicher Ausdruck eines von Haus aus hoch entwickelten, fortschrittlichen Veterinärwesens in al-Andalus, das bekanntlich in der Pferdezucht, neben einer wissenschaftlich betriebenen Zuchtwahl, auch schon die Praxis der künstlichen Besamung kannte.[18] Im Maghreb dagegen konnte die militärische Abhängigkeit der Zentralgewalt von den Stämmen immer nur durch äußere Impulse ausbalanciert werden – durch andere Stämme, nach der Devise: Die Feinde meiner Feinde sind meine Freunde –, später (also bereits außerhalb unseres Untersuchungshorizontes) durch Osmanen, Renegaten und ›Andalusier‹.[19] Man könnte die Angelegenheit auch unter dem Aspekt betrachten, wie sich die jeweiligen Modernisierungs-Schocks und Modernisierungs-Schübe unmittelbar mit signifikanten Niederlagen verknüpfen lassen (eine Situation, die man in al-Andalus schon zu Beginn des 13. Jahrhunderts erlebte). Diese Niederlagen werden mit der beginnenden Neuzeit zwar nicht gerade das Ende des ›westislamischen‹ Erneuerungsschemas (asketische Religionsführer ›aus der Wüste‹, ›aus den Bergen‹, die das Banner des Djihad ergreifen) mit sich bringen, aber doch eine interessante Verschiebung innerhalb des Schemas selbst: die Erneuerung ›von oben‹ – durch neue Dynastien – wird unterstützt durch eine Erneuerung ›von ganz außerhalb‹.

Alles in allem aber blieb die Entwicklung der religiösen Sphäre verhaftet, ans Religiöse zurückgebunden – wenigstens im Westen. Wichtig bleiben die Aufrufe von Heiligen allemal, nur dass ab einem bestimmten Zeitpunkt das Sufitum die alte Ribat-Ideologie, das mittelalterliche Mönchskriegertum ersetzt haben wird. Damit kommt es zu ersten, zaghaften Äußerungen einer ›plebejischen Denkungsart‹, nicht aber schon zur ›Verbürgerlichung‹ der Gesellschaft. Auch im Maghreb wird letztlich über Erfolg oder Misserfolg von politischer ›Erneuerung‹ die Stadtnähe entscheiden. Und Sufi sind anscheinend im Gegensatz zum Mönchskriegertum der Wüsten und Berge eher stadtbezogen. Wenn wir allerdings nochmals zum Ausgangspunkt unserer Überlegungen zurückkehren – der Frage nach dem Ausmaß städtischer Entwicklung als Bedingung der Möglichkeit ›modernistischer‹ Tendenzen, stellen wir fest, dass der Maghreb bis weit in die Neuzeit hinein über keine nennenswerte Urbanisierung verfügt. Keines der beiden klassischen Verstädterungsmodelle, weder das System der ›Metropole‹, der Riesenstadt im relativ ›leeren‹ agrarischen Umland, noch das der ›Stadt-

---

[18] Vgl. Ibn Hudayl 1924.
[19] Dazu Sivers 1987, 506.

landschaft‹, eine Urbanität, die das ganze Land demographisch und ökonomisch durchdringt, scheint sich in Nordafrika durchgesetzt zu haben. So betrachtet, ist der Maghreb in der Tat ›Europas afrikanische Grenze‹.

Anhang

Abfolge der Reichsbildungen und Dynastien im Maghreb

A. Dynastien im westlichsten Teil des Maghreb: Marokko
788-974: Idrisiden.
1061-1147: Almoraviden, al-Murābitūn (›die aus dem Ribāt, dem Wehrkloster‹).
1133-1269: Almohaden, al-Muwahhidūn (›Bekenner des Einen, Unitarier‹).
1244-1465: Meriniden (Marīniden, Banū Marīn).
1415: Beginn der europäischen Hegemonie (Portugal, Spanien).
1472-1554: Wattāsiden.
1554-1659: Sa'dier.
1666 – heute: Dynastie der 'Alawiden.

B. Dynastien im mittleren Teil des Maghreb: Algerien
776-908: Emirat der Rustamiden.
10./11. Jahrhundert: Fraktionskämpfe und Stammeskriege.
1018-1152: Hammādiden.
1075-1145: Almoraviden (nur in Westalgerien).
1145-1236: Almohaden.
1236-1554: 'Abdalwādiden.
16.-19. Jahrhundert: Außermaghrebinischer Einfluss (Spanien, Osmanen, Frankreich)

C. Dynastien im östlichen Teil des Maghreb: Tunesien
7./8. Jahrhundert: Islamisch-arabische Eroberung und Absicherung der Herrschaft.
8. Jahrhundert: Widerstand der autochthonen Bevölkerung.
800-909: Aghlabiden.
909-973/1050: Die Fatimiden im Maghreb.
971-1159: Zīriden.
1159-1229: Almohaden.
1229-1574: Hafsiden.
ab 1574: Osmanenherrschaft.
19. und 20. Jahrhundert: Europäischer Einfluss (Frankreich).

Literatur

Abdel-Malek 1973 = Anouar Abdel-Malek, Ibn Khaldun, Begründer der historischen Wissenschaft und der Soziologie. In: François Châtelet (Hg.), Geschichte der Philosophie, Band II, 137-161. Frankfurt am Main-Berlin-Wien 1973 (Paris 1972).

Arié 1973 = Rachel Arié, L'Espagne musulmane au temps des Nasrides (1232-1492). Paris 1973.

Bernatzik 1974 = Hugo A. Bernatzik, Hg., Neue Große Völkerkunde. Völker und Kulturen der Erde in Wort und Bild. Herrsching 1974.

Bosch Vilá 1956 = Jacinto Bosch Vilá, Historia de Marruecos: Los Almorávides. Tetuán 1956.

Constable 1994 = Olivia Remie Constable, Trade and traders in Muslim Spain. The commercial realignment of the Iberian peninsula, 900-1500. Cambridge-New York-Melbourne 1994.

Guichard 1998 = Pierre Guichard, The Population of the Region of Valencia during the First Two Centuries of Muslim Domination. In: Manuela Marín (Hg.), The Formation of al-Andalus. Part 1: History and Society, 129-181. Aldershot-Brookfield 1998.

Halm 1987 = Heinz Halm, Die Fatimiden. In: Ulrich Haarmann, Hg., Geschichte der arabischen Welt, 166-199. München 1987.

Halm 1991 = Heinz Halm, Das Reich des Mahdi. Der Aufstieg der Fatimiden (875-973). München 1991.

Hoenerbach 1970 = Wilhelm Hoenerbach, Islamische Geschichte Spaniens. Zürich-Stuttgart 1970.

Huici Miranda 1956 = Ambrosio Huici Miranda, Historia política del imperio Almohade. Tetuán 1956.

Ibn Hudayl 1924 = Ibn Hudayl, Kitab Hilyat al-fursan (»Buch der Zierde des Rittertums« – granadinisches Militärhandbuch des 14. Jahrhunderts). Edition: L. Mercier. Paris 1924 (neu herausgg. von M. J. Viguera. Madrid 1977).

Ibn Khaldun 1992 = Ibn Khaldun, Buch der Beispiele. Die Einführung/ al-Muqaddima, hgg. von Mathias Pätzold. Leipzig 1992.

Kurio 1992 = Hars Kurio, Berberkönige und Schriftgelehrte. Nordafrikanischer Islam in Tradition und Moderne. Hamburg 1992.

Ortega/del Moral 1991 = José Ortega/Celia del Moral, Diccionario de Escritores Granadinos (Siglos VIII-XX). Granada 1991.

Ronart 1972 = Stephan und Nandy Ronart, Lexikon der Arabischen Welt. Zürich-München 1972 (Amsterdam 1959, 1966).

Singer 1987 = Hans-Rudolf Singer, Der Maghreb und die Pyrenäenhalbinsel bis zum Ausgang des Mittelalters. In: Ulrich Haarmann, Hg., Geschichte der arabischen Welt, 264-322. München 1987.

Sivers 1971 ff. = Peter von Sivers, Nordafrika. In: Gustave Edmund von Grunebaum (Hg.), Der Islam II (Fischer Weltgeschichte, Band 15), 392-437. Frankfurt am Main 1971 ff.

Sivers 1987 = Peter von Sivers, Nordafrika in der Neuzeit. In: Ulrich Haarmann, Hg., Geschichte der arabischen Welt, 502-590. München 1987.

Viguera Molíns 1998 = María Jesús Viguera Molíns, The Muslim Settlement of Spania/al-Andalus. In: Manuela Marín (Hg.), The Formation of al-Andalus. Part 1: History and Society, 13-38. Aldershot-Brookfield 1998.

Staatsfeudalismus in Kastilien
Die Entstehung des frühabsolutistischen Staates

FERDINAND GSCHWENDTNER

Reconquista

Mit dem Sieg der Araber über die Westgoten 711 war auf der Iberischen Halbinsel ein Bruch mit der westeuropäischen Entwicklung erfolgt, noch bevor unter Karl dem Großen im Frankenreich die eigentliche Wiege des europäischen Feudalismus entstand. Ausgehend von christlichen Teilreichen, die im äußersten Norden erhalten geblieben waren, entschied erst die im 9. Jahrhundert einsetzende Reconquista, also die ›Wiedereroberung‹ der Iberischen Halbinsel, über die besonderen Formen des entstehenden Feudalismus[1].

Drei Hauptlinien der Reconquista führten schließlich zum Entstehen dreier christlicher Königreiche: Portugal, Kastilien und Aragón. Während das Königreich Aragón über die Vermittlung Kataloniens, welches im 9. Jahrhundert dem Karolingerreich eingegliedert gewesen war, stark von fränkischen Feudalinstitutionen beeinflusst wurde und »im Großen und Ganzen die Standardentwicklung des Feudalismus mit Leibeigenschaft, Benefizialsystem, feudaler Hierarchie der Stände, Grafschaftsverwaltung usw. durchlief«,[2] blieb Kastilien in weit höherem Maße isoliertes Randgebiet. Erst durch die Verbindung der ›Katholischen Könige‹ Isabella von Kastilien und Ferdinand von Aragón 1469 sollte es zu einer Vereinigung der beiden Reiche kommen, die aufgrund der unterschiedlichen politischen Strukturen zunächst jedoch lose blieb. Während Aragón von einer Limitierung königlicher Macht durch ein starkes Ständewesen gekennzeichnet war, kam es in Kastilien zur Herausbildung eines frühmodernen Staates, der die Basis der habsburgischen Hegemonialmacht unter Karl V. und Phillip II. werden sollte.

---

[1] Anderson 1978, 200f.
[2] Kahl 1983, 36.

In Hinblick darauf beschränken sich die folgenden Ausführungen auf eine Darstellung der Entwicklung Kastiliens.

In einer ersten Phase der Reconquista von der Mitte des 9. bis zum Ende des 10. Jahrhunderts breitete sich das christliche Siedlungsgebiet in ein durch Kriegshandlungen entvölkertes Niemandsland bis zum Duerotal hin aus, umfasste also die Gebiete von León und Altkastilien.

Die Inbesitznahme von herrenlosem Land durch Bauern (*presura*) wurde direkt vom König im Nachhinein als rechtmäßig anerkannt und schuf für die Okkupanten ein sehr weitgehendes Recht am Boden, das auch dessen Vererbung und Verkauf erlaubte.[3] Die kleinbäuerliche Bevölkerung war in Dorfgemeinschaften (*comunidades*) organisiert, der kleinbäuerlichen Nutzung des Ackerlandes entsprach die kommunale des Weidelandes. Es waren solche *comunidades*, die die Kolonisation vorantrieben und dabei auch militärische Funktionen innehatten. Mit zunehmender Entfernung der vorrückenden Grenze zu den maurischen Gebieten verloren die *comunidades* hingegen ihre Verteidigungsfunktion und waren dem Druck eines sich formierenden Feudalismus ausgesetzt.[4] Königliche Getreue und Klöster versuchten, ausgehend von ihren Grundherrschaften mit abhängigen Bauern (*solariegos*), die auf den Domänen Frondienste zu leisten hatten, auch freie bäuerliche Siedlungen in Abhängigkeiten zu zwingen. Überfälle berittener Banden ließen den Bauern oft keine andere Wahl, als sich in so genannten *behetrías* einem Schutzherrn zu überantworten. Diese *behetrías* stellten jedoch eine relativ geringe Form der Abhängigkeit dar: Die Bauern hatten zwar ihre Tributpflichtigkeit anzuerkennen, es blieben ihnen jedoch die bäuerlichen Nutzungsrechte an Grund und Boden für unbegrenzte Zeit sowie ihre rechtliche Freiheit garantiert. Schärfere Abhängigkeiten, also das Eindringen der Grundherrschaften in das freie Dorf, blieben hingegen zumeist auf einzelne abhängige Bauern beschränkt, sodass grundherrschaftliche Besitztümer häufig nicht zusammenhängend waren, also eine Streulage aufwiesen.

Die Eroberung Toledos leitete 1085 die zweite Phase der *reconquista*, die Eroberung Neukastiliens ein; nach über einem Jahrhundert wechselvollen Kampfes wurden die Mauren 1212 bei Las Navas de Tolosa entscheidend geschlagen. Durch die neu eroberten Siedlungsräume wurde das Bevölkerungswachstum des 12. und 13. Jahrhunderts in Kastilien weitgehend neutralisiert. Die neuen

---

[3] Kahl 1983, 70.
[4] Pastor 1980, 117.

Siedlungsmöglichkeiten im Grenzgebiet übten insbesondere auf die untersten Schichten der Bauern eine Anziehungskraft aus und bewirkten, dass in Kastilien im 13. Jahrhundert Elemente von Leibeigenschaft weitgehend verschwunden waren.[5] Die *solariegos* bewahrten hingegen ihr Recht auf Beschwerde beim königlichen Gericht gegen willkürliches Einheben von Abgaben durch ihren Herrn[6] und konnten zudem ihre Besitzrechte festigen: Vielfach wurde ihnen Land in Form der Erbpacht auf unbestimmte Zeit überlassen, der jährliche Pachtzins wurde zumeist unabhängig vom jährlichen Ernteertrag festgelegt und war insbesondere bei neu zu kultivierendem Land äußerst gering.[7] Selbst ehemalige Domänen wurden zum Teil in Erbpacht vergeben,[8] direkte Domänenbewirtschaftung existierte schließlich kaum mehr.[9] Der Anteil des Bodens, wo der Feudalherr die Höhe der Rente verändern konnte, sank. Pachtformen, die einen prozentuellen Anteil der Ernte als Abgabe festlegten oder in denen die Pachtdauer zeitlich beschränkt war (*arrendamientos*), setzten sich gegenüber der ursprünglichen Form der Erbpacht erst allmählich durch. Besonders Ende des 12./Anfang des 13. Jahrhunderts konnten die Bauern in so genannten *fueros buenos* geringe Feudalabgaben erreichen; Bloch[10] stellt diese *fueros* in eine Reihe mit den Dorffreiungen beziehungsweise Rechtssatzungen in weiten Teilen des hochmittelalterlichen Europa. In einer Vielzahl von Texten wird das Recht der Bauern bestätigt, ihren Besitz zu vererben und an Bauern des gleichen Herrn zu verkaufen.[11] Diese Entwicklungen bedeuteten für die Feudalherren ein Sinken der Feudalquote, welches sie jedoch durch eine größere Anzahl abhängiger Bauern – einerseits durch innere und äußere Kolonisation, andererseits durch eine Unterwerfung bisher freier Bauern unter grundherrschaftliche Abhängigkeit – wettmachen konnten. Wiederholte königliche Minderjährigkeit und feudale Revolten führten dazu, dass sich im 12. und 13. Jahrhundert möglicherweise die größte Anzahl freier Bauern gezwungen sah, sich einer *behetría* zu unterwerfen.[12] Der Status der *behetría*-Bauern näherte sich dem der *solariegos* an;[13] eine

---

[5] Kahl 1983, 429.
[6] Guglielmi 1967, 134.
[7] Vassberg 1984, 94.
[8] García de Cortazar 1973, 232.
[9] MacKay 1977, 71.
[10] Bloch 1984, 333f.
[11] Salomon 1973, 172.
[12] Lourie 1966, 64.
[13] Clavero 1974, 72.

relativ einheitliche Bauernschaft war entstanden. Viele Dörfer waren sowohl von *solariegos* als auch von Mitgliedern einer *behetría* und *hidalgos* (Kleinadeligen) bewohnt. Das 12. und 13. Jahrhundert kann somit als der Zeitraum gelten, in dem sich in Kastilien feudale Verhältnisse generalisiert und konsolidiert haben, auch wenn die feudale Abhängigkeit der Bauern von ihren Herren im Allgemeinen gering war.

Das über 100 Jahre stark umkämpfte Gebiet südlich von Toledo war durch die Grenzsiedlungsform befestigter *grandes concejos* – einer vergrößerten Form der *comunidades* Altkastiliens – gekennzeichnet. Der König regelte die Landzuteilung an einzelne *concejos* und räumte den freien Siedlern oft weitreichende Privilegien ein. Die *concejos* blieben somit dem König direkt verbunden und stellten ein Gegengewicht zur Macht des Adels dar. Sie wiesen ursprünglich kooperative Strukturen auf: Organisierung einer gemeinsamen Miliz, Ernennung der *magistrados concejiles* durch die Bewohner und somit Kontrolle über Ressourcen, die durch die Verpachtung von gemeindeeigenem Land gespeist wurden. Das sich ebenfalls im Eigentum der *concejos* befindliche Weideland konnte auch von den zum *concejo* gehörenden umliegenden Dörfern und Siedlungen genutzt werden; in Föderationen wurde zudem oftmals eine gemeinsame Nutzung von Weideland durch mehrere *concejos* vereinbart.[14] Durch das weite Ausgreifen auf das Umland weisen aus den *grandes concejos* entstehende Städte einen ausgeprägt agrarischen Charakter auf. Das Moment urbaner Autonomie innerhalb einer feudalagrarischen Welt, wie es sonst für europäische Städte des Mittelalters als typisch angesehen wird, fehlte weitgehend.

Ähnlich wie für die *comunidades* Altkastiliens bedeutete für die *concejos* Neukastiliens der Verlust militärischer Funktionen bei größerer Distanz zur Grenze eine allmähliche Unterwerfung unter feudale Verhältnisse: Sofern sie nicht Teil einer feudalen Herrschaft wurden, waren sie zu im Vergleich oftmals höheren Abgaben an den König verpflichtet.[15]

Parallel zu diesem äußeren Feudalisierungsdruck erfolgte eine interne soziale Differenzierung, die angesichts einer bereits ausgeprägten feudalen Gesellschaft in den *concejos* Neukastiliens im 12. Jahrhundert deutlich schneller vor sich ging, als dies in den altkastilischen *comunidades* der Fall gewesen war. Die zu Beginn der Kolonisation Neukastiliens allen Siedlern gewährten Privilegien wurden

---

[14] Salomon 1973, 128ff.
[15] Pastor 1980, 118f.

ab 1170 deutlich eingeschränkt, Anfang des 13. Jahrhunderts war die soziale Schichtung innerhalb der *concejos* weitgehend festgelegt.[16] Bei dieser sozialen Differenzierung spielten die *caballeros villanos* (›Dorfritter‹) eine entscheidende Rolle. Ihre Aufgabe war es, die kommunalen Weiden zu be- und die Grenzzone zu überwachen sowie die Bewohner der *concejos* und der umliegenden Siedlungen zu schützen. Hatten sich die *caballeros villanos* ursprünglich von der übrigen Bevölkerung nur durch den Besitz eines zur Kriegsführung geeigneten Pferdes unterschieden, so erlangten sie – ohne eigentlich Teil des Adels zu sein – zunehmend Privilegien und schließlich die Erblichkeit ihres Status. »The caballeros villanos were ... the most important class in the towns of central Spain. Together with the resident hidalgos, where the latter were not excluded from municipial office, they formed an urban patriciate of a military nature sharply contrasting with the mercantile aristocracies of the great cities of Europe from Lombardy to Flanders.«[17] Die kommunalen Strukturen der *concejos* wandelten sich zu einer Art kollektiver Feudalherrschaft, wo die *caballeros villanos* als Oligarchie herrschten und die Abgaben der Bauern und Handwerker für sich beanspruchten.

Im Unterschied zu Altkastilien war Neukastilien nach der Reconquista keineswegs menschenleer. Zwar waren die Mauren größtenteils geflüchtet, zurück blieben jedoch die so genannten *mozárabes*, eine Bevölkerungsgruppe, die über die Jahrhunderte arabischer Herrschaft hinweg an einem (arabisierten) Christentum festgehalten hatte. Zum überwiegenden Teil Kleinbauern, fanden sie in den ersten 50 Jahren nach der Reconquista günstige Bedingungen vor: Sie erhielten weitgehende Rechte über das von ihnen bebaute Land zugesprochen, konnten vielfach auch von den Arabern verlassenes Land in Besitz nehmen und waren den neuen Siedlern rechtlich gleichgestellt. Adel und Kirche hatten die Kolonisation der neuen Gebiete kaum selbst vorangetrieben, konnten jedoch insbesondere nach Abwehr des Ansturmes der Almohaden (1155-1175) viele ursprünglich freie *mozárabes* in feudale Abhängigkeit zwingen (was schließlich deren Hispanisierung befördert haben dürfte). Die Konzentration feudalen Eigentums war damit wesentlich größer als in Altkastilien. In der königlichen Politik wich das ursprünglich gewahrte Gleichgewicht zwischen *concejos* und Feudalherren immer mehr einer Bevorzugung feudaler Interessen.[18]

---

[16] Pastor 1968, 168f.
[17] Lourie 1966, 65.
[18] Pastor 1975, 105ff..

Der Ansturm der Almohaden hatte die Unzulänglichkeiten der munizipalen Truppen der *concejos* gezeigt: Diese waren nur langsam aufzustellen und die einzelnen Krieger waren oftmals mit Privilegien über die Länge ihrer Kriegsdienste ausgestattet. Dies erklärt das Entstehen der Militärorden von Alcántara, Calatrava und Santiago, denen die militärische und herrschaftliche Kontrolle der äußerst dünn besiedelten Gebiete im unmittelbaren Grenzgebiet übertragen wurde. »From the governmental standpoint their broad patrimonies constituted palatine lordships, outside the law and jurisdiction of the king and his officials, lands where the orders ruled and administered justice through their capable directorate of grand master or priors, and subordinate district *comendadores*. Over much the Guadiana Basin, until the days of the Catholic kings, government was thus the monopoly of the orders, as the royal laws and charters recognize when the king speaks of *mi tierra e la de las ordenes*«.[19] Die von den Militärorden gegründeten *concejos* waren in ihrer Autonomie wesentlich eingeschränkter, auch eine Anrufung des königlichen Gerichtshofes war den Bewohnern versagt.

Als Neukastilien nach der Eroberung Toledos für 150 Jahre umkämpftes Grenzgebiet blieb, resultierte die Beeinträchtigung des Ackerbaus durch Krieg in einer Bevorzugung der Wanderschafzucht zwischen den Sommerweiden im Norden Kastiliens und den im Grenzgebiet gelegenen Winterweiden im Süden. Diese Ausdehnung der Wanderschafzucht ging mit einer deutlichen Einschränkung der Herdenbesitzer einher: Mit zunehmender sozialer Differenzierung hatte sich innerhalb der *concejos* die Masse der Bauern auf stationäre Viehzucht und Ackerbau verlegen müssen, während die *caballeros villanos* die einträglichere Wanderschafzucht betrieben.[20] Die ökonomische Stärke der *caballeros villanos* beruhte nicht so sehr auf Landbesitz als auf dem Besitz von Herden und auf den Privilegien der *concejos* zur Nutzung von Weidegebieten.

Gegenüber den *caballeros villanos* bildeten jedoch die großen Herdenbesitzer (kirchliche und weltliche Feudalherren, Militärorden) immer mehr das bestimmende Element. Diese kontrollierten von Beginn an die 1273 gegründete *mesta*, welche die Interessen der Wanderschafzüchter (Preispolitik gegenüber dem Wollhandel, Regelung der Weidegebühren, Freihaltung der Hauptwanderwege) im gesamten kastilischen Gebiet wahren sollte. Diese Zusammenfas-

---

[19] Bishko 1963, 52.
[20] Pastor 1970, 62ff.

sung lokaler Schafzüchterverbände in der *mesta* entsprach auch den Interessen des Königs, da so die Steuereintreibung effizienter gestaltet werden konnte. Ab dem 13. Jahrhundert war Kastilien zum Lieferanten hochwertiger Merinowolle für die europäischen Textilzentren Norditalien und Flandern geworden, was dem König neben Steuern auch Zollabgaben einbrachte. Das Zusammenwirken feudaler und königlicher Interessen sollte in der Folge die Rolle der *mesta* bestimmen. Die Orientierung der großen Herdenbesitzer am Wollexport, welcher in Verbindung mit den Großkaufleuten von Burgos und Bilbao erfolgte, hat angesichts des Monopols der *mesta* bei Produktion und Vermarktung der Wolle die Entwicklung lokaler Marktbeziehungen und einer kastilischen Textilproduktion beeinträchtigt.[21]

Nach der entscheidenden Schlacht von Las Navas de Tolosa 1212 wurde in einer dritten Phase der Reconquista innerhalb von 50 Jahren ein riesiges Gebiet – Andalusien – erobert, ab 1270 hielt die Reconquista dann inne und wurde erst Ende des 15. Jahrhunderts zum Abschluss gebracht. Die maurische Bevölkerung wurde in Andalusien nach einem erfolglosen Aufstand 1264 vertrieben, das Land vom König in *repartimientos* verteilt. Zwar hatten dabei Militärorden, Kirche und Hochadel riesige Landteile erhalten, in denen die Ansiedlung der Bevölkerung unter ihrer Obhut erfolgen sollte, solche Grundherrschaften dominierten zunächst aber keineswegs. Relativ kleine (unter 250 ha) und mittlere (unter 400 ha) Landzuteilungen bildeten vorerst das repräsentative Element Andalusiens. Organisiert in *concejos* blieb anfangs der größere Teil des andalusischen Territoriums direkt an den König gebunden.[22]

Zur inneren Struktur der Feudalklasse

Nachdem die bisherige Darstellung den Hauptakzent darauf gelegt hat, wie die bäuerliche Inbesitznahme von Land immer mehr durch feudale Verhältnisse überformt worden war, soll im Folgenden ein nochmaliger Blick auf die Reconquista unter dem Aspekt der politischen Struktur der Feudalklasse erfolgen:

Da erstens im unmittelbaren Grenzgebiet zunächst jeder Freie auch ein Krieger geblieben war, später in den *concejos* die ›Dorfreiterei‹ (*caballeros villanos*), also die Reichsten unter den freien

---

[21] Pastor 1973, 190ff.
[22] Ladero Quesada 1983, 1347.

Bauern Verteidigungsfunktionen übernommen hatten, waren die bewaffneten Getreuen des Königs beziehungsweise der Großen des Königreiches niemals die einzigen berittenen Kämpfer gewesen. Da zweitens die Situation der Grenze im Hinterland die Herausbildung grundherrschaftlicher Abhängigkeiten milderte, die Macht des Adels gegenüber einer relativ freien Bauernschaft also gering blieb, konnten viel weniger Vasallen als etwa in Frankreich mit den Abgaben der Zinsbauern versorgt werden. Dies hatte zur Folge, dass die Waffengefolgschaften des Königs und einzelner Adelshäupter sich nur zögerlich in einer Vasallenhierarchie differenzierten. »Da und dort gab es Gruppen von Getreuen, die oft mit Ländereien ausgestattet waren, womit ihre Dienste entlohnt worden sind. Sie standen nur unvollkommen in Verbindung und waren weit davon entfernt, das beinahe einzige Gerüst von Gesellschaft und Staat zu bilden«[23]. Die Tendenz, direkte Zuwendungen an die Gefolgschaft durch ihre Ausstattung mit Land zu ersetzen, wurde zudem dadurch gemildert, dass Feldzüge in maurische Gebiete oftmals reiche Beute einbrachten. Insbesondere im 11. Jahrhundert erpressten christliche Herrscher mit Kriegsdrohungen regelmäßige, oftmals jährlich erfolgende Tributzahlungen von den Regenten der muslimischen *Taifa*-Staaten, jener kleinen unabhängigen Teilgebiete, die nach dem Zerfall des Kalifats von Cordoba 1031 entstanden waren. So bildete möglicherweise der Kampf um Beute in der Grenzzone für adelige Krieger eine leichtere und einträglichere Existenzmöglichkeit als die Abgaben der ›eigenen‹ Bauern in einem kargen und zudem unterbevölkerten Land: »Nomadic warriors in search of a living«[24]. Möglicherweise stellte also gerade die Unterbevölkerung Kastiliens einen wesentlichen Impuls der Reconquista dar?

Die Rolle des Königs als Organisator der Reconquista und Beuteverteiler stärkte seine Position, die Tatsache, dass alles neu eroberte Land grundsätzlich dem König gehörte, sicherte seine dominierende Stellung in der nachfolgenden ›Wiederbesiedelung‹ (*repoblación*). Er verfügte über ausreichende Einnahmen, um durch direkte Zuwendungen Reitertruppen zu unterhalten, ohne die Notwendigkeit, in jedem Fall in einem klassisch feudalen Sinn Land in Form von Beneficien (*prestimonios*) an Vasallen zu gewähren.[25] Dass königliche Landzuteilungen in Form solcher *prestimonios* nicht nur die adelige Gefolgschaft betrafen, sondern unterschiedslos auch bei

---

[23] Bloch 1984, 229.
[24] MacKay 1977, 40.
[25] García de Valdeavellano 1978, 1013.

Landverteilungen an Bauern Anwendung fanden, weist darauf hin, dass der kastilische König nicht so sehr ein ›feudaler‹ (im Sinne von durch vasallische Kontrakte beschränkter) Herrscher war, sondern vielmehr direkte Herrschaft über all seine Untertanen ausübte.[26]

In der zweiten Hälfte des 11. Jahrhunderts verstärkte die bis dahin vom übrigen Europa weitgehend isolierte Randzone ihre Kontakte mit der expandierenden Formation des europäischen Feudalismus. Verbindungen mit französischen Adeligen, die Aktivitäten des Ordens von Cluny sowie über die Pyrenäen kommende Pilger und Immigranten belegen eine ›Öffnung nach Europa‹[27], die auch in den kastilischen Feudalinstitutionen ihre Spuren hinterließ. Über den fränkischen Einfluss hinaus war die – bereits erwähnte – Unterwerfung bisher freier Bauern unter Schutz- und Abhängigkeitsverhältnisse der *behetrías* im 12. und 13. Jahrhundert einer gewissen Parzellierung politischer Macht förderlich. Verstärkt ab der Mitte des 12. Jahrhunderts entstanden, bedingt durch die oftmals ungenauen und widersprüchlichen königlichen Konzessionen, Auseinandersetzungen über Status und rechtliche Zugehörigkeit untergebener Gruppen und Individuen – Situationen, die als typisch für die Expansion und Differenzierung feudaler Strukturen gelten können.[28]

Trotz dieser Entwicklungen ist es in Kastilien niemals wirklich zur Desintegration zentraler Herrschaft gekommen.[29] Insbesondere gab es keine Fusion von öffentlichen Ämtern mit erblichen Land-Beneficien. Während etwa in Katalonien Grafschaften (*castelanías*) erbliche Feudalämter waren, blieb der vergleichbare kastilische *alcaide* nach königlichem Belieben einsetzbar.[30] In dieser Tradition einer starken Zentralmacht formulierte König Alfons X. 1260 in einer Wiederbelebung römischen Rechtes im Gesetzeskodex der *Siete Partidas* den Anspruch, ein einheitliches Recht in ganz Kastilien zu etablieren und eine direkte Autorität über alle Untertanen herzustellen.

Angesichts dieses Machtanspruches mag es zunächst verwundern, dass der gleiche Alfons X. (1252-1284) sich gezwungen sah, unter seinem Vorgänger Ferdinand III. (1217-1252) erobertes andalusisches Territorium in immer reichlicheren Konzessionen an

---

[26] MacKay 1977, 93ff.
[27] Pastor 1980, 11ff.
[28] Pastor 1980, 162f.
[29] Guilarte 1962, 215.
[30] MacKay 1977, 97.

den Hochadel zu verteilen, um sich dessen Loyalität zu erhalten. Während Ferdinand III. über hohe Tributzahlungen der *Taifa*-Staaten und dann über reichliche Beute bei der Eroberung Andalusiens verfügen konnte, befand sich Alfons X. zusehends in Finanznöten. So waren etwa die Einnahmen aus Tributzahlungen auf circa die Hälfte gesunken. Die Versuche von Alfons X., einen absoluten königlichen Machtanspruch zu etablieren, scheiterten schließlich: Der ›Bürgerkrieg‹ endete mit seiner Absetzung durch die Ständeversammlung (*cortes*) und dem Sieg einer von seinem zweitgeborenen Sohn Sancho IV. (1284-1295) angeführten Adelsreaktion. Allgemeiner formuliert: Das – vorläufige – Ende der Reconquista bedeutete eine Schwächung der Position des Königs durch den Verlust seiner Funktion als Organisator und Beuteverteiler der Eroberungen.

Die Krise des 14. Jahrhunderts

Nach einer Phase der Expansion und des ökonomischen Wachstums im 12. und 13. Jahrhundert war auch Kastilien im 14. Jahrhundert durch Krisenerscheinungen gekennzeichnet. Hier kann jedoch nicht wie in weiten Teilen Europas Überbevölkerung als Ursache von Seuchen und Hungersnöten angesehen werden, hatte doch die Eroberung Andalusiens im Norden Kastiliens zu einer Bevölkerungsabnahme geführt. Die damit verbundene Verringerung der Ackerflächen im Norden – einer Region, welche ohnehin durch magere Ernteerträge und schlechte klimatische Bedingungen gekennzeichnet war – hatte Getreideknappheit und Hungersnöte zur Folge, zumal in Andalusien nach der Vertreibung der Mauren die Bewässerungswirtschaft zusammengebrochen und das Produktionsniveau radikal gesunken war.[31]

In Alt- und Neukastilien verminderten der Bevölkerungsrückgang sowie das Missverhältnis zwischen fixierten, im 13. und 14. Jahrhundert immer häufiger in Form von Geld eingehobenen Renten und steigenden Preisen[32] die Einnahmen der Feudalherren drastisch. Angesichts einer unzureichenden Verankerung feudaler Ansprüche gegenüber relativ gut abgesicherten bäuerlichen Besitzrechten gelang es dem Adel nicht, höhere feudale Abgaben durchzusetzen. Da ja der Prozess der Kolonisation weitgehend nicht vom

---

[31] Ruiz 1979, 550.
[32] Valdeón 1975, 57.

Adel betrieben, sondern – unter Oberaufsicht des Königs – von den *comunidades* und *concejos* durchgeführt worden war, wiesen die bäuerlichen Siedlungen ein großes Maß an Selbstorganisation auf und konnten so feudalen Ansprüchen oftmals erfolgreich Widerstand entgegensetzen. Abgesehen von Andalusien verfügten die Feudalherren über wenig Herrenland zumeist in Streulage, sodass dieses nicht als Basis einer ›feudalen Reaktion‹ dienen konnte. Viele Feudalherren sahen sich vielmehr gezwungen, gegen die Verpfändung von Grundstücken Geld zu leihen. Dass dabei häufig auch Stadtbewohner oder vermögende Landpächter als Kreditgeber in Erscheinung traten, zeigt, in welch geringem Ausmaß klar ausgeprägte grundherrschaftliche Strukturen in Kastilien vorhanden waren.[33]

»Die aus der *reconquista* hervorgegangene Aristokratie war im wesentlichen eine kriegerische Klasse, die bei Ende der Eroberungen zwar über große militärische und politische Macht verfügte, deren ökonomische Basis, d.h. deren Relation zum Boden als dem Hauptproduktionsmittel jedoch relativ wenig ausgeprägt war. Sie verfügte mehr über eine außerökonomisch-politische Machtposition über Personen als über eine Eigentumsbeziehung zu Grund und Boden.«[34]

Das vorläufige Ende der Reconquista bedeutete für die Feudalklasse als wesentlichem Träger und Nutznießer dieses Kampfes einen weiteren Verlust von Einkünften und eine Infragestellung ihrer Funktion. Als Folge wandten sich die bisher von der Reconquista absorbierten Kräfte nach innen, die bisher gegen die Moslems organisierten Raubzüge wurden gegen die eigene Bevölkerung durchgeführt. In so genannten *malfetrías* – Raub, Plünderung, Brandstiftung, Erpressung und Mord – wandte sich feudale Aggression gegen Bauern, *caballeros villanos*, Kaufleute, aber auch gegen kirchliche Feudalherrschaften. Dabei traten gerade die bedeutendsten Adelsgeschlechter am häufigsten als *malhechores* in Erscheinung. Der kastilische Hochadel erlitt zwischen 1335 und 1375 einen völligen Zusammenbruch, bis Ende des 15. Jahrhunderts verschwanden 70 Prozent der Familien von der Bildfläche, ein Hinweis darauf, in welch schwieriger Lage sich diese Adelsschicht befand.[35] Diese Reproduktionskrise des Adels zeigt, wie sehr die Struktur der kastilischen »society organized for war«[36] durch das vorläufige Ende der

---

[33] MacKay 1977, 72.
[34] Kahl 1983, 94.
[35] Moreta 1978, 86ff.
[36] Lourie 1966, 54.

Reconquista in Frage gestellt war. Die *malfetrías* erreichten ihren Höhepunkt in der ersten Hälfte des 14. Jahrhunderts und verschärften die Krise. Insbesondere Kronland, also dem König unmittelbar untergebenes Siedlungsgebiet, war betroffen. Eine Migration in geistliche und weltliche Herrschaften setzte ein, da diese mehr Sicherheit boten. Weiter gelang es Adeligen, bisheriges Kronland an sich zu reißen und unter ihre herrschaftliche Verwaltung zu stellen.

Vor allem in den *concejos* Neukastiliens – von denen ja viele direkt dem König untergeben waren – kam es zu feudalen Usurpationen von Gerichtsbarkeit und kommunalem Land. Angesichts der feudalen Anarchie schlossen sich die *concejos* in 1295 vom König offiziell anerkannten regionalen *hermandades* (Bruderschaften), 1315 in einer überregionalen *hermandad general* zusammen, um als Hüter königlicher Justiz gegen die vom Hochadel ausgehenden *malfetrías* aufzutreten. Obwohl die *hermandades* hauptsächlich den Interessen der privilegierten Schichten der *concejos* – also *hidalgos* (niederer Adel) und *caballeros villanos* – dienten, boten sie auch Bauern einen gewissen Schutz vor einer Verschlechterung ihrer Situation.[37]

Auch wenn es den Feudalherren teilweise gelungen sein mag, bäuerliche Rechte mit Gewalt zu beseitigen *(desafueros)*, unüblich gewordene Abgaben der Bauern wiederzubeleben *(malos usos)* und Leibeigenschaft zu erneuern (Verbot der Rückkehr in königliches Gebiet), blieben diese Bemühungen insgesamt doch wenig erfolgreich.

Gänzlich anders verlief die Entwicklung in Andalusien. Dieses hatte als Kernland des arabischen Spanien eine entfaltete Wirtschaft mit intensivem Ackerbau aufgewiesen, die nach der Vertreibung der Mauren von den »halbpastoralen Spaniern aus dem Norden«[38] nicht aufrechterhalten werden konnte. Mehrere Faktoren trugen dazu bei, dass im 13. Jahrhundert insbesondere mittlere und größere Besitzungen brachlagen: der Mangel an Arbeitskräften; der Absentismus adeliger Grundbesitzer von ihren andalusischen Gütern, da ihre Hauptinteressen in ihren Herkunftsgebieten lagen; der aufgrund der geringen Bevölkerungsdichte geringe Bedarf an agrarischen Produkten. Als sich Ende des 13. Jahrhunderts maurische Einfälle häuften, zog sich die Bevölkerung auf wenige strategische Enklaven zurück, sodass insbesondere kleinere und mittlere Besit-

---

[37] Moreta 1978, 179.
[38] Brenan zit. n. Kahl 1983, 109.

zungen verlassen wurden. Die Besitzkonzentration kam während der Krise des 14. Jahrhunderts und durch die nachfolgende feudale Reaktion des 15. Jahrhunderts entscheidend voran und führte so erst zur Herausbildung der für Andalusien so typischen Latifundien. Als Machtbasis des Adels sollten diese schließlich auch der Entwicklung von großen Adelsgütern in anderen Regionen förderlich sein und entscheidenden Einfluss auf die weitere Entwicklung des gesamten kastilischen Königreiches haben.[39] Die großen Grundherren zeigten aufgrund der weitgehenden Beschränkung auf extensive Viehzucht wenig Interesse an der Ansiedlung einer bäuerlichen Bevölkerung. Die klimatischen Bedingungen Andalusiens – für Ackerbau sind entweder künstliche Bewässerung oder bei *dry farming* sehr große Flächen nötig – hatten zur Folge, dass neu ankommende mittellose Siedler sich schließlich in städtischen Zentren und größeren Dörfern niederließen. »Sie waren landlose Bauern, deren Besitz günstigenfalls in einem Wohnhaus (oder in einer Hütte), einem Zugtiergespann und ein paar Stück Vieh bestand.«[40] Große Teile der Bevölkerung waren also Tagelöhner, die selbst nicht über Boden verfügten.

Zusammenfassend kann also gesagt werden: Die im 14. und 15. Jahrhundert in Andalusien erfolgende adelige Besitzkonzentration in Form von Latifundien bildete den entscheidenden Rückhalt für eine Stärkung der Position des Adels gegenüber dem König im gesamten Reich. In den Regionen Alt- und Neukastilien kam angesichts der dort gut abgesicherten Rechte der Bauern (*fueros*) dieser Auseinandersetzung des Adels mit der königlichen Macht entscheidende Bedeutung für die Lösung der Reproduktionskrise des Adels zu.

Kräfteverhältnisse bei der Herausbildung des kastilischen Absolutismus: Concejos, Hochadel, Kirche und Krone

Die Reproduktionskrise des Adels veranlasst diesen zu »virulentem Frondismus«.[41] Der König ist durch das Ende der Reconquista in seiner traditionell starken Stellung deutlich geschwächt. Die *concejos* verteidigen ihre Autonomie gegen adelige Übergriffe, aber auch gegen den Zugriff des Königs. Dies sind die drei Grundelemente

---

[39] Ruiz 1979, 554f.
[40] Kahl 1983, 111.
[41] Kossok/Perez 1987, 175.

von Konfliktsituationen, deren Intensität und Erscheinungsformen je nach politischer Situation variieren:

Einerseits häuften sich feudale Übergriffe (*malfetrias*) während der Regierungszeiten schwacher Könige – vor allem während der Minderjährigkeit von Ferdinand IV. (1295-1312) und Alfons XI. (1312-1350) –, erzeugten jedoch auch Gegenwehr der *concejos* in Form von Zusammenschlüssen in den – bereits erwähnten – *hermandades* (1295, 1315) als Bewahrer städtischer Privilegien und königlicher Justiz.

Andererseits führten Versuche, die königliche Macht zu konsolidieren, dazu, dass die Auseinandersetzung König – Adel in feudalen ›Bürgerkriegen‹ kulminierte: Als Peter I. (1350-1369) versuchte, in Rückgriff auf den Gesetzescodex *Siete Partidas*, eine absolute königliche Macht durchzusetzen, bringt ihm dies den Beinamen ›der Grausame‹ ein, er muss schließlich – wie Alfons X. ein Jahrhundert zuvor – einer Adelsreaktion weichen. Heinrich II. von Trastamara (1369-79), der diese Adelsreaktion angeführt hatte, sowie Heinrich IV. (1454-74) gewährten dem Adel großzügige Konzessionen. Dadurch erlebte, nachdem – wie bereits erwähnt – im 14. Jahrhundert 70 Prozent der hochadeligen Familien erloschen waren (*nobleza vieja*, ›alter Adel‹), ein ›neuer Adel‹ (*nobleza nueva*) seinen Aufstieg. Dieser konnte Herrschaften (*señoríos*) begründen, welche die Struktur Kastiliens in der Folge nachhaltig prägten: Die Mehrzahl der *señoríos* Kastiliens hat hier ihren Ursprung.[42] Somit wurde in dieser ›feudalen Reaktion‹ die Reproduktionskrise des Adels einer Lösung zugeführt. Durch diese königlichen Konzessionen büßten vielfach *concejos* ihren Status als Kronland ein (wenn auch dem König ein Anrecht auf Kontrolle señorialer Administration durch Untersuchungsrichter, den Bewohnern eine direkte Bindung an den König, etwa in dem Recht auf Anrufung eines königlichen Gerichtes, erhalten bleibt). Die königlichen Schenkungen beinhalten die Abtretung bisher königlicher Kompetenzen jurisdiktioneller, administrativer, vor allem aber fiskalischer Natur:

Letztlich entscheidend für die Lösung der Reproduktionskrise des kastilischen Adels waren nämlich ursprünglich vom König eingehobene Steuern, über welche dieser sehr früh – wesentlich früher als etwa der französische König – verfügte: 1219 hatte der Papst dem kastilischen König einen Anteil des kirchlichen Zehents zugesprochen, der schließlich auf ein Drittel festgelegt wurde (*tercias*

---

[42] Moxó 1964, 205.

reales). Darüber hinaus entstand – ebenfalls im Zusammenhang mit der Reconquista – die *alcabala*, eine Verkaufssteuer auf alle gehandelten Produkte von 5, später 10 Prozent. 1342 im Kampf um die Stadt Algeciras von den *cortes* (Ständeversammlung) zunächst auf die Dauer von drei Jahren gewährt, wurde diese Anfang des 15. Jahrhunderts endgültig zu einer dauerhaften Steuer, die keiner Zustimmung der *cortes* mehr bedurfte. Die *alcabala* bildete im 15. Jahrhundert mit 50 Prozent (1420: 75%) den wichtigsten Anteil der königlichen Finanzen. Ebenfalls im 15. Jahrhundert entstand mit dem *servicio ordinario* eine im Gegensatz zur indirekten *alcabala* direkte, personenbezogene Steuer, die alle Steuerpflichtigen dem König zu leisten hatten.[43]

In welchem Ausmaß im 15. und 16. Jahrhundert ehemals königliche Einnahmen und Machtbefugnisse einzelnen Adeligen überlassen wurden, zeigen die folgenden Beispiele: Die Einkünfte der Grafen von Benavente stammten etwa 1566 zu 74 Prozent aus ehemals königlichen Steuereinnahmen *(alcabala, tercias reales)* und zu 11 Prozent aus gerichtlichen und administrativen Einnahmen *(señorío jurisdiccional)*, hingegen gehen nur 14,5 Prozent auf Grundeigentum *(señorío territorial)* zurück; eine Einkommensstruktur, die als durchaus repräsentativ angesehen werden kann.[44] Diese Beteiligung an den fiskalischen Mechanismen der Krone erklärt auch, dass der Adel geringe Ambitionen zeigte, den königlichen Steuerforderungen entgegenzutreten. Auch wird so verständlich, dass der Adel es unterließ, seinen politischen Sieg unter Heinrich II. von Trastamara zu nutzen, um der königlichen Macht ernsthafte konstitutionelle Schranken in den *cortes* aufzuerlegen. Nicht der Gegensatz zwischen Hochadel und königlicher Zentralisation (wie in Frankreich), sondern vielmehr das in der Zusammensetzung der feudalen Renten wurzelnde gemeinsame Interesse von König und Aristokratie, das politische und institutionelle Gerüst Kastiliens aufrechtzuerhalten, also eine Art ›Staatsfeudalismus‹,[45] ist für Kastilien kennzeichnend. Die enge Symbiose zwischen Hochadel und Krone sollte für die weitere Entwicklung Kastiliens bestimmend sein, die Herausbildung eines absolutistischen Staates erfolgte nicht in grundsätzlicher Gegnerschaft zum Hochadel, der Gegensatz beschränkte sich weitgehend auf eine Auseinandersetzung um das Ausmaß von dessen Anteil an den königlichen

---

[43] Salomon 1973, 234.
[44] Yun Casalilla 1985, 445ff; Nader 1977, 420ff.
[45] Yun Casalilla 1985, 447f.

Abgaben. »The aim of the nobility (...) was not to limit absolutism but to use absolutism for their own purposes«.[46]

Die enge Verbindung König – Hochadel hatte Auswirkungen auf die Stellung der *concejos*, also der Städte, im Machtgefüge der kastilischen Institutionen: Kastilien war eines der ersten Königreiche in Europa gewesen, das im 13. Jahrhundert ein Ständesystem entwickelt hatte. Die wachsende finanzielle und politische Macht der *concejos* hatte dazu geführt, dass sie ab 1250 permanenter Bestandteil der Ständeversammlung (*cortes*) wurden. Immer wieder hatten die Städte in den *cortes* die Forderung erhoben, den Einfluss des Hochadels als politische Kraft zu beseitigen und den Anspruch formuliert, das bestimmende Element in den politischen Institutionen Kastiliens zu sein. Diese Bestrebungen hatten darauf abgezielt, die gesamte zentrale Administration Kastiliens zu kontrollieren,[47] sie sind, auch wenn ihnen von königlicher Seite nicht entsprochen wurde, Ausdruck der starken Position kastilischer Städte. Der Einfluss der Städte nimmt jedoch bereits unter Peter I. (1350-1369) sowie in der Folge durch die feudale Reaktion unter Heinrich II. von Trastamara (1369-1379) deutlich ab. In der Folge beschränkt sich der Kampf der Städte immer mehr darauf, die Kontrolle über ihre lokalen städtischen Institutionen zu behalten, also ihre Autonomie gegenüber Hochadel und König zu verteidigen. Diese Schwächung der Position der Städte sowie die bereits erwähnte Tatsache, dass es der Adel unterließ, seinen politischen Sieg in einer Beschränkung königlicher Macht in den *cortes* festzuschreiben, ermöglichte es Heinrichs Nachfolger Johann II. (1406-1454), das Vermächtnis der *Siete Partidas* erneut aufzugreifen und das Konzept einer ›absoluten königlichen Macht‹ (*poder real absoluto*) gegenüber den damit weitgehend entmachteten *cortes* durchzusetzen und die Macht hin zum königlichen Rat (*consejo real*) zu verlagern. Der Hochadel versuchte dort an Einfluss zu gewinnen,[48] diesem Streben nach einer Beteiligung an der königlichen Macht wurde jedoch in keiner juristischen Form entsprochen.

Zur Durchsetzung ›absoluter königlichen Macht‹ gegenüber Hochadel und Städten greift Johann II. sowohl bei der Schaffung einer zentralen Administration (königliche Finanzen, königliche Justiz) als auch bei seinen Bemühungen, die Autonomie städtischer Institutionen einzuschränken und einen stärkeren Zugriff auf das

---

[46] MacKay 1977, 140.
[47] Netanyahu 1995, 83f.
[48] MacKay 1977, 140; Frey 1988, 138f).

Steueraufkommen der Städte zu bekommen, insbesondere auf eine Personengruppe zurück: auf *conversos*, also auf zum christlichen Glauben konvertierte Juden.

Vor allem die Pogrome 1391 und 1412 hatten zu Massenkonvertierungen von Juden zum Christentum geführt, diese ›neuen Christen‹ bildeten im 15. Jahrhundert circa 1/3 der städtischen Bevölkerung. In Kastilien waren Juden seit viel längerer Zeit und in höheren Positionen in der königlichen Verwaltung tätig gewesen als in jedem anderen europäischen Königreich, speziell in der Verwaltung königlicher Finanzen wurden Juden als unentbehrlich angesehen.[49] Mit der Christianisierung eines Großteils der jüdischen Bevölkerung wurden viele dieser Positionen jetzt von *conversos* übernommen. Während Juden aufgrund ihrer Religion immer wieder auch der Zugang zu Ämtern verweigert wurde, war diese Argumentation bei *conversos* nicht mehr möglich. Neben Posten in der königlichen Administration erlangten diese ›neuen Christen‹ zunehmend auch Positionen in den städtischen Institutionen und traten hier in Konkurrenz zu den alten städtischen Oligarchien. Waren diese in der Verteidigung städtischer Autonomie gegenüber Hochadel und König zumeist erfolgreich gewesen, so teilte nun eine innerstädtische Konfliktlinie die städtischen Oberschichten in ›alte Christen‹, die ihre Positionen verteidigten, und ›neue Christen‹, die durchaus erfolgreich Ämter und Einfluss in den städtischen Institutionen erlangten.[50] Besondere Brisanz erlangte dieser Konflikt durch seine Vermengung mit der Politik des Königs, erstens die Macht der städtischen Oligarchien einzuschränken und zweitens den finanziellen Zugriff auf die Städte zu verstärken: Die Leitung der städtischen Administration lag in den Händen der aus den städtischen Oligarchien stammenden Stadträte (*regidores*). Diese wurden jedoch vom König ernannt, ihre doppelte Loyalität gegenüber der Stadt und dem König schränkte ihre Initiative und Unabhängigkeit ein. Den *regidores* wurden zudem im 15. Jahrhundert zunehmend vom König auf nur ein bis zwei Jahre ernannte königliche Beamte (*corregidores*) vorangestellt. Sie leiteten die Sitzungen der *regidores* und sollten der Verbindung von königlicher Zentralgewalt und lokaler Administration dienen und die effektive Durchführung königlicher Beschlüsse gewährleisten[51]. König Johann II. ernannte nun – oftmals gegen die Opposition lokaler Autoritäten – mehr und

---

[49] Netanyahu 1995, 953ff.
[50] Netanyahu 1995, 955.
[51] Guilarte 1966, 79 und 84f; Kamen 1983, 25f.

mehr ihm in besonderer Loyalität verbundene ›neue Christen‹ zu *regidores* und *corregidores*. Zwar war der überwältigende Teil der Macht in den Städten nach wie vor in der Hand der ›alten Christen‹, der Anteil der ›neuen Christen‹ bei Steuereintreibung und Steuerpacht war aber überproportional hoch. Der in Kastilien tief verwurzelte Antisemitismus konnte sich hier wieder entzünden. In Toledo geht im Jahr 1449 ein Pogrom gegen *conversos* mit einer antiabsolutistischen Rebellion der Stadt einher. Teile des Hochadels versuchen diese für eine Front gegen den König zu nutzen, Johann II. gelingt es jedoch, die Aufstände einzudämmen und seine Herrschaft nochmals abzusichern.

Unter seinem Nachfolger Heinrich IV. (1454-1474) nutzten mit dem König rivalisierende Adelsgruppen Übergriffe gegen und Massaker an *conversos,* um Bündnisse mit den aufrührerischen Städten zu schließen und die Konflikte zu bürgerkriegsähnlichen Auseinandersetzungen zu erweitern.; aus diesen ging schließlich Isabella (1474-1504) als Thronfolgerin hervor. Erst ihr gelang es – gemeinsam mit ihrem Gemahl Ferdinand von Aragón – der absoluten Macht in Kastilien endgültig Bahn zu brechen:

Zum einen nutzten Isabella und Ferdinand die 1464 gegründete *Santa Hermandad* als Stütze königlicher Autorität. In diesem Zusammenschluss der Städte war – angesichts der Bürgerkriegssituationen und der großzügigen Gewährungen königlicher Rechte und Einnahmequellen an einzelne Adelige unter Isabellas Vorgänger Heinrich IV. – die Tradition der Städtebündnisse (*hermandades*) des 14. Jahrhunderts neu belebt worden. Die Schaffung einer Miliz durch die *Santa Hermandad* (1479 3000 Mann, 1490 bereits 10 000 Mann) war der Kern eines sich herausbildenden königlichen Heeres.[52] Diese militärische Machtbasis ermöglichte es Isabella und Ferdinand auch, gegen adelige Widersacher vorzugehen und adelige Opposition weitgehend zu beseitigen.

Weiters gelingt Isabella und Ferdinand eine deutliche Verringerung städtischer Autonomie: Durch die endgültige Durchsetzung des *corregimiento*-Systems werden die städtischen Administrationen enger an die Zentralgewalt gebunden, dies ermöglicht eine Steigerung königlicher Einnahmen von 900 000 Dukaten im Jahr 1474 auf 26 Millionen Dukaten 30 Jahre später.[53]

Dass Isabella und Ferdinand angesichts dieses drastischen Zugriffs auf Autonomie und Ressourcen der Städte nicht mit städti-

---

[52] Kamen 1983, 18ff.
[53] Kamen 1983, 19.

schen Rebellionen konfrontiert waren, mag zunächst verwundern. Eine Erklärung dafür bietet jene Veränderung in der Mechanik der Macht, jene Richtungsänderung in der königlichen Politik, die möglicherweise entscheidend für die endgültige Durchsetzung des Absolutismus in Kastilien war: Bisher hatten die kastilischen Könige im Wesentlichen ihre schützende Hand über Juden und *conversos* gehalten und den immer lauteren Forderungen nach rechtlichen Beschränkungen für diese Bevölkerungsgruppen nicht oder nur zögerlich nachgegeben. Die ›Katholischen Könige‹ Isabella und Ferdinand reagierten nun auf die Pogromstimmung in zahlreichen Städten, indem sie in Rom eine Untersuchung (*inquisición*) der gegen die ›neuen Christen‹ erhobenen Vorwürfe des geheimen Festhaltens am jüdischen Glauben beantragten. 1478 stimmte der Papst einer Inquisition zu. Im Jahr 1480 in Gang gesetzt, erwies sich diese als äußerst effizientes Mittel zur Durchsetzung königlicher Macht: Zwar hatte der Papst formal die oberste Autorität inne, aber gerade die Tatsache, dass die Inquisition das oberste kirchliche Tribunal zu sein schien, erleichterte es der Krone, diese in ihrem Sinn zu nutzen. Der tatsächliche Einfluss des Papstes war minimal, die ›Katholischen Könige‹ ernannten und entließen die Inquisitoren, legten deren Gehalt fest, erhielten deren Berichte, gaben ihnen Instruktionen und überwachten die Konfiskationen. Neben dem hauptsächlichen Motiv, der Sicherung politischer Stabilität und königlicher Macht, ergibt sich für die ›Katholischen Könige‹ aus der Inquisition ein zusätzlicher finanzieller Nutzen: Den Gewinn aus den Konfiskationen schätzt Netanyahu auf über sieben Millionen Dukaten in einem Zeitraum von 35 Jahren.[54]

Das blutige Vorgehen der Inquisition gegen die *conversos* entschied die Rivalität innerhalb der städtischen Oligarchien zugunsten der ›alten Christen‹. Mit der Inquisition sicherten sich die ›Katholischen Könige‹ trotz der Einschränkung städtischer Autonomie die Unterstützung der – alten – städtischen Oligarchien und neutralisierten damit auch eventuelle Revolten des Adels: Ohne die Unterstützung aufständischer Städte war nicht mit einem Sieg gegen den König zu rechnen. Zwar hatten die ›Katholischen Könige‹ das Wiedererstarken des Königtums genutzt, um gegen einzelne adelige Widersacher vorzugehen und deren Güter und Renten einzuziehen, diese wurden jedoch an treue Parteigänger neu ausgegeben; die für Kastilien so kennzeichnende Allianz von Hochadel und

---

[54] Netanyahu 1995, 1022.

König blieb erhalten und wurde ergänzt durch eine äußerst enge Verbindung mit der katholischen Kirche.

Da die Juden als Nichtchristen nicht unter die Zuständigkeit der Inquisition fielen, wurden diese 1492 des Landes verwiesen. Ebenfalls 1492 erfolgte die Eroberung Granadas, mit dem Sieg über den letzen maurischen Herrscher wurde die Reconquista zum Abschluss gebracht. Ab 1499 wurden rigorose Bekehrungskampagnen durchgeführt (das prekäre Verhältnis zwischen christlicher Obrigkeit und zwangsbekehrten Mauren, nun *moriscos* genannt, sollte schließlich analog zur Judenfrage aufgelöst werden: 1609-14 wurden schließlich sämtliche ›maurisch‹-stämmigen Neuchristen aus den Ländern der Spanischen Krone vertrieben).

Der Feldzug gegen Granada war mit Geldern des Papstes (*cruzadas*) subventioniert worden. 1484 hatte der Papst das königliche Anrecht auf einen Teil des Zehents (*tercias reales*) bestätigt. In der Folge verstärkte sich die Verflechtung von königlichem und kirchlichem Abgabesystem, sowie allgemein das Ineinandergreifen von Kirche und königlicher Administration.[55] Ferdinand war zum Meister der Militärorden von Calatrava, Alcántara und Santiago ernannt worden, 1523 wurden diese vom Papst der Krone schließlich auf Dauer übertragen.

Widerstände gegen die erhöhten königlichen Steuereinnahmen sowie eine allgemeine Unzufriedenheit mit der Nachfolge des Habsburgers Karl V. auf dem kastilischen Königsthron eskalierten 1520 in einem letzten Aufbäumen der Städte, im Aufstand der *comuneros*: In der Tradition der *hermandades* forderten die Städte ihre traditionellen mittelalterlichen Freiheiten und Privilegien sowie mehr Rechte für die und eine regelmäßige Einberufung der *cortes*. Der Hochadel tolerierte den Aufstand zunächst als Schwächung des wiedererstarkten Königtums, stellte sich aber unter dem Eindruck der Forderung der *comuneros*, der Hochadel habe usurpierte königliche Rechte und Besitzungen zurückzuerstatten, schließlich auf die Seite des Königs. Mit der Niederlage der *comuneros* verloren die Städte (beziehungsweise *concejos*) endgültig ihre Freiheiten und ihren Stellenwert als Gegengewicht zum Adel. Die Macht der *cortes* wurde weiter eingeschränkt, der spätmittelalterliche Ständestaat wurde endgültig vom Frühabsolutismus abgelöst.

Zusammenfassend kann gesagt werden: In der Reconquista war in der kastilischen »society organized for war«[56]eine effektive Mili-

---

[55] Salomon 1973, 223.
[56] Vgl. Anmerkung 36.

tärorganisation geschaffen worden. Mit dem vorläufigen Ende der Reconquista wandte sich diese zunächst nach innen (Übergriffe auf die ›eigene‹ Bevölkerung, ›Bürgerkriege‹), die Reproduktionskrise des kastilischen Adels wurde schließlich im Aufbau eines absolutistischen Staates gelöst. Andersons Charakterisierung des absolutistischen Staates als ein »im wesentlichen (...) wieder entfaltetes, erneuertes System der Feudalherrschaft«[57] trifft auf die durch die Allianz von König und Hochadel geprägte kastilische Ausformung des Absolutismus in vollem Ausmaß zu. Während es den kastilischen Bauern im Mittelalter gelungen war, feudale Abhängigkeiten im europäischen Vergleich gering zu halten, sollten sie den über die Zentralgewalt vermittelten Ansprüchen langfristig wesentlich weniger gewachsen sein.

(Vielen Dank an Gottfried Liedl für die anregende Unterstützung.)

Literatur

Anderson 1978 = Perry Anderson, Von der Antike zum Feudalismus. Spuren der Übergangsgesellschaften, Frankfurt am Main 1978.
Anderson 1979 = Perry Anderson, Die Entstehung des absolutistischen Staates, Frankfurt am Main 1979.
Bishko 1963 = Julian Bishko, The Castilian as Plainsmen: The Medieval Ranching Frontier in La Mancha and Extremadura. In: The New World looks at its History, Hg. Archibald R. Lewis/Thomas F. Mac Gann, Austin 1963, 47-69.
Bloch 1984 = Marc Bloch, Die Feudalgesellschaft, Berlin 1984.
Clavero 1974 = Bartolomé Clavero, Mayorazgo. Propiedad feudal en Castilla. 1369-1836, Madrid 1974.
Frey 1988 = Herbert Frey, La feudalidad europea y el régimen señorial español, Mexico 1988.
Garcia de Cortazar 1973 = José Angel Garcia de Cortazar, La época medieval, Madrid 1973.
Garcia de Valdeavellano 1978 = Luis Garcia de Valdeavellano, Sobre la cuestión del feudalimso hispanico. In: Homenaje a Julio Baroja, Madrid 1978, 1001-1030.
Glassmann 1973 = Ronald W. Glassmann, La Estructura especial del feudalismo y de las ciudades españolas y sus efectos sobre la estructura sociopolitica de latinoamerica. In: Revista de Ciencias Sociales 17/2, 1973, 133-142.
Gschwendtner 1989 = Ferdinand Gschwendtner, Wirtschaftliche und soziale Aspekte der kastilischen Feudalentwicklung, Wien 1989.

---

[57] Anderson 1979, 20.

Guglielmi 1967 = Nilda Guglielmi, La dependencia del campesino no propietario (León y Castilla - Francia. Siglos XI-XIII). In: Anales de Historia Antigua y Medieval 13, 1967, 95-187.
Guilarte 1962 = Alfonso Maria Guilarte, El régimen señorial en el siglo XVI, Madrid 1962.
Kahl 1983 = Hubert Kahl, Grundeigentümer, Bauern und Landarbeiter in Südeuropa. Vergleichende Studie zur Entwicklung landwirtschaftlicher Produktionsverhältnisse in Spanien, Portugal und Italien vom Mittelalter bis in die Gegenwart, Frankfurt am Main-Bern 1983.
Kamen 1983 = Henry Kamen, Spain 1469-1714. A Society in Conflicts, New York 1983.
Kossok/Perez 1987 = Manfred Kossok/Mauricio Perez, Regionalismus – Zentralismus – Absolutismus. Der Fall Spanien. In: Jahrbuch für Geschichte des Feudalismus 11, 1987, 175-201.
Ladero Quesada 1983 = Miguel-Angel Ladero Quesada, Aristocratie et Régime Seigneurial dans l'Andalousie du XVe siècle. In: Annales E. S. C., Nov.-Dez. 1963, 1346-1368.
Lourie 1966 = Elena Lourie, A Society organized for War: Medieval Spain. In. Past and Present 35, 1966, 54-76.
MacKay 1977 = Angus MacKay, Spain in the Middle Ages. From Frontier to Empire 1000-1500. New Studies in Medieval History 2, London 1977.
Moreta Velayos 1978 = Salustiano Moreta Velayos, Malhechores feudales. Violencia, antagonismo y alianzas de clases en Castilla, siglos XIII–XIV, Madrid 1978.
Moxo 1964 = Salvador de Moxo, Feudalismo europeo y feudalismo español. In: Hispania 93, 1964, 123-133.
Nader 1977 = Helen Nader, Noble Income in 16th-Century Castile. The Case of the Marquises of Mondéjar, 1480–1580. In: Economic History Review 30/3, 1977, 411-428.
Netanyahu 1995 = Benzion Netanyahu, The Origins of the Inquisition in fifteenth century Spain, New York 1995.
Pastor de Togneri 1968 = Reyna Pastor de Togneri, Poblamiento, frontera y estructura agraria en Castilla Nueva (1085–1230). In: Cuadernos de Historia de España, Universidad de Buenos Aires, 47/48, 1968, 171-255.
Pastor de Togneri 1970 = Reyna Pastor de Togneri, La lana en Castilla y León antes de la organicazion de la Mesta. In: Moneda y Créditor 112, 1970, 47-69.
Pastor de Togneri 1973 = Reyna Pastor de Togneri, En los comienzos de una economía deformada: Castilla. In: Conflictos sociales y estancamiento económico en la España Medieval, Hg. R. Pastor de Togneri, Barcelona 1973, 175-195.
Pastor de Togneri 1975 = Reyna Pastor de Togneri, Del Islam al Cristianismo. En las fronteras de dos formaciones económico-sociales: Toledo, siglos XI–XIII, Barcelona 1975.
Pastor de Togneri 1980 = Reyna Pastor de Togneri, Resistencias y luchas campesinas en la época del crecimiento y de la consolidación de la formación feudal. Castilla y León, siglos X–XIII, Barcelona 1980.
Ruiz 1979 = Teofilio F. Ruiz, Expansion et changement. La conquête de Sé-

ville et la société castillane 1248–1350. In: Annales E. S. C. 34/3, 1979, 548-565.
Salomon 1973 = Noêl Salomon, La vida rural castillana en tiempos de Felipe II, Barcelona 1973.
Valdeón 1975 = Baruque Julio Valdeón, Los conflictos sociales en el reino de Castilla en los siglos XIV y XV, Madrid 1975.
Vilar 1990 = Pierre Vilar, Spanien. Das Land und seine Geschichte von den Anfängen bis heute, Berlin 1990.
Vassberg 1984 = David E. Vassberg, Land and Society in Golden Age Castile, Cambridge 1984.
Yun Casalilla 1985 = Bartolomé Yun Casalilla, Aristocracía, señorío y crecimiento económico en Castilla: algunos reflexiones a partir de los Pimentel y los Enriquez (siglos XVI y XVII). In: Revista de Historia Económica 3, 1985, 443-471.

Die andere Seite der Reconquista:

Islamisch Spanien im Wirtschaftsraum des Spätmittelalters

GOTTFRIED LIEDL

Lange Zeit ist dem gebildeten Bewusstsein, dem aufgeklärten Geist die Reconquista – jene christliche ›Wiedereroberung‹ der vom Islam dominierten Iberischen Halbinsel – nur als ein vielleicht bedauerliches aber dennoch untrügliches historisches Indiz erschienen. Als ein weiterer Beweis dafür, dass der ›Islam‹ (hinter welchem Namen sich natürlich die Vorstellung einer nichteuropäischen Kultur oder Zivilisationen verbirgt) abendländisch-christlicher Mentalität, abendländisch-christlichem Willen zur Macht nicht standzuhalten vermag. Zumindest nicht auf Dauer.

Betrachtet man diese Reconquista jedoch im Kontext, so sieht die Angelegenheit gleich ein wenig anders aus. Als ›schicksalhafte Entscheidung‹ über Wert oder Unwert einer Kultur, einer Zivilisation angesichts einer zweiten, als welche sie – besonders von ihren eigenen Protagonisten – immer wieder verstanden wurde, ist sie von gar keinem Interesse, wohl aber als eine Bewegung, die von anderen Bewegungen eingerahmt wird und deren ›Charakter‹ erst innerhalb dieses Rahmens wirklich zum Vorschein kommt. Übrigens ist ›Reconquista‹ ein denkbar unglücklicher Begriff zur Kennzeichnung einer historischen Epoche. Dazu bezeichnet sie eine Bewegung, die viel zu lange dauert – ein halbes Jahrtausend – und in sich selbst viel zu disparat ist: Jahrzehnte, Jahrhunderte eines ›friedlichen‹ Nebeneinanders mit relativ stabilen Verhältnissen wechseln ab mit kurzen Phasen rasanter Veränderung. Was dieser Begriff zusammen mit seinem territorialen Pendant *frontera* (›Grenze‹) aber sehr gut symbolisiert, ist etwas anderes: ein historischer Raum. ›Reconquista‹ als Chiffre bezeichnet Bedingungen und Verhältnisse auf der Iberischen Halbinsel, die vor allem wegen ihrer weiteren Auswirkungen auf Europa wichtig sind.

Das bedeutet umgekehrt, dass hier nicht ein Phänomen für sich genommen interessiert, sondern nur in seiner Beleuchtung durch andere, verwandte Erscheinungen. In der Praxis bedeutet das eine Erweiterung des Blickfelds und zugleich dessen Verengung. Ausweitung im geographischen Sinn: Die Analyse umfasst nicht nur Spanien sondern den ganzen Westen, ja die gesamte Mittelmeerwelt bis hin zu ihrem östlichen Rand. Verengung aber im zeitlichen Sinn: Nur unter dieser Voraussetzung kommt eine Untersuchung, die auf überregionale Auswirkungen eines regionalen Ereignisses abzielt, zu Ergebnissen; nur wenn ich die eine Unbekannte, die Veränderungen in der Zeit stillstelle, kann ich die andere, die Veränderungen im Raum berechnen. Die Untersuchung wird sich daher auf jenen Zeitraum beschränken, in dem sich die Iberische Halbinsel erstmals anschickt, aus einem ›gesamt-europäischen‹ Blickwinkel heraus geschichtlich aktiv zu werden: was in etwa der Zeit vom 11. bis zum 15. Jahrhundert entspricht.

Entwicklungen im Osten

Im 11. Jahrhundert zeigen sich an beiden Flügeln der islamischen Ökumene Anzeichen einer ›Renaissance‹ nach Jahrzehnten der Krise – Hinweise auf die ungebrochene Kraft und Dynamik dieses Raumes. Bemerkenswert ist dabei eine gewisse Vorreiterrolle des Ostens. Das zeigt sich im Vergleich der unterschiedlichen Wege, auf denen West und Ost der Herausforderung begegnen.

Vergleichbare Aufgaben. Die islamisierten Turkvölker des Ostens sehen sich den Kreuzzügen und den Mongolenstürmen ausgesetzt; die nordwestafrikanischen Berberföderationen der Almoraviden und Almohaden einer christlichen Reconquista, die im 11. und 12. Jahrhundert alarmierende Ausmaße angenommen hat. Dabei ist der Osten ›moderner‹ – er geht in der Übernahme und Ausformung der neuen zentralstaatlichen und verwaltungsbürokratischen Formen, der neuen militärischen Errungenschaften voran.[1] Doch kehren sich die Verhältnisse – zumindest in einem Fall – später um. Auf die Radikalisierung der Krise bis hin zur Gefahr des endgültigen Verschwindens reagiert der spanische Islam ebenfalls ›modern‹. Im 13. Jahrhundert erweist er sich als die große Ausnahme von der Regel, welche bekanntlich lautet: »Der Maghreb, der islamische Westen, ist stets konservativer als sein orientalisches Pendant.« Damit ist aber auch die Beobachtung der großen Reiche der Almoraviden im 11. und der Almohaden im 12. Jahrhundert weit weniger

---

[1] Cahen 1987, 325ff.; Feldbauer 1995, 405f.

ergiebig als das Studium des kleinen Emirats von Granada im 13., 14. und 15. Jahrhundert. Nämlich ergiebig hinsichtlich der Frage, welche Rolle ein islamisches Gemeinwesen innerhalb der mediterranen Welt beziehungsweise im gesamt-europäischen Entwicklungsprozess spielen konnte. Während – mit Ausnahme des Mamlukenreichs und der aufsteigenden Macht der Osmanen – der Osten ab dem 13. Jahrhundert stagniert,[2] zeigt sich eine deutliche Westwärtsbewegung innerhalb der Alten Welt.

Die demographische Öffnung besonders Anatoliens, wie sie sich an der großen Beschleunigung einer Bewegung zeigt, die man die ›türkische Reconquista‹ nennen könnte (sie beginnt mit dem Eindringen der Seldjuken, ihr krönender Abschluss ist die Eroberung Konstantinopels durch die Osmanen) – dieser Umwälzungsprozess im Osten der Méditerranée trägt, so paradox das klingen mag, sehr viel zu ihrer Verwestlichung bei. Das Verschwinden der Kreuzfahrerstaaten aus dem Konzert der Mächte führt zu verschärfter Konkurrenz unter ihren Erben: vor allem Venedig und Genua ringen heftig um die handelspolitische Aufteilung und Neuverteilung der eng gewordenen Spielräume. Dabei wendet sich Genua immer mehr dem Westen zu, wo sich ab dem 13. Jahrhundert mit Granada und dem Maghreb eine neue christlich-islamische Interessensgemeinschaft ergibt; wieder im scharfen Wettbewerb mit anderen christlichen Mächten, versteht sich, vor allem mit Pisa und Aragón, später auch Portugal.

Noch einmal zum Osten und seinen Veränderungen. Die *Pax Mongolica* (in Wahrheit eine komplizierte Maschine weitreichender, oft recht unorthodoxer Bündnissysteme christlicher, islamischer und mongolischer Mächte) stellt eine Zäsur dar, den Endpunkt einer Entwicklung, die mit den Kreuzzügen begann. So haben die Fatimiden Ägyptens, mit den Worten Cahens, die Kreuzfahrerstaaten keineswegs nur als Feinde sondern auch als einen »Schutzwall gegen die Türken und eine Förderung fruchtbarer Handelsbeziehungen mit dem Abendland« aufgefasst.[3] Der neue Typus des kriegerischen Machthabers – als prototypische Figur sei in diesem Zusammenhang Nuraddin von Aleppo genannt – vereint die asketischen Tugenden des wiederentdeckten Djihad (des ›Heiligen Krieges‹) mit der zivilen Haltung von Weltoffenheit, Toleranz und wissenschaftlicher Neugier. Nicht nur bildet sich jetzt der für die Zukunft so folgenschwere militärische Geist aus, der in eine Verwis-

---

[2] Cahen 1987, 320.
[3] Cahen 1987, 300.

senschaftlichung, ja geradezu ›Verbürgerlichung‹ kriegerischen Tuns mündet, mit ihrem kühlen Pragmatismus fördert eine solche Haltung auch die gegenseitige Durchdringung einander feindlich gesinnter Kulturen. Gerade dem Handel treibenden ›christlichen Abendland‹ ist damit im Osten seines Einflussgebietes der Boden bereitet für mannigfaltige Errungenschaften, die ihm durch die Mongolen von noch weiter her vermittelt werden: aus dem Fernen Osten. Solche Assets reichen von ökonomischen und kulturpolitischen Neuerungen wie Kreditwesen und Papiergeld (das freilich über erste zaghafte Versuche nie hinauskommt) bis zur allgemeinen Erweiterung des geographischen Horizonts.[4]

Die *Pax Mongolica* bildet die asiatische Achse, ein Gelenk zur Verbindung der Méditerranée und des Nahen Ostens mit Zentralasien. Aber sie bewirkt das auf indirekte Art, in ihrer Eigenschaft als jene Kriegs-und-Friedens-Maschinerie, von der oben die Rede war. Indem die Bündnissysteme quer durch die ideologischen Lager verlaufen, verbinden sie das scheinbar Unvereinbare, trennen aber auch so manches vermeintlich Zusammengehörige. Die mongolische Staatenwelt des 13. Jahrhunderts ist in sich zerrissen: die Goldene Horde öffnet ihre südrussischen Schwarzmeerhäfen den Genuesen, damit diese dem Mamlukensultanat von Kairo Kriegssklaven und wohl auch schon Feuerwaffen liefern können – für den Einsatz gegen ein anderes mongolisches Reich, das Reich der persischen Ilchane. So öffnet sich der Kreis neuen militärischen Wissens, moderner Militärtechnologie auch nach Westen. Sowohl zu Genua als auch zum Mamlukensultanat unterhalten Granada und der afrikanische Maghreb beste Beziehungen – und nicht nur diplomatische. Diesen Beziehungen durfte das kleine südspanische Emirat auch jene Militärhilfe verdankt haben, die es schon zu Beginn des 14. Jahrhunderts in die Lage versetzte, seine Gegner durch den Einsatz von Feuerwaffen zu beeindrucken.[5]

Erst jetzt verlaufen die Entwicklungen im Westen mit den Veränderungen im Osten, in weiten Teilen des Mittelmeeres und Europas mehr oder weniger synchron. Besonders deutlich wird das am Beispiel Spaniens unter den großen Berberdynastien der Almoraviden (*al-Murābitūn*, ›die aus dem Ribat, dem Wehrkloster Kommenden‹) und der Almohaden (*al-Muwahhidūn*, ›die Bekenner des Einen‹). Wenn man bedenkt, wie ausgeprägt das religiöse Sendungsbewusstsein, wie stark die Ablehnung nicht nur des christlichen

---

[4] Cahen 1987, 325f.; Labib 1984, 30f.
[5] Liedl 1997, 31; Liedl 1998, 51; Nagel 1993, 270ff.

Gegners, sondern auch der als ›lax‹ im Glauben empfundenen spanisch-islamischen Eliten bei diesen nordafrikanischen Eroberern war, versteht man auch, warum sich Islamisch-Spanien unter ihnen nur zögernd seinen europäisch-mediterranen Nachbarn öffnete. Das gilt nicht zuletzt auch für Spaniens Ökonomie, die sich fest verankert sieht in der *Dar ul-Islam*, im islamischen Kultur- und Wirtschaftsraum.[6] Und dennoch – schon die Frage des Goldtransfers, der von den Almoraviden eingeführte Maravedí, der sich in erstaunlich kurzer Zeit im gesamten westlichen Mittelmeerraum als Leitwährung durchsetzt, sollte stutzig machen. Ist er doch die »Antwort auf wachsende Handelskontakte mit Italien«.[7] Jedenfalls sind schon für die Almohadenzeit genuesische Niederlassungen in Sevilla bezeugt.[8] Alles in allem war es also genau der spanische Teil der maghrebinischen Ökonomie, der ein Fenster zum christlichen Norden offen hielt. Eine Tendenz, die sich nach dem großen Umbruch um die Mitte des 13. Jahrhunderts, nach dem Verlust aller spanisch-islamischen Gebiete mit Ausnahme Granadas, nur verstärken konnte.

Entwicklungen im Westen

Die Frage des Goldes – an sich ein ökonomischer Nebenaspekt – deutete es schon an: Islamisch Spanien kann nur sehr bedingt als die nördliche Fortsetzung der Maghrebländer aufgefasst werden. Vollends trennen sich die Wege mit den großen Fortschritten der christlichen Reconquista im 13. Jahrhundert (1212 Sieg der Christen bei Navas de Tolosa, 1236 Eroberung Córdobas, 1238 Fall Valencias, 1248 Kapitulation Sevillas). Ein echter Paradigmenwechsel deutet sich an (etwas verzögert vielleicht durch die iberischen Ambitionen der Marinidendynastie Marokkos); er setzt sich im 14. Jahrhundert dann endgültig durch. Vor allem politisch, als endgültige Trennung Nordafrikas von Spanien. Die Maghrebstaaten gehen nun ihren eigenen Weg, sie besinnen sich auf ihre eigene geopolitische Achse – die West-Ost-Achse –, was verschiedene Einigungsversuche, besonders nach 1350, sehr schön zeigen.[9] Al-Andalus – Granada – hingegen ›europäisiert‹ sich. Politisch blickt es ganz nach

---

[6] Constable 1994, 169.
[7] Constable 1994, 202.
[8] Constable 1994, 213; Belgrano 1890, III, 183f.; Menéndez Pidal 1906, II, 769.
[9] Sivers 1988, 392ff.

Spanien, ökonomisch vorzugsweise nach Italien, Flandern und England. Die ehemals so bedeutenden Wirtschaftskontakte in den Orient sind praktisch verschwunden.[10]

Wenn man nun das große Ganze ins Visier nimmt, die Méditerranée als solche, so vermeint man erste Ansätze einer »Europäischen Weltökonomie«[11] entziffern zu dürfen. Nach der wirtschaftlichen Revolution des Hochmittelalters und den – in ökonomischer Hinsicht – durchweg positiven Auswirkungen der Kreuzzüge bahnt sich eine zweite europäische Konjunktur an, die von etwa 1250 bis 1350 dauert. Politisch (›weltpolitisch‹, ist man versucht zu sagen) gekennzeichnet durch den venezianisch-genuesischen Streit um die Hegemonie, sind dies ihre historischen Eckdaten:

1258: Mongolen erobern und zerstören Bagdad.

1261: Byzantinische Dynastie der Paläologen erobert mit Genuas Hilfe Konstantinopel zurück; Ende des ›Lateinischen Kaiserreichs‹ (Genua bricht Venedigs Schwarzmeer-Monopol; Venedig weicht nach Süden aus, in den Nahen Osten, nach Ägypten).

1284: Sieg Genuas über die Flotte Pisas.

1291: Muslimische Rückeroberung Akkons von den Kreuzfahrern; Atlantik-Expedition der genuesischen Brüder Vivaldi.

1292: christliche Rückeroberung Tarifas an der Straße von Gibraltar.

1381: Friede von Turin – Genua erkennt Venedigs Hegemonie über die Osthälfte des Mittelmeers an.

Was nun die angedeutete ›Westbewegung‹ der internationalen Politik (mit ihrer mediterranen Achse) anbelangt, so sei hier mit kurzem Blick auf den Orienthandel um 1300 die Probe aufs Exempel gemacht. Der zentrale Teil der nahöstlichen Sphäre ist in seiner Bedeutung für die Seefahrernationen stark zurückgefallen (was natürlich mit dem Zusammenbruch der Bagdad-Indien-Route als Folge der Mongoleneinfälle zusammenhängt). Dadurch zerfällt aber der Handlungsraum im Osten in einen nördlichen Teil, von Genua über dessen Schwarzmeer-Verbindungen dominiert, und in einen südlichen: Venedigs Ägyptenmonopol. Als Ergebnis mit weitreichenden Konsequenzen sieht man die totale Verlagerung des Fernost-Handels aufs Meer. Die Rolle der klassischen Seidenstraße für den Gewürzimport übernimmt fast zur Gänze der direkte Seeweg: die Indien-Ägypten-Route.

Auf diese neue, von Venedig okkupierte Südost-Achse des Ge-

---

[11] Abu-Lughod ²1991, 122.
[10] Constable 1994, 211f.

würzhandels ist Genuas ›westliche Option‹ die adäquate Antwort: Konzentration auf den nicht weniger profitablen Flandern- und England-Handel. Aber um hier jegliche Konkurrenz – im Wesentlichen Pisa und Aragón – in Schach zu halten, spielt Genua die spanische, genauer die granadinische Karte. Mit seiner gewieften Handelsvertrags- und Bündnispolitik gegenüber Granada (seit 1279) wird es sich rasch als der eigentliche Nutznießer der Reconquista erwiesen haben.[12]

Die Wandlungen innerhalb der islamischen Welt sind ein Spiegel dieser europäischen Konkurrenzsituation. Eine vorher in diesem Umfang unbekannte Integration in den Mittelmeer- und Europahandel; eine ›Europäisierung‹ auch des Nahost-, ja des Indienhandels, mit zwei muslimischen Mächten in ›Ankerfunktion‹: das Ägypten der Mamluken (Kontrolle des Roten Meeres, somit der Indienroute) und Granada, das spanische Emirat der Nasriden (Kontrolle der zweiten Nahtstelle des Fernhandels, der Straße von Gibraltar). Integration, die eine Desintegration bewirkt. Denn in der »Mid-Century-Depression« (Abu-Lughod) von 1350,[13] jener auffälligen Krise um die Mitte des 14. Jahrhunderts, schlägt wegen der allzu perfekten Ausrichtung auf die neuen, ›christlichen‹ Märkte die Krise auf die islamische Welt voll durch.[14] Mit einer bezeichnenden Ausnahme: Im Gegensatz zum Osten scheint man im Westen, im kleinen Stadtstaat Granada, begriffen zu haben, ›was die Großen, was Genua und Venedig lehren‹ – dass nämlich lokale Mächte nur eine Option haben, um im internationalen Wettbewerb und davor allem in der Krise zu punkten: sich als Produzent begehrter Waren (in diesem Fall Zucker und Seide) zu positionieren und nicht nur als Zwischenhändler, wie das zum Beispiel die Mamluken taten. Und weil Granada darüber hinaus das ›venetianische Modell‹ einer Verstärkung des Staatseinflusses auf Produktion und Handel wählt[15] und nicht den ›genuesischen Weg‹ einer immer stärkeren Differenzierung der politischen Klasse, macht es unter geschickter Ausnutzung der Nischen eines kleiner werdenden Marktes auch noch in der Krise des 14./15. Jahrhunderts gute Figur. Schon hier zeigt sich die für Granadas Geschichte so typische Eigenheit, gegen den Trend zu laufen.

---

[12] Ladero Quesada ²1979, 56ff.; Abu-Lughod ²1991, 121ff.
[13] Abu-Lughod ²1991, 125ff.; Hyde 1973, 181ff.
[14] zur Krise selbst siehe Waley 1973, 221ff.; Renouard 1969, I, 79ff., 228ff.; Abu-Lughod ²1991, 128.
[15] Ladero Quesada ²1979, 70ff.; Arié 1973, 351, 353ff.

Geopolitik oder die Ironie der Geschichte

»Gerade ihre Langsamkeit gibt der Reconquista ihre Bedeutung. Eine rasche Vertreibung der Ungläubigen hätte dem Geschick Spaniens eine andere Richtung gewiesen. Sie hätte nicht in gleicher Weise seine Strukturen geformt, die Sitten und den Geist Spaniens durchdrungen, wie das ein mehrere Jahrhunderte dauernder Kreuzzug erreichte«.[16] Vielleicht muss man nicht gerade den allzu pointierten Ausdruck ›Kreuzzug‹ bemühen. Aber zweifellos trifft es für kaum eine Nation so sehr zu wie für die spanische, dass Krieg und Waffenhandwerk den eigentlichen Inhalt ihrer Geschichte bilden; und dass ihr Schicksal, ihren Charakter – ihr ›Wesen‹, wenn man so will – nur versteht, wer sie als eine Nation der Grenze (*frontera, frontaria*) sieht.[17]

Kastiliens Eroberungen – riesige Ländereien im Süden und Südwesten – haben seine kontinentale Situation nur verstärken können. Leere Räume, die das Land auf sich selbst zurückwerfen. Sein südlicher Zugang zum Atlantik – Cádiz – trägt noch nicht viel zur Öffnung bei, weil die internationalen Handelsrouten über die Mittelmeerhäfen Barcelona, Valencia, Almería und Málaga laufen und die Atlantikküste der Iberischen Halbinsel erst wieder bei Lissabon berühren. Da die christlichen Eroberer und Neusiedler aus den Hochebenen Kastiliens ihre eigene, extensive Wirtschaftsweise mit in den Süden bringen – vor allem die Schaf- und Rinderzucht, verschwindet der traditionelle Bewässerungsfeldbau, Grundlage einer ehemals hohen Bevölkerungsdichte. Und selbst wo man sie gerne im Land gehalten hätte, ziehen muslimische Bauern und Handwerker die Auswanderung in den islamisch gebliebenen Landesteil vor – besonders nach der Mudejarenrevolte von 1264/65, sodass unter bevölkerungspolitischen Aspekten betrachtet der eigentliche Gewinner das benachbarte Emirat von Granada ist.[18]

Die Krone Aragón kann da einen ganz anderen Weg einschlagen. Da sie mit der Hafenstadt Barcelona über eine lange maritime Tradition verfügt, schickt sie ihre christlichen Untertanen als Neusiedler weniger nach Süden (wo das Königreich Valencia immer noch von Muslimen, den so genannten Mudejaren besiedelt ist) als vielmehr nach Osten, in die mediterrane Inselwelt der Balearen und nach Sizilien. Die Option einer Teilnahme am internationalen

---

[16] Vilar ²1992, 19.
[17] Liedl 1992, 16f.; Frey 1988, 101ff.; Castro 1985, 107.
[18] Ladero Quesada ²1979, 104f.

Seehandel musste hier von Haus aus attraktiver erscheinen als das zweifelhafte Unterfangen, nach Art der kastilischen Repartimientos eine ganze Bevölkerung auszutauschen und dabei den Ruin der Landwirtschaft zu riskieren.[19] Mit anderen Worten: Aragóns ›Islam-Politik‹ zeichnet sich im Unterschied zur kastilischen durch ein hohes Maß an Flexibilität aus: dort, wo sie stören – auf den Inseln –, werden die Muslime erbarmungslos vertrieben, ja versklavt; wo sie als tüchtige Landwirte unentbehrlich sind – auf dem Festland –, schont man sie und es gibt sogar die Tendenz, muslimische Kolonisten zusätzlich anzuwerben.[20]

Noch genauer fokussierend nimmt man aber eine interessante Dialektik wahr, eine Dialektik von Macht und Ohnmacht, von Vorläuferschaft und Nachzüglertum. Die Sackgasse aragonesischer Mittelmeerpolitik – auf der Flucht vor genuesischer Konkurrenz im Westen im Osten in die Konfrontation mit Venedig zu geraten – hat eine Vorgeschichte, aus der sich schon die ganze Logik dieser Bewegung ergibt. Die Nahost-Verbindungen hat Aragón von seinen spanisch-islamischen Vorgängern geerbt. Aus den berühmten Geniza-Papieren von Kairo geht hervor, dass Islamisch Spanien hervorragende Handelskontakte nach Ägypten hatte – vermittelt vorzugsweise durch international tätige jüdische Großkaufleute und Bankiers.[21] Offenbar hat die Krone Aragón an diese Verbindungen anknüpfen können, vermutlich sogar mit Hilfe der gleichen Händlerkreise oder deren Nachfolger.[22] Die autonome jüdisch-katalanische Gemeinde (bekannt unter ihrer arabischen Bezeichnung *Aljama*) hat nicht nur Seekartenhersteller von Weltruf hervorgebracht, nämlich die Geographenschule der Cresques –,[23] ihre Mitglieder zeichneten sich auch durch internationale Handelskontakte aus, nicht zuletzt nach Nordafrika.[24]

Die Geschichte des Mittelmeerhandels erhärtet diesen Befund. Um die Mitte des 14. Jahrhunderts verzeichnet die katalanische Kolonie von Alexandrien (gegründet 1264) den Höhepunkt ihrer Aktivitäten, besitzt sie »die kommerzielle Hegemonie in der Stadt«.[25] Zur gleichen Zeit ist die Wirtschaft des Mamlukenreichs von Kairo auf konjunkturellem Höhenflug, betätigen sich die berühmten

---

[19] Dazu Pläne und Kartenmaterial bei De la Cierva 1979, 13, 18.
[20] O'Callaghan 1975, 474; Lourie 1990, 14ff.
[21] Constable 1994, 67ff.; Stillman 1973, 15ff.
[22] Vgl. dazu Lourie 1990, 36f.
[23] Nebenzahl 1990, 6f.; Kretschmer/ Dörflinger/ Wawrik 1986, 401.
[24] Abulafia 1994, 78ff.
[25] O'Callaghan 1975, 483.

Handelshäuser der Karimi erfolgreich im Indienhandel (den sie praktisch beherrschen) sowie im nationalen und internationalen Kreditgeschäft.[26] Vieles deutet darauf hin, dass sie auch ihrerseits die Kaufleute von Geniza beerbt haben.

Und genau hier tut sich für Aragón die Falle auf. Denn gerade die perfekte Abstimmung auf spezielle und privilegierte Kontakte (privater oder zumindest halboffizieller Natur) erhöht die Abhängigkeit ... Da passt Venedigs ›staatszentrierte‹ Handelspolitik – in der Krise – wesentlich besser zur Exportpolitik der ägyptischen Macht, zumal diese in Zeiten schrumpfenden Warenverkehrs darauf achten muss, ihre Einkünfte aus diesem Verkehr langfristig und verlässlich garantiert zu sehen. Die Folge ist eine Verengung der handelspolitischen Spielräume Privater – die Karimi werden aus dem Geschäft gedrängt, der Gewürz- und Indienhandel wird verstaatlicht.[27] Und den Zuschlag bekommt Venedig, nicht Aragón.

Das dritte Modell iberischer Wirtschaftspolitik steuert schließlich Granada bei. »Es gibt kein unbesiedeltes oder brachliegendes Land; vom Talboden bis hinauf zu den Höhen, wo die Bienen ihre Behausungen haben, ist alles wohl bestellt«, wie Ibn al-Khatib um die Mitte des 14. Jahrhunderts nicht ohne Stolz anmerkt.[28] Von allen iberischen Staaten wies das muslimische Granada die höchste Bevölkerungsdichte auf, was eine Ökonomie mediterranen Zuschnitts erlaubte, die auf intensiver Landwirtschaft, auf Bewässerungsfeldbau und Hortikultur beruhte. Im Vergleich der Systeme kommt das deutlich zum Tragen – als die größere Wirtschaftsleistung. Am Ende des 15. Jahrhunderts, sagt Ladero Quesada, »zahlte jeder Granadiner an Steuern seinem Sultan dreimal soviel wie ein Kastilier seinem König«.[29] Die Differenz drückt sich auch in den Verkehrsformen, in den agrarischen Besitzverhältnissen aus. Im kastilischen Modell der *señorios*, extensiv bewirtschafteter Grundherrschaften, haben wir ein kriegerisches ›Frontera-System‹ vor uns; dieses ist, ökonomisch gesprochen, notorisch unterkapitalisiert (siehe auch den Artikel von F. Gschwendtner, S. 235 ff.). Die einträglichen Aktivitäten wie Außenhandel oder Plantagenwirtschaft für den Export befinden sich großteils in den Händen von Ausländern, vor allem Genuesen – Beispiel: die Bocanegra am Unterlauf des Guadalquivir.[30] Muslimische

---

[26] Labib 1984, 34; Abu-Lughod ²1991, 227ff.
[27] Abu-Lughod ²1991, 238.
[28] Ladero Quesada ²1979, 38.
[29] Ladero Quesada ²1979, 72.
[30] Ladero Quesada 1989, 38f.

Siedler – Mudejaren – gibt es fast keine mehr; aber auch kaum Hörige im Sinne des Feudalismus. Die Abhängigkeit der ländlichen Bevölkerung wird über ein striktes Zeitpachtsystem hergestellt.[31] Dagegen sind im granadinischen Modell alle agrarischen Aktivitäten – vor allem auch die einträglichen, exportorientierten – in einheimischer Hand. Der Großgrundbesitz ist zum Teil ›verstaatlicht‹ – persönlicher Besitz der regierenden Dynastie, der aber faktisch von Hofbeamten verwaltetet wird –, zum Teil in den Händen adliger oder großbürgerlicher ›Unternehmer‹. Private Kleinbauernwirtschaften sind teilweise genossenschaftlich assoziiert,[32] mit einem hohen Anteil an Pachtgütern, wobei hier vor allem das dynamische, weil marktorientierte System der Halbpacht (ital. *Mezzadria*, span. *Aparcería*) zum Tragen kommt,[33] während bezeichnenderweise klassische islamische Formen wie die *Muzara'a* (wörtl.: ›Landwirtschaft‹, ›Farm‹), weil wesentlich unflexibler, ganz verschwunden sind.[34] Letztendlich ist das granadinische Modell auch durch seinen relativ hohen Bedarf an Lohnarbeit bemerkenswert, was vor allem seit der Wende vom 14. zum 15. Jahrhundert durch endlose Klagen über die immer teurer werdende Arbeitskraft dokumentiert ist.[35] Das Gewerbe, soweit für den Export interessant (Seidenindustrie, Zuckerproduktion etc.) scheint unter ziemlich penibler staatlicher Aufsicht gestanden zu haben. Was zum Beispiel die Vergabe von Exportlizenzen und Handelsprivilgien betraf, so unterstanden diese Monopole direkt dem Fürsten, der daneben auch noch Manufakturen und Mühlen, Kontore, Lagerhäuser und die großen Seidenbasare kontrollierte.[36] Mit diesem ›Etatismus‹ korrespondierte ein effizientes Steuer- und Abgabenwesen.[37]

Al-Andalus als Transferzone

Aragóns Schicksal als eines Haupterben der internationalen Handelspolitik Islamisch Spaniens hat die Aufmerksamkeit auf eine Dialektik gelenkt, die für den Mittelmeerhandel des Spätmittel-

---

[31] Frey 1988, 144f.
[32] Arié 1973, 351.
[33] Arié 1973, 351; Frey 1988, 43f.
[34] Arié 1973, 352.
[35] Arié 1973, 359.
[36] Ladero Quesada ²1979, 33f., 54, 58ff.; Arié 1973, 360ff.; zu typischen Vertragsklauseln in Handelsverträgen siehe Liedl 1993, 101f., 110f., 127.
[37] Ladero Quesada ²1979, 70ff.

alters so charakteristisch ist. Ein Rücksprung in der Zeit sei daher gestattet. »Während des zwölften Jahrhunderts entwickelten sich die Hafenstädte von al-Andalus und des westlichen Maghreb zu zentralen Umschlagplätzen für Gold, das von dort in andere Mittelmeergebiete und besonders nach Europa ging«.[38] Eine wichtige Feststellung, die den Kern des Problems berührt – die Frage der Hinwendung einer Ökonomie zu Europa, die traditionell auf den islamischen Wirtschaftsraum ausgerichtet war. Denn allen verfügbaren Zeugnissen zufolge war der spanisch-islamische Handel vor seiner Integration in die Kreisläufe Westeuropas und der Méditerranée so strikt auf den Mashreq, den Orient fixiert, dass seine ›Europäisierung‹ alles andere als absehbar war.[39]

Das gesuchte ›Scharnier‹ dürfte auf dem monetären Sektor zu finden sein. Ohne die überragende Bedeutung des afrikanischen Goldes als adäquate Antwort auf die ökonomische Revolution des Hochmittelalters hätte sich die Hinwendung seines Hauptumschlagplatzes zum Abendland weder so deutlich angekündigt noch später so vollständig vollzogen. Die *Pax Morabetina*, die ›Befriedung‹ des gesamten Westens vom Senegal bis zum Ebro durch die Almoraviden, hat mit der *Pax Lusitanica*, der Afrikapolitik Portugals, Jahrhunderte später, dies gemeinsam, dass sie den Primärproduzenten des Münzmetalls – Westafrika – mit den Brennpunkten der Nachfrage nach Zahlungsmitteln – Europa und das Mittelmeer – in Kontakt brachte. Man kann es auch so sagen: »Die Almoraviden kamen gerade im rechten Moment ans Mittelmeer, um von Europas ›ökonomischer Revolution‹ zu profitieren: als christliche Herrscher und Händler Gold nötiger hatten als je zuvor«.[40] So konnte eine erste Münzmetallkrise von den ›Emerging Markets‹ des 12. Jahrhunderts, den berühmten Messen der Champagne in Troyes und Provins, von den aufblühenden Textilzentren Flanderns, Nord- und Mittelitaliens ferngehalten werden. Zum ersten Mal schickte sich das »europäische Subsystem«[41] an, mit der anderen Hälfte der Méditerranée ökonomisch ernsthaft zu kommunizieren. Und erste Ansätze einer ›europäischen‹ Öffnung der Wirt-

---

[38] Constable 1994, 199.
[39] Lombard 1971, 179ff.; Constable 1994, 178, 184; Al-Idrisi 1970-84, III, 239; V, 541, 555, 562ff.; VII, 743; Ibn Hawkal 1938, 110ff.; Al-Maqqari 1855-60, II, 143; Ar-Razi 1953, 62; Abu Fadl 1900/1318 H., 28.
[40] Constable 1994, 202.
[41] Abu-Lughod ²1991, 48.

schaft Spaniens unter den Almoraviden und Almohaden spiegeln das auch auf der Gegenseite wider.

Der Hinweis auf die *Pax Lusitanica* ist nicht zufällig gefallen, spielt er doch auf jene notorische Tendenz Europas an, sich tunlichst aller Transferzonen zu bemächtigen, um möglichst alle Mittler auszuschalten. Er spielt aber auch an auf die große Münzmetallkrise im 15. Jahrhundert, deren Hauptopfer die Mittelmeerstaaten wurden – allen voran Genua und Venedig. »Als um die Mitte des 15. Jahrhunderts die Portugiesen die (transsaharanischen) Fernhandelsrouten zu den Goldfeldern des Sudan umgingen, hatte das eine veritable Wirtschaftskatastrophe in Nordafrika zur Folge; und eine Knappheit an Metallgeld im ganzen westlichen Mittelmeerraum«.[42] *Ex negativo* beweist das aber noch einmal die Bedeutung von al-Andalus als wichtigste Transferzone zwischen Europa und Afrika, Europa und der Méditerranée. Denn die Katastrophe hatte ein Vorspiel und sie war – zumindest von Genua, und zwar mit der Hilfe Granadas – knapp abgewendet worden. Schon 1415, mit der Eroberung Ceutas, hatten ja die Portugiesen den transsaharanischen Goldhandel zu ihren Gunsten umzuleiten beziehungsweise zu stören versucht. Genua, in enger Allianz mit Granada, konnte das damals noch ausbalancieren, da mit Málaga ein nach wie vor gut funktionierender Brückenkopf für Sudangold zur Verfügung stand. Noch hatte Portugal nur die westlichste Route kappen können. Die mittlere – im algerischen Hafen Hunayn endend, mit Málaga als seinem europäischen Gegenstück – war fest in genuesischer Hand. Málaga selbst und das Emirat von Granada waren für Genua unverzichtbar; ein Garant des ersprießlichen Kreislaufs aus Warenströmen: auf Schiffen Genuas, angetrieben und in Gang gehalten von Afrikas edlem Metall.

Das florierende Jahrhundert: 1250-1350

Die großen Erfolge der christlichen Königreiche nach 1212 haben die Iberische Halbinsel also ›europäisiert‹. Sie haben aber auch das Mittelmeer verändert. Ökonomisch gesprochen: das Wegbrechen traditioneller muslimischer Märkte Spaniens im Nahen Osten[43] spiegelt den Verlust der Seehohheit wider – der Seetransport im Mittelmeer ist nun fast zur Gänze in christliche Hände übergegan-

---

[42] Ladero Quesada ²1979, 64.
[43] Constable 1994, 211f.

gen (Venedig, Genua, Aragón...). Muslimische Konsumenten in Nordafrika und im Nahen Osten »wenden sich nun anderen Quellen zu«,[44] das heisst sie greifen immer öfter zu Produkten aus christlichen Ländern. So steigt etwa auf den Märkten Ägyptens und Syriens die Beliebtheit italienischer und flandrischer Textilien.[45] Man muss sich dann aber fragen, warum nicht auch aus den christlich gewordenen Territorien Spaniens Waren weiter nachgefragt werden wieso sollte etwa das berühmte sevillanische Olivenöl plötzlich an Beliebtheit eingebüßt haben? Eine Erklärung wäre, dass Spaniens internationale Kontakte, die vor 1212 bzw vor der Katastrophe der Reconquista fast ausschließlich in muslimischer (bzw. jüdischer) Hand gewesen waren, durch den personellen Wechsel in der Kaufmannsschicht abgerissen waren (obwohl das für die Länder der Krone Aragón nur bedingt gegolten haben dürfte). An die Stelle der verschwundenen jüdisch-muslimischen Händler sind Exporteure aus dem Norden bzw. aus Italien getreten, die ihre neuen südspanischen Niederlassungen auf ihre eigenen traditionellen Märkte – in West- und Mitteleuropa – ausrichten: »So kam es, dass seit der zweiten Hälfte des 13. Jahrhunderts die einst in Bagdad so geschätzten Feigen aus Málaga reißenden Absatz in Brügge fanden und iberischer Karmesin in England verkauft wurde, und nicht mehr in Ägypten«.[46]

Der Vorstoß der Reconquista in der ersten Hälfte des 13. Jahrhunderts kann aber auch so gelesen werden: als Apotheose der Geopolitik, worin sich die wahre Gestalt der Iberischen Halbinsel offenbart – eine relativ inhomogene Landmasse an der Nahtstelle zweier Ozeane, umgeben von potenten und unruhigen Nachbarn.

Man darf ja nicht vergessen: Die erfolgreiche Rückeroberung des Südens hatte paradoxerweise dazu geführt, dass die Region, statt endlich geeint zu sein, noch zerrissener war als zuvor. An die Stelle der ehemals recht homogenen muslimischen Macht tritt nun eine Vielzahl von Staaten – von Kastilien, Aragón und Portugal bis zu Granada und den Ländern des Maghreb. Und all diese Länder und Reiche sehen sich sofort in schärfster Konkurrenz zu einander. Dazu kommt noch die vollständige Öffnung der Straße von Gibraltar, ihre Internationalisierung, womit sich die Zahl der Konkurrenten abermals vermehrt. Zu den alteingesessenen Territorialmächten stoßen die Handels- und Seefahrernationen der aufstre-

---

[44] Constable 1994, 212.
[45] Cerman 1998, 37.
[46] Constable 1994, 212.

benden Mittelmeerwelt. Das ist Europas ›Zweite Konjunktur‹ (wie sie in Anlehnung an Abu-Lughods Periodisierungen genannt sei). Die ›Erben der Reconquista‹ wären darauf hin zu untersuchen, wie gut es ihnen gelang, die Konjunktur-Chancen zu nutzen. Man sollte sie dabei mit den ›Erben der Kreuzzüge‹ vergleichen können, mit Venedig und Genua. Und mit dem Mamlukenstaat in Ägypten und Syrien. Wie haben sie sich positioniert in jener interessanten neuen Arbeitsteilung zwischen Nord und Süd, Ost und West, im erweiterten Austausch rund um die mediterranen Stadtstaaten und Handelsmächte?

»Triangular itineraries« – Dreiecksverkehr – hat John H. Pryor dieses System genannt.[47] Die beiden parallelen Ost-West-Routen des 11., 12. Jahrhunderts – eine christlich dominierte im Norden, eine islamische (die der nordafrikanischen Küste folgt) im Süden – werden im 13. Jahrhundert genial vereinigt: ›Genua – Alexandrien – Málaga‹. Oder auch atlantisch erweitert: ›Genua – Málaga – Portsmouth – Dover – Brügge‹. Die neuen Routen sind die perfekte Illustration zur ›Europäisierung‹ Südspaniens, genauer: sie erklären, warum Granadas (Wirtschafts-) Geschichte zur europäischen Geschichte gehört. »Die Umleitung des Mittelmeerhandels in die Hafenstädte der christlichen Welt hatte zur Folge, dass Gewürze und andere östliche Waren direkt und ohne Umweg nach Italien, Südfrankreich und Katalonien gelangten – und zwar auf christlichen Schiffen. Pfeffer, Zimt und Ingwer wurden nun von christlichen Städten auf die Märkte zweiter Ordnung weiterverteilt, wozu auch Granada gehörte«.[48] Damit ist es mit der Rolle von al-Andalus als Stapelplatz fernöstlicher Waren vorbei, diese Rolle wird vom ›christlichen Abendland‹ selbst wahrgenommen – von Städten wie Venedig, Genua, Barcelona oder Marseille.[49] Was Granada aber weiterhin nicht zu nehmen ist – Genuas wichtigster Brückenkopf des Afrikahandels zu sein; ein ›Stapelplatz‹ für sudanesisches Gold vor dessen Verteilung in Europa.

Granadas ›Nische‹

Die wirtschaftsgeographischen Grundlagen Granadas beruhen, von seiner Rolle als ›Stapelplatz des Goldes‹ einmal abgesehen, auf dem

---

[47] Pryor 1988.
[48] Constable 1994, 242.
[49] Pryor 1981, 77.

Dreiklang seiner Exportgüterindustrie: ›Seide – Zucker – Trockenfrüchte‹. Und dieser ökonomische Dreiklang findet sich wiederum aufgehoben in einer spezifisch politischen Form, in Granadas privilegierter Beziehung zu Genua.

Der Wechsel vom ehemals muslimisch dominierten Handel mit hochwertigen Gütern und Fertigprodukten in relativ kleinen Quantitäten zum christlich dominierten Handel mit Massengütern – nämlich Rohmaterialien und Halbfertigprodukten[50] – führt zu einer christlich-muslimischen Arbeitsteilung: Granadas ›Nische‹. Hier profitiert Granada direkt davon, dass die inner-iberische Konkurrenz auf dem Sektor der Luxus- und Hochpreisgüter-Produktion weitgehend verschwunden ist. Kastilien liefert hauptsächlich Rohmaterialien, zum Beispiel Schafwolle; Granada – aber auch die Wirtschaft Aragón-Kataloniens – steuert die raffinierteren Erzeugnisse bei: hochwertige und hochpreisliche Fertigprodukte, aber auch Massengüter des täglichen Gebrauchs wie Zucker und Trockenfrüchte. So hat die plötzliche, beinahe vollständige Umorientierung des muslimischen Spanien auf die christlich-mediterranen, auf die nördlichen und westeuropäischen Märkte das Wegbrechen der Märkte im Nahen Osten hundertprozentig kompensiert. Aber nicht nur ›kompensiert‹. Es zeigt sich in der Folge, wie Produktion und Handelsaktivitäten in Granada selbst dadurch signifikant vergrößert und intensiviert werden.

Vorerst erheben sich aber einige Fragen, Fragen zur Ungleichzeitigkeit von Bericht und Ereignis. Den spezifischen Nachrichten zufolge, die sich ab dem zweiten Drittel des 14. Jahrhunderts häufen, müsste der Höhepunkt der Handelsaktivitäten des südspanischen Emirats genau in diese Zeit gefallen sein.[51] Das scheint dem allgemeinen Stand der Wirtschaftsentwicklung zu widersprechen, sodass die granadinische Hochkonjunktur – im Einklang mit dem übrigen Mittelmeerraum – tatsächlich wesentlich früher anzusetzen wäre, weit vor der großen Zäsur, wie sie die Pest von 1348 überall darstellt. Dennoch brauchen die Quellen hier nicht gelogen zu haben – wenn man den politischen Faktor ins Spiel bringt. Granadas politische Situation ab der zweiten Hälfte des 14. und besonders im 15. Jahrhundert ließe eine Forcierung des Außenhandels durchaus plausibel erscheinen: und zwar dann, wenn man die ökonomische Funktion als Kompensation begreift und ernst nimmt.

In den Dreißiger- und Vierzigerjahren des 14. Jahrhunderts

---

[50] Constable 1994, 212.
[51] Ladero Quesada ²1979, 56.

stellte sich Granadas Außenpolitik noch einmal komplett um. Mit Marokko, das bis dahin immer wieder spanische Politik gemacht hatte und Granada oft genug zu Hilfe geeilt war, konnte nach der katastrophalen Niederlage am Rio Salado (1340) nicht mehr gerechnet werden. Granadas Antwort war eindeutig und klar: Rückzug aus der Großen Politik rund um die Straße von Gibraltar, Konzentration aufs kontinentale Hinterland, auf die Frontera, wo durch den Aufbau einer modernen Feldarmee die eigene Position entscheidend verbessert wird.[52] Die enormen Kosten dieser Militärpräsenz – noch verschärft durch Anwerbung von Söldnern und den Erwerb modernsten Kriegsgeräts[53] – scheinen die Ausrichtung der Wirtschaft auf Cash Crop und Hochpreisgüter-Export weiter beschleunigt zu haben. Eine solche Spezialisierung der Wirtschaft muss deren Erzeugnisse international immer attraktiver und erfolgreicher gemacht haben, jedenfalls haben sie auf den englischen und flandrischen Märkten Konkurrenzprodukte vollständig verdrängen können[54] und ihre Position auch in der Rezession nach 1350 offenbar gut behauptet, wenn nicht sogar verbessert.[55]

Die Geschichte der granadinischen Exportoffensiven im 14., 15. Jahrhundert ist also primär politisch bestimmt. Einerseits durch Granadas militärische Notwendigkeiten angesichts eines übermächtigen Gegners im Lande selbst. Andrerseits durch die internationale Öffnung der Straße von Gibraltar, die es den Italienern erst möglich gemacht hat, ihre massive Wirtschaftspräsenz dort aufzubauen. Der enge Zusammenhang mit der Politik springt auch hier wieder ins Auge. Die Zahl der Ausländer – der Centurioni, Pallavicino, Spinola und Vivaldi aus Genua, eines Luigi Alberti oder der berühmten Datini aus Florenz, ja sogar von Venezianern wie den Bonafé – in Málaga oder in der Hauptstadt selbst, wo sie allem Anschein nach mit offenen Armen empfangen werden,[56] steigt ab der Wende zum 15. Jahrhundert beträchtlich. In einer Zeit zunehmender außenpolitischer Schwierigkeiten hat sich das Emirat offenbar aktiv um seinen Außenhandel gekümmert, ohne dass man aber deswegen gleich dem berühmten Diktum von der ›Kolonisierung‹ Granadas[57] recht geben müsste. Denn um Granada ›kolonisieren‹

---

[52] Torres Delgado 1974, 354.
[53] Vielleicht aus dem Mamlukensultanat von Kairo: zur diesbezüglichen Gesandtschaft von 1364 siehe Ladero Quesada ²1979, 131.
[54] Ladero Quesada ²1979, 61f.
[55] Otte 1982, 223; López de Coca Castañer 1982, 344; Rörig 1967, 81.
[56] Arié 1973, 319.
[57] Heers 1957, 87ff.

zu können, dazu war selbst die führende Macht im westlichen Mittelmeer, Genua, nie stark genug. Eher sollte man von einer granadinisch-genuesischen Symbiose sprechen – einer einmaligen Konstellation zwischen Ost und West, worin Genua, bedingt durch Entwicklungen im östlichen Mittelmeerraum (mit denen Granada gar nichts zu tun hat), die Vorzüge des Westens (mit denen Granada sehr viel zu tun hat) für sich entdeckt. Wenn Granada einen Bundesgenossen hatte, der es sozusagen von der Wiege bis zur Bahre treu begleitete, dann war dies Genua. Von 1279 datiert ein erster Friedens- und Freundschaftsvertrag zwischen dem muslimischen Emirat und der christlichen Seerepublik – von 1478 der letzte, ein Jahrzehnt vor Granadas endgültigem Abtritt von der Bühne der Geschichte. Dazwischen liegt eine Kette ähnlicher Verträge und Abkommen, dazwischen liegen zwei Jahrhunderte reger Präsenz genuesischer Kaufleute und Handelshäuser im arabisch-spanischen Fürstentum – aber keine ›Kolonisation‹.

Genua – Oder: Auf welches Pferd setzt man?

Über Genuas Rolle im Süden der Iberischen Halbinsel heißt es zutreffend: »Was die Geschichte der italienischen Durchdringung andalusischen Territoriums anlangt, so gebührt die Palme zweifellos den Genuesen. Seit der Mitte des 13. Jahrhunderts schon hatten sie die Katalanen aus dem Handel mit Kastilien verdrängt – unter Ferdinand III. und dessen Sohn Alfons X. hatten sie in Sevilla ihren Stronghold eingerichtet. Was aber [die granadinische Stadt] Málaga betrifft, so gab es zwischen dieser Stadt und Genua eine sogar noch wesentlich ältere Verbindung. Bereits vom Ende des 11. Jahrhunderts [haben wir Nachricht von] einem genuesischen Handelsschiff, das im Hafen von Málaga vor Anker ging. Und gegen Ende des 13. Jahrhunderts waren auf Grund der Vergünstigungen, deren sich die Genuesen im Reich der Nasriden erfreuten, Untertanen Jakobs II. (Jaime II.) von Aragón derart beunruhigt, dass es sich der König angelegen sein ließ, in den mit Muhammad II. abgeschlossenen Verträgen von 1300 vergleichbare Privilegien auch für katalonische Händler festzuschreiben«.[58]

Zwei Dinge fallen sofort ins Auge. Erstens: Die Granadiner ziehen es vor, ihre (Handels-) Verträge mit dem ›fernen‹ Genua abzu-

---

[58] Arié 1973, 319.

schließen, also jenen die großzügigeren Privilegien zu gewähren, die nicht ihre unmittelbaren Nachbarn sind. Zweitens: Die genuesischen Verträge und Privilegien dienen als Leitmotiv einer ganzen Handels- und Außenpolitik und legen diesbezüglich auch für andere Handelspartner die Standards fest.

Genuesische Politik auf der Iberischen Halbinsel. Darüber, wie geschickt die Genuesen als die eigentlichen Profiteure der christlichen Reconquista schon im 13. Jahrhundert ihre Positionen aufgebaut haben, herrscht unter Historikern und Ökonomen Einhelligkeit. Dass sie in Portugal (Lissabon) und Kastilien (Sevilla) äußerst aktiv sind und über jede Menge Atouts im Außenhandel verfügen, ist ein allgemein anerkanntes Faktum. Man weist auch gern darauf hin, dass sie für die ›kontinentale‹ Macht Kastilien-León als Verbündete zur See unentbehrlich waren. Dabei übersieht man meist, wie sehr Genua auch mit den Gegnern der christlichen Mächte – den Maghrebstaaten und vor allem mit Granada – stabile und, was den Handel betrifft, geradezu musterhafte Beziehungen eingegangen ist. Ein Paradoxon? Oder hat da die notorische Funkstille, wie sie zwischen Historikern, besonders Wirtschaftshistorikern, und Orientalisten herrscht, vielleicht ein wenig den Blick getrübt? Kaum beachtet von den übrigen Mediävisten, scheint nur von Kennern der arabischen Geschichte Spaniens bemerkt worden zu sein, wie stabil, in sich schlüssig und gleichförmig Genuas Verhältnis zu den muslimischen Anrainern der Straße von Gibraltar – insbesondere zu Granada – gewesen ist. So gleichförmig, dass man nicht einmal von einer Schaukelpolitik sprechen kann, egal, wie die Beziehungen der Ligurischen Republik im Süden Spaniens sonst noch ausgesehen haben mochten.

Das Paradox hat somit eine simple Ursache – ungenaues Beobachten auf Seiten der Mediävisten. Genau genommen darf man nämlich gar nicht von ›Genuas Verträgen‹ sprechen, viele dieser Verträge hat gar nicht ›der Staat Genua‹ abgeschlossen, sondern Privatleute (manchmal Einzelpersonen, sehr oft Konsortien); das erlaubt zu ein-und-demselben Zeitpunkt Verhandlungen und Verträge ›von Genuesen‹ sowohl mit dem christlichen Kastilien als auch mit dessen islamischen Gegnern! Das bekannte Phänomen: Genuas politische Zerrissenheit, die Divergenz seiner herrschenden Klasse. So können sich die Boccanegra in Sevilla etablieren, die Centurioni, Pallavicino, Spinola, Vivaldi und der ganze Rest aber in Málaga und Granada.

Zur Frage, auf welches Pferd man setzt, gibt es für ›Genua‹ somit genau so viele Antworten wie divergierende Interessen seiner Bürger. Denn nicht ›Genua‹ beantwortet die Frage sondern Genuas ehrgeizige, kapitalkräftige und streitlustige Oligarchie. Was freilich nicht ausschließt, dass es für alle Genuesen ohne Unterschied, für ›Genuas Politik als solche‹ verbindliche Leitlinien gibt – geopolitisch und sozusagen makro-historisch begründete Longue durées. Den Weg nach Westen, die Straße von Gibraltar gilt es unter allen Umständen von jeglichem Hindernis frei zu halten, weshalb ja dann doch die meisten Genuesen eher geneigt sind, aufs islamische Pferd zu setzen (um beim Bild zu bleiben). Denn an jenem neuralgischen Punkt, am westlichen Ausgang der Méditerranée, war der Islam in der Defensive – und als schwächstes Glied der Kette machtpolitisch leichter zu handhaben. Und was das kleine Granada betraf – dass es dort (mental wie technisch) für Handel und Wandel die bessere Infrastruktur gab als auf der Gegenseite, welchem schlauen Italiener und gewieften Machiavellisten konnte das entgehen? Auf dem Höhepunkt ihres Einflusses – um die Mitte des 15. Jahrhunderts – sind 58 genuesische ›Firmen‹ (Konsortien führender Familien) für das Emirat von Granada bezeugt, davon allein 40 in Málaga (mit sechs Großlagern zur gemeinsamen Verwendung).[59]

Aus Sicht des islamischen ›Gastgebers‹ lässt sich die Angelegenheit natürlich auch darstellen. Das fürstlich-höfische Zentrum einer ›frühbürgerlichen‹ Staatsmacht wird politisch abgesichert, indem man es in einer ›Peripherie‹, gebildet aus dem Kreis des internationalen Kaufmannsadels, ökonomisch verankert. So bildet das so genannte Konsularrecht (ein Ableger des Römischen Rechts) auch eine der ersten glaubwürdigen Formen von ›internationaler‹ Jurisdiktion, eine wichtige Einschreibung im selbstverständlich weiterhin ungebrochen fortwirkenden islamischen Recht, der Shari'a.[60] Mit der Bezahlung entsprechender Zollabgaben, wie sie durch internationale Gepflogenheiten respektive Verankerung im Konsularrecht a priori garantiert sind, ›erwirbt‹ der einzelne Kaufmann das seiner ›Nation‹ vertraglich, sprich prinzipiell zugestandene Recht auch für sich selbst, nämlich die vom politischen Oberhaupt des Gastlandes verbürgte Unverletzlichkeit seiner Person und seines Eigentums, nebst der Erlaubnis, sich im Gastland frei zu bewegen und dort nach Belieben Handel zu treiben. Die Zollstation als zentrales Meldeamt.[61]

---

[59] Arié 1973, 320.
[60] Liedl 1997, 60ff., desgl. 58, Abb.4.
[61] Entsprechende Aussagen bei Ibn al-Khatib: vgl. Arié 1973, 319.

Eines ist also festzuhalten: Die ›Konsulate‹ der Italiener – *Alhóndiga, Funduq,* inklusive Kirche, Backstube und Bad,[62] lagen stets im Blickfeld der peniblen Bürokratie ihrer muslimischen Gastgeber, wozu noch der indirekte Druck durch die Konkurrenz kam. Das Ringen der einzelnen Handelsnationen um die begehrten Monopole spiegelt sich deutlich im Auf und Ab der Zahlen. Als Genua zu Beginn und um die Mitte des 15. Jahrhunderts in Schwierigkeiten kommt (französische und mailändische Besetzungen zwischen 1396-1409, 1421-35, 1458-61, 1466-76), tauchen seine italienischen Konkurrenten scharenweise in Granada auf. Andrerseits wird Granada genau um diese Zeit für Genua besonders wichtig und – nach dem Verlust seiner Kolonien auf Lesbos (1462) und auf der Krim (1471/75) – auch zum eigentlichen Eckpfeiler seines ›zweiten‹ Wirtschaftsimperiums, seiner *Indirect Rule* aus geschickt platzierten Investitionen in ›befreundeten Staaten‹. Die Eroberung Granadas durch die Katholischen Könige war daher – auch angesichts der heraufkommenden portugiesischen Konkurrenz – für Genua schlicht »eine Katastrophe«.[63]

Übrigens würde es, um Granadas Rolle im genuesischen Konzept zu verstehen, schon genügen, sich seine privilegierte geopolitische Lage am Ausgang des Mittelmeers zum Atlantik in Erinnerung zu rufen. In Málaga treffen die Hauptrouten der Mittelmeer-Seefahrt zusammen, von wo sie gebündelt in den Atlantik weiterführen. Einerseits das Levante-Itinerar (Genua-Barcelona-Valencia); andererseits als Ersatz dafür weiter östlich die Achse Genua-Tunis-Hunayn, wo das sudanesische Gold auf seinen Transport nach Europa, sprich Málaga wartet: eine Route, die sich vor allem in Zeiten verschärfter Konkurrenz mit Aragón bewährt, wenn es für Genuas Schiffe nicht unbedingt ratsam ist, Aragóns Hoheitsgewässer zu befahren. Von Málaga, dem Verladehafen par excellence für Seide, Zucker und Trockenfrüchte, geht es manchmal über Cádiz und Sevilla, meist aber direkt und ohne diese Stationen anzulaufen zu den westeuropäischen Atlantikdestinationen, nach Southampton, Dover, Brügge.

Aber auch noch in anderer Beziehung ist die genuesisch-granadinische Arbeitsteilung perfekt. »Málaga agierte ... als Verteiler ... (und) war für die Genuesen ein solider Stützpunkt ihres Nordafrikageschäfts. Man war schon wegen der Getreideimporte mit seinen maghrebinischen Nachbarn eng verbunden, und so lag es nahe,

---

[62] Ladero Quesada ²1979, 56.
[63] Ladero Quesada ²1979, 63.

dass Málaga aus Genua und England bezogene Waren dort unten weiterverkaufte«.[64] Genua war Generalimporteur und Fernhandels-Spediteur; Granada Zwischenhändler und Detaillist. Hier wäre eine These zu wagen: Wegen seiner forcierten Luxus- und Exportgüterproduktion war Granadas Handelsbilanz positiv. Sein Überschuss wurde ihm seitens seiner Schuldner in Nordafrika, aber auch durch seinen Haupthandelspartner Genua mit Sudangold und Getreide abgegolten. Getreide und Gold, das es zu einem Großteil in den Aufbau seines Militärapparats investierte. So erklärt sich das ›Geheimnis‹ seiner zähen Widerstandskraft auch noch im problematischen 15. Jahrhundert aus Granadas spezifischer Lage. Sie bestand darin, einerseits geopolitisch bestens situiert, andererseits wirtschaftlich, als Lieferant von Massenkonsumgütern – Zucker, Trockenfrüchten, Gewürzen, Farbstoffen – und einer gesuchten Luxusware, der Seide, relativ krisenfest zu sein. Nicht die Krise als solche liefert also die Erklärungsmuster, sondern die Tatsache, dass sich das Gespann Genua-Granada gegen weniger gut situierte Mitbewerber (vor allem aus dem östlichen Mittelmeerraum) dadurch behauptet, dass es sich an einem schrumpfenden Markt – England, Flandern – die größten Anteile sichert, ja diesen Markt monopolisiert. Ein alter Verdacht erhärtet sich: Historische Veränderungen gehen nicht linear vor sich, sondern in dialektischen Sprüngen.

Nachsatz und kleiner Beweis am Rande: Als Portugal durch seine erfolgreiche Nordafrikapolitik (Eroberung Ceutas 1415/20, Eroberung Tangers und der marokkanischen Atlantikküste 1471) sich auch des Getreidehandels in dieser Region bemächtigt, kann Granada auf andere Quellen ausweichen; es besorgt sich sein Getreide bezeichnender Weise dort, wo es seinen größten Handelsüberschuss hat – in Flandern.[65] Und ein Nachsatz zum Nachsatz: Genau am Höhepunkt der europäischen Rezession – um 1448/49 – erlebt das südspanische Emirat eine schon nicht mehr erwartete politische Entlastung; in äußerst erfolgreichen (aber auch äußerst kostspieligen) Kampagnen gelingen große Rückeroberungen, gelingt es, den kastilischen Feind so zu schlagen, dass die finale Katastrophe um weitere 40 Jahre hinausgeschoben wird. Ein Faktum, das sich vielleicht nicht nur (aber eben auch) aus dem sonderbaren Profit erklärt, den das granadinische Exportgeschäft aus der Wirtschaftskrise zog.

---

[64] Ladero Quesada ²1979, 62f.
[65] Ladero Quesada ²1979, 62.

Demographie

Geht man ein Jahrhundert in der Geschichte Granadas zurück, so sieht man, wie schon ganz zu Anfang seiner Existenz das kleine Land bevölkerungspolitisch von der Reconquista profitiert. Natürlich ist es extrem schwierig, für einen derart weit zurückliegenden Zeitraum exakte demographische Zahlen zu erarbeiten – andrerseits existieren aber gewisse Parameter, die in der Literatur immer wieder herangezogen werden und auch für uns als Maßstab gelten mögen. So hält etwa Harvey, was das Spätmittelalter betrifft, eine Bevölkerungszahl von 8 Millionen auf der Iberischen Halbinsel für plausibel.[66] Das deckt sich mit weiteren Schätzungen: 7 200 000 Einwohner für die Zeit nach der Großen Pest;[67] 6 350 000 bis 7 350 000 für die Zeit davor.[68] Bei vernünftiger Hochrechnung der Pestverluste, die von einem Viertel über ein Drittel bis zur Hälfte der Bevölkerung betragen konnten,[69] sowie der anschließenden Erholung, die zwischen Raten von elf,[70] fünfzig und hundert Prozent schwanken konnte,[71] ergäbe sich für die Zeit vor 1212 eine Schwankungsbreite zwischen 7 750 000 und 9 000 000 Menschen auf der Iberischen Halbinsel. Der Mittelwert bietet sich an: Harveys acht Millionen.

Nehmen wir also 8 Millionen Einwohner als Ausgangspunkt. Vor Beginn der großen Rückeroberungen des 13. Jahrhunderts war die territoriale Aufteilung der Iberischen Halbinsel etwa 62 Prozent (Navarra, Aragón, Kastilien-León und Portugal) zu 38 Prozent (Herrschaftsgebiet der Almohaden), ein Verhältnis, das man ohne weiteres auf die Bevölkerung übertragen kann, da diese religiös bereits weitgehend entflochten war. Somit hätten damals rund 5 Millionen Christen und etwa 3 Millionen Muslime auf der Iberischen Halbinsel gelebt.

Als direkte Folge der Reconquista (mit ihren starken Bevölkerungsbewegungen) konnte das Emirat von Granada mit einem Bevölkerungszuwachs aus seinem unmittelbaren Hinterland rechnen, der seine Einwohnerzahl enorm angehoben haben muss (verschiedene Kalküle legen eine Einwohnerzahl von mindestens einer Mil-

---

[66] Harvey 1990, 6.
[67] O'Callaghan 1975, 460.
[68] De la Cierva 1979, IV, 216.
[69] Braudel 1990, II, 85.
[70] Angaben bei Harvey und O'Callaghan.
[71] Braudel 1990, II, 92ff.

lion Menschen in der Blütezeit des Emirats, im 13. und 14. Jahrhundert, nahe). Von späteren Zuflüssen, etwa aus Nordafrika, von wo ganze Stammesverbände als ›Freiwillige des Glaubens‹ an die umkämpften Grenzen geholt wurden, ganz zu schweigen.

Daraus ergibt sich logischerweise die Frage, wie ein Land wie Granada von knapp 30 000 km² eine so große Zahl von Bürgern ernähren konnte. Antwort: Aufgrund seiner mediterranen Natur. Ladero Quesada, der seine äußerst niedrig geschätzten granadinischen Zahlen (10 Einwohner/km²) mit dem Argument abstützt, diese Zahlen stimmten mit dem Rest der Iberischen Halbinsel auffallend gut überein,[72] scheint jedenfalls Braudel nicht gelesen zu haben. Der bringt den schönen Vergleich Spaniens mit der hochentwickelten Terra ferma italienischer Stadtstaaten, und das Ergebnis kann sich sehen lassen. Diese Poleis mit ihren intensiven Landwirtschaften sind 2,7 bis 3-mal so dicht bevölkert wie Spanien.[73]

Das Zauberwort heißt Binnenkolonisation. Venedigs Terra ferma, Mailands Bewässerungsfelder zwischen Naviglio Grande und Martesanakanal, Istanbuls und Ägyptens Stadtlandschaften – und Granadas (!), wie man hinzufügen möchte – ernähren eine Zahl von Menschen, wie sie in den extensiv bewirtschafteten Territorien der großen Reiche niemals leben könnte.[74] Auch über die Periodik dieser Verhältnisse gibt der große Meister der Méditerranée Auskunft: In den Stadtstaaten, sagt er, ereignet sich »ohne Zweifel eine Art Frühzündung« – daher deren demographisch heißer Atem, um es so zu sagen – doch den längeren Atem haben die Territorialstaaten.[75] Man vermeint einen Exkurs zu Granadas Geschichte zu lesen.

Was aber allgemein für den Unterschied Stadtstaat – Territorialstaat gilt, gilt auch im Besonderen für den zwischen okzidentaler und orientalischer Stadtlandschaft, somit auch für die prinzipielle Unvergleichbarkeit ›christlicher‹ und ›islamischer‹ Demographie auf der Iberischen Halbinsel. Sieht man sich nämlich einige Beispiele aus der Zeit zwischen 1200 und 1600 an, so stößt man, was die Bevölkerungsdichte betrifft, durchweg auf ein Verhältnis von 1 (für die christliche Stadt) zu 3 (für die islamische Stadt) – etwa bei Brügge und Kairo im 13. Jahrhundert.[76] Übrigens ist die enorme

---

[72] Ladero Quesada ²1979, 41.
[73] Braudel 1990, II, 74f.
[74] Braudel 1990, I, 102ff., 491, 511; II, 74, 76.
[75] Braudel 1990, I, 476.
[76] Abu-Lughod ²1991, 98, 237.

Größe und Bevölkerungsdichte islamischer Städte ja schon fast eine demographische Binsenweisheit und auch gut belegt.[77] Da hat Granada wohl kaum eine Ausnahme gemacht.

Die Stadt Granada.
Urbane Zeichen eines tiefgreifenden Wandels

Nicht zufällig war noch zu Zeiten der Katholischen Könige Granada die größte Stadt Spaniens und die viertgrößte in Europa.[78] Über zweihundertfünfzig Jahre lang hat die Haupt- und Residenzstadt eines der am dichtesten besiedelten Länder der Méditerranée, ja Europas, im Angesicht einer unbarmherzig vorrückenden christlichen Reconquista als Bevölkerungsmagnet gewirkt. So kam es, dass diese Stadt trotz permanenter Kriegsgefahr auch nicht aufgehört hat zu wachsen. Am Höhepunkt ihrer Entwicklung – etwa seit der Wende vom 14. zum 15. Jahrhundert – betrug die Gesamtfläche inklusive Umland an die 500 Hektar, davon mindestens 170 Hektar dichtest verbaut – gegenüber rund 75 Hektar im 13. Jahrhundert. Damit hatte sich die verbaute Stadtfläche in der Zeit der Nasridenherrschaft mehr als verdoppelt – was einem Bevölkerungsanstieg auf zumindest das Dreifache entspricht.

Mit unmittelbaren sozio-ökonomischen Folgen! Denn es gilt festzuhalten: das spätmittelalterliche Granada war auch darin seinen islamischen Gegenstücken im Süden und Osten auffallend unähnlich, als die wichtigsten Abgaben nicht mehr mit regionalen Stadtteil-, Sippen- oder Stammesvertretungen, lokalen Honoratioren oder Machthabern ausgehandelt und vermittels dieser Zwischeninstanzen mühsam genug ›eingesammelt‹ werden mussten, sondern schon aus echter Familien- und Haushaltsbesteuerung direkt in die Staatskasse flossen (von den ebenfalls direkt erhobenen Zöllen und anderen Handels- beziehungsweise Verbrauchsabgaben ganz zu schweigen). Dass dieses Fiskalsystem – die so genannte Pecha-Besteuerung, eine Besteuerung von Einzelhaushalten (›Herdstellen‹, *hogares*) – seitens der islamischen Orthodoxie durchweg negativ beurteilt und als ›unislamisch‹ gebrannmarkt wurde,[79] änderte nichts an seiner Effizienz. Das System mit seinen elaborierten Steuerlisten (mit namentlicher Erfassung jedes einzelnen Haushaltsvorstandes,

---

[77] Lombard 1971, 142, 143ff., 156ff.
[78] Knittler 2000, 28, Tab.5; 208.
[79] Lagardère 1994, 57-95.

wodurch eine bis dahin unerreichte demographische Tiefenschärfe garantiert war) funktionierte so gut, dass es auch von den christlichen Eroberern, den Katholischen Königen und ihren Nachfolgern unverändert beibehalten wurde – nicht zuletzt als perfektes Instrument zur Überwachung der muslimischen Stadtbevölkerung. Dieser Ansatz zum ›modernen‹ Fiskalstaat hängt natürlich mit der enormen Militarisierung der granadinischen Gesellschaft zusammen. Bezeichnender Weise korrespondierten mit jenen Steuerlisten auch umfangreiche Rekrutierungslisten.[80]

Granadas Stadtarchitektur ist der perfekte Spiegel einer ›Frontera-Gesellschaft‹, ja geradezu einer, wie man sie genannt hat, »defensiven Modernisierung«[81] – freilich alles noch eingebettet in die typischen Formen des Spätmittelalters und aufbauend auf den traditionellen Strukturen einer islamischen Gesellschaft. Solch entwicklungs- und gesellschaftspolitisches Vorauseilen muss man nicht mystifizieren. Es lässt sich als die kriegsbedingte Selbstorganisation eines überschaubar kleinen, relativ homogenen und in seiner sozialen Verfassung verhältnismäßig egalitären Gemeinwesens lesen, das dabei ist, sich selbst als ›Nation‹ zu definieren. Das gilt auch für jene noch im heutigen Stadtbild sichtbaren Spuren einer überlegten, systematischen, von der Zentralgewalt überwachten Raumplanung. Genau darin decken sich wesentliche Aspekte der frühmodern-mediterranen Binnenkolonisation mit einer ausgeprägten Urbanität. Denn das kriegsbedingte Ansiedlungs- und Umsiedlungsprogramm folgt seiner eigenen Logik – sozusagen dem Rhythmus einer immerwährenden ›Bodenreform‹. Mit sozialpolitischen Folgen. Wo aufgrund ständiger Fluktuation in der Bevölkerung, unter permanent sich verändernden territorialen Bedingungen das einzig Verlässliche die ordnende Hand der Zentralgewalt ist, fällt die Klasse der religiösen Führer als eigenständige Kraft praktisch aus; auf allen halbwegs relevanten Feldern – von Ansiedlungsfragen über städtische Raumplanung bis hin zur Bildungs- und Gesundheitspolitik – sieht sich die traditionelle Elite von einer gut funktionierenden höfischen Bürokratie überrundet. Man könnte auch so sagen: ins Gefüge der dicht verbauten islamischen *Madina* mit ihrer traditionell ›wabenförmigen‹ Struktur aus Hofhäusern, Zwischentoren und Sackgassen schlägt das einerseits fürsorgliche, andrerseits misstrauische Tun der Staatsmacht ›Breschen der Rationalität‹. Die Wirkung einer solchen Annäherung an

---

[80] Ibn al-Khatib 1347 H., Bd. II, 30f.
[81] vgl. Schwentker 1999, 62.

moderne Regierungskunst sollte man jedenfalls nicht unterschätzen. Sowohl in negativer Hinsicht – über die Besteuerung – als auch positiv, durch eine ›großzügige‹ Öffentlichkeitsarbeit mit spektakulären Investitionen im Sinne des Gemeinwohls, übt der (Hof-) Staat einen Einfluss aufs Volk aus, von dem die lokalen Anführer nur träumen können. Im Klartext: Jenen ›Rückhalt im Volke‹, den sich die Eliten anderswo vermittels religiöser Stiftungen (arab. *waqf*) zu verschaffen wissen, besitzen in Granada die regierenden Fürsten sozusagen schon von Haus aus. Die Stadterweiterungs- und Stadterneuerungspolitik der Nasriden basiert auf reinem ökonomischen Übergewicht: was traditioneller Weise aus Waqf-Vermögen unter Aufsicht der religiösen Führer, der ›ulamā‹ finanziert wird – Moscheen, Hochschulen, Spitäler –, das errichtet und erhält in Granada die regierende Dynastie; und zwar aus eigenen Mitteln.[82]

Die räumliche und demographische Erweiterung der Stadt Granada beginnt schon unmittelbar nach der Gründung des Emirats mit der Schaffung so berühmter Viertel wie des Albaicín (dessen Name sich wahrscheinlich auf geflüchtete Bewohner aus der Grenzstadt Baeza – am oberen Guadalquivir gelegen – zurückführt) und des so genannten *Arrabal blanco*. Sehr gut nachweisen lässt sich der Anteil, den die Zentralgewalt, also der Staat in Gestalt des Fürsten an solch systematisch betriebener Siedlungs-, sprich Stadterweiterungspolitik hat, in den späteren Phasen, besonders nach 1410, als sich mit der christlichen Eroberung der Stadt Antequera das Tempo der Reconquista verschärfte. Der damals in Granada entstandene *Rabad* (Bezirk) ›Antequeruela‹ (›Klein-Antequera‹, so benannt nach seinen Bewohnern, den Aussiedlern von Antequera) geht auf eine persönliche Initiative des Sultans Yusuf III. (1408-1417) zurück und ist Ausdruck der staatlich geförderten Einwanderungspolitik, die sich nicht mit der Neugruppierung vertriebener Frontera-Bewohner begnügt, sondern auch in den christlichen Königreichen ganz gezielt unter der dort ansässigen muslimischen Bevölkerung um Neusiedler wirbt.[83]

Aus solchen Erweiterungsschüben ergeben sich – wie rudimentär auch immer – Ansätze zu einer städtischen Raumordnung, deren Spuren noch im heutigen Stadtbild nachvollziehbar sind. Da sind etwa die um 1466 in angrenzenden Teilen der Vega, am *Rio Darro* und in der Nähe des Stadttores *Bibarrambla* planmäßig ent-

---

[82] Bosque Maurel 1988, 73.
[83] Liedl 1993, 248, Dokument Nr.40.

standenen Neugründungen in ihrer ganzen Großzügigkeit, aber auch die bewussten Überformungen der traditionellen Innenstadt, der *Madina*, durch Anlage von Neubauten oder künstlich in die dichte Stadtlandschaft geschlagene Plätze und Schneisen.

In diesem Zusammenhang muss das strategische Achsenkreuz zweier Durchzugsstraßen erwähnt werden (moderne Bezeichnung: *Calle Elvira/Carrera del Darro*). In der Tat eine bemerkenswerte Anlage, die Wiederkehr des antik-römischen Cardo-Decumanus-Prinzips mitten in einer islamischen Stadt. Diesem Axialsystem, von dem es zutreffend heißt, dass es in seiner Ausführung »eine signifikante Ausnahme (im islamischen Städtebau)« darstellt,[84] liegt natürlich wiederum ein ›modernes‹, ein militärisch-polizeiliches Kalkül zu Grunde. Es verbindet mehrere stark befestigte Stadttor-Komplexe miteinander, dient der strategischen Aufschließung der Stadt in Nordost-Südwestrichtung und stellt zugleich die Verbindung wichtigster Stadtteile inklusive der Geschäftsviertel rund um die Hauptmoschee, der Ausländerquartiere und des ›Söldnerviertels‹ rund um die *Calle de los Gomeres* her.[85] Dabei sind die Straßenzüge des Achsensystems so breit, dass auf ihnen Truppen ungehindert und rasch von einer Seite der Stadt zur anderen verlegt werden können, und immer wieder verwenden sie die Fürsten für Truppenparaden und Heerschauen.[86]

Außerdem gibt es in Ergänzung, nein – eigentlich als Kontrast zu den zwei Haupttypen öffentlichen Raumes in der traditionellen islamischen Stadt, der Freitagsmoschee und dem Marktplatz, im Granada der Nasriden eine echte Neuauflage des antiken, römischen Marsfeldes.[87] Genau im Kreuzungspunkt zwischen Fürstenstadt-Akropolis (Alcazaba), Altstadt *(Madina)* und neuer ›Vorstadt‹ (dem *Arrabal* ›Antequeruela‹ nämlich) sowie in ziemlicher Nachbarschaft zur Judería und zum Handels- beziehungsweise Ausländerviertel (*Alcaicería*-Seidenbasar, *Funduqs* und ›Konsulate‹ der Italiener) liegt der große Exerzierplatz der Stadt, die *Sabīqa*. Dort wurden nicht nur Turniere abgehalten und die Elitetruppen des Sultans, die auf der *Alcazaba* kasernierten Leibgarden und Zenetes vorgeführt und gedrillt; auch der Djund marschierte dort auf, das Massenaufgebot der regulären Infanterie. Jener leere Raum inmitten der Stadt war nicht irgend ein zentraler Sammelplatz; er war als symbolträchtige

---

[84] Castilla Brazales/Orihuela Uzal/Sobrino Gonzáles 2002, 252.
[85] Castilla Brazales/Orihuela Uzal/Sobrino Gonzáles 2002, 254ff.
[86] Vgl. etwa Bustani/Quirós 1940, 6.
[87] Exakt diesen Terminus findet man bei Bosque Maurel 1988, 72.

Agorá des Krieges auch privilegierter Ort zur ›Verstaatlichung‹ einer renitenten Zivilgesellschaft.

Eine Welt im Umbruch

Wenn man Granadas Schicksal mit dem seines Erzrivalen Kastilien vergleicht, ist man immer wieder erstaunt, wie sehr der eine des anderen negatives Abbild ist. Wo der eine gewinnt, verliert der andere; vielmehr: Wo der eine einen Gewinn zu haben scheint, ist der wahre Nutznießer *à la longue* der andere. Aus der Kolonisierung Andalusiens – Repartimientos, Repoblaciones – durch die Sieger von 1212 »resultierte die Entvölkerung zahlreicher Orte in Altkastilien, weil deren Bewohner fortgezogen waren, um (im Süden) ihr Glück zu machen«.[88] Das ist wohl auch einer der Gründe, warum die Reconquista nach ihren enormen Erfolgen – territoriale Zunahme Aragóns um ein gutes Drittel, territoriale Verdoppelung von Kastilien-León – im 14. Jahrhundert praktisch zum Stillstand gekommen ist. Der bevölkerungspolitischen Ausdünnung auf der einen entsprach ja eine ebenso große Verdichtung auf der anderen Seite der Frontera.

Das musste sich auch in der ökonomischen Entwicklung niederschlagen. Der Stadtstaat Granada kann sich unverzüglich in die mediterran-atlantischen Handelskreisläufe einklinken; er hat die Exportprodukte, die auf den neuen Märkten zählen – vor allem Güter des Massenkonsums – sofort parat. Andererseits, als diese Märkte infolge der Krise des 14. und 15. Jahrhunderts wieder schrumpfen, verfügt man bereits über die gut eingespielte Partnerschaft mit dem gewieften Fernhändler Genua, was einem erlaubt, auch aus der Krise noch Profit zu schlagen. Mit seiner Monopolstellung in mediterranen Erzeugnissen kann Granada den Verdrängungswettbewerb auf den Märkten des Nordens klar für sich entscheiden. Alles in allem bietet Granadas Wirtschaft das Bild einer ›frühreifen‹ und raschen Expansion – noch dazu mit erstaunlich langem Atem. Um es noch pointierter zu sagen: Im 13., 14. und bis weit ins 15. Jahrhundert hinein gehört Granada – ganz im Gegensatz zu seinen nordafrikanischen Verwandten – eher zu den Global Players des Nordens als zur Peripherie des Südens.

Das granadinisch-kastilianische Drama zeigt aber noch einen

---

[88] O'Callaghan 1975, 459.

weiteren erstaunlichen Aspekt – nämlich den Zusammenhang zwischen Expansion und Stagnation. Kastiliens Wirtschaft findet nur langsam Anschluss an die Welt – den Exportsektor seiner Ökonomie muss dieser große Territorialstaat zum Teil ganz neu erschaffen, wobei ihm bezeichnender Weise wieder einer hilft: Genua ... ›Merinoschaf und Wollexport‹ lautet die Devise seiner Kreditwürdigkeit.

Und nochmals Granadas Vorsprung. Wo sein nördlicher Erbfeind ein neues Marktsegment erst aufbauen muss, tritt der südliche Rivale leichtfüßig ein großes Erbe an – auch seine Vorgänger, die Almohaden, waren schon Handelspartner der Genuesen. So geht die Okkupation der Marktnischen reibungslos vonstatten: Wo das Fernhandelsnetz nach dem Verschwinden so vieler – muslimischer – Konkurrenten neu geknüpft wird, ist Granada mit seiner *Task Force* aus Facharbeitern, Handwerkern und Agrarspezialisten, die ihm der christliche Gegenspieler massenhaft zutreibt, zur Stelle.

Der Siegeszug der Massengüter. Das 13. Jahrhundert bringt eine handelspolitische Revolution: den Rückgang der hochpreislichen Luxusware – jahrhundertealte Domäne des islamischen Fernhandels – im Gesamtaufkommen des Warenverkehrs. Anpassungen an das neue Paradigma finden sich auf der Iberischen Halbinsel in zeitlich versetzten Schüben. Aragóns Bürgertum mit seinen beiden Fraktionen Biga (Freihändler) und Busca (Protektionisten) reagiert am schnellsten, gerät aber auch am raschesten in die ›sozioökonomische Schere‹: Ohne starke agrarische Basis (auf die sich vor allem die Krone stützt) keine exportfähige Produktion, ohne excessive fiskalische Belastung dieser Bauernschaft aber keine imperiale Seemachtpolitik; und ohne diese wiederum keine effektive Bekämpfung der Konkurrenz, vor allem Genuas. An dieser Quadratur des Kreises muss Aragón letztlich scheitern.[89] In einem solchen Konkurrenzdilemma war Granada nie. Das kleine Emirat setzte von Anfang an (aber wohl »mehr der Not gehorchend als dem eignen Triebe«) auf internationale Arbeitsteilung: Granada lieferte die Produkte, Genua vertrieb sie. Ein Blick in die Handelsstatistik Genuas zeigt das Ausmaß dieser exklusiven Beziehung.

Im Jahre 1453 betrug der Wert des Handelsaufkommens Granadas mit Genua 43 000 Golddukaten – nach heutiger Kaufkraft mindestens 25 Millionen US-Dollar.[90] Damit stach Granada alle islamischen Konkurrenten aus; auch das Hafsiden-Emirat von Tunis,

---

[89] Vilar ²1992, 28.
[90] Umrechnung nach Origo ²1986, 312.

Genuas Brückenkopf der Sizilien-Afrika-Passage, konnte da nicht mithalten.[91] 43 000 Golddukaten, das ist immerhin ein Fünftel der Gewürzexporterlöse – 204 438 Dukaten –, die der Mamlukenstaat von Kairo im Jahre 1488 erzielte.[92]

Was Granada am Ende das Genick brach, waren nicht Krise und Rezession, war nicht der ökonomische Stress, sondern der politische. Weder vom Paradigmenwechsel des 13. Jahrhunderts – Granadas ›erster‹ Konjunktur, worin es seinen ›Reconquista-Profit‹ valorisierte –, noch auch von der Krise im 15. Jahrhundert – diese stellte ja, wie man gesehen hat, geradezu eine Art ›Nachblüte‹ für die Wirtschaft des Emirats dar – führt eine direkte Verbindung zu Granadas schlussendlichem Untergang; jedenfalls keine, die sich innerhalb der Logik der Ökonomie verorten ließe. Was Granada ab 1450 tatsächlich nicht verkraftete, war das Zusammentreffen verschiedener politischer Umstände und Misshelligkeiten – angefangen von der katastrophalen Lage, in der sich sein Hauptverbündeter Genua befand, bis zu Kastilien-Leóns Schachzug seiner Vereinigung mit Aragón.

Parallel zu Granadas Niedergang macht sich auf der Gegenseite, in Kastilien, auch eine wirtschaftliche Erholung bemerkbar. Die Politik der Mesta – der großen Schafzüchterverbände und Weidegemeinschaften – ist zwar, wie der Fachmann in Erinnerung bringt, »exzessiv genannt worden«;[93] doch sie war auf der Höhe der Zeit.[94] Sie versorgte ein »wirtschaftlich darniederliegendes Europa mit dem bestmöglichen Erzeugnis, das sich auf dem internationalen Markt verkaufen ließ: mit der Wolle der Merinoschafe.« Die Zirkulation der Wanderschafherden steigerte den Binnenhandel und sicherte den spanischen Kaufleuten »auf Handelsplätzen wie Brügge, Nantes, London und La Rochelle eine Vormachtstellung«.[95]

Im 13. Jahrhundert hat Granada von einem absoluten Vorsprung profitiert – seinem enormen Bevölkerungszuwachs; im 14. und 15. Jahrhundert hatte es immerhin noch einen relativen Vorteil aufzuweisen – die Krisenresistenz seines Wirtschaftssystems. In beiden Dingen hinkt Kastilien nach. Dies ›granadinische Glück‹ hat sein Erbfeind wohl erkannt; und schließlich auch – *ex negativo* – ›anerkannt‹. Gemeint ist hier der brutale Entschluss der Katholi-

---

[91] Ladero Quesada ²1979, 60.
[92] Cerman 1998, 39.
[93] Vilar ²1992, 30.
[94] Valdeón Baruque 1994, 49ff.; Marín Barriguete 1994, 67ff.
[95] Vilar ²1992, 30, 31.

schen Könige, mit Granada kurzen Prozess zu machen und dessen konjunkturverlängernde orientalisch-mediterrane Natur als solche zu vernichten. In der Tat war es ein äußerst effizienter Zug, in der *Guerra de Granada* zur Taktik der verbrannten Erde zu greifen. Erstmals in der Geschichte der Reconquista wird Land nicht nur erobert, sondern buchstäblich zerstört. Mit dem Umhacken seiner Obstbäume und durch die Zerstörung seiner Bewässerungssysteme wird der Gegner im ökonomischen Nerv getroffen. Und das heisst: zu Tode.

Die Reconquista, so ist behauptet worden, stellt den absoluten Primat der Politik über die Ökonomie dar. Vor allem ihr krönender Abschluss beweist uns das. Mit Granadas Untergang, 1492, verschwand ein bemerkenswerter Baustein der sich damals eben erst abzeichnenden Weltwirtschaft. Bemerkenswert war dieser Baustein vor allem in seiner Eigenschaft als islamischer Beitrag – nun, sagen wir: zur Geschichte des Abendlandes. Der Baustein mag verschwunden sein, der Beitrag ist es nicht. Zahlreiche Spuren erinnern an die Anwesenheit eines islamischen Staates inmitten der frühmodernen Handelswelt Europas. Vor allem militärische Spuren. Aber das ist schon wieder eine andere Geschichte.

Literatur

Abu Fadl 1900/1318 H. = Abu Fadl ad-Dimashqi, Kitab al-'ashara ila mahasin at-tidjara. Kairo 1900/1318 H.
Abulafia 1994 = David Abulafia, A Mediterranean emporium: The Catalan kingdom of Majorca. Cambridge 1994
Abu-Lughod ²1991, 1989 = Janet L. Abu-Lughod, Before European hegemony: the world system A.D. 1250-1350. Oxford-New York-Toronto ²1991 (1989)
Al-Idrisi 1970-84 = Al-Idrisi, Opus geographicum (Kitab an-nuzhat al-mushtaq fi l-ikhtiraq al-'afaq), 9 Bde. Rom-Neapel 1970-84
Al-Maqqari 1855-60 = Al-Maqqari, »Analectes sur l'histoire et la littérature des arabes d'Espagne«. 2-bänd. Edition R.Dozy. Leiden 1855-60
Arié 1973 = Rachel Arié, L'Espagne musulmane au temps des Nasrides (1232-1492). Paris 1973
Ar-Razi 1953 = Ar-Razi, »Beschreibung Spaniens«. Edition: E.Lévi-Provençal, La ›Description de l'Espagne‹ d'Ahmad al-Razi. In: Al-Andalus 18, 51-108
Belgrano 1890 = L.T. Belgrano (Hg.), Annali genovesi di Caffaro e de' suoi continuatori, 5 Bde. Genua 1890 ff.
Bosque Maurel 1988 = Joaquín Bosque Maurel, Geografía urbana de Granada. Granada 1988 (Erstausg. Zaragoza 1962)
Braudel 1990 = Fernand Braudel, Das Mittelmeer und die mediterrane Welt in der Epoche Philipps II. 3 Bde. Frankfurt am Main 1990

Bustani/Quirós 1940 = Alfredo Bustani/Carlos Quirós (Hg.), »Kitab nubdhat al-'asr fi akhbar muluk Bani Nasr« (Chronik der granadinischen Dynastie der Nasriden). Larache 1940

Cahen 1987 = Claude Cahen, Der Islam I. Vom Ursprung bis zu den Anfängen des Osmanenreichs (= Fischer Weltgeschichte Band 14). Frankfurt am Main 1987

Castilla Brazales/Orihuela Uzal/Sobrino Gonzáles 2002 = Juan Castilla Brazales/Antonio Orihuela Uzal/Miguel Sobrino Gonzáles (Illustr.), En busca de la Granada andalusí. Granada 2002

Castro 1985 = Américo Castro, Sobre el nombre y el quién de los españoles. Madrid 1985

Cerman 1998 = Markus Cerman, Wirtschaftlicher Niedergang im Spätmittelalter? Der Mamlukenstaat (1250-1517). In: Beiträge zur historischen Sozialkunde 1/98, 35-40

Constable 1994 = Olivia Remie Constable, Trade and traders in Muslim Spain. The commercial realignment of the Iberian peninsula, 900-1500. Cambridge-New York-Melbourne 1994

De la Cierva 1979 = Ricardo de la Cierva (Hg.), Historia General de España. Madrid 1979

Feldbauer 1995 = Peter Feldbauer, Die islamische Welt 600-1250. Ein Frühfall von Unterentwicklung? Wien 1995

Frey 1988 = Herbert Frey, La feudalidad europea y el régimen señoral español. México 1988

Harvey 1990 = Leonard Patrick Harvey, Islamic Spain, 1250 to 1500. Chicago-London 1990

Heers 1957 = Jacques Heers, Le royaume de Grenade et la politique marchande de Gênes en occident (XVe siècle). In: Le moyen âge 63 (1957), 87-121

Hyde 1973 = John Kenneth Hyde, Society and Politics in Medieval Italy: The Evolution of the Civil Life, 1000-1350. London 1973

Ibn al-Khatib 1347 H. = Ibn al-Khatib, Kitāb al-Ihāta. Edition Kairo 1347 H.

Ibn Hawqal 1938 = Ibn Hawqal, Kitab surat al-ard. Edition J. H. Kramers. Leiden 1938

Knittler 2000 = Herbert Knittler, Die europäische Stadt in der frühen Neuzeit. Institutionen, Strukturen, Entwicklungen. Wien-München 2000

Kretschmer/Dörflinger/Wawrik 1986 = Ingrid Kretschmer/Johannes Dörflinger/Franz Wawrik, Lexikon zur Geschichte der Kartographie. Wien 1986

Labib 1984 = Subhi Labib, Wirtschaft und Handel im mittelalterlichen Orient. In: Kurzrock, Ruprecht, Hg., Die islamische Welt, II, 25-35. Berlin 1984

Ladero Quesada 1989 = Miguel Ángel Ladero Quesada, Los Mudejares de Castilla y otros estudios de historia medieval Andaluza. Granada 1989

Ladero Quesada ^{2}1979, 1969 = Miguel Ángel Ladero Quesada, Granada. Historia de un país Islámico (1232-1571). Madrid ^{2}1979 (1969)

Lagardère 1994 = Vincent Lagardère, Structures étatiques et communautés rurales: les impositions légales et illégales en al-Andalus et au Maghreb (XIe-XVe). In: Studia Islamica, 80 (1994), 57-95

Liedl 1992 = Gottfried Liedl, Confrontation and Interchange. The Spanish-Arab ›Frontera‹ at the Beginning of the Modern Age (1232-1492). In: Virginia Guedea/Jaime E.Rodriguez, Hg., Five Centuries of Mexican History. Papers of the VIII Conference of Mexican and North American Historians, San Diego, California, October 18-20, 1990 (México 1992), 15-26

Liedl 1993 = Gottfried Liedl, Dokumente der Araber in Spanien. Zur Geschichte der spanisch-arabischen Renaissance in Granada, Band 2. Wien 1993

Liedl 1997 = Gottfried Liedl, Al-Farantira: Die Schule des Feindes. Zur spanisch-islamischen Kultur der Grenze. Band 1: Recht. Wien 1997

Liedl 1998 = Gottfried Liedl, Die Geburt der Moderne aus dem Geist der Gewalt: Kulturphilosophische Überlegungen zur Reconquista. In: Beiträge zur historischen Sozialkunde, 28.Jg., 1/98 (Wien 1998), 49-55

Lombard 1971 = Maurice Lombard, L'Islam dans sa première grandeur (VIIIe-XIe siècle). Paris 1971

López de Coca Castañer 1982 = López de Coca Castañer, Comercio exterior del reino de Granada. In: Actas del II Coloquio de historia medieval andaluza: Hazienda y comercio (Sevilla, 8-10 de Abril 1981). Sevilla 1982, 335-377

Lourie 1990 = Elena Lourie, Crusade and Colonisation. Muslims, Christians and Jews in Medieval Aragon. Aldershot, Vermont 1990

Marín Barriguete 1994 = Fermín Marín Barriguete, La configuración institucional del Honrado Consejo de la Mesta: Los Reyes Católicos y los privilegios ganaderos. In: Mesta, Trashumancia y Vida pastoril (Catálogo). Soria-Madrid 1994, 67-89

Menéndez Pidal 1906 = R. Menéndez Pidal (Hg.), Primera crónica general de España (=Nueva biblioteca de autores españoles, Bd.5). Reprint: Madrid 1977

Nagel 1993 = Tilman Nagel, Timur der Eroberer und die islamische Welt des späten Mittelalters. München 1993

Nebenzahl 1990 = Kenneth Nebenzahl, Der Kolumbusatlas. Karten aus der Frühzeit der Entdeckungsreisen. Braunschweig 1990

O'Callaghan 1975 = J. F. O'Callaghan, A History of medieval Spain. London-Ithaca 1975

Origo ^{2}1986 = Iris Origo, ‚Im Namen Gottes und des Geschäfts'. Lebensbild eines toskanischen Kaufmanns der Frührenaissance. München ^{2}1986 (1985)

Otte 1982 = Enrique Otte, El comercio exterior andaluz a fines de la edad media. In: Actas del II Coloquio de historia medieval andaluza: Hazienda y comercio (Sevilla, 8-10 de Abril, 1981). Sevilla 1982, 193-240

Pryor 1981 = John H. Pryor, Business Contracts of Medieval Provence. Selected ›Notulae‹ from the Cartulary of Giraud Amalric of Marseilles, 1248. Toronto 1981

Pryor 1988 = John H. Pryor, Geography, Technology, and War: Studies in Maritime History of the Mediterranean, 649-1571. Cambridge 1988

Renouard 1969 = Yves Renouard, Les villes d'Italie, de la fin du Xe siècle au début du XIVe siècle. Neuausg.(2 Bde.), Philippe Braunstein, Paris 1969

Rörig 1967 = F. Rörig, The Medieval Town. Berkeley 1967

Schwentker 1999 = Wolfgang Schwentker, Die »lange Restauration«. Japans Übergang vom Shogunat zur Meiji-Ära. In: Sepp Linhart/Erich Pilz (Hg.), Ostasien. Geschichte und Gesellschaft im 19. und 20. Jahrhundert. Wien 1999, 47-62

Sivers 1988 = Peter von Sivers, Nordafrika. In: Grunebaum, Gustave Edmund von, Hg., Der Islam II (= Fischer Weltgeschichte Band 15), 392-437. Frankfurt am Main 1988

Torres Delgado 1974 = Cristóbal Torres Delgado, El antiguo reino nazarí de Granada (1232-1340). Granada 1974

Valdeón Baruque 1994 = Julio Valdeón Baruque, La Mesta y el pastoreo en Castilla en la Baja Edad Media (1273-1474). In: Mesta, Trashumancia y Vida pastoril (Catálogo). Soria-Madrid 1994, 49-64

Vilar ²1992 = Pierre Vilar, Spanien. Das Land und seine Geschichte von den Anfängen bis zur Gegenwart. Berlin ²1992 (Paris 1947)

Waley 1973 = Daniel Philip Waley, The Italian City-Republics. New York 1973

Der Aufstieg der Osmanen im Mittelmeerraum

MANFRED PITTIONI

Aus den Weiten der Steppen Asiens – die frühen Türken

Frühe historische Zeugnisse über die Türken sind spärlich und stammen zumeist aus chinesischen Quellen. Über ihre 500-jährige vorislamische Geschichte wissen wir ebenso wenig wie über die Ursprünge der verschiedenen Stämme. Kafadar bezeichnet die verschiedenen Turkstämme als »frontier people«, die ihre eigene Geschichte als mündliche Berichte weitergaben, aber keine Aufzeichnungen machten.[1] Die ersten Zeugnisse über eindeutig türkische Völker stammen aus der ersten Hälfte des 6. Jahrhunderts und zwar aus der Gegend, die wir heute Mongolei nennen. Damals soll der Stamm der Türk, dessen Name zum Oberbegriff für alle türksprachigen Völker werden sollte, das erste Reich in Form einer losen Stammesföderation gegründet haben. Dieser erste türkische ›Staat‹ war nur ein kurzlebiges Gebilde und zerfiel bald wieder.[2]

In Europa tauchten die ersten türkischen Stämme, die als Saraguren, Oguren und Onoguren bezeichnet wurden, um die Mitte des 5. Jahrhunderts im Balkanraum auf; auch die Bolgaren, die Vorläufer der heutigen Bulgaren, waren türkischen Ursprungs. Diese waren in der Lage, um das Schwarze Meer und in Südostasien kleine Reiche zu gründen. Mit Byzanz standen sie zumeist auf Kriegsfuß. Wenn es opportun erschien, wurden sie zu unsicheren Verbündeten. 567 wird von einer Gesandtschaft der Westtürken an den Hof Kaiser Justinians berichtet.[3]

Zur Gruppe der Turkvölker gehörten auch noch die Awaren, die Hunnen, die Khazaren an der Wolga und die Petschenegen an der Donau.[4]

---

[1] Kafadar 1996, 62.
[2] Scharlipp 1992, 2; dazu auch Matuz 1994, 9.
[3] Scharlipp 1992, 76-79.
[4] Peters 1966, 12.

Um die Jahrtausendwende drangen türkische Stämme nach Anatolien ein und eroberten schrittweise byzantinisches Territorium. Die Beziehungen des byzantinischen Reiches zu den Völkern des Islam sind historiographisch noch zu wenig gewürdigt worden. Immerhin musste sich Byzanz über 800 Jahre mit Arabern, Seldschuken und Osmanen auseinander setzen und dabei immer wieder in Ermangelung militärischer Siege flexible Mittel einsetzen, um die Substanz seines Staatswesens zu erhalten.[5] Einer dieser Stämme, die Karachaniden, nahmen um 960 den islamischen Glauben an. Der wichtigste Stamm dieser Periode waren jedoch die Seldschuken. Aus dem Raum des Kaspischen Meers kommend, eroberten sie zunächst Persien, sodann Mesopotamien, Syrien und schließlich Anatolien, wobei sie nicht nur gegen die Byzantiner, sondern auch im Norden gegen die Mongolen und im Süden gegen die Araber kämpften.[6] Durch die enge Berührung der türkischen Seldschuken mit den Persern sowie die Verschmelzung von byzantinischen, arabischen und islamischen Elementen entstand jene wunderbare seldschukische Kultur, die wir heute noch bewundern.[7] Die Sultane bezeichneten ihr Reich, deren Mittelpunkte einerseits Kayseri, die frühere byzantinische Stadt Caesarea, andererseits Konya, das antike Ikonium, waren, als ›Reich von Rum‹, also ›Römisches Reich‹. Durch die Schlacht von Mantzikert 1071, in der der Seldschuke Alp Arslan den byzantinischen Kaiser Romanos IV. schlug und gefangen nahm, wurde die dauernde Präsenz der Byzantiner in Ostanatolien beendet und die Herrschaft der Turkvölker begründet.[8] »The Byzantine defeat at Mantzikert was to be followed by deeper and more frequent raids or plain migration by Türkmen tribes into Asia Minor.«[9]

Seine höchste Blüte erreichte das Seldschukenreich in der ersten Hälfte des 13. Jahrhunderts. Durch die Invasionen der Kreuzfahrer und 1243 durch das Vordringen der Mongolen im Mittleren Osten wurde das Staatswesen allerdings stark geschwächt. In das allmählich entstehende Machtvakuum stießen eine Reihe von Turkstämmen nach, unter ihnen die Karamanen und die Osmanen.[10]

---

[5] Martínez 1991, 28.
[6] Shaw 1976, 4-9.
[7] Martínez 1991, 26-27.
[8] Peters 1996, 19–20; Kafadar 1996, 3.
[9] Kafadar 1996, 3.
[10] Peters 1996, 23.

Die Entstehung des osmanischen Staates

Die ältesten Hinweise, die wir über die Osmanen haben, gehen auf das erste Viertel des 14. Jahrhunderts zurück.[11] Die Vorgänger der Türken auf dem Gebiet der heutigen Türkei stammten von den Oghusen ab, einem nomadisierenden Turkvolk aus der Kasachensteppe. Die Osmanen sollen zur Untergruppe der oghusischen *kayı* gehört haben. Als große Persönlichkeit dieses Stammes wird ein gewisser Süleyman erwähnt, der in Mahan in der Nähe von Merw als Herrscher auftrat.[12]

Einer der vier Söhne Süleymans, Ertoğrul (gest. 1281?) erreichte im Zuge der nomadischen Migration mit einer Gruppe seines Stammes die Gegend von Erzurum in Ostanatolien. Der zu dieser Zeit herrschende seldschukische Sultan Alaeddin Kaikubad I. wies ihnen neue Weidegründe zu, die im westanatolischen Raum von Söğüt, in der Nähe von Eskişehir lagen. Damit wollte der Sultan einerseits die nomadisierenden Turkmenen an die Peripherie des Seldschukenstaates verlegen und sie andererseits als Puffer zu den ›ungläubigen‹ Byzantinern verwenden.[13] Die osmanische Ansiedlung erfolgte in einer Phase, in der Byzanz nach dem Ende des Lateinischen Kaiserreichs 1261 gezwungen war, seine militärischen Energien primär in den europäischen Provinzen einzusetzen wodurch Anatolien relativ ungeschützt war. Gleichzeitig stieg durch die mongolischen Eroberungen in Zentralasien und Persien der Migrationsdruck auf viele Turkstämme, die gegen Westen zogen.

Über die Herrschaft des Sohnes von Ertoğrul, Osman (1281?-1326) liegen zahlreiche historische Daten vor. Er war ohne Zweifel ein militärisch begabter Stammesführer, denn er konnte eine Reihe von anderen Stammesführern an sich binden und mit ihnen Eroberungen durchführen. Anderseits trug er den Beinamen *ğazi*, was ›Streiter für den Glauben‹ bedeutet. Damit wurde seine Rolle als frommer Moslem unterstrichen, der für die Verbreitung des Islam eintrat. Er war es aber auch, der aus dem Stammesverband ein Staatswesen schuf.[14]

Der frühe Osmanenstaat war zunächst eines der vielen Kleinfürstentümer – *beyliks* –, von denen es im Anatolien des 13. Jahrhun-

---

[11] Kafadar 1996, 60.
[12] Matuz 1994, 28.
[13] Goffman 2002, 34-37.
[14] Matuz 1994, 30f.

derts zahlreiche gab.[15] Formell war man Vasall des Seldschukensultans. Aber dieser Seldschukenstaat, der sich in der zweiten Hälfte des 13. Jahrhunderts aufzulösen begann, konnte nicht mehr lange als Ordnungsfaktor in ganz Anatolien auftreten. Da sich dazu noch die mongolischen Oberherrn der Seldschuken, die Ilchane, die im Iran herrschten, zurückgezogen hatten, waren eine Reihe von türkischen Kleinfürstentümern entstanden, die sich gegenseitig bekriegten und einander Territorien streitig machten. Zu den Hauptrivalen des Osmanenstaates waren die Karamanen zu zählen, die in Konya ihren Hauptsitz hatten, sowie die Fürsten der Eretna mit dem Zentrum Sivas sowie die südwestanatolischen Dynastien der Aydın und Menteşe.[16]

Die ersten osmanischen Eroberungen sind historisch nicht genau festlegbar, da die frühen osmanischen Chroniken wie auch die spätmittelalterlichen Darstellungen der verschiedenen Fürstentümer des Balkans in ihren Angaben wenig präzise sind.[17] Fest steht, dass die erste größere Stadt, die die Osmanen unter ihrem ersten Sultan Osman I. (1299-1326) eroberten, Bursa war[18], das auch zur ersten Hauptstadt wurde. Osman ließ sich nach erfolgreichen Eroberungszügen im Freitagsgebet von der Kanzel (*hutbe*) namentlich erwähnen. Damit erhob er Anspruch auf die Anerkennung als souveräner Herrscher, ebenso nahm er das Münzrecht für sich in Anspruch. 1337 folgte Iznik, unter den Byzantinern als Nicäa bekannt. Als 1352 die Mauern der Stadt Gelibolu durch ein Erdbeben zerstört wurden, konnte sich Sultan Orhan (1326-1362) dieser bemächtigen und sich seinen ersten Hafen sichern. Damit waren die Osmanen auch in der Lage, sich allmählich auf dem Meer eine Machtbasis aufzubauen.[19] Nach der Eroberung von Edirne im Jahr 1361 wurde die Hauptstadt von Bursa in dieses thrakische Zentrum verlegt, das als Basis für die Heerzüge in den Balkan viel vorteilhafter war.

Zwischen 1281 und 1389 konnten die Osmanensultane nicht nur den größten Teil Westanatoliens unter ihre Herrschaft bringen, sondern dehnten ihre Eroberungen auch auf das europäische Festland aus. Ganz Thrakien und das südliche Bulgarien kamen unter ihre Herrschaft. In der Auseinandersetzung mit dem Großserbi-

---

[15] McCarthy 1997, 28-30; Shaw 1976, 12-14.
[16] Faroqhi 2000, 16.
[17] Kafadar 1996, 90-105.
[18] Matuz 1994, 31.
[19] Shaw 1976, 14-17.

schen Reich wurden die Serben in der Schlacht von Kosovo 1389 geschlagen. Der Osmanensultan Murat I. verlor zwar sein Leben, sein Sohn Bayezit I. (1389-1402) konnte jedoch die Eroberungen seiner Vorgänger fortsetzen. Er unterwarf ganz Westanatolien, und 1396 gelang es ihm, ein europäisches Kreuzfahrerheer, das die Donau herabgezogen war, bei Nikopolis zu schlagen.[20] Im folgenden Jahr wandte er sich wieder nach Osten und unterwarf die *beyliks* Mittel- und Ostanatoliens, wodurch er in die Einflusssphäre der Mongolen geriet. In der Schlacht von Ankara 1402 wurde er vom Heer des Mongolenkhans Timur Lenk besiegt und gefangen genommen.[21]

Die darauf folgende Invasion von Anatolien durch Timur stürzte die Region zeitweilig in Chaos, doch nutzten die europäischen Mächte diese Chance, dem Vordringen der Osmanen Einhalt zu gebieten, nicht. Das osmanische Interregnum von 1402 bis 1413 war von Streitigkeiten um die Thronfolge von Bayezit gekennzeichnet. Schließlich konnte sich Mehmet I. (1413-1421) als Sultan behaupten. Sein Sohn Murat II. (1421-1451) setzte die Expansionspolitik seiner Vorgänger weiter fort, unterwarf die aufständischen kleinasiatischen Fürstentümer und schlug 1444 ein ungarisches Heer bei Varna an der Schwarzmeerküste. Eine weitere kriegerische Auseinandersetzung mit den Ungarn unter Johan Hunyadi 1448 auf dem Amselfeld endete ebenfalls mit einem Sieg der Osmanen und festigte deren Herrschaft in Südosteuropa nachhaltig.[22]

Unter Sultan Mehmet II. (1451-1481) erlangte das Osmanische Reich den Status einer Großmacht. Mit der Eroberung Konstantinopels 1453 wurde ein Signal gesetzt, das ganz Europa erschütterte.[23] Europa verhielt sich trotz der Schockwirkung passiv. Merle spricht von der »indifférence occidentale«.

War militärisch die Beseitigung des letzten Restes des Byzantinischen Reiches im Prinzip keine großartige Angelegenheit gewesen, so war psychologisch für die europäischen Staaten der Feind im östlichen Mittelmeer zu einer globalen Bedrohung geworden. Die Osmanensultane saßen nun in Konstantinopel, das im Begriff war, zu einem Zentrum der neuen Weltpolitik zu werden. Mehmet II., mit dem Beinamen *fethi* (›der Eroberer‹), begnügte sich nicht nur

---

[20] Shaw 1976, 33.
[21] McCarthy 1997, 50f.
[22] Matuz 1990, 48-57.
[23] Merle 2003, 15.

mit diesem einen spektakulären Sieg, sondern drang wieder auf dem Balkan vor. 1459 wurden die Reste Nordserbiens ins Reich eingegliedert, ebenso die Morea. 1461 fiel das letzte byzantinische Kaiserreich von Trapezunt und 1463 Nauplia. Im Jahr darauf wurde Bosnien den Ungarn entrissen. Mit der kurzen Besetzung Otrantos 1480 drangen die Osmanen sogar bis nach Italien vor. Beim Tod Mehmets II. betrug die Fläche des Reiches bereits 850 000 km^2.

Sein Sohn Bayezit II. (1481-1512) verwendete die Energien des Staates weniger für neue Eroberungen als für innerstaatliche Konsolidierungsmaßnahmen. Er erneuerte die Armee, rüstete sie weitgehend mit Feuerwaffen aus und veranlasste eine ausgedehnte Bautätigkeit.[24] Er war es, der die solide innere Struktur des Reiches schuf, welche seinen Nachfolgern ihre späteren Eroberungen ermöglichte.

An der Wende vom 15. zum 16. Jahrhundert war der Osmanenstaat unter die Großmächte des Mittelmeerraums vorgerückt und war im Bewusstsein der europäischen Herrscher eine Macht geworden, die man im politischen Kalkül nicht übergehen konnte.[25]

Sozialstrukturen

Zunächst hatte im 13. Jahrhundert wie bei allen anderen in Kleinasien ansässigen Turkstämmen auch bei den Osmanen das tribale Element vorgeherrscht, die Gesellschaft wurde von Clanstrukturen geprägt. Dieses System brachte für die Führung immer wieder Schwierigkeiten, da die Ansprüche vieler berücksichtigt werden mussten. Allerdings gelang es den Osmanen, sich vom Prinzip der Herrschaft der Familien loszulösen und einen modernen Verwaltungsstaat zu schaffen. Dieser eröffnete dem Einzelnen, sofern er Muslim war, theoretisch alle Chancen für einen sozialen Aufstieg.

Steinen zitiert den langjährigen Gesandten der Habsburger am Osmanischen Hof des 16. Jahrhunderts, Oliver Ghislin von Busbeck, der staunend feststellte: »Geburt unterscheidet hier keinen von den anderen, Ehre wird jedem nach dem Maße seines Standes und Amtes erwiesen; da gibt es keinen Rangstreit, die Stelle, die man versieht, gibt jedem seinen Rang. Ämter aber und Stellen verteilt der Sultan selbst. Dabei achtet er nicht auf Reichtum, nicht auf

---

[24] Matuz 1996, 74–79; Shaw 1976, 70-74.
[25] Merle 2003, 16f.

den nebelhaften Adel, nicht auf jemandes Ansehen oder auf das Urteil der Menge: sondern die Verdienste zieht er in Betracht, Sitten und Begabung und Eignung sieht er an; nach seiner Tugend wird jeder ausgezeichnet.«[26] Es gab aber auch viele Renegaten, die bis in höchste Staatsämter aufstiegen. Sogar das Amt des Großwesirs wurde fallweise an konvertierte Nichtmuslime und Nichttürken verliehen.[27] Besonders Sultan Mehmet II. war darauf aus, die Macht der turkstämmigen Notabeln zu brechen. Er griff daher vor allem auf solche Kandidaten für höchste Staatsämter zurück, die die Ämterlaufbahn im Rahmen der Knabenlese *(devşirme)* hinter sich gebracht hatten. Diese Anwärter kamen vor allem aus den Regionen Südosteuropas, waren also ethnisch Nichttürken.

Ein anderer und besonderer Umstand der osmanischen Herrschaft, der von Anfang der Eroberungen an Gültigkeit hatte, war der, dass die osmanischen Sieger sich nicht sehr stark mit den Unterworfenen vermischten, wenn man von einigen ehelichen Verbindungen absieht. Die sich überlegen fühlende herrschende Klasse der Osmanen, die *askeri*, lebte isoliert von der *reaya*, der ›Herde‹ – den christlichen und jüdischen Untertanen sowie der produzierende Klasse der Handwerker und Kaufleute.[28] Damit erhielt die Gesellschaft des Reiches eine Prägung, die sich deutlich von den feudalistischen Strukturen des Abendlandes unterschied. Die Möglichkeit, als Tüchtiger zu den höchsten Ämtern Zugang finden zu können, trug ja geradezu moderne Elemente in sich. Wenn wir die persönlichen Ursprünge vieler osmanischer Würdenträger untersuchen, dann können wir feststellen, dass sie griechischen, serbischen oder armenischen Ursprungs waren und nur durch die Erziehung ›osmanisiert‹ wurden. Eine der stärksten politischen Gestalten der osmanischen Hochblüte, Ibrahim, der Großwesir Süleymans des Prächtigen, war ein gebürtiger Grieche. Renegaten spielten eine große Rolle im politischen Leben.[29] Dabei wurden besonders die seemännischen Erfahrungen der Griechen und Italiener verwertet, die die osmanische Flotte aufzubauen halfen.

Charakteristisch für die osmanische Gesellschaft war die einzigartige Verschmelzung der verschiedenen Kulturelemente, die sie als Erbe von verschiedenen Völkern übernommen hatten. Dazu gehörte vor allem das Osmanische als Sprache, das aus türkischen,

---

[26] Steinen 1926, 64.
[27] McCarthy 1997, 72f.
[28] Goodwin 1998, 18; Shaw 1976, 113.
[29] Kissling 1991, 217-223.

arabischen und persischen Elementen bestand. Türkisch war die Sprache des Militärs und des Hofes, Persisch war Verwaltungs- und Kultursprache und Arabisch die Sprache der Religion und des Rechtswesens. Diese einzigartige Vermischung von Kulturen wurde noch durch byzantinische, mongolische und europäische Elemente ergänzt.[30]

Das osmanische Heer als Instrument der Machtentfaltung

Am Anfang der Entwicklung des osmanischen Heerwesens hatte der nomadische Stammesverband gestanden, bei dem es ursprünglich in den Funktionen von Kriegern, Hirten und Kaufleuten keine klaren Trennlinien gab.[31] Shaw weist auf die Einsätze von turkstämmigen Nomadenkriegern in den Heereszügen der Seldschuken hin.[32] Solange der Stamm in Migration begriffen war, mussten die wehrfähigen Männer mehrere Tätigkeiten gleichzeitig ausüben. Sie kämpften als berittene Krieger, fertigten im Lager Gegenstände des täglichen Gebrauchs und trieben Handel mit ihren Erzeugnissen.

Taktisch war der ungeordnete Reiterhaufen, der seine Loyalität nur dem Stammesführer und der Familie erwies, der Anfang der militärischen Entwicklung der Turkvölker. Die verschiedenen Berührungen, die die nomadischen Krieger mit den Mongolen und den Byzantinern hatten, brachten ab dem 12. Jahrhundert bei den nach Anatolien eindringenden Turkstämmen Veränderungen in der Kriegsführung mit sich. Es wurden Strukturen der Gegner übernommen, wie zum Beispiel die Heeresgliederung der Mongolen. Diese sah die Ordnung der Truppenteile nach dem Zehnersystem vor. Auch das Führen von Rossschweifen als Machtsymbol stammte von der mongolischen Armee. Byzanz hingegen vererbte den Türken neben der Bürokratie das Wehrbauernsystem, das die wirtschaftliche Grundlage für die osmanischen Provinztruppen bilden sollte: frühe Phänomene der Akkulturation, hervorgerufen durch die Kriegsführung. »The greatness of the Ottomans was that they rose above their nomadic inheritance. They incorporated their nomadic inheritance into a new system of government that combined the great traditions of Middle Eastern Empires and the vitality of Turkish nomad life. Although they were initially the smallest and

---

[30] Hourani 1992, 123.
[31] Matuz 1994, 21.
[32] Shaw 1976, 5.

weakest of the principalities, they had two factors that allowed them to rise – geography and brilliant leadership.«[33]

Den Osmanensultanen gelang es ab etwa dem Ende des 14. Jahrhunderts unter Sultan Murat I.(1360-1389) allmählich, im Laufe einer wechselvollen Entwicklung ein Heeresaufgebot zu schaffen, das bereits einigen Grundsätzen einer modernen Armee entsprach.[34] Murats Nachfolger bauten dieses System weiter aus und verbesserten es. Im Laufe der Zeit entstand eine moderne Militärorganisation, mit Elementen, die wir noch heute kennen. Dieses System wurde dann im 15. und 16. Jahrhundert von den nachfolgenden Sultanen zur Perfektion gebracht.[35] Nach damaligem internationalem Maßstab war das Heer der ›Pfortensklaven‹ das beste seiner Zeit.

Unter Murat I. (1360-1389) war das Korps der Janitscharen geschaffen worden, die von Matuz als eine Art von Fremdenlegion bezeichnet werden.[36] Ihre Ursprünge lagen im Usus begründet, dass die Pforte nach der Eroberung eines Gebietes ein Fünftel aller jugendlichen Gefangenen zu beanspruchen pflegte. Diese wurden nach Anatolien gebracht, wo sie islamisch erzogen wurden. Zuletzt wurden sie in Istanbul kaserniert, wo sie einerseits als Leibwache des Sultans, andererseits als Elitetruppe im Feld eingesetzt wurden. Ethnisch waren sie fast ausschließlich Nichttürken. Diese Gruppe ist ein Beweis dafür, dass das europäische Element, wenn auch unter osmanischer Fassade, im Osmanenreich sehr stark war. Sie bildeten auf Grund ihrer Ausbildung, ihres eigenen Eliteverständnisses und ihrer Ergebenheit zum Sultan eine besonders wilde und gefürchtete Truppe.[37]

Sultan Mehmet II. stellte unter anderem mit europäischer Hilfe ein neues Artilleriekorps auf, das sich insbesondere bei der Eroberung von Konstantinopel hervortat. Vor allem die legendäre Riesenkanone des Ustad Urban (Meister Urban), die Breschen in die Riesenmauern von Konstantinopel schoss, ging in die Geschichte ein und war auch propagandistisch für den Ruf der Unbesiegbarkeit der Osmanen von nicht zu unterschätzendem Wert. Aber nicht nur bei den Riesengeschützen, sondern auch im Bereich der Feldartillerie waren die Osmanen durchaus an der Spitze der taktischen Ent-

---

[33] McCarthy 1997, 38.
[34] Matuz 1994, 39-41.
[35] Matuz 1994, 98.
[36] Matuz 1994, 40.
[37] McCarthy 1997, 57.

wicklung ihrer Zeit. Europäer und europäische Vorbilder waren auch ausschlaggebend dafür, dass die Armee der Sultane mit militärischen Neuerungen versorgt wurde. Dazu gehörte die Errichtung von Pulvermühlen, die Einführung des gekörnten Pulvers, das länger lagerfähig war, und die Verwendung von Schrapnells bei der Artillerie.[38]

Europa litt im späten Mittelalter angesichts der osmanischen Überlegenheit noch an den Unzulänglichkeiten seines Militärsystems. Der feudale Ritter der damaligen Zeit war zwar hoch spezialisiert, aber die Heeresaufgebote bestanden zumeist aus zwangsverpflichteten Bauern oder anderen nichtprofessionellen Schichten, auf deren Disziplin nicht immer Verlass war. Von einer Ausbildung oder straffen Führung im Sinne einer modernen Militärorganisation war auch keine Rede. Auch später, zu Beginn des 16. Jahrhunderts hatten die berufsmäßig agierenden Landsknechtheere unter Mängeln wie Disziplinlosigkeit, schlechter Ausrüstung und häufigen Meutereien als Reaktion auf ausbleibenden Sold zu leiden.[39]

Dem osmanischem Heer waren fast regelmäßig Hilfstruppen bzw. Kontingente verbündeter Mächte angegliedert, die teilweise aus Nichttürken bestanden. So gab es neben den Krimtataren unter den Hilfstruppen die so genannten *voyniks*, slawische Soldaten bzw. auch die *martolos*, die ebenfalls Christen waren und besonders in Festungen bzw. als Matrosen auf den Donauschiffen zum Einsatz kamen. Daher bestand die Armee des Sultans nicht nur aus Muslimen, sondern auch aus Orthodoxen, Juden und katholischen Christen.

Den Osmanen gelang es lange vor den späteren europäischen Versuchen im 17. Jahrhundert, zum ersten Mal den Kern eines stehenden Heeres zu schaffen, das aus den in Istanbul stationierten Janitscharen, Artilleristen und Pfortenreitern, den *sipahis* bestand. Diese Truppen wurden, zumindest in der frühen Periode, fast immer regelmäßig besoldet. Die Armeefinanzierung beruhte auf einem Budget der Pforte, das jeweils im Herbst des Vorjahres für das kommende Jahr erstellt wurde[40] und somit eine solide wirtschaftliche Basis besaß. Auch gab es ein agrarisches Versorgungssystem für einen Teil der Provinztruppen. Die Kerntruppen, wie zum Beispiel die Janitscharen, waren in Kasernen untergebracht. Die Sipahis, berittene Lehensträger, hatten auf ihren Landgütern einen festen

---

[38] Murphey 1983, 287-298.
[39] Fiedler 1985, 135.
[40] Finkel 1988, 1-6.

Dauerwohnsitz und ein laufendes Einkommen. Damit waren bereits die Grundbedingungen für ein stehendes Heer geschaffen.[41]

Die Osmanen waren dazu noch in der Lage, eine solide logistische Struktur für ihre Feldzüge aufzubauen, die neben der Mobilisierung der Truppenteile auch den Transport des Nachschubs, die Verpflegung und die einheitliche Führung des Heeres sicherstellte.[42] Und das zu einer Zeit, in der in Europa noch für diese Bereiche das Prinzip galt: Der Krieg ernährt den Krieg. Auch die technische Ausrüstung der Armee stand auf einem sehr hohen Niveau, die Bewaffnung der Soldaten entsprach fast immer dem Ausrüstungsstand ihrer Zeit.[43] Die Gliederung und die Qualität der Artillerie galten sogar lange Zeit als ausgezeichnet und waren zeitweilig ein Vorbild für die Europäer.

Bis zum Ende des 16. Jahrhunderts war das osmanische Heer in ganz Europa gefürchtet und besaß auch im Bereich der geistigen Kriegsführung eine entscheidende Überlegenheit. Goodwin führt hierzu aus: »The Ottoman Empire lived for war. Every governor in this empire was a general; every policeman was a janissary; every mountain pass had its guards, and every road a military destination. ... Outbreaks of peace caused trouble at home, as men clamoured for profit and glory«.[44] Shaw weist im Kapitel »The Dynamics of Ottoman Society and Administration« detailliert auf die Strukturen der osmanischen Gesellschaft und deren Ausrichtung auf die Kriegsführung hin.[45]

Damit soll die kriegerische Gesinnung dargestellt werden, die die Oberschicht durchdrang, und die auch für die wirtschaftliche Ausrichtung des Staates mitentscheidend war. In langen Phasen des Reiches war die Gewinnung von neuem Land von hervorragender Bedeutung. Dieses eroberte Land wurde in der Form einer Prahende (*timar*) an verdiente Kämpfer vergeben. Damit gab es eine Garantie für die dauernde wirtschaftliche Stabilität der Armee. Als es etwa ab dem 17. Jahrhundert nur mehr wenig Land zu verteilen gab, geriet dieses System in Schwierigkeiten.[46]

Interessant ist die Tatsache, dass im Zuge der osmanischen Eroberungen auf dem Balkan in den Gebieten, die auf Grund ihrer

---

[41] Matuz 1994, 40-44.
[42] Matuz 1994, 21; Shaw 1976, 5.
[43] Matuz 1994, 16.
[44] Goodwin 1998, 65.
[45] Shaw 1976, 112-167.
[46] Majoros/Rill 1999, 259-262.

geographischen Lage leicht zugänglich waren, das türkische Element, das angesiedelt wurde, relativ gering war, da man sich oft mit einer formellen Unterwerfung des lokalen Fürsten begnügte und nur eine kleine Besatzungstruppe hinterließ. In Gegenden, die schwerer zugänglich waren und deren Bevölkerung auch immer wieder zu Aufständen neigte, siedelte man verstärkt Angehörige von Turkstämmen an. Das erklärt auch die starke Islamisierung von Albanien oder Bosnien. Besonders in Bosnien können Spuren dieser Politik, kann das osmanisch-islamische Erbe beobachtet werden.

Auch wenn wir heute die Rolle des Osmanischen Reiches durch eine moderne Geschichtsschreibung anders sehen als die Generationen vor uns, so werden alte Klischees immer wieder lebendig – die Türkenfurcht, die Invasion Europas durch den Islam, die Bedrohung der wilden Reiter aus dem Osten .... Wir vergessen nur allzu leicht, dass auch das Osmanenreich für viele hundert Jahre ein Teil der Geschichte Europas gewesen ist und seine Vergangenheit – so wie die Geschichte des islamischen Spanien im Westen – nicht von der unseren getrennt werden kann.

Literatur

Mc Carthy 1997 = Justin Mc Carthy, The Ottoman Turks. An Introductory History up to 1923, New York 1997.
Faroqhi 2000 = Suraiya Faroqhi, Geschichte des Osmanischen Reiches, München 2000.
Fiedler 1985 = Siegfried Fiedler, Kriegswesen und Kriegsführung im Zeitalter der Landsknechte. In: Georg Ortenburg (Hg.), Heerwesen der Neuzeit, Band 2, Koblenz 1985.
Goodwin 1998 = James Goodwin, Lords of the Horizons. A History of The Ottoman Empire, London 1998.
Goffman 2002 = Daniel Goffman, The Ottoman Empire and Early Modern Europe, Cambridge 2002.
Kafadar 1996 = Cemal Kafadar, Between Two Worlds. The Construction of the Ottoman State, Berkeley 1995
Hourani 1992 = Albert Hourani, Die Geschichte der arabischen Völker, Frankfurt 1992.
Issawi 1996 = Charles Issawi, The Economic Legacy. In: Imperial Legacy. The Ottoman Imprint on the Balkans and The Middle East, Charles Brown ed. New York & Chichester 1996.
Jorga 1908 = Nicolae Jorga, Geschichte des Osmanischen Reiches. 5 Bände, Gotha 1908-1913.
Kissling 1991 = Hans Joachim Kissling, Dissertationes Orientales et Balcanicae Collectae, München 1991.
Majoros/Rill 1999 = Ferenc Majoros und Bernd Rill, Das Osmanische Reich 1300-1922. Die Geschichte einer Großmacht, Regensburg 1999

Martínez 1991 = Pedro Martínez Montávez, Carmen Ruíz Bravo-Villasante, Europa unter dem Halbmond, München 1991.
Matuz 1994 = Josef Matuz, Das Osmanische Reich. Grundlinien seiner Geschichte, Darmstadt 1990.
Merle 2003 = Alexandra Merle, Le Miroir Ottoman. Une image politique des hommes dans la littérature géographique espagnole et française (XVI-XVIIe siècles), Paris 2003.
Murphey 1983 = Rhoads Murphey, The Ottoman Attitude towards the Adoption of Western Technology; The Role of the efrenci Technicians in Civil and Military Applications, in: Contributions à l'histoire Économique de L'Empire ottoman, Paris 1983, S. 287-298.
Owen 1981 = Roger Owen, The Middle East in the World Economy 1800-1914, London & New York 1981.
Peters 1966 = Richard Peters, Geschichte der Türken, Stuttgart 1966.
Scharlipp 2000 = Wolfgang Ekkehard Scharlipp, Die frühen Türken in Zentralasien, Darmstadt 1992.
Shaw 1976 = Stanford J. Shaw, History of the Ottoman Empire, 2 Vol., Vol 1: Empire of the Gazis. The Rise and Decline of the Ottoman Empire 1280-1808, Cambridge 1976.
Steinen 1926 = W. von den Steinen, O. G. von Busbeck, Vier Briefe aus der Türkei, aus dem Lateinischen übersetzt, eingeleitet und mit Anmerkungen versehen von W. von den Steinen, Erlangen 1926.
Wallerstein 1987 = Immanuel Wallerstein, Hale Deedeli, Reschat Kasaba, The Incorporation of the Ottoman Empire in the World Economy. In: Islamoğlu-Inan, The Ottoman Empire and the World Economy, S. 89-97, Paris 1987.

Editorial

Expansion · Interaktion · Akkulturation

Drei Schlagwörter, die Programm sind. Interaktion ist unserer Ansicht nach der eigentliche Modus von Expansion und Akkulturation. »Aufeinander reagieren und wechselseitig im Verhalten beeinflussen« (Interaktion) bestimmt die Wege der Expansion, »der räumlichen Ausdehnung und Erweiterung eines Macht- und Einflussbereiches«. Keine gesellschaftliche Expansion ist jemals gleichmäßig und homogen verlaufen. In jeder Phase, ja bereits bei der Ursachenforschung, wird man auf Interaktion und Akkulturation, »eine Übernahme fremder geistiger und materieller Kulturgüter und Anpassung an fremdes Milieu von Einzelpersonen oder ganzen Gruppen«, stoßen. Kein Aufeinandertreffen von Menschen und Kulturen verlief wohl jemals in bloß eine Richtung. Menschen und Kulturen können nicht einfach verpflanzt, wie ein Samenkern in neue Erde gesenkt werden, um sich identisch zu reproduzieren, denn »Fremdes« wird ungesehen zum »Eigenen« gemacht. Die Auseinandersetzung als soziale Zusammenkunft ist Motor der Entwicklung, macht den Unterschied, und daher die Unterscheidung in der Darstellung und historischen Herangehensweise Sinn.

Differenz wird als Chance und nicht als Makel aufgefasst. Die Zusammenstellung der einzelnen Bände ist nicht beliebig, sondern kreist in ergänzender Weise um die Expansion aus dem europäischen Raum, einem Raum, der zuallererst geographisch aufgefasst wird. Das Europa unserer Tage formiert sich eben erst in den Epochen, die auch unser Betrachtungszeitraum schwerpunktmäßig abdecken soll – vom europäischen Hochmittelalter bis zur späten Neuzeit.

Die Herausgeber

Peter Feldbauer, Dr., a.o. Univ. Prof. am Institut für Wirtschafts- und Sozialgeschichte der Universität Wien, Wirtschaftshistoriker. Schwerpunkte der Forschungs- und Publikationstätigkeit: Geschichte der europäischen Expansion, vergleichende außereuropäische Geschichte.

Gottfried Liedl, Dr., Philosoph und Historiker, Universitätslektor. Tätigkeit im Immobiliengeschäft. Schwerpunkte der Forschungs- und Publikationstätigkeit: spanisch-arabische Geschichte und Geschichte des Mittelmeerraums in der frühen Neuzeit, kulturphilosophische Studien.

John Morrissey, Mag., AHS-Lehrer für Geschichte und Englisch, Universitätslektor, Fachdidaktiker und Musiker. Schwerpunkt der Forschungs- und Publikationstätigkeit: Geschichte des Mittelmeerraums.